アメリカ
1920年代—
ローリング・トウェンティーズの
光と影

英米文化学会編
君塚 淳一監修

金星堂

刊行によせて

アメリカに関する情報が氾濫する現代、わたしたちはアメリカのことなら、何でも知っていると思ってはいないだろうか。

この書で扱う「アメリカ一九二〇年代」は、現代のアメリカの礎が築かれた時代である。政治、経済、戦争、文化、芸術などあらゆる面で、知れば知るほど、いかに現代との密接な繋がりが深いか見えてくる。第一次世界大戦後の好景気から二九年の大恐慌の始まりまで、まさにこの二〇年代という十年間は、アメリカ史の中でも目まぐるしくもあり、熱狂的な稀に見る時代だった。

執筆者は、わたしが初代会長をつとめた英米文化学会のアメリカを様々なアプローチから深求する研究者たちである。この書を利用し、ぜひとも幅広くより深く、アメリカを知り、関心を深めていただくことを願う。

英米文化学会初代会長
専修大学名誉教授
大島良行

はじめに

「アメリカ一九二〇年代の光と影」を追って

第一次世界大戦中から二〇年代にかけてアメリカ社会は、混迷の最中にあった。戦後の好景気は物価の高騰を促したが貧富の差を広げ、移民や少数派がその犠牲になった。人種問題は深刻化し、移民排斥、ストライキ、排外主義が横行し、赤の脅威とアメリカニズムが国中に蔓延した。この政治的混乱の状況下、既成の価値観の崩壊と共に新たな生活様式や文化が次々と誕生する。禁酒法は闇酒屋を生み、女性参政権を得た女性たちは自立の一歩を踏み出す。ハーレム・ルネッサンスにジャズ、パーティにフラッパー、国籍離脱に失われた世代、ハリウッド映画、ラジオ、電気機器などの出現、そして多くのヒーローたちも登場した。

「ジャズ・エイジ」「狂乱・狂騒の」「古き良き」「黄金の」など、様々に形容される一九二〇年代アメリカだが、凝縮されたこの十年間は、政治的混乱もさることながら、確かに活気に満ち、エキサイテングだった。本書企画の契機となったのはまさにその点にあったことは言うまでもない。二〇年代を今一度、現代の視座からとらえ直し、この時代中心で論じられることのなかった問題も加え、「光と影」を浮き彫りにしようというものである。この時代をレポートしたフレデリック・ルイス・アレンの『オンリー・イエスタディ』（一九三一）は、時代の評価が定まらぬ以前の「近視眼的な書」と自ら断りながらも、いまだ二〇年代論として読み続けられている。本書は決してアレンの著書自体を調べ上げ、事実関係やその解釈を分析し直そうというものではない。アレンが取り上げていない分野からの論考、異なるアプローチゆえに本書は、『オンリー・イエスタディ』とは別の更なる二〇年代論となった。

内容は以下のとおりである。

第Ⅰ章　新たな文化への胎動

二〇年代への移行期を、抑圧を受けることになる移民問題を都市と移民の関係から、参政権獲得までの女性解放の高まり、大衆文化を一手に担うハリウッド映画界を中心に検証していく。

第Ⅱ章　二〇年代の幕開け

移民排斥とその背景を探り、戦後の時代性と物質主義の関わりから死生観を、禁酒文化衝突運動とその背景、物欲主義的なアメリカとルイスの作品をノーベル賞受賞から考える。

第Ⅲ章　「ローリング・トゥウェンティーズ」の文化と芸術

二〇年代の芸術文化を、小説（ロスト・ジェネレーション）、詩（エリオットとパウンド）、映画（西部劇）、演劇（オニール、ロブソン）、文化運動（ハーレムルネッサンスとガーヴェイズム）などの視点から再考する。

第Ⅳ章　流行（ファッド）と文化の接点

新たに現れたファッド、自動車がもたらした生活革命、ニューウーマンなど女性たち、大衆の魅了した男性像、ヒーロー像を探る。

第Ⅴ章　二〇年代の終焉

株価大暴落で終わりを告げる二〇年代を、その前後の状況を検証すると共に、カウリーとアレンの書を読み直す。

巻末には、二〇年代に活躍した代表的な人物を紹介する「人物ズーム・アップ」も掲載したので本文と共に参考にしていただけたらありがたい。ただし本文で多く扱った人物に関しては省略した者もある。二〇年代は、こと文化において「アメリカ的生活」が成立した時代とも言われ、この時代を探ることは、現代アメリカは言うまでもなく、アメリカの影響を多大に受ける日本、ひいては世界的動向をも、理解することにつながる。戦後社会という共通項を持つアメリカ二〇年代と五〇年代には多くの点で類似した現象が起きたことは『オンリー・イエスタディ』（五七年版）の序文を書いたロジャー・バターフィールドの指摘を待つまでもない。同様に戦後社会である五〇年代には、消費社会に拍車がかかり物質主義の時代が到来し、メディアではラジオに対しテレビが、国内の赤狩りはパーマーからマッカーシーへと移る。国民はびくびくと他人の目を気にして生き、サッコ＝ヴァンゼッティの代わりに、ローゼンバーグ夫妻がその生け贄として裁かれる。

また富の象徴として空に向かい垂直に伸びるクライスラー・ビルやエンパイアステイト・ビルなどの、ニューヨーク摩天楼のビル建設が二〇年代に始まったこと、そしてこの時代に出現した自動車や家電製品に代表される消費社会にはかなりの電力と石油が不可欠となったことは、別の意味で現代性を帯びてくる。九・一一でテロの攻撃を受けた「富の象徴」とも言われた世界貿易センター・ビルと石油利権がその目的と非難される湾岸戦争やイラク戦争も、そう考えると二〇年代と関わらせずにはおれないからだ。

アメリカ一九二〇年代について、これまで多くが語られ、論文や書物になってきた。本書も、その試みの一つにすぎないことは事実である。だが二十一世紀からアメリカの過去と現在と未来、そして日本についても理解していただける最新の書となることは確かなことである。

なお、本書では、こんにち、公的には用いることのない表現も、時代性や原文の内容を正確に理解していただくため、使用していることをお断りしておく。

二〇〇四年　三月

君塚淳一

目次

第Ⅲ章　「ローリング・トウェンティーズ」の文化と芸術

第Ⅳ章　流行（ファッド）と文化の接点

第Ⅴ章 二〇年代の終焉

第Ⅰ章

新たな文化への胎動
（第１次世界前後）

移民船でアメリカに向かう大量の新移民の様子
写真協力（財）川喜多記念映画文化財団

1 新移民と都市の成長

ニュージャージーのセントラル駅。対岸はニューヨーク市。ここから希望を抱いた人々が全米へ旅立っていった。

はじめに

いったいどれほどの民族が「アメリカ」を構成しているのだろう。漫画はときとして雄弁かつ簡潔に真実を物語る。ニューヨークの移民博物館には、人々が組み体操のようにしてアメリカの象徴であるアンクル・サムの顔面を構成している漫画がある。顔の中央では、うなだれたインディアン（ネイティヴ・アメリカン）が鼻柱になっている。ふたつの目は、ひざを抱えた黒人（アフリカ系アメリカ人）とハワイ人である。額は太ったイギリス人と太ったドイツ人。ほお骨は中国人とスウェーデン人、頬のたるみはフランス人、口はアイルランド人、そして耳はイタリア人とユダヤ人である。この漫画が象徴しているように、一番あとにやってきたのがイタリア人と東欧のユダヤ人であった。二十世紀にはいってアメリカにやって来たイタリアや東欧からの移民は、それまでに定住していた旧移民と区別して新移民と呼ばれた。アメリカ史上、空前の好景気であった一九二〇年代の活力となったのは、これらの新移民であった。彼等が都市に定住し、アメリカを発展させていく様子を見てみよう。

1 エリス島風景

二十世紀にはいってからの二十年で、アメリカは四百五十万人の移民を受け入れた。アジアからの移民は西海岸に上陸し、そのなかには多数の日本人も含まれていた。ヨーロッパからの移民の多くは、ニューヨーク港に設けられたエリス島の移民局を通って、アメリカに上陸した。この期間にエリス島からアメリカに入国した人々の総数は、百二十万人にのぼる。エリス島は、最も多いときには一日に一万五千人を超す入国審査待ちの人であふれかえった。移民局で審査を待つ期間は、ときには一週間以上にもなった。

移民達が、最初に上陸するアメリカが、エリス島である。エリス島移民局の高いドーム型の天井の下で、入国審査を待つ列からは、右手の窓越しにニューヨークの市街地を望むことが出来た。ここを通れば、あの街に行ける、と移民たちは希望に胸をふくらませた。やがて移民審査官の前に立たされた彼らは、こう尋ねられた。「いくらお金を持っているかね」。多く持っている者など、いない。彼らは貧乏から抜け出るために、アメリカへやってきた。東欧から来る移民の平均所持金は、一四ドルだった。当時のアメリカの平均的な労働者なら、一週間で稼ぎだせる額である。しかし、移民にはそれでも精一杯の金額だった。

エリス島の移民局で入国許可を得た移民たちは、そこから船に載せられ、ニューヨークとは目と鼻の先にある対岸のニュージャージーへ渡り、セントラル駅に連れて行かれた。そこからは、全米各地に向けて、移民を満載した列車が運行されていた。いわば移民の玄関口となったのが、このセントラル駅である。駅には移民専用の待合室も設けられていた。

英語を話せない移民たちは、親族や仕事を斡旋してくれる団体の住所を書いた紙切れを持ち、移民局でもらった「車掌宛て—この人は英語が話せません。下記の住所にたどり着くようご協力ねがいます」というカードだけをたよりに、全米に散っていった。ニューヨーク市を目前に見ながら、ついに一度もニューヨーク市街地に足を踏み入れることなく、アメリカ各地で生涯を全うした移民もたくさんいた。

2 貧困と暴力から逃れて

一九〇七年にイタリアから移民としてアメリカに来たロッコ・モレッリは、同郷の婦人が当時こう言っていたのを覚えている。「私はもうイタリアで子供たちを育てたくない。戦争はいやだ。貧乏はもうごめんだ。私は・・・アメリカに行きたい。あそこなら働き口がある。私の子供たちは、アメリカで働くことになる。少なくとも飢えることはないだろう」

貧乏に加えて、戦争への不安という苛烈な社会状況が、イタリア人をアメリカに送り出したといえる。一九〇七年の一年間だけでも、イタリア人でアメリカに渡った人の数は、二八万五千人に達した。その多くが、シチリア島など南イタリアの人々だった。

もっと切実な事情を抱えていたのが、東欧からの移民である。彼らの多くはユダヤ人だった。彼らが経験したのは、ポグロムと呼ばれる大虐殺である。東欧のユダヤ人は死を免れるためにアメリカにやって来た。

一九〇三年、ルーマニアとウクライナにはさまれたモルドバ地方の都市キシニョフでは少なくとも十九人のユダヤ人が殺害され、五百人以上が重軽傷を負った。一九〇六年に調査のために東欧を訪れたエリス島の移民審査官フィリップ・コーエンは「敵が街に攻め入って来て、家を一軒一軒叩き壊していったようだ」と書いている。しかし、虐殺はこれでは収まらなかった。一九一九年になると、ウクライナでは千五百人のユダヤ人が殺され、数千人が負傷するという大規模なポグロムが発生した。このようなポグロムは一九一八年と一九一九年の二年間で、ウクライナだけでも千二百件おきていた。帝政ロシア末期の不安定な東欧にあって、一般大衆の不満のはけ口は、ユダヤ人に向けられていた。

辛うじて生き延びた人達も、数々の制約を課せられて自由を奪われていた。ロシア西部のユダヤ人は、貿易業務には携われず、土地を所有できず、子供たちは中学校以上の教育を受けることは禁じられていた。そのような迫害を逃れようとして東欧に住むユダヤ人の実に三分の一がアメリカへ渡った。

こうした新移民の波は、途切れることがなかった。いや、むしろ増大していった。

ユダヤ人移民は、一九〇〇年までには、百万人に達していた。ところが、一九一〇年までには二百万人、その四年後の一九一四年には三百万人、更に十年後の一九二四年には四百万人を突破した。ユダヤ人移民を支えたのは、数多くのユダヤ人団体だった。そのなかでは、ヘブライ移民支援協会が最も有力であった。協会は先にアメリカへ渡っていた東欧ユダヤ移民で運営され、渡航の手続きから身元の保証、就職の世話までしていた。また、船会社と交渉して、船内の待遇を引き上げさせ、連邦議会に圧力をかけて東欧移民の利益をはかった。

一方、イタリア移民を受け入れたのが、パドローニであった。英語のパトロンと同種の言葉で、親方を意味する。南イタリアから出て来て、右も左も分からない移民たちに就職を斡旋し、影響力を行使した。ニューヨークでは、イタリア人労働者の三分の二が、パドローニによって仕事を紹介されていた。

彼らはニューヨークやシカゴなどの大都会に住み着いた。そこには工場が林立し、多くの労働力を必要としていたからである。劣悪な労働条件のもとで、それでもイタリア人移民たちは、共同体を中心に地歩を築いていった。イタリア人の共同体は、ユダヤ人とは違い、宗教よりむしろ擬似家族の絆を中心としたものだった。その中心にはカトリック信仰があった。宗教としてのカトリックは、教会での行事を中心に存在している。それに付随する形で、信仰によって結びついた信者の連帯がある。しかし、イタリア人移民の間の連帯感は、極めて強固なものであった。それは、同信の連帯というより、家族の絆に近かった。子供が生まれると、カトリック社会では、親が子供に洗礼を受けさせる場合が多い。洗礼をうける子供には、有力者の洗礼親がたてられる。洗礼親を意味するイタリア語「コンパドラスゴ」は、英語では「ゴッドファーザー」と呼ばれた。洗礼親と、洗礼をうけた子とその親との間には強い絆が生涯続く。ゴッドファーザーはその子を庇護し、その子供は一生ゴッドファーザーに奉仕する。こうして有力者は、たくさんの青年をいわば子分のように持つことになる。

このような強い擬似家族関係の中では、貧乏であっても飢えることはない。困ったときには親子として互いに助け合うからである。社会保障制度が充実していない時代には、生活を安定させるために大きな役割を果たした制度であった。その反面、強い絆が共同体の敵に対しては、苛烈なまでに暴力的に働く場合があった。共同体の誰かが名誉をきずつけられたりした場合、共同体の他の者が復讐をする。この復讐をペンデッタという。時には、それが相手の生命を奪う場合もあった。相手もまた、死には死をもって報復する。こうして、復讐と報復が繰り返され、イタリア系の移民が多く住むニューヨークやシカゴなどの大都市では、ペンデッタが社会不安の一因ともなった。

3 アメリカでの就労

新世紀に入ってアメリカへやってきた新移民の多くは、工場や都市で働いた。それらの移民のうち、技能をもってアメリカに渡った者は二%に過ぎなかった。九八%は技能を持たず、単純労働に従事する者が多かった。一九一〇年の時点で、アメリカ生まれの労働者より外国生まれの労働者が半数以上を占めたのは、鉱山・製鉄所・縫製工場・食肉加工場などである。農業に従事する移民は少なかった。なぜなら、彼らは土地を取得する資本を持たなかったからである。既に、アメリカは開拓の時代ではなかった。一九〇〇年以前にアメリカに渡っていた西ヨーロッパや北欧の移民が、ほとんどの農地を所有していたので、新移民が農業に割り込むことは簡単ではなかった。

南イタリアから来た移民の七割は農民であった。彼らには、土地を持つことが夢であり、いつか中西部に農場を持ちたいと考えていた。彼らの多くは、男性は建設業で働き、女性は家で縫製工場の下請けの仕事をすることが多かった。野菜や果物を売る行商に出るものもいた。ニューヨークの地下鉄工事に従事した労働者のほとんどはイタリア移民であった。市内の土木工事労働者の七割までがイタリア系移民であった。彼らの日給は一ドル五〇セント。熟練工で二ドル五〇セントだった。シカゴの食肉加工場でも多くのイタリア移民が働いていた。

二十世紀初頭、新移民の一日の労働時間は十時間から十二時間であった。カソリックのイタリア人や、ユダヤ教徒の東欧移民は、宗教的に定められた安息日の決まりを破ることに大きな抵抗を感じた。しかし、彼らの大部分は、生活の為に一日たりとも休むことはできなかった。それでも収入は微々たるものであった。一九〇七年、ペンシルベニア州に住んでいた東欧移民のある家族の家計を例にとると、一週間の収入が一三ドル八八セントであった。そのうち、二間つづきのアパートの家賃に二ドル、食費に五ドル九八セント、暖房費に三八セント、保険料に八八セントを払っていた。頻繁に言い渡される突然の解雇に備えようにも、貯蓄に廻すことができる金額は七九セントにすぎなかった。こうした状況の中で、子供と女性も働かざるを得なかった。

子供たちは紡績工場やガラス工場などの危険の多い部署で働き、事故率は大人の三倍にのぼっていた。一九〇四年四月一五日には、全米児童労働委員会が設置され、児童の労働を禁止する州法の成立運動を、各地で展開した。設立総会の議事録によると、フェリックス・アドラーというユダヤ系の委員が次のように発言している。「子供は神聖であるべきだ。この点において、産業主義も商業主義も、人間性を貶めるような振る舞いは許されない」。一九一四年までに全米の三十五の州で、十四歳以下の労働が禁止され、十六歳までの労働者には一日八時間以上働かせてはならないと定められた。

同様の法律は、女性の労働に対しても作られた。一九一三年までには、三十九の州で女性の労働時間を規制する法律が発効した。しかし、それは多くの移民の家族にとって、収入の減少をもたらすものであった。彼女たちは、家計を維持するために、法定時間外の労働をせざるを得なかった。

一九一〇年、移民の全米人口に占める割合が一四%であったにも関わらず、工場労働者の半数が移民であった。その工場は、都市に集中していた。ピッツバーグのような内陸の地方都市でも、製鉄工場で働く労働者に占める東欧移民とイタリア移民の割合は、急速に高くなっていった。一九一九年に縫製労働者組合連合がフィラデルフィアで呼びかけたストライキのビラが、当時の縫製工場労働者の構成を明らかにしている。そこに記されたメッセージは、英語、イディッシュ語、イタリア語、リトアニア語で書かれていた。イディッシュ語とは、東欧ユダヤ人の生活言語であったドイツ語を元に、ヘブライ語・スラブ語などが混入して成立した東欧ユダヤ人独自の言語であった。組合員のほとんどは東欧移民とイタリア移民だった。

移民の劣悪な労働環境は、度重なる事故をきっかけに社会に知られるようになり、社会改革者たちは移民の権利の為に行動をおこすようになっていった。

一九一一年、ニューヨークのトライアングル・ブラウス会社で火事が起きた。百四十人の若い女性が犠牲になった。そのほとんどが、ユダヤ系移民とイタリア移民であった。彼女たちは、逃げることが出来なかった。遅刻や早退を禁じた会社側が、ドアに鍵を掛けてしまっていたためである。この事件は、社会の憤激を呼び、十万人が追悼のパレードに参加した。これを契機に、労働組合による移民の組織化が進み、消防法の設置が検討された。

4 文化をささえとして

しかし、どんな悲惨な目にあおうと、彼らには希望があった。故国の絶望的状況からすれば、アメリカにはチャンスがあった。そして、その希望はかなえられると信じていた。そんな彼らを勇気づけたのが、故国の文化であった。母国から文化を携えてアメリカに渡った人々が、アメリカでそれぞれの国の文化を花開かせた。

家族で働き、やがて独立に必要な資金を得ると、新移民たちは小さな店を開くことが多かった。食堂や食料品店、床屋、洗濯屋などである。一九〇五年から一九一五年の間だけで、ニューヨークに住むイタリア移民と東欧ユダヤ系移民の三割が、工場労働者から食堂・商店経営などの自営業に移っていった。その顧客も、やはり移民であった。故国を遠く離れた移民たちは、アメリカに居てもなお、故国の味と風習を求めた。

東欧からのユダヤ移民の九〇％はニューヨークにとどまった。ニューヨーク市民の六人に一人がユダヤ人であった。そこで、同胞相手の商売としてまず始めたのが、惣菜を商うデリカテッセンである。彼らは、それ以前に住んでいた地域の言葉であるドイツ語から「デリカット（美味な）」と「エッセン（食べる）」を借用して、「デリカテッセン」という造語を生み出した。ここで売られていたパストラミやコーンビーフ、それにベーグルなど、多くの食品がアメリカの都市生活を多彩なものにするのに貢献した。一九一〇年には、三百人のユダヤ移民からなるベーグル職人組合がニューヨークで活動していた。

宗教的に厳格なユダヤ人たちは、ユダヤ教の教えに則った食品を必要としていた。コーシャーと呼ばれるこれらの食品の加工は、ユダヤ教の儀式による必要があった。こうして作られた食品は、ユダヤ人にかぎらず、多くのアメリカ人に愛されるようになっていった。

イタリア人移民も、ピザをアメリカにもたらした。ピザは、イタリアでは一八八九年までに、チーズとトマトを載せた現在と同じかたちになっていたことが知られている。移民達はアメリカに渡っても故国の味であるピザを食べつづけた。一九二〇年代には、イタリア移民が定住したニューヨークなど東海岸の各都市に、家族経営のピザ屋が相当数あった。

それらの伝統の上に、徐々にアメリカ化していく二世たちは、独自の民族色豊かなアメリカ文化を発信していった。親たちの苦闘を目の当たりにしたアメリカ生まれの子供たちからも、アメリカを支える人材が数多く出た。

そのひとりにフィオレッロ・ラ・ガーディア（一八八二―一九四七）がいる。ラ・ガーディアの名前は、ニューヨーク周辺に三つある国際空港ひとつ、ラ・ガーディア国際空港に冠せられている。ラ・ガーディアとは、イタリア語で「小さな花」の意味であり、後にニューヨーク市長を三期務めることになったときに、市民たちから「リトル・フラワー」市長として親しまれた。彼は、ニューヨークに住むイタリア移民の父と、ユダヤ人の母の間に生まれた。移民の歴史を象徴するような家族である。彼の経歴も、また二十世紀初頭における移民のアメリカ史を象徴している。若い頃は、エリス島の移民局で通訳として働き、一九一四年に政界入りした。それまでアイルランド系アメリカ人一色だったニューヨークの政界に、イタリア系アメリカ人としてはじめて乗り込んだのである。

アメリカに多くの新移民が渡るにつれて、旧来の移民との軋轢が強まり、アメリカ政府は移民をアメリカ社会に同化させようと務めた。各地に設けられた「アメリカナイズ・スクール」のポスターには「アメリカを偉大たらしめよう」「言葉を学ぼう」とある。言葉とは、無論、英語の事であった。その中央にはふたりの男が並んで立ち、その下には次のような説明書きがついている。

「この二人の男は兄弟です。一人はアメリカ人、もう一人は故国から母を連れてアメリカに着いたばかりです。洋服の着こなしから見た目まで、何と違うことでしょう。アメリカは偉大な国です。アメリカでは誰にでもチャンスがあります。旧世界からアメリカに来る人は、英語を学んでアメリカ人にならなくてはなりません。もしアメリカに住む人がアメリカ人になろうとしなければ、この国はやがて旧世界と同じになってしまうでしょう」

移民のアメリカ化は、ひとつには善意から生まれたものであったが、同時に、旧来の移民の恐怖感から来た政策でもあった。旧来の移民は、アメリカ生まれのアメリカ人を自負し、自分たちの事を「ネイティブ・アメリカン」と呼んだ。後に、先住民族の呼称となるこの言葉は、この当時、新来の東欧ユダヤ移民やイタリア移民に対抗する概念として用いられた。旧来の移民たちは、ようやく安定しつつあった自分たちの新世界を守るために、新移民を一刻も早くアメリカ化しようとした。

現実に新移民のアメリカ化を大きく促進したものは、戦争であった。

5 第一次世界大戦

この頃、欧州では長い戦乱が続いていた。第一次世界大戦とよばれる、全欧州を戦場とした戦いである。アメリカは中立を保っていた。そこへイギリス船撃沈のニュースがとびこんできた。イギリスをはじめとする三国協商と、ドイツをはじめとする三国同盟は敵対関係にあった。一九一五年、ニューヨークを出航したイギリスの客船ルシタニア号は、ドイツの潜水艦に撃沈され、乗客乗員千百九十八人全員が死亡した。その中にはアメリカ人百二十八人も含まれていた。それまで海の向こうの戦争には関与せず、独自の道を歩んでいたアメリカは、この事件をきっかけに国際政治の渦中へと巻き込まれていく。一九一七年ついにアメリカは参戦を決意。欧州に二百万の軍隊を送ることになる。

当時、戦意高揚のために配付された「戦地に食糧を送ろう」というポスターでは、同じ図柄の下に、英語・ヘブライ語・イタリア語でメッセージが書かれたものが作成された。また、それぞれの言語による新聞は、アメリカに住む移民に戦乱にさらされた母国の様子を伝える役目を果たした。一九一七年には、全米で千三百を超える数の非英語系新聞が刊行されていた。なかでも東欧系の言語で書かれた新聞は売り上げ百万部を数え、イタリア語新聞は七十万部を売り上げていた。

工業地帯で働く新移民たちも、アメリカ市民としての義務を果たすために戦場へ行った。彼らは軍隊での経験を通して、自分たちがもはやヨーロッパ出身者ではなく、アメリカを母国とするアメリカ人であることを認識せざるを得なかった。戦争の初期には「多くの民族、ひとつのアメリカ」というスローガンが掲げられたが、やがて、「一〇〇パーセント、アメリカ人」というスローガンに取って代わられた。移民たちはアメリカ化するだけではなく、アメリカに忠誠を誓うことを求められた。戦時国債の募集ポスターには、こう書かれた。「あなたは一〇〇パーセントアメリカ人？　それなら証明しよう！　戦時国債を買おう」

第一次世界大戦期のアメリカを語るのに、アフリカ系アメリカ人の果たした役割を過小評価するわけには行かない。労働力の多くを兵隊にとられた中西部や東部の工業地帯では、人手不足が深刻化していた。それを埋めるようにアフリカ系アメリカ人が工場労働者として急速に浸透していった。

彼らの祖先は、移民ではない。三百年の長きにわたって奴隷としてアフリカから続々と連れて来られた人々である。彼らは市場で売買され、一生自由にはなれなかった。そして、この奴隷制度は、一八六五年にいたって、ようやく廃止されるに至った。一八六五年の奴隷制度廃止以降も、南部での差別的扱いは続いた。アフリカ系アメリカ人たちは、白人の圧迫に耐えかねて、東部の大都市へ流入していった。一九〇〇年になると、アフリカ系アメリカ人の人口は、ニューヨーク、ワシントン、フィラデルフィアで四万人を超え、さらに多くの人々が南部を離れて大都市へと吸いよせられていった。大都市には、自由があった。

アフリカ系アメリカ人もヨーロッパ戦線へと出征した。その数は三十七万人におよんだ。白人社会から対等な市民として認められず差別を受けてきた彼らは、国家に忠誠を尽くすことで一人前のアメリカ市民として認められたいと考えた。軍隊は、愛国心を示す最もわかりやすい場所だった。命を代償として、彼らは市民の地位を勝ち取ろうとしたのである。アメリカ的な愛国心はこうして形成されていった。

一九一九年に第一次世界大戦が終結すると、欧州戦線に出ていた多くの人々が、アメリカに戻ってきた。その中には、アフリカ系アメリカ人と新移民たちもいた。彼等は、新たな活力をアメリカ社会に吹き込んだ。アメリカ社会を支える数多くの人材が、これらの人々の中から輩出するのである。彼らのたゆまぬ労働は、アメリカを空前の好景気へと押し上げていくことになる。黄金の一九二〇年代は、いままさに始まろうとしていた。

（佐野潤一郎）

2 女性解放運動のたかまり

今に女性の権利をうたう合衆国憲法の修正事項の通過する時が必ず来るのです。その頃には、多くの若い女性がこれらの権利や自由やたのしみは、ずっと以前から自分たちのものだったと考えるでしょう。しかもほんのわずか一インチの自由でさえ、過去に多くの女性たちの苦しく長い戦いによって獲得されたのだとは想像もしないでしょう。

（一八九四年二月十五日　スーザン・アンソニーの演説）

1 女性はみな社会運動にのりだした！

二十世紀初頭のアメリカは、産業革命と消費社会の波に洗われて、農業国から工業国への大きな転換期にさしかかっていた。十九世紀半ばから女性は単なる慈善活動を越えて、孤児院や売春婦避難所、図書館の創設や運営に力を注いできた。この頃になると、都市部でも農村部でも女性たちは、地域の女性組織を強化し、全国的に連携をすすめ政治的な声を上げるようになった。長年懸案であった女性参政権運動は、野外集会や派手なパレードに戦略を変更、初めて階級を越えた共闘が実現した。これらの試みは、地域文化や階級意識の衝突が激しく多難ではあったが、一九一九年には、ようやく女性参政権が認められ、女性労働者や福祉、教育などの問題が公正に扱われようになった。ここでは、女性参政権運動に収斂していった地域の社会運動や、女性労働組合の発展をみよう。

2 スラム街を救うセツルメント運動・産児制限運動など

生活支援を目的とした女性組織が設立され、その活動が全国規模で拡がったもこの頃であった。急激な工業化は都市の人口集中をもたらし、東部沿岸だけでなく中西部にも多くの都市を発展させた。しかし大量に渡米した移民も含め都市住民たちは、低賃金でその日暮らしの状況であったが、自由放任主義の成長下にあるアメリカ経済下の社会には、労働者に配慮する公的機関がまったくなかった。狭い一室に家族がひしめき合う住環境は、上下水道も不備で衛生状態が悪く、伝染病が蔓延した。都市ではスラム街が急速に広がっていった。子供は学校へも行かず働かされた。こうした貧民の面倒を見たのは地元のボスであったが、彼らに手を差し伸べる女性たちがいた。この頃設立された女性組織は、二十世紀以降も活動を続けているが、都市部の惨状を救うという切迫した必要性から生まれたのである。

都市へ集まる若い女性を支援するために、一八七三年発足したキリスト教女子青年会（ＹＷＣＡ）は、一九〇六年に「若い女性の社会的、道徳的、知的活動を向上させ、世界キリスト教青年会の活動に参加させる」目標を掲げた。各地の支部では、仕事や住居の斡旋、娯楽や教会活動、旅行や保健の指導をし、カフェテリアや無料図書館を運営した。

シカゴでは、ジェイン・アダムズがスラム街にハルハウスを開き、貧しい移民に保育やアメリカ式の生活を指導する福祉サービスを始めた。アダムズは英国に留学し、ロンドンのセツルメント、トゥインビー・ホールに感銘を受けて帰国した。その後事業は拡大され、労働者のための娯楽センター、成人教育施設、その他演劇・音楽のクラスも設けられた。ハルハウスは、アダムズの指導のもとで多くの女性活動家が巣立ち、一九〇〇年にセツルメントの支部は全米で五十をこえ、セツルメント運動が活発に展開された。アダムズは数々の社会活動を組織、一九三一年にはノーベル平和賞を受けた。

ニューヨークでは、マーガレット・サンガーが一九一〇年代、スラム街で派出看護婦として働いていた。彼女は移民たちの所属する世界産業労働者組合（ＩＷＷ）の活動に引き込まれて、社会の最下層の人々に目を向けるようになった。貧しいために無理な流産や多産で身体を傷め、命を落とす女性や、残された家族の悲劇を目のあたりにして、産児制限の必要性を実感した。社会党系の新聞に、産児制限は貧困から人々を救う手段であり、女性を妊娠・出産という生物的宿命から開放すると主張した。一九一四年、ヨーロッパで避妊の技術を学んだサンガーは、雑誌『女性反逆者』を刊行する。しかしコムストック法を怖れヨーロッパへ亡命。帰国後の一九一六年、ニューヨークでアメリカ初の避妊クリニックを開いた。すぐに彼女は逮捕され診療所は閉鎖されたが、このことは国中に知れ渡った。一九一五年には産児制限を合法化するために、全米産児制限組織（ＮＢＣＬ）も設立された。二〇年代には、優生学上、産児制限が必要であるという主張もでてきた。

一方、農村でも青年男女のための、農業クラブや家政クラブから発展した四Ｈクラブが一九〇〇年各地で結成された。また一九一〇年には、キャンプファイアー・ガールが設立されている。グレンジは、農民の社交クラブから発達し、後の農民同盟の母体となった。一八七〇年代、ニューイングランドの「クラブの母」キャロライン・サヴァランを見習って、女性クラブが各地に結成された。主なメンバーは中

「19世紀女性クラブ」の創立メンバーイリノイ州オークパークにある会館ホールの額（筆者撮映）

産階級の妻たちであったが、創生期には、女性が同伴者なしで外出し会合へ出向くことに、世間は眉をひそめた。しかし二十世紀のはじめ女性クラブは連盟を結成した。連盟には現在も海外二十余国が加入、全米だけで六千五百のクラブが加入している。当時は、イリノイ州だけで加入数は二百四十六であった。その一例がシカゴ郊外のオークパークにある十九世紀女性クラブである。創設委員四人の中で会長レミックは、シカゴ女性クラブで活躍していたし、後の三人は強硬な女性参政権論者であった。活動は社会問題の啓蒙から始まった。教会活動と重複しないこと、会員の家で会合をもつなど女性の領域を越えないことなどが配慮されたが、文化的な行事や生活改善・教育・慈善などの活動を拡大し、地域の子どものために巡回図書館を運営、外国語の授業や水泳指導も行った。また、組織はセツルメントの活動を支援し、女性参政権協会とも連携し、全米女性クラブ連盟に加入した時期もあった。作家ヘミングウェイや建築家フランク・ロイド・ライトの家族や友人も所属し、最盛期には女性労働者の入会も認め百名をこえる会員がいた。有名人を講演に招き、二〇年代にはプール付きで七階建てのビルを建設し運営した。この組織は現在も住宅地オークパークの会館に「十九世紀女性クラブ」の銘を掲げ活動中である。

3 発展する女性労働組合

女性労働組合の歴史は一八二〇年代における東部の紡績工場にさかのぼるが、女性労働者も地域の組織と同様、二十世紀初頭までに全国的な統合がなされた。南北戦争後、女性労働者は男性の労働組合に加入するか、新たに女性労働組合を組織しなければならなかった。しかし一八八〇年以降急速な工業化は、多くの未熟練労働者を必要とし、最低賃金の仕事が女性労働者に任された。女性労働者は一八八〇年代の二百六十四万人から、九〇年代には四百万人に増加し、全労働者の一五%から一七%を占めた。労働組合の加入度は決して高くなかったが、女性労働者は組合活動に積極的で、男子労働組合も支援した。

十九世紀後半には労働騎士団のエリザベス・ロジャーズのように、重要なポストを担う女性もいた。彼女は夫と同じシカゴの鉄鋳型工であったが、労働騎士団で初めて四万人を統括する女性の職工長となり、地域集会の会長となった。一八八六年全米一を誇る労働騎士団は七十万人の団員を擁し、それに対し職業別労働組合の熟練工は二十五万人であった。排他的であった男子の職業別労働組合は、黒人や女性労働者の増加につれて、初めは支部の設置を許可し次に提携した。伝統の古い植字工組合がその典型で、オーガスタ・ルイス・トループは、一八七〇年に女性の第一植字工組合を組織し、その後全米植字組合の渉外書記長に選任された。彼女は女性労働者の賃金や労働環境について綿密な調査を行い、大会の報告で女性労働者の能力を、男性に評価させた初期のオルグのひとりである。

ギルド的な男子労働組合に比べて、後進の職業別女性労働組合はやや開放的で、二十世紀の初めには同じ工場であれば、他国の移民も構成員に加えた。当時組織された組合には、ニューヨーク州トロイのシャツ・カラー女性労働協会、セントルイスのメリヤス編み靴下女性労働協会、サンフランシスコ白色陶磁器女性製造業協会のほか、鉛筆製造業、ニューヨーク整髪カラーフェザー製造業、デトロイトの家具製造業、ニューアークとミルウォーキーの紳士服仕立て業、シカゴやボストンの外套仕立て業、南部には家政婦業、フロリダ州のペンサコーラでは洗濯婦などの協会が知られている。

実際、多くの有能な女性が女性労働組合を設立し、労働環境の改善のために尽力した。一九〇二年にはエリザベス・クリスマンが、国際手袋労働組合第一支部を設立。彼女は後に労働省女性局の諮問委員に任命される。一九〇三年にはローズ・シュナイダーマンが、北米布製帽子工統一労働組合下にある第二十三部を組織、初代議長となった。シカゴの「炭鉱の天使」と呼ばれたマザー・ジョーンズや労働総同盟のメアリー・ケニー・オサリヴァンはストライキの支援をした。ヨーロッパ系の女性労働組合に続いて、アジア系移民や黒人の組織作りもあり、中西部の農民連合でも活躍する女性が多く見られた。一八九六年、メアリー・チャーチ・テレル、ハリエット・タブマンらが全米黒人女性協会を設立した。

4 ニューヨーク縫製工場から二万人のストライキ

世紀の変わり目から第一次世界大戦までに結成された女性労働組合は、現在も主要な役割を果たしている。この当時スウェットショップといわれる縫製工場は、狭くきたならしい建物で、窓は釘づけされ室内は暗く、機械とベルトのきしむ騒音の中の作業であった。外国から着いたばかりで英語もわからず、未経験な若い女工たちは、工場監督や口利きの餌食になっていた。週六ドルの賃金で労働時間は長く、おしゃべり、笑い、歌をうたうのも罰金を取られ、機械で怪我をしても何の保証もでなかった。女工たちは現在の国際女性被服労働組合に属し、一九〇〇年から賃上げや労働環境の改善を求めて、ストライキをした。労働史上だけでなく女性労働者組織の活動からも重要なストライキが一九〇九年から一九一〇年にニューヨークやフィラデルフィアのシャツ工場で起こった。

一九〇九年十一月二十二日、ニューヨーク市にある二つのシャツブラウス会社のストライキがゼネストに発展した。九月に始まったストライキはずるずると十一月まで持ち越した。クーパー・ユニオン大集会において、打ち続く組合幹部の演説に業をにやした聴衆に電撃的な効力をあたえたのは、十六歳の女工クララ・レムリッチであった。つかつかとステージに上がった彼女は、端的にストライキ決行をよびかけた。彼女の言葉は並みいる人々を熱狂に包み、議長は聴衆に向かって古いユダヤの誓いを立てるかどうかと叫んだ。「もし今の誓いをやぶったら、この腕から手が萎えてしまいますように」。すると、ホールの中の労働者の男女全員が立ち上がって誓いをたてたのであった。親組織である国際女性被服労働者組合（ＩＬＧＷＵ）が警告をだしたが、第二十五支部のストライキはゼネストへと発展し、五百箇所の工場労働者がサボタージュを決意した。組合は三千人規模のストライキを予測していたが、実際には二万人の労働者が参加しその七五％が女工たちであった。ニューヨークでは二十四のホールがストライキ参加者の集会に使用され、そこではイディッシュ語（東欧のユダヤ系言語）、イタリア語、英語などの演説が続いた。

女性労働組合連盟（ＷＴＵＬ）がこのストライキの支援に乗り出した。ＷＴＵＬ組合員はピケラインまで行進し、不法逮捕の証言、保釈金の資金提供、宣伝写真を撮影し、数千ドルの資金を集めた。ニューヨークの富裕階級の女性クラブ、コロニー・クラブの会合で、後の財務長官となるヘンリー・モルゲント一夫人、キャローラ・ウーリショファー夫人、フィラデルフィアのローレンス・ルイス夫人、それにウェルズレイ女子大の学生たちが義援金をだし世間の注目を集めた。しかしストライキの重荷は女工たち自身に戻ってきた。真冬の寒さの中、大方十六歳から二十三歳のシャツ縫製工は、部屋代、食事代、医療費もなしで十三週間持ちこたえなければならなかった。警棒でめった打ちにあった後、何人も「黒いマリア」と呼ばれる警察の車に引きずりこまれるのを見ながら、来る日も来る日も女工のピケ隊は「私たちは人道的な扱いを求めているのです」「私たちは正義をもとめているのです」というプラカードを掲げて歩いた。

しかしながら、法廷は労働者を暴徒や無政府主義者としてしか扱わなかった。ストライキ参加者の取り扱いが偏見にみちていたので、アイダ・ターベルらのジャーナリストは抗議の記事を新聞に載せた。十一月二十三日からクリスマスの間、七百二十三人の女性労働者や少女が逮捕され、そのうち十九人は感化院送りとなる。一九一〇年二月十五日、千百人が未だストライキを行う中、ストライキは正式に中止となった。女工たちの英雄的な行動があったにもかかわらず、この闘争は失敗であったとする見方もある。交渉が会社別に行われ、要求がひとつも通らなかった工場もあったからだ。しかし三百三十九の工場では会社側との交渉が成立し、三百をこえる工場ではほぼ要求した条件が認められたとする資料もある。トライアングル・シャツ工場では、合意を得られないまま職場へ戻る。交渉事項のうち、非常口の設置や戸の施錠という安全管理にも会社側は応じなかったため、一年後の大火では、多くの死傷者を出し、世論の非難をあびた。

この頃各地でストライキを支援した労働組合の幹部は、その後州や連邦レベルの労働福祉関係の委員会や労働組合の国際会議などで活躍した。女性労働組合連盟の幹部となったメイベル・ギルスビーは、エリザベス・ガーフリンらと、ローウェルとローレンスの織物工のストライキを支援。一九一二年、ジョセフィン・ケイシーは、ミシガン州カラマーズでコルセット製造労働者のストライキで「祈りのピケ」を張る。一九一五年、セアラ・コンボイは、アメリカ統一繊維労働組合（ＵＴＷＡ）の財務担当に選任され、一九二〇年、アメリカ労働総同盟（ＡＦＬ）を代表して、ポーツマスのイギリス労働総組合会議に参加した。経済学者メアリー・デューソンは、一九一九年から消費者連盟の調査委員長を務め、女性の最低賃金法の設置に貢献した。ギルスビーは、ボストンに職業専門学校を創立し、ブリンモアー・サマースクールを開校、労働者を教育した。

5 女性参政権運動の野外集会とパレード

この頃になって中産階級中心の女性参政権運動が、女性労働者と、富裕階級や専門職のエリート女性を巻き込んだことが、この運動を大衆運動という政治的なものに発展させるきっかけであった。当時の女性労働組合では、男女同一賃金などの要求を通すには、女性も参政権を持つことが必要であると考えられた。また、東部や南部では、英語の読めない移民や、無産階級や黒人の政治的な影響力を危惧し、白人女性に参政権を与えるという考えがおこった。さらに、一九一〇年代後半には、北欧やイギリス、ソ連などの外国で女性参政権が承認されたと言うニュースが入った。国内では第一次大戦中、女性の銃後の働きが社会から認められるようになった。このような動きを女性参政権運動の便宜主義への移行と意味づける歴史家もいる。しかし、さらに重要なのは、この時代になって初めて、アメリカのあらゆる階級の女性が同じ政治運動に巻き込まれるという、都市型の社会が形成されたことを理解すべきである。

　また、全米女性参政権運動家が初めて、ロビー活動を有効にできた時代であった。一八八四年、スーザン・アンソニーは女性参政権の請願のために戸別訪問を計画し、五万ドルの基金をニューヨークの富裕階級の女性に求めた。協力者には、医師のメアリー・ジャコバイ、社会運動家キャサリン・パーマー・アベ、博愛主義者オリヴィア・セイジがいた。彼女たちは富裕階級の政治力が強まることを期待し、もし女性が選挙権をもたなければ、富裕階級の女性は無産階級の男性より政治的に劣位におかれることを懸念した。

　女性参政権運動に労働者階級の女性を加えて、ニューヨーク女性参政権運動の方向を変えたのが、ハリオット・ブラッチであった。彼女は、長年、女性参政権協会の会長を務めたケイディ・スタントンの娘であった。ブラッチはヴァッサー・カレッジを卒業後、留学して英国の貧困階級を研究、フェビアン協会に所属した。当時のアメリカで労働者階級の政治的な影響力を理解した稀有な存在であった。彼女は英国の労働運動を学び、英国の方がアメリカよりも民主主義運動が進んでいると考え、歴史的に女性の働く場所は、家庭、工場、事務所へ移動したと主張した。女性労働者を女性全体のモデルと考えることは革新的であった。大卒の第一世代の女性として、女性の指導者を育てるためには、富や優雅さよりも教育や専門職が必要であると考えた。

　一九〇七年ブラッチは、自立女性の平等同盟を結成し、女性労働者と専門職の女性を活動に引き入れた。同盟はニューヨーク大学平等参政権協会と連帯したが、彼女は女性労働組合同盟に所属する一方、アイダ・ロウなどの弁護士や検査官などのエリート女性とも交流した。また、英国の女性社会政治同盟

（WSPU）で活躍するアンネ・コブデン・サンダースを講演に招いた。サンダースは、英国の参政権運動が労働者階級から起こったことを強調した。この後「サフラジェット」という言葉が流行し、アメリカの参政権運動はアリス・ポールのような過激な戦術で人々を注目させる政治運動に転換していった。

アリス・ポールも、英国で女性社会政治同盟に属し活動していたが、帰国して全米女性参政権協会に入った。しかしその穏健な姿勢に飽き足らず、ルーシー・バーンズと一九一三年女性参政権議会連合を結成し派手な戦術にでた。一九一三年一月、ウィドロー・ウィルソン大統領就任式の前日に、盛大な参政権パレードを行ったが、資金として二万七千ドル集め、パレードには五千人の女性を集合させ世間をあっと言わせた。七月には二十万の請願書を上院に送り、全米女性参政権協会、大学参政権協会、女性有権者全国協会などの代表者三名を大統領に面会させ、特別国会での女性参政権審議の要請をさせた。世論を喚起するための試作にはこと欠かなかった。各州に有給運動員を配して、七月から九月まで活動させ、ワシントンおよび地方紙に記事を書く記者も確保した結果、女性参政権運動に関する十二万の記事が掲載されたと言われている。一九一四年、アリス・ポールは全米女性参政権協会と決別し、議会同盟は全国組織として反民主党の姿勢をとる。一九一六年、女性党を結成。カンザス、イリノイ、アリゾナ州の選挙では、反ウィルソン票を集めた。一九一七年、ホワイトハウス前にピケを張って投獄されるが、彼女たちのハンガーストが戦争記事と同等に全国紙で扱われた。

全米女性参政権協会は、野外集会やパレード、ロビー活動、請願書などで、世間に女性参政運動を訴えた。一九一〇年、自立女性の平等同盟はニューヨークで最初の参政権パレードを行った。同年、全米女性参政権協会は議員委員会を設置し、憲法修正案として女性参政権を成立させる方針を打ち出したが、州レベルではワシントン州、カリフォルニア州が女性の参政権を通した。一九一二年の全米女性参政権協会大会では、七百万人の女性労働組合の代表キャロライン・ロー、ローズ・シュナイダーマンが演説し、男女同一賃金を要求し、進歩党の大統領候補セオドア・ルーズベルトが女性参政権を掲げた。

一九一二年以降三年間で、中西部諸州が女性参政権を獲得。一九一五年のニューヨークのパレードでは、女性たちはみな白のドレスで行進した。白いドレスは安価で階級の違いがわからないからであった。一九一八年、ミシガン、サウスダコタ、オクラホマ、テキサス諸州が女性参政権を獲得。一九一九年、アメリカ下院議会が、女性参政権のための憲法修正事項を持った決議案を可決した。

むすび

革新主義の時代は、社会的なエリートが社会正義を叫び、トラストの形成や少年労働の廃止を法規制に持ち込み、移民のアメリカ化を指導した時代であった。最近は、この革新主義の時代にこそアメリカ流の自由放任の民主主義が根本的に再編され、その政治意識が衝撃的に独特な社会改革を促したと言う認識が広まっている。女性組織の活動は、伝統的に慈善・道徳・生活支援を継続してきたのであり、種々の法制化もこの時代になって初めてのことではない。だが女性参政権運動がこの時代の政治を彩る大衆運動になったために、そしてその階級混交のパターンが、アメリカ民主主義再編の基礎をなす政治運動となったために、女性参政権運動は、革新主義の時代の重要な事件のひとつと考えてよいであろう。

修正事項一九条の批准は、アメリカの政治制度を動かす女性の才気を立証したばかりでなく、ようやく女性をアメリカ合衆国の第一市民に押し上げた。参政権運動の成功は女性史の中の一大事件でもあり民主主義の勝利であった。他の革新主義時代の改革と異なって、女性参政権は女性の領域という社会の壁に決定的な衝撃を与えた。一九二〇年以降、女性は男性と同じ社会運動の中でさらに険しい道を進むことになった。しかしこの時代の終わる頃には、労働基準法、最低賃金法、児童労働の禁止など、社会改善のためにはみんなが社会に尽くす義務があるとい世論が、女性たちの社会運動のなかで形成されていった。

（上野和子）

3 ハリウッドと移民社会―サイレント全盛の時代へ

はじめに

大都市の発展と工業化、そしてそこに押し寄せる大量移民たち。十九世紀後半から二十世紀初頭のアメリカは大きな渦の中にあった。特に一八八〇年代から九〇年代には、ユダヤ系、イタリア系を中心にギリシア系、ロシア系など東欧や南欧からの移民が増大した。その数の多さに加え、彼らはこれまで主流であったドイツ系やアイルランド系移民とは、言語や文化において大きく異なったため、社会環境にも大きな変化をもたらすことになった。ハワード・ジンは『民衆のアメリカ史』（一九八〇）で「八〇年代には五五十万人、九〇年代には四百万人という流入が、過剰な労働力とそれに伴う賃金の低下を促し、言葉もできず同化もむづかしいことが功を奏し、団結力にも欠け、雇う側にはスト破りにも好都合で、誠に重宝な存在だった」と語るが、十九世紀末の不況の最中、労働争議で混乱しながらも、低賃金かつ悪条件でも職を求める新参移民たちは、まさに大都市の発展と工業化という渦に巻き込まれていったと言えよう。また、十九世紀末のスラムの状況を細かにレポートした『もう一つの世界の住人たち』（一八九〇）の著者ジェイコブ・リースは、『貧しき子供たち』（一八九二）の中で、九〇年の統計を基に以下のように述べている。

労働搾取工場地域（ニューヨークの）におけるロシア、ポーランド、ルーマニア出身のユダヤ人は十一万一千人で、その三分の一がアメリカ市民ではあるものの、合衆国への平均滞在年数は十年に満たない。五万人のうちでは一万五千八百三十七人だけが英語で理解でき、七千人はドイツ語のみ、五千人はロシア語のみ、残りの二万千人ほどはヘブライ語しかできない。」

リースはこれに加え、子供の数の多さと、彼らが労働力として低賃金で働かせられている点を挙げ、その労働環境の劣悪さを指摘する。そしてこのユダヤ系に、イタリア系その他、様々な言語文化を持つ集団を抱えた都市の混沌とした状況は、移民ラッシュとして、二十世紀に入り第一次世界大戦勃発まで続くことになるのである。

この急激な社会変化と同時期に起きるのが、映画産業であった。発明家で有名なトーマス・エジソンが助手ディクソンの助けを借り、初期の「キネトコープ」の特許申請を出したのが一八八八年。その後、実用化への研究は続き、九三年には「キネト・グラフィック・シアター」という撮影所を作り、九四年には「キネトコープ・パーラー」というニューヨーク・ブロードウェイに「動く写真」を覗き穴から見る「ピープ・ショウ」の機器を五台設置した。また、ほぼ同時期の九五年には、フランスのパリではリュミエール兄弟が映写幕に映写する上映方法を既に開発し、大映写方法には関心の薄かったエジソンが、彼らに先を越されたことはよく知られていることだ。その後、アメリカ映画業界は二〇年代に巨大産業化し、ハリウッドという名のもとに、現代ではアメリカ娯楽産業の顔と言われるまでに成長する。このハリウッドを十九世紀末から始まる大都市の発展と工業化、そして大量移民の関係をとおして、サイレント映画全盛時代である二〇年代への流れを考えたい。

1 ユダヤ系移民と映画産業

十九世紀末、ヨーロッパからアメリカに渡った移民のうちのほぼ六割がユダヤ系移民であった。アーヴィング・ハウは、ユダヤ系アメリカ人の歴史を語る大著『我々の父の世界』（一九七六）で、「一八八一年から一九一四年の間、およそ二百万人のユダヤ人がアメリカに到着した。その大多数が東欧からで、直接かあるいはどこかを経由し移民してきたものだ」と述べている。彼らは故国での迫害を逃れ、アメリカを聖書の「約束の地」になぞらえ移民して来たのであった。その移民体験を自伝として記した『約束の地』（一九一二）のメアリー・アンティン（一八八一―一九四九）は「誰もがアメリカのことを口にしていたわ。・・・でも実際にこの魔法の国の本当のことは、何ひとつ知らなかった」と述べ、『パンをくれる人』（一九二五）で自伝的小説を描いたアンジア・イージアスカ（一八八五―一九七〇）も父親に「アメリカは乳と蜜の国、町には乳が流れている。家財道具も持って行く必要無し」と語らせる。

なかでもロシア出身のユダヤ人が多かったのは、ハウが前掲書で記しているように、「一八八一年三月一日、ロシア皇帝アレクサンドル二世が革命を望むテロリストに暗殺されたことで、穏健な彼の治世が終わりを告げ、数週間で新政府に扇動されたポグロム（ユダヤ人迫害）がロシア中で頻発し、ユダヤ人たちがペイル地区へ移住させられ」、この恐怖が彼らに移民の決断をさせたからであった。アンティンの『約束の地』のロシア時代はまさに、当時のこの体験も語られているものだ。

だが、アメリカに移民すれば期待どおりの「アメリカの夢」や「自由」を得られるかと言えば、そうは行かなかった。主要産業で成功を納めていたのはワスプの連中で、新参者のユダヤ人がそこで頭角を表すことは不可能に近いことは明らかなことであった。すでに移民していた主にドイツ系ユダヤ人たちも、既製服産業などを牛耳り、新参者の同胞を食い物にし、低賃金で雇う側に回っていた。しかし、中には「まだ誰も手を付けていない業種」に目をつけ、そこから這い出し成功を手中におさめる者もいた。その一つが、「写真が動いているとしか思えぬ、わずか一分間半足らずの娯楽（ピープ・マシン）」であり、こんにちのような芸術へ発展するとは、誰も夢にも思わぬ映画産業であったのだ。

いずれパラマウントを買収し、ハリウッドの帝王となるユダヤ系のアドルフ・ズーカーが、ハンガリーから単身、新天地アメリカへ渡ったのは一八九〇年代末の十六歳の時であった。「古着のチョッキの裏地に四〇ドルを縫い付けてアメリカに渡ったこのユダヤ人孤児は、二ドルの家具の張り替え仕事からスタートした」という数々の彼の苦労話は、ズーカーのもとで働いた父B・P・シェルバーグの息子バッド・シェルバーグによる『ハリウッド・メモワール』（一九八一）に詳しく語られている。事実、ズーカーは家具職人から身を起こし、その後に毛皮商として成功をおさめた後、一九〇三年には例の「ピープ・マシン」を購入、小銭で遊べる移民相手の娯楽へと進出の第一歩を踏み出した。そして世の中が活動写真へと移行する中、映画を短編から長編へ、内容もストーリー性のあるものへと、次々と現代に近いものへと進化させた張本人だ。

ちなみにズーカーは、後に触れる喜劇王チャールズ・チャップリン（一八八九―一九七七）さえもが「顔立ち、精力的な点、小柄なところ、どこをとってもナポレオンである」と『自伝』で一目おく人物だ。

一九一九年、チャップリンがピックフォード、グリフィス、ハート、フェアバンクスとユナイテッド・アーティスツ社を自ら設立する際には、ズーカーはこの人気俳優と女優によるユナイテッドが、自分たちの強敵となると知ると、強引かつ芝居っ気たっぷりにハンガリー訛りの英語で「自分は芸術家の味方だ。ニッケル・オデオンを一掃しビロード張りの劇場にしたのは自分ではないか。君たちの作品の収益を増大させたのも自分だ」と熱弁をふるった。結局はユナイテッドの株が彼の目的だったのだが、今回はさすがの彼のもくろみも失敗に終わった、とチャップリンは書いている。

その他、ユニバーサルのカール・ラムレー、ＭＧＭのサムエル・ゴールドウィン、二十世紀フォックスのウイリアム・フォックス、ワーナー・ブラザーズのハーリー・ワーナーなどと、後の巨大映画産業の中心となるものは、同様にみなユダヤ系アメリカ人が始めたものである。

2　二〇年代移民労働者が支えた映画産業―『チャップリンの移民』と低所得労働者たち

甲板に溢れんばかりの人を乗せた移民船。当時ヨーロッパからアメリカへ渡る移民の顔には、船に詰め込まれ何週間にもおよぶ船旅で憔悴し切った上、新天地での新たな生活への不安の表情を見ることができる。十九世紀末から二十世紀初頭、アーケード街のピープ・ショウの時代から、この貧しき人たちの娯楽であった映画は、ピープ・ショウがいわゆるニッケル・オデオンへと変わろうとも、安い料金で楽しめる、移民や低賃金労働者の娯楽の中心であったのだ。

一九一七年に公開された『チャップリンの移民』（以下『移民』）は、このような当時の観る側の移民労働者と映画史の関係から、興味深い作品である。それは移民を扱っているだけにとどまらず、作品自体、チャップリンが「現実社会で苦悩する人たちは弱者であって、その一人ひとりが不自由に生きている」とし、徹底的に弱者の視点から作品制作に取り組み始めた『勇敢』(一九一六)同様の視点が、そこに見られるからである(『勇敢』はチャップリンの初期作品ながら代表作にも挙げられ、舞台は英国の貧民街で、貧困と暴力を扱いながら彼らしいスラップスティック・コメディでまとめられ、ハッピーエンドで終わるもの)。ここでは、この『移民』を取り上げ、移民とハリウッドの関係に注目し論じていきたい。

冒頭は移民船の場面から始められる。右に左に「時化」で揺れる船、船酔いの移民たちに混じり、チャップリンがカメラに背を向け海に上半身を乗り出している。誰もが船酔いで苦しむ彼の姿を想像するが、振り向いた途端、手には釣り上げた魚を持ち、満足の表情が写し出される。一方、食堂では船が傾くたび、料理がのった皿がテーブルの上を滑る。この両シーンともに、移民船での苦労を知る者にはたまらないはずだ。無事アメリカに到着し、この映画を楽しめる者だからこそ、自然と笑いが出る。二〇年代初頭まで制作された短編をはじめ、その後も、チャップリンが常に弱者の立場から作品制作を続けたことは既述したとおりだが、特に『移民』と同時期の短編や二〇年代初期の作品には、そのテーマからも、移民労働者が意識された作品が多く見られる。あのチャーリーのイメージが確立したとも思える貧しくとも誇り高く生きる『チャップリンの失恋』(一九一五)、貧しき者には縁が切れぬ質屋を描く『チャップリンの番頭』(一九一六)、貧困に苦悩する労働者を扱う『犬の生活』(一九一八)、イギリスでの貧しかった子供時代を背景にした『キッド』(一九二一)などが、当時の貧しきアメリカ移民に、訴えるところが大きかったことは言うまでもないだろう。

甲板から自由の女神を眺める移民たち（チャップリンの『移民』より）
写真協力（財）川喜多記念映画文化財団

　さてピープ・ショーに代わり登場した映画劇場、いわゆる「ニッケル・オデオン」（ニッケルは五セントを表す）だが、この劇場は二十世紀初頭に大都市を中心に建てられ、更に労働者階級をそこへ誘い込むことになった。「利益に関して言えば、一九〇六年は五年の三倍、その翌年は二倍と上がる一方で、一九〇八年にはニューヨークだけでその劇場数は六百は下らなかった」と『映画がアメリカを作った』（一九七五）の著者ロバート・スクラーは書いているが、まさにこの初期から二〇年代にかけての映画産業の「創世記」を観客として支えたのが、移民である低所得の労働者階級であった。理由は言うまでもなく、「入場料の安さ」、「サイレントゆえ英語が分からぬ移民にも理解しやすかったこと」にある。特にチャップリンのサイレント時代の傑作には、これまで見たように内容は、移民の日常と隣り合わせゆえ、更に人気があったことは明白なことだ。

　この点を考慮し、続けて『移民』について触れていきたい。ストーリーでは病床の母親とそれを気遣う娘が登場し、母親は寝ている間に悪者に金を盗まれてしまう。チャーリーは博打で儲けた金を気付かれぬよう娘のポケットに入れてやる。だがその際、全て渡すのは惜しくなり、自分の取り分をポケットから抜き取るが、そこを役人に見つかり、スリと間違えられる。だが結局は疑いは晴れる。善意が災難に代わるというチャップリンのスラップスティック・コメディだ。その後、アメリカへいよいよ到着。移民たちは甲板から「自由の女神」を眺め感慨も一入、これまで多くの写真や絵、小説にまで登場した「移民とアメリカの出会い」の象徴的なシーンである。だがそれも束の間、彼らは突然、現われた移民局役人に動物でも扱うかのごとく、ロープで縛られる（自由の国アメリカが、現実には夢でしかないことを示唆するかのように）。

デイヴィッド・ロビンソン著『チャップリン—その生涯と芸術』（一九八五）によると、公開に先立ち、このシーンを問題視する意見も出たが、「とてもおかしく現実的」という宣伝担当カーライル・ロビンソンのコメントで、そのままの採用が決定されることになる。このような「アメリカの夢と現実」への嘆きは、当時の文学作品では、少なからず描かれ読者に共感を持って受け入れられた。ユダヤ系アメリカ人作家マイケル・ゴールド（一八九三—一九六七）の『金無しユダヤ人』（一九三〇）では二十世紀初頭のニューヨークのスラムが舞台だが、貧困・堕落・不平等というアメリカに夢破れ、作品では「ああ、これがアメリカか！」という嘆きが繰り返される。またヘンリー・ロス（一九〇六—一九九五）の『それを眠りと呼べ』（一九三四）では、先に移民した父親が、妻と息子を移民局へ迎えに出るが、彼らが現実を知らず「はしゃぐ」姿に父は不機嫌になり、同時に「自由の女神には影が指す」という象徴的な描写が加えられる。「とてもおかしく現実的」なこのアメリカの描写が、当時の移民を「笑いとペーソス」に包んだことは言うまでもないことだろう。

さてその後、『移民』ではストーリーは「文無しで空腹」なチャップリンがレストランの前でコインを拾い、その金で空腹を満たそうと中へ入る。「注文の方法」や「帽子を脱ぐ脱がない」というウエイターとのコミュニケーションが取れぬエピソードも、英語を母語とせぬ移民には、実体験から笑えるものである。チャップリンはかつて『アメリカン・マガジン』で自らギャグについて論じた際、「誰もが知っていることが、観客にも直に感じることができ、それで笑いが起きるのだ」と述べたことがあるが、まさにその良き例として、このレストランのシーン、そしてこれまで挙げたエピソードは考えられるだろう。ここで改めて彼が観客として想定する対象が誰であるかを、確認する必要もないだろう。「移民」「弱者」という立場を描き、街でのさばるギャングを警官になってこらしめ、金持ちを笑い者にするチャーリー、貧しいながらも最後には幸福をつかむチャーリーは、「その過半数を占める当時の映画観客」のヒーローであったことに相違ない。

3　二〇年代ハリウッドースターの登場、スキャンダルそして危機の脱出

スターを作り上げ、作品をとおして会社の看板にする。そしてその結果、それが興行成績に跳ね返り、会社には大金が舞い込んでくる仕組み。これを始めたのはいうまでもなくハリウッド映画産業である。メアリー・ピックフォードを看板スターとして雇い、この「映画スター」スタイルの先駆けを作り「アメリカの恋人」にまでしたのは、例のアドルフ・ズーカーで、一九一三年に彼が彼女をグリフィスのもとから引き抜いたことに始まる。一九一〇年代から人気を博したスターを挙げれば、ピックフォードをはじめ、いたいけなリリアン・ギッシュ、喜劇では言うまでもなくチャールズ・チャップリン、ロイド、

キートン、そしてハンサムな二枚目俳優ではダグラス・フェアバンクスなどといったところだろう。

一〇年代の女性スターの特徴は、いわゆる「アメリカの伝統ピューリタニズムから好まれる女性像」を具現化したものである。つまりグリフィス監督の作品に登場したピックフォードやギッシュに代表される「純情可憐」なタイプである。だが第一次世界大戦ごろより、セックスアピールを醸し出す妖艶な「ヴァンプ」、つまりシーダ・バラが登場し、その後も一九二〇年代の自由奔放なフラッパーの流行が追い風になり、ピューリタニズムの窮屈さから脱することを望むようになる。また、男女間の付き合いも自由になったことから、映画作品もこれまでの性道徳を覆すものが登場し始めた。セックス・シンボルとして当時、活躍したのは、男性ではまずルドルフ・ヴァレンチノだろう。『黙示録の四騎士』(一九二一)『シーク』(一九二一)、『血と砂』(一九二二) などが二〇年代初期の彼の代表作で、二六年には三十一歳の若さでこの世を去った時には、多くの女性ファンが葬儀に集まり涙を流した。また女優では『夫を変へる勿れ』(一九一九)、『男性と女性』(一九一九)、ヴァレンチノと共演した『巨厳の彼方』(一九二二) の恋多き女性グロリア・スワンソンや、『モダンガールと山男』(一九二六) や『イット』(一九二七) など性的スキャンダルが多く、クラーク・ゲーブルとも噂になったクララ・ボウなどが挙げられるだろう。

また二〇年代を目前に、娯楽産業として拡大していくハリウッドには、産業形態にも変化が生じ始めた。ファースト・ナショナル興行社連盟が、制作と配給そして上映までもを一手に引き受ける経営方法を打ち出したのであった。ズーカーも地方の劇場を買い上げ、他社を統合してパラマウントを立ち上げ、マーカス・ロウは統合を重ねＭＧＭを設立し、ここでハリウッドの「垂直統合経営」が来たる一九二〇年代に向け整うのである。「映画が娯楽として観られていたのは、一般に歴史家が説明するように都市ばかりではなく、田舎町だった。・・・ズーカーが一九一九年から二〇年に必死で買収し傘下におさめていた劇場は、地方の人口五千人以下の町だった」とＧ・バックマンとＴ・スレイターは資料をもとに『アメリカン・サイレント・フィルム』（二〇〇二）で論じている。当時ズーカーがファースト・ナショナルに対抗すべき「垂直統合経営」を自社でも立ち上げるため、かなりの勢いで活動していた様子は、この資料からも伺えるものだ。

さて、このような「スターの生産」や「経営方針の改変」に目まぐるしい二〇年代に入ったばかりのハリウッドを襲った事件が、スキャンダルの嵐だった。まずは喜劇界において、人気ではチャップリンに続くとまで言われた「でぶのアーバックル」ことロスコー・アーバックルが、婦女暴行と殺人事件の容疑で裁判になる。一九二一年九月の労働祭の後、サンフランシスコのセント・フランシス・ホテルの彼のスイートルームで開かれたパーティで、その事件は起きた。モデル兼女優のヴァージニア・ラップが、膀胱破裂が引き起こした腹膜炎により重体で発見され、その四日後には死亡した。アーバックルは殺人容疑で起訴され、「彼はラップを酒瓶で暴行した上、自らの体重で圧迫死させたのだ」という噂まで流れた。彼女は頻繁に腹痛を起こし、普段から体調がすぐれなかった上、恐らく直接的な死因は不法な中絶によって起きた傷だ、と考えられたにもかかわらず、裁判は三回行われ、彼はようやく証拠不十分で無罪になる。バックマンとスレイターは、前掲書でこれは政府による「ハリウッドの悪を一掃しようとする企てで、映画界が目の敵にされていたから起きたこと」と述べているが、確かにピューリタニズムから逸脱したハリウッドの当時のやり方が、政府の良心の触れたゆえのことだろう。アーバックルはその後、気の毒にもこの事件が原因で、完全なる復活は果たせず、一生を棒に振ることになる。しかし、スキャンダルはこれで収まる訳にはいかなかった。アーバックルの公判中にもパラマウント映画のウイリアム・デズモンド・テイラー監督が、ロサンジェルスの別荘で死体で発見された。彼の女性関係は派手で他殺説が濃厚だが、犯人は特定できずに終わる。その他、麻薬をめぐる女優の自殺もハリウッドで起きるなど話題はつきなかった。またピックフォードとフェアバンクスの離婚、華やかしチャップリンの女性関係も暴かれるなど（中でも彼が十七才のミルドレッドを妊娠させ結婚はしたものの、結局は妊娠は彼女の嘘であったことが判明し、その後は離婚）、ハリウッドの一向に止む様子のないスキャンダルは、アメリカ社会に衝撃を与え続けた。

それゆえ当時、ハリウッドは「スキャンダルの都」と称され、それが「アメリカの伝統であるピューリタン的な倫理に反する」こと、作品内容も「セックス・シンボルの登場」や「倫理に反する浮気もの」などの問題が指摘された。更にそもそもハリウッドがユダヤ人で構成され、移民の娯楽として大いに支持を得ていたことが、キリスト教倫理から攻撃する良い機会となった。それに既述したとおり、第一次世界大戦後のアメリカの、異常な愛国主義と溢れんばかりの移民に対する脅威が重なり、移民排斥運動と労働運動への赤狩りがピークに達していたからである。「二〇年代の若者の倫理崩壊に歯止めをかける動き」に、この運動が重なり、その責任を映画界に求めた結果だった。「ユダヤ人経営者」という移民が作り上げ、低価格の娯楽として「移民に支えられ」、「ピューリタンの伝統を崩壊させる内容」と「スキャンダラスな巣窟」として見られたハリウッドが、この時期にすべての悪の根源として攻撃の対象とされたのであった。

だが一九二二年、ハリウッドはアメリカ映画制作者配給協会の会長に現職の郵政長官であるウィル・ヘイズ（大統領とも親しい）を招き入れ、映画の自主規制を作り、まんまとワスプ中心のアメリカ社会からのこの攻撃をかわすことに成功したのであった。

4 おわりに―サイレント全盛二〇年代へ

一九二七年に初めてのトーキー（音声入り）映画『ジャズ・シンガー』が登場するまで、ハリウッド映画界はサイレント全盛の時代が続く。喜劇ではチャップリンの『キッド』（一九二一）、『黄金狂時代』（一九二五）、『サーカス』（一九二八）などが発表され、この喜劇王に続けとばかりに、バスター・キートンやハロルド・ロイドなどが活躍した。一方、既に触れた、いわゆるセックス・シンボルたち、フェアバンクス、ヴァレンチノ、スワンソン、ボウなども活躍を続けていた。

また二〇年代は西部劇が映画として確立された時代でもあった。ベストセラー小説の映画化として『幌馬車』（一九二三）がまず登場し、その成功に続き『アイアン・ホース』（一九二四）『駅馬車』（一九二五）などと、こんにちでもいまだ不朽の名作として知られる作品群が、続々と現われた時代だ。アメリカの開拓時代の歴史を語る意味では、セックス・シンボルたちの作品とは対極に位置し、うまくバランスをとっていたと解釈するのは考えすぎであろうか。またハリウッドは上映作品に関してはフランス、ドイツなど海外からも積極的に作品を取り寄せて上映した。それは俳優や女優、監督をはじめ製作スタッフにおいても同様のことで、移民が起し、移民たちの娯楽として支えられたというその性格からも理解できるように、その寛容さから、続々と海外から彼らをハリウッドへと迎い入れられたのであった。

二〇年代にこんにちの形を成したハリウッドが、当時、何よりも、自由で移民に門戸を開き、アメリカ的であったということは、誰もが認めることだろう。

（君塚淳一）

コラム❶ フロリダの土地高騰

経済が急速に進展するとき、異常な価格上昇がおこることがある。実態以上に値上がりした価格は、いつか泡のようにはじけるため、バブルと呼ばれる。フロリダでは、これが地価の異常な値上がりとなってあらわれた。

アメリカ本土の最南端を有する、カリブ海に突き出た南国のフロリダ半島。沼地の多い平らな地形で、大半は亜熱帯の気候。南端近くのマイアミや、その先に浮かぶ島々では、雨季と乾期のある熱帯気候である。

一九二〇年代のアメリカ経済を強力に牽引した大都市が、雪の舞う北部に集中するなか、冬に乾燥した温暖な日がつづくフロリダは、魅力的であった。」

鉄道と自動車が、ニューヨークから二千キロ南にへだたったマイアミまでの時間を縮めた。二千キロといっても、冬の代表的な保養地、南カリフォルニアまでの四千キロよりは、はるかに近かった。

北部の大都市で伸張する経済の恩恵を受けた人々は、競ってフロリダに別荘を、あるいは住居をかまえた。

北東部の都市への集中は、深刻な過密化をもたらし、過熱する経済競争に、人々は休息を欲していた。それに加えて、登り調子の経済は、誰にでも夢を見させたのである。土地を買えそうにない給料の会社員でさえ、先行きは必ず明るく、すぐに返済できるものと見込んで別荘地を購入した。

一九二〇年には三万人だったマイアミ市の人口は、その五年後には二・五倍に膨張していた。実際に、不動産業者の活動は凄まじかった。このころ流行ったジョークに、こんなものがある。

フロリダに昔から暮らしている男が、ある日、あきらかによそ者だとわかる男を見かけて、声をかけた。「土地を買いたいのかね。」男は値段も聞かずに即座に応えた「よし、買おう。」

不動産業者に限らず、土地を買うのにも熾烈な競争があった。定住よりも、転売を目論むほうが多かったからである。

　マイアミ市内の土地は、数年間で数倍から数十倍まで値上がりした。一九二三年に八十万ドルだった土地が、二四年には百五十万ドル、二五年には四百万ドルにまで達した。

　土地を購入するには、価格の一割を前払いする必要があった。残りの九割は、三十日以内に払うよう義務づけられていた。しかし、その前に人々は前払いで得た仮契約書を高額で転売した。こうして、莫大な金額を手にした人は、更にいい物件に投資し、土地の値段は限りなくつり上がって行くかに思えた。

　しかし、そのおわりは、突然にやってきた。

　一九二六年九月十八日。フロリダを襲ったハリケーンは、マイアミの街並みをなぎ倒し、海に浮かぶヨットを陸に押し上げた。家を失った人は、五万人に及んだ。フロリダの土地バブルは、終わりを告げ、転売できない土地を抱えた人々は、破産した。

　貸し倒れが集中したフロリダの銀行では、倒産が相次いだ。一九二八年には州内の三十一の銀行が不良債権を抱えて倒産。翌年には、それを上回る五十七件の銀行倒産があった。

　台風でも倒壊しなかった建物から も、人影が消えた。この頃に建った豪邸で残っているものは、それほど多くはないが、フロリダ西海岸のサラソータには、サーカス公演で財をなしたジョン・リングリングとその妻メーブルの屋敷が残っている。

　ベネチア建築を模した宏壮な建物には二十三の部屋と、十五のトイレがある。屋敷前の桟橋には、かつて夫ジョンのヨットと、妻メーブルの愛用していたベネチア風ゴンドラが係留してあった。一九二六年の台風は、それらも押し流してしまった。一九二九年の株式大暴落の直前には、妻メーブルが亡くなる。ジョンも、それから七年後に亡くなった。

　遺言により、屋敷と庭園は、美術収蔵品もろとも州に寄贈されることとなった。現在、ジョンとメーブルにちなんで「リングリング美術館」として公開され、見る者に一九二〇年代の栄華を偲ばせる。


（佐野潤一郎）

第Ⅱ章

20 年代の幕開け

1920 年代当時のガソリンスタンド

1　移民排斥とアジア女性像

はじめに

アメリカへの移民——誰もがまず思い浮かべるのは、ヨーロッパからの白人移民であろう。だが、これら白人移民がアメリカ東部という表玄関からやって来たとすれば、裏玄関ともいうべきアメリカ西部には、東から、すなわちわがアジアから、やはり移民が到着したのだ。十九世紀半ば、まず中国、ついで日本から、白人移民たちと同じように一攫千金を夢見て移民たちがやって来た。ところがどれほど努力しても、彼らの行く手にはアメリカンドリームの実現はありそうもなかった。努力や熱意が足りなかったのではない。数限りない差別と偏見を受け、成功への道を阻まれ続けたからなのである。さらにアジアからの移民排斥に向けた法的な締め付けが次々に行われ、一八八二年の中国人排斥法に始まり一九二四年の排日移民法（いずれも通称）によって、中国人も日本人も入国という点で息の根を止められてしまうのだ。アメリカは自由と平等を標榜する、世界に開かれた国ではなかったのか。少なくとも有色人種にとって、この答えがノーであったことは疑いようもない。二〇年代、アメリカは表玄関からやってくる白人たちの国なのだ、ということをはっきりと表明したのだといえよう。

アジア系移民にとって二〇年代はこうして忌まわしい年となったわけだが、同時に不思議なことに大衆レベルにおいてはアジア人女性を持ち上げる傾向が強まってくる。アジア人はいやだ、アメリカに来るべきではないという一方で、アジア女性の神秘性や従順さに注目し賞賛するという、いわば虚像の捏造が盛んとなるのも二〇年代前後の流れである。「アジアの女」という言葉がアメリカで醸し出すイメージは、一朝一夕でできあがったわけではない。現在でも、多くのアジア女性がアメリカで遭遇するのは、実態とかけ離れたステレオタイプであり、二〇年代あたりに出来上がったとみられる強力な観念である。この現象を移民に対する肯定的観念と捉えてとりあえず（白人サイドから見た）「光」とすれば、移民排斥という否定的史実の「影」と対比して、一九二〇年代にアジア系移民を取り巻く「光と影」は明瞭になって来よう。本論ではこの二つの現象を詳細に見てゆくことにより、「光と影」が実はかけ離れたものでも相反するものでもなく、表裏一体の共通の概念を示していることを明らかにし、アメリカにおけるアジア系移民の歴史的文化的な意味を考えたい。

1 黄禍論と移民排斥法—歴史概観

アメリカにおけるアジア系移民排斥の動きは突然出現したというのではなく、ヨーロッパ諸国の動きと連動した大規模なものとして捉えるべきである。まずは歴史をたどりながら、アメリカがどのように移民排斥に至ったかを見よう。

十九世紀、帝国主義拡張を続けていた欧米では、次第にアジアに対する特定の概念が生じる。キーワードは「脅威」だ。アジアが遙か遠い未知の国であった頃、ヨーロッパにとってそこは異国であこがれの地でしかなかった。十七世紀から一八世紀にかけては大規模な中国熱、日本熱が主に文化面で起きている。もちろんアジアの政治社会体制に対する批判や嫌悪もあったのだが、それはあくまでも学問ジャンルにとどまっていた。ところが一八七〇年代から第一次世界大戦に至る帝国主義のもとで事態は全く変わる。世界制覇をめざす欧米各国は、まず中国がその安価な労働力を武器にアジア一帯に進出したことに脅威を見出す。そしてアジア各国の安価な工業生産力に対しても脅威を感ずる。アメリカでは同様の安価な労働力がまさに移民として押し寄せて来、白人労働者にとって大きな脅威となった。これらが実際にどの程度の脅威なのかについては楽天的な見通しもあったにもかかわらず、欧米世論の大勢は「脅威」にとりつかれつつあった。この状況に追い打ちをかけたのが、一九〇〇年に中国で起きた義和団事件と一九〇五年の日露戦争における日本の勝利だった。とくに後者は、極東における軍事的脅威が実際に表出した事実として欧米に衝撃を与えた。この時点で「脅威」は強力な「黄色人種の脅威」、つまり「黄禍」という名のイデオロギーへとなっていく。

ハインツ・ゴルヴィツァーは黄禍論を日本人や中国人が白人に与える脅威と定義づけ、具体的な次の三点が脅威と捉えられたとする。まず、黄色人が白人労働者たちとの競争で与える脅威、次にアジア製品の成功が欧米経済に与える脅威、そして強大な黄色人の国家が政治的独立を達成したときを想定しての脅威である。欧米帝国主義の拡張自体がアジア諸国の経済的政治的欲望を覚醒したという事実にもかかわらず、「黄色」に対する優位を確保するために、まずヨーロッパが、そしてアメリカが、黄禍論というイデオロギーを作り上げ政治的意識へ浸透させたのである。「黄禍」、英語でイエロー・ペリルという言葉自体は、十九世紀末にすでにドイツやフランスで現れ、世紀転換期にイギリス、アメリカでも流通するようになり、二〇世紀前半欧米でのアジア系に対する支配的イデオロギーとなる。その背景にあるのは、このように必ずしも経済問題だけではなく、政治的相互関係や心理的問題など複雑な要因なのである。

アメリカにおいて、黄禍論は移民排斥運動の強力な推進力となり、最終的にはアジア移民全面締め出しに至った。まず第一のターゲットは中国人であった。イエロー・ペリルが声高に叫ばれるようになる以前、主にアイルランド系の白人労働者からの突き上げによる激しい中国人排斥運動の結果、一八八二年に中国人排斥法が成立した。次に、二〇世紀初頭から中国人労働の穴を補う形で移民した日本人が、中国人の失敗の轍を踏まないよう土着定住をめざし、農業を主力に白人労働者との競合をさける努力をしたが、黄禍論が根底にある以上、どう努力してみても排斥を逃れることは不可能だった。「日本人は優れているから恐れるべき」と声高に叫ぶ人種主義者ホーマー・リーや、日本語を話し日本人コミュニティーにとどまる日本人に対する強い非難をあおり立てるハースト系を中心とするイエロー・ジャーナリズムなどによる黄禍論は、政治家にも一般大衆にも受け入れられて西

『週間ハーパー』1869年6月12日掲載。中国人男性が白人女性を乗っ取るという脅威を戯画的に表現している。

海岸における激しい排斥運動を引き起こし、その結果日本人移民に対する一連の排斥法が成立することとなる。一九〇八年の紳士協定では日本人労働者の移民が禁止され、一九一三年のカリフォルニア外国人土地法ではアメリカ国籍を持たぬものの土地所有が禁止され、一九二〇年には日本政府が写真花嫁への旅券発給を中止する、などにもかかわらずその排斥運動の嵐を止めることは出来ず、ついに一九二四年の排日移民法の成立となる。これらの法をわかりやすく言い換えれば、アメリカの被植民者であったフィリピン人を除き、アジア人はすべてこの先アメリカに移民として入国することは出来ない、すでに移民した人間は国籍を取るとか土地を所有することは出来ない、となったのである。

こうした黄禍論と移民排斥法から明らかとなるのは、アメリカは人種的に同質の社会、すなわち白人社会なのだという強力な支配的イデオロギーである。この白人社会を脅かすものは排斥するしかない——これこそアメリカの帝国主義を推進した精神に他ならないし、それはまた第二次世界大戦時の日系移民強制収容という究極の排斥を下支えした理念なのである。

2 異人種間結婚禁止法とイエローペリル・ディスコース

黄禍論から発した法律として、一九二四年の排日移民法とともに注目したいのは、一九二〇年代に西部各州で成立した異人種間結婚禁止法である。文字通り人種を越えた結婚を認めない、というこの法律は、本来白人と黒人の結婚阻止を目的として制定されたものなのだが、なぜ黒人の少ない西部全州——カリフォルニア、ワシントン、オレゴン、ネヴァダ、モンタナ、アイダホ——で制定されたのだろうか。答えは明らかだ。これらの州に集中しているアジア系と白人との結婚を禁じることが目的だったのである。この法律は州法であって連邦法ではないので、他州に行って結婚することは出来た。実際、中国人男性牧師と白人女性がコロラド州デンバーで結婚した例などの報告は多数ある。ただしこの場合でも結婚後に白人女性は市民権を失うという法律まで出来ていた。なぜこうまでしてアジア系と白人の結婚を阻止しようとしたのだろうか。

中国系移民が男性独身者ばかりの社会となってしまったのは、先に述べた中国人排斥法の結果である。男性がまず移民し、ある程度経済力がついた時点で結婚するために故国に一時帰国をするという、移民が通常とっていた結婚の手段は、この法律によって完全に断たれた。当時の中国人社会の人口の男女比は二七対一の男性過多だった。日系移民に関しては、土着永住思想によって移民当初より家庭を持つ方針を貫き、非難は浴びたが写真結婚などで女性の移民もかなりの数にのぼり、これほどの男女数の不均衡は見られなかった。したがって中国系移民にとってせっぱ詰まった事態のもとで、結婚相手を捜す方法として考えられたのは、中国系以外のアメリカにいる女性と結婚することだけだ。当然その対象は数の多い白人女性となる。この事態を避けるべく白人社会が持ち出したのは、またしても脅威―イエローペリルである。白人はあくまでも支配的地位にいるべきであり、その優れた血を守るためには、あらゆる面で劣っている黄色人の血がどんなことがあっても混じらないよう、法的な措置をとらねばならない。この考え方、すなわちイエローペリル・ディスコースは、まず大衆の間で流通し、異人種間結婚禁止法が象徴するように政治的法的力を持つ支配的言説となるのである。

こうして出来上がったアジア系移民包囲網の一つ、異人種間結婚禁止法は驚くことに第二次世界大戦後も存続し、最終的に全廃されるのは一九六七年のことである。この間、異人種間の恋愛や結婚のは大きなタブーとなり、それを破ることは大変な覚悟や危険を伴う冒険となった。逆に、これが大衆の好むドラマのテーマとなったのは言うまでもない。

3 異人種間結婚のタブーとマダム・バタフライ

アメリカにおける異人種間結婚のクラシックなストーリーは、誰もが知っているポカホンタスの物語だ。ネイティヴ・アメリカンの王女ポカホンタスと白人ジョン・スミスとの純愛は、根強い人気を持つ異人種間結婚のタブー破りの物語である。ただし、このストーリーにはエスニックな欲望をそそる道具立てがそろっている。ネイティヴ・アメリカンの王女であるポカホンタス、その全生命をかけての白人男性の救出と愛の芽生え。高貴な有色人女性の自己犠牲と献身をバックにこの物語は進行し、最終的には女性があっさりと死ぬことで混血児が生まれる危険もなく終わる。すなわちこの物語は白人至上主義にとって安全なもの、タブーを破るすれすれのところで例外的なファンタジーを展開しており、今なお大勢の人々に心地よい夢を与え続けているのだ。

このポカホンタスの人気とエッセンスを継承しつつ、アジアの女性をターゲットにしたのがマダム・バタフライである。日本でもなじみのこのイタリア・オペラは、源流はアメリカ人作家がかかわった作品であり、しかもその底流にはイエロー・ペリルに対するファンタジーとでもいうべき独特の観念があるのだ。ジーナ・マーチェッティは、アジア人の関わる異人種間恋愛をイエロー・ペリル・ファンタジーと位置づけ、ストーリーを三種類に分析する。まず、扇情的なアジア人女性が白人男性を堕落させる物語、つぎにアジア人男性が白人女性を性的に脅かす話、さらにアジア人女性と白人男性間の悲恋物語だ。いずれも人種を越えた性的接触のタブーを犯す危険をはらみつつ、白人至上主義に傷を付けることなく、物語はある時は警告として、ある時は安全に美しく終結する。マダム・バタフライの物語は当然第三の範疇に入るものであり、アメリカ大衆文化の中でこよなく愛され再生産を続けられてきたものである。この物語、一体どういう話なのだろう。また、どうやって出来上がったのだろうか。

そもそもの始まりは、鎖国後間もない一八八五年に日本に短期間滞在したフランス海軍将校ピエール・ロティ（本名ジュリアン・ヴォード）が、二年後に著した体験記の「マダム・クリサンセーム」（おキクさん）だ。ストーリーは、十八才くらいの日本人女性おキクさんが月百円という条件でロティのいわば現地妻となり、しばらく生活を共にするがロティは日本を離れることとなり、おキクさんはいささか悲しそうなそぶりを見せるものの出発の日には楽しそうに歌を歌いながら前日彼からもらった銀貨を勘定していた、というものだ。ここでは異人種間恋愛のタブーや結婚の破局といった悲壮な問題は全く見られず、たんなる旅のアヴァンチュールがコミカルな雰囲気で描かれている。ただし、日本女性が単なる遊び相手とかちょっとした慰みといった位置づけで扱われていることに、マダム・バタフライに通じる植民地的主義的視線は当然あるのだが、全体は軽い交際を紀行記風に綴ったもので悲劇的雰囲気からはほど遠い。

ロティの作品はフランス語で書かれたが英語翻訳も出され、これを題材に取り上げたのがアメリカ人ジョン・ルーサー・ロングだ。彼は基本的なストーリーをロティから借用してはいるが、自分の姉が宣教師の妻として長崎に存住していた自分の姉の伝聞をもとに大きく書き換えている。一八九八年に出版された短編は、その名も「マダム・バタフライ」。主人公はチョウチョウさん（マダム・バタフライ）、相手はアメリカ海軍将校ピンカートンと我々に馴染みの設定になっている。ストーリーは、日本娘のチョウチョウさんがピンカートンと結婚生活を共にした後ピンカートンの帰国で別れるが、結婚は継続していると解釈、生まれた息子とともに帰りを待ち続けるが、帰ってきたピンカートンは白人の妻をともなっており、息子を引き取ろうと申し出る。絶望したチョウチョウさんは自殺を図るがうまくいかず、結局息子とともに姿を消す、というものだ。この書き換えでは、ヒロインはロティの作品よりはるかに苦悩する人間として描かれている。何よりも重要なのは、ここに異人種間結婚のタブーを意識した設定が加わっている点だ。つまり改変された部分では、チョウチョウさんとの結婚は正式なものではないこと、白人の正式な妻は白人であると言うかのごとく登場すること、ただし混血の息子に関しては、人種的他者を白人社会へ同化する最善の方法として、養子にする構えをみせて養育責任を引き受けようとすること、最終的に白人同士の結婚に対する脅威となる存在―チョウチョウさんは消え去ること、などが示唆されているのである。こうして、枠組みとして悲劇、内容として白人優位に基づくロマンチック・ラヴが完成されて、白人の間で人気が出たのは当然といえば当然のことだった。

この人気に目をつけたのが、アメリカ人劇作家のデイヴィッド・ベラスコだ。一九〇〇年、彼はロングの協力を得て脚本を完成、上演にこぎつけ大成功する。彼もまた手直しを加えているが、最大の変更は最後にバタフライが苦悩のあげく自殺することである。ここにおいて悲劇性が加わり、その強いインパクトにより大成功を収めるのだ。この劇はアメリカおよびイギリスで上演され、そのロンドン公演を見たのがイタリアの大オペラ作曲家プッチーニだった。英語はわからないプッチーニでも、劇は理解しやすく大いに気に入り、鑑賞後ベラスコ本人と会ってオペラ化の承諾を得、オペラ制作を始めた。四年後の一九〇四年、オペラ「マダム・バタフライ」はミラノで初演され、今日に至るまでプッチーニの代表的な作品の一つとなり、世界中のオペラファンを含む多くの人間が愛好する作品となった。プッチーニの作品は、ベラスコよりはロングに近い部分を多く持つが、基本的には同じ路線上の壮麗な悲劇である。

以上たどってきたストーリーを、バタフライ・ナラティヴとしておこう。完成は一九〇〇年代半ばだが、完全に流通したのはもう少し後になると見て良い。異人種間の愛と結婚、献身と裏切り、絶望と自己犠牲の自死に彩られたこのナラティヴこそは、以後ずっとアメリカ大衆文化の中で繰り返し再生産され続けられる。異人種間とはいうものの、常に白人男性と有色人女性のカップルであったのは、ポカホンタス以来不変のセオリーだ。映画においては、このバタフライ・ナラティヴは様々な形で繰り返されてきた。映画版「マダム・バタフライ」そのものは、一九一五年のメアリー・ピックフォード主演と一九三二年同じ主演でケリー・グラントとの共演のものが最も有名だが、いずれも白人であるピックフォードがマダム・バタフライを演じておりリアリティーに乏しく、見方によってはマダム・バタフライそのものの虚構性を露見させているともいえる。この両作品の制作年に挟まれた二〇年代頃に、バタフライ・ナラティヴは大量に流通してアメリカ人の意識下に刷り込まれたと見られる。なぜこのように大衆に歓迎されたのだろうか。ここで二〇年代という第一次大戦後の覇権争いを考えなければならない。アメリカが帝国主義を増強していく過程で、その正当化が必要だったからに他ならない。ポカホンタスがアメリカ開拓に必須だったように、バタフライはアメリカがアジアを征服する戦略には必要だったのだ。と同時に、国内の移民の同化問題にとって解決策を示しているとも考えられる。つまり、白人の言うことを聞かない移民たちよ、白人のためには高貴な犠牲をいとわないバタフライを見よ、というわけだ。

こうしてみると、異人種間結婚禁止法とバタフライ・ナラティヴの流通との間に、時代の要請という共通項が明らかに浮上する。前者は白人至上主義の推進に必要不可欠な法的な枠組みであり、後者はそれを背後から支える大衆レベルでの観念を作る。その上、後者は植民地主義と帝国主義の正当化という大義名分を負っている。そして両者を結びつけるのは、タブーを破ることは最終的には悲劇に終わる、というキリスト教的な教訓だともいえる。結局、バタフライ・ナラティヴとは日本女性をタイトルに掲げながら実は西洋主体の観念を具体化したものであり、西洋サイドに立った架空の東洋を具現化した構築物、つまり「オリエンタリズム」に他ならない。

4 オリエンタリズムとアジア女性ステレオタイプ

エドワード・サイードのオリエンタリズム論は、オリエントの置かれてきた劣位性を明快に理論化したものとして、アジア系アメリカを論ずる際にも頻繁に理論的枠組みとされ、再度言及するには及ばないかもしれない。しかし現在、オリエンタリズム論に対する批判は勢いをつけており、オリエント女性像に関しても時代性への考察不足が強く指摘されている。そこで「オリエンタリズム」の基本的概念は、「オリエント」すなわち西洋以外に属するわれわれインサイダーの人間にとって、今なお有効かつ切実だということをあえて再確認したい。

このいわゆる「グローバル」時代に越境や流動という概念が人種や民族に関して流通する一方で、アジアという記号がいまなおエキゾチックで謎めいて魅力を持つ場合がしばしばある。たとえばアジア女性像だ。サイードは、オリエンタリズムを西洋が自らとは全く異質のオリエントを支配し威圧するために構築した思考様式であると定義づけた。このサイードのオリエンタリズム論を基盤にしたロバート・リーの評論『オリエンタルズ』は、アジア系アメリカ人のステレオタイプの形成と白人覇権への欲望の相関関係を論じ、階級、ジェンダー、セクシュアリティー、家族、国家などが複雑にからんでアジア系アメリカ人の強固なステレオタイプが形成されたとする。この論は、アジア女性像が虚像であるにもかかわらずいまなお有効なのは、まさにオリエンタリズムによるのだと明快に分析した。矛盾したイメージと複雑さ、曖昧さを併せ持つオリエンタル・ステレオタイプは、支配・被支配の権力関係を定着させ永続させるためにあらゆる手段で強化されて来た。だから手を変え品を変え、そう簡単に覆されることはない。

バタフライ・ナラティヴがオリエンタル・ステレオタイプ形成に大きな力を及ぼしたのは間違いないが、それはなぜだろうか。考えるべきなのは、アメリカにいたアジア女性の状況である。十九世紀半ば、初めてアメリカに行った中国人女性の多くは売春婦であった。個人の意志で渡米したものなどはまず皆無で、だまされたりさらわれたりしたのだが、アメリカを汚染する源として悪名をとどろかせるのに十分であり、中国人女性に対してエロティックな脅威というステレオタイプがこの時点で形成された。二十世紀初頭、中国人女性に変わって入国したのが日本人の写真花嫁だ。写真だけで結婚するという形式は、じつは白人移民もやむをえず取った手段であったにもかかわらず、先に述べたようにキリスト教的愛に反する野蛮な行為として排斥運動に発展する。当然、「写真花嫁」には後ろめたい、暗いイメージが付随し、日系一世の女性はこの言葉を拒否しているものが多い。ただ、ここで日本人写真花嫁に対しては無知、無教養というイメージはあってもそれ以上のステレオタイプには発展していない。むしろ日本人社会の野蛮さが非難の対象となったのだ。二四年の移民法が施行されると、もう実際の中国人や日本人の女性からではなく、小説、映画などの人物を通して文字通り架空のステレオタイプが形成される。中国人は数が少なく、日本人は家庭の中の不可視的存在となっていくからだ。

こうして架空のマダム・バタフライや芸者がアジア女性ステレオタイプとして、映像や読み物を通して繰り返し捏造され固定化された。先に述べたピックフォード主演の「マダム・バタフライ」はその筆頭となったものだといっていいだろう。もうひとつ象徴的な出来事を挙げよう。ウィニフレッド・イートン（一八七五—一九五四）という作家だ。イギリス人の父と中国人の母という異人種間結婚によって生まれたこの混血作家は、自ら筆名をオノト・ワタナという日本人名に設定、「高貴」な血をひく日本人作家として日本を題材にした作品を多数書いて成功した。彼女が日本人作家としてアメリカ社会に通用（パッシング）したのはなぜか。自身は中国系だが、オリエンタル女性ステレオタイプでは中国系は否定的なので、これを避けてウィニフレッドは日本を選び、アメリカ読者の期待通りのステレオタイプに即応したオリエンタリズムで、ロマンス作品を多く書いた。じつは挑戦的でも抵抗的でもない作品中に作家自身のハイブリッドな生きる戦略が隠されており、現在盛んに再評価されているのだが、問題は縁もゆかりもない日本女性になりすました点である。邪悪や危険なイメージからほど遠く、優しくはかなく自己献身的なバタフライイメージ、あるいは男に献身するための存在である芸者イメージの日本人女性。これこそ異人種間結婚という危険な事柄の中から生じた存在であるウィニフレッドに、安住の姿を提供できるものだったのではないだろうか。こうしてオリエンタリズムによるアジア女性ステレオタイプは固定的なものとして強力に継承され続けたのである。

5 二律背反の政治学

以上、アジア系移民に関する二〇年代の光と影―移民排斥とアジア女性像構築という一見相反する事項が、社会と時代の要請による共通の基盤に乗ったものだということを明らかにしてきた。いずれもアメリカが白人主体の社会を守り強化し、しかも対外的に帝国主義を拡張し正当化するために必然だったわけである。しかし移民排斥が異人種間結婚禁止と結びついており、その正当化として様々な言説を用いてアジア人ステレオタイプが捏造され強化された、という複雑な手法が取られたこともあって、これらが連携した事柄であるのは容易には分からない。

このように、二つの全く反対の事柄がじつは共通の基盤上にあるというのは、移民問題に関してしばしば見られる。これは、いわば二律背反の政治学とでもいえよう。たとえばよく知られているように、イエロー・ペリルとモデル・マイノリティーという対立的な用語はじつは同じ観念に根ざしたものなのである。モデル・マイノリティーとはアジア系アメリカ人を指すが、冷戦下で初めて浮上した言葉で、黒人やヒスパニックのようにアメリカ政府の言いなりにならないマイノリティーに対してモデルとなるのは優等生のアジア系だ、という意味である。これに対して、つねに白人を主体にするためにマイノリティーにバランスを求める、決して主流とはならない「モデル」などはとんでもないと、アジア系アメリカ人は猛烈に反発した。このやり方こそは、二律背反の政治学のもたらした典型的移民操作に他ならないというわけだ。結局、この政治学を生み出す「白人主体」社会が本当の意味で多文化多民族共存の社会となったとき、はじめて差別も偏見も実像とかけ離れたステレオタイプも消滅するのかもしれない。二〇年代アメリカは、現代なおわれわれが抱える問題を逆照射する。

（河原﨑　やす子）

2『偉大な人種の消滅』 北欧人種と優生学

フィッツジェラルドの『偉大なるギャツビー』(一九二五)は、二〇年代アメリカの絶頂感と虚無感を生々しく描いた傑作だが、そのなかでブキャナンという男はこんな台詞を吐く。たとえば、「地球は太陽と衝突するらしい――いや、待てよ――反対だ――太陽は年々冷たくなってゆくんだ」、あるいは「おれはすごいペシミストになっちゃってね。きみは、ゴダードという男の『有色帝国の勃興』という本を読んだことがあるか」、さらに「近頃は、家庭生活とか家庭のしきたりなんていうと、すぐせせら笑うが、次には何もかも放っぽり出して、白人と黒人の雑婚をやらかすだろう」、などなど。実際、二〇年代のアメリカでは、こうした「ペシミスト」たちが文明の危機を声高に訴えていた。ここでは、ゴダードの『有色帝国の勃興』という言及を手がかりにして、その危機がどのように叫ばれ、解決策として優生学がいかに注目されていったかをみてみることにしよう。

1 コンラッドの『闇の奥』から

この『偉大なるギャツビー』の主人公ギャツビーの軌跡は、田園の開拓者から都会の資本家へというアメリカ人の歴史の縮図ともいえるものだ。フランクリンを模範とし、勤勉と自律を厳しく課していた少年が、かつての恋人デイジィを実業家ブキャナンから取り戻すため巨富を手に入れ、目的を果たすものの悲劇的な死を迎える。フィッツジェラルドの「マイ・ロスト・シティー」（一九三二）にある一節をかりるなら、「もうこの先これ以上幸せにはなれっこない」「望むもの全てを手に入れてしまった人間」には、衰退と死しか残されていないともいえるだろう。冒頭に引用したブキャナンの台詞にみる終末意識は、こうした虚無感がはりついた享楽志向と対になるものだ。奴隷だった「黒人」が「白人」を汚す「雑婚」行為にまで至ると、「文明」の行く末をたびたび案じるブキャナンは、こうした世界の衰退に対する戦いをよびかける。しかし、ブキャナンとマートル、デイジィとギャツビーという愛人関係ゆえに、「家庭」と「白人」を守ろうとするブキャナンの意気込みもまた、むなしくしか響かない。

さらに、小説の後半でブキャナンがいう、「冷えてゆく太陽」は、冒頭でデイジィが口にする「あと二週間たつと、一年中で一番日の長い日がくるのよ」という言葉と対応している。物語は、夏至に向けて最高潮を迎え、あとはその日照時間が縮まるのにあわせるかのように、ゆっくりと影を帯びて退潮してゆく。ギャツビーは、木の葉散る秋に、大邸宅のプールでひっそりと射殺され、家は空き家になってしまう。そして、あたりの邸宅が闇に消え、ギャツビーが夜会を開いていた岬一帯から鬱蒼とした「昔の姿」が現れるのを語り手ニック・キャラウェイが目にするところで小説は閉じられる。

こうした闇の台頭という主題は、もともと太陽の死から援用されたものだ。十九世紀後半の熱力学第二法則の発見により、温度の不均衡は時がたつにつれて一定になるゆえに、太陽もいつの日か冷却し、地球は闇の中で死滅すると考えられるようになった。それを具体的に描いて衝撃を与えたのが、ウェルズの『タイム・マシン』（一八九五）である。この宇宙論は、同時代英国のチャールズ・ピアソンを典型に、文明論へと発展し、西洋の高度な「熱い」文明も、遅れた「冷たい」野蛮によって結局は、消失するとみなされた。そんなペシミズムを参考にしているのが、ウェルズの友人で『タイム・マシン』も愛読していた、コンラッドの『闇の奥』（一九〇二年に単行本化）である。『偉大なるギャツビー』は、作中人物によって物語を語らせる点など、『闇の奥』から多くを継承した作品としても知られている。

たとえば『闇の奥』で、マーロウがコンゴでのクルツの栄華と最期を物語るように、ニック・キャラウェイはギャツビーについて語る。その『闇の奥』は、日が傾くなか、マーロウはロンドンのテムズ河でクルツの話を始め、闇の中で潮の向きが変わり、「世界の果てまでつづく静かな河の流れが、一面の雲空の下を黒々と流れ——末は遠く巨大な闇の奥までつづいているように思えた」という記述で閉じられる。河の水が広大な海の中へ呑み込まれるように、文明の営為が無に帰すことが示唆されるのである。一方、『偉大なるギャツビー』は「こうしてぼくたちは、絶えず過去へ過去へと運び去られながらも、流れにさからう舟のように、力のかぎり漕ぎ進んでゆく」という一文で終わる。いわば死の海から逃れようと漕ぎ進むことが人間の営為として位置づけられるのだ。これはギャツビーだけでなく、「文明を擁護する最後の砦に、自分がただ一人で立っている」ブキャナンにもあてはめられるだろう。こうして語り手キャラウェイがどちらにも距離を感じざるを得なかった反目する二人、理想の獲得に殉じたギャツビーと、文明という物質世界を固守するブキャナンとは、「流れにさからう舟」という同じ範疇に入れられ、ある種の宥和が示唆されるのである。

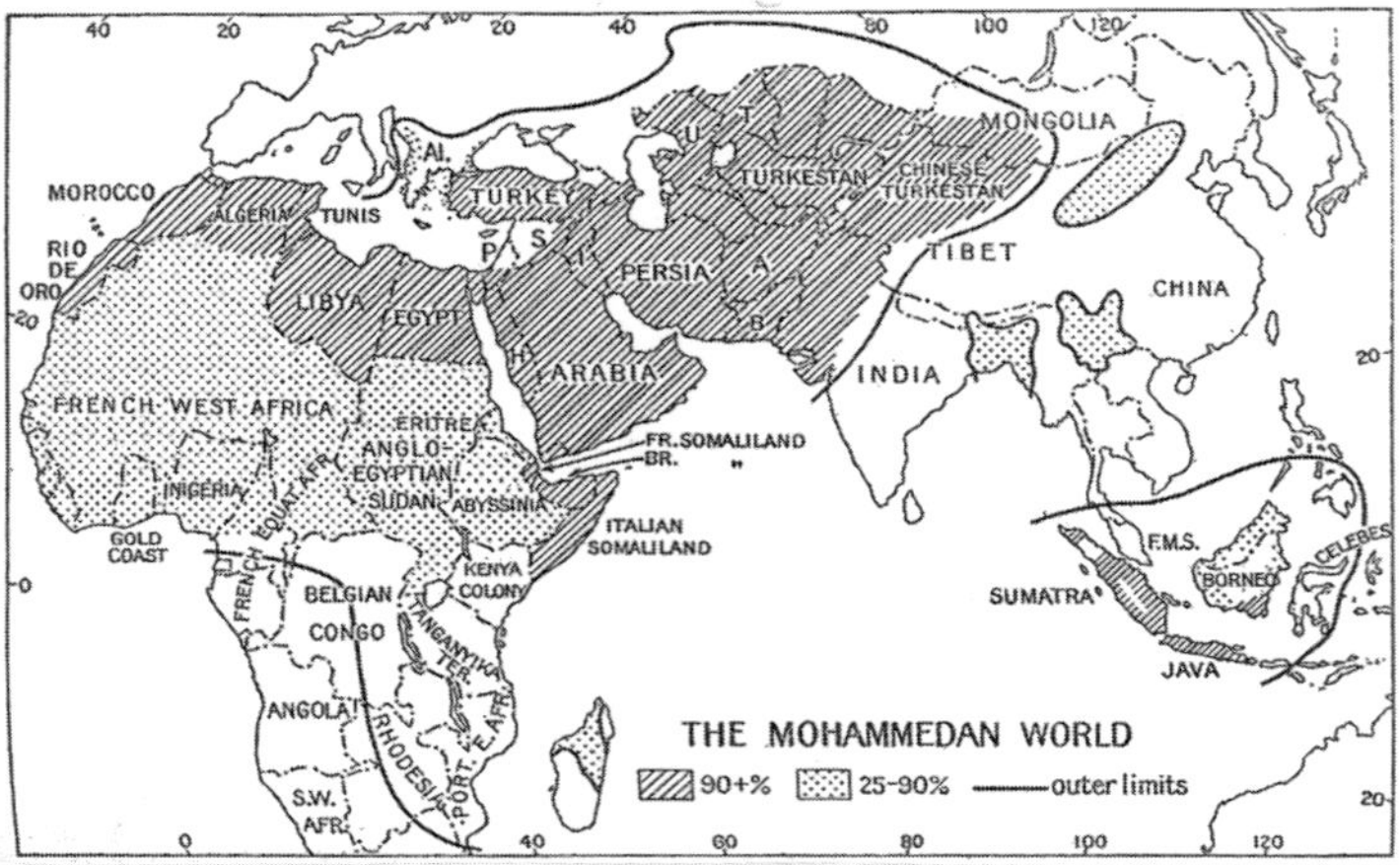

イスラム勢力地図。汎イスラム主義を解説したチロルの論文より。『フォーリン・アフェアーズ』1924年6月14日号掲載。優生学同様に、反米勢力を図示して危機感を煽ることも二〇年代に一般化した現象の一つ。

2 グラントの『偉大な人種の消滅』とストダードの『有色人種の勃興』

しかし、文明と野蛮という関係が潮流のように逆転し、海という無に呑みこまれるという危機感、そしてそれゆえに漕ぎ出さねばならないという警告の方が、この時代には荒々しく渦巻いていた。その最大のイデオローグは、ブキャナンが「万人必読の書」と称賛する『有色帝国の勃興』の著者、「ゴダード」によって示唆されている。このゴダードとは、おそらくマディソン・グラントとロスロップ・ストダードの二人を合成したものだろうといわれている。

もともと動物学を研究していたグラントは、『偉大な人種の消滅』(一九一六)で北欧人種の危機を訴える。それまでにもヨーロッパ人は北欧、アルプス、地中海の三つに分類されていたが、彼によって、青い眼で金髪という北欧人種に、よくもわるくも西欧文明を代表する神話的な意味が与えられるようになったのである。ヘミングウェイの『春の奔流』(一九二六）が副題に「ある偉大な人種の消滅に敬意を表して」とあるのは、おそらくはグラントを皮肉ってのことだろうし、フラッパーのアニタ・ルースによる『紳士は金髪がお好き』（一九二五）がベストセラーになったのも、同じような「金髪神話」を背景にしている。それほどグラントの書は版を重ねた。大量の注釈と図表という「科学的な方法」は、多くの書評に特筆され、「わが国と民主主義の将来に関心のある人はみな参照すべき」とまで評されたのである。

グラントによれば、北欧人種が優れた文明を生み出したため、この『偉大な人種の消滅』が引き起こされたのだという。医学と福祉の発達のために、従来の「適者生存」の法則が働かなくなり、逆淘汰こと「不適者生存」がまかりとおるようになったというのだ。つまり、「下等な難民」と「社会的落伍者」ばかりの移民がアメリカで増える一方で、その「安い労働力」に依存する結果、北欧人種こと「ネイティヴ・アメリカンの出生率が急速に低下」したことが憂慮される。したがって、「高等人種を維持しようとするなら、雑婚を違反とする法律は大いに拡大されなければならない」ことになるのだ。拡大というのは、「白人と黒人の雑婚」を禁じる「反雑婚法」は既に三十以上の州で制定されていたからである。

さらにグラントは、移民排斥と同じ論理で、「欠陥ある子供を除去し、大人の場合には断種すること」が行われないのを憂慮し、社会主義が衆愚政治に堕することを危惧している。こういった「不適者」による侵食に加えて、後に第一次世界大戦と呼ばれる「現在のヨーロッパの衝突」は、北欧人種の戦士である「ベルセルクの血」がもたらした現代の「内戦」であり、「自殺行為」だと嘆く。そして戦士の「血」に加えて、「北欧人種の悪徳である」アルコールに注意を呼びかけるのである。

このようにグラントは、「下等な」移民、「不適者」の増大、それを助長する社会主義という外敵、そして「ベルセルクの血」にアルコールという内なる敵に挟まれて、「偉大な人種」が滅亡に瀕していることを警告したのだった。そして二〇年代には、彼の警告に呼応する運動と法制化が、次々に盛り上がりをみせることになる。反共運動は高まり、「適者からの子供はより多く、不適者からの子供はより少なく」と要約される優生学は脚光を浴び続け、断種法は反対にあいながらも次々に州議会を通過し、二〇年には禁酒法、二十四年には移民制限法が制定される。とりわけ移民制限法は、日本ではもっぱら排日移民法と呼びならわされているが、同時に東欧や南欧からの移民も含まれていた。実際、その制定に際して、チャールズ・C・アレクサンダーも指摘するように、委員会の議員たちに『偉大な人種の消滅』がよく読まれたことが知られている。移民制限法は、いわば『偉大な人種の消滅』を避ける措置でもあったのである。

一方、そのグラントに多大な影響を受け、彼の長大な序文を巻頭にすえたのが、ロスロップ・ストダードの『有色人種の勃興』（一九二〇）である。『有色人種の勃興』もまた移民法制定に少なからぬ影響を与えた。ストダードは、先に記したチャールズ・ピアソンを先駆者として高く評価しており、「勃興」こと「ライジング・タイド」が「上げ潮」を意味するように、潮が変わって有色人種という海に呑み込まれるのではないかという比喩は、本書のいたるところにちりばめられている。

ストダードは、基本的にグラントの警告を反復している。北欧人種が最上位に置かれ、当時「グレート・ウォー」と呼ばれた第一次世界大戦は白人の内戦とみなされる。世界の文明の礎をつくった北欧人種は、その文明の発達によって「劣等な人々」を増殖させ、慈愛から移民を受け入れたため、アメリカは危機の状態にあるというのである。そうして、「雑婚」と移民の排除が対策として叫ばれるのだ。

しかし、まがりなりにもグラントが「科学的」たろうとしたのに対して、ストダードは、プロパガンダの色彩をいっそう強めている。ハーバードで歴史学を学んだストダードは、その堪能な外国語と資料収集能力を生かし、日露戦争という「白色人種の退潮」以降、世界中の「有色人種」たちがナショナリズムに目覚め、「白色人種の優位性」を脅かそうとしていることを訴えた。つまり、グラントの主張を植民地独立という政治運動に巧みに援用したのである。

ただグラントと異なる点は第一に、資料の博捜にある。一面的ながらも、当時の民族主義が非常に手際よく総覧されているのだ。たとえば詩人野口米次郎が英文で記した「西洋文明の没落」から、東洋人にとって「このヨーロッパの戦争はいわゆる西洋文明のもっとも悲惨な倒壊を意味する」と引用したあと、それはアフリカ系知識人として有名なW・E・デュボイスの「有色人種の起こす戦争は、世界未曾有の残酷なものとなるだろう」という復讐を誓った一節と効果的に組み合わされるのである。

第二の相違点は、一九一七年にロシア革命が起きたあとだけに、グラントに比べて社会主義に多くの記述を割いていることだ。レーニンの東洋性を強調しつつ、世界の平等化を謳う社会主義は、「逆淘汰」を助長するため、「反優生思想」というのだ。こうしてストダードは、十九世紀からの「太陽の死」にもとづく終末論を、社会主義と有色人種の脅威とに接続したのである。そんな「白色人種の退潮」についても、『偉大なるギャツビー』には実に象徴的な一場面がある。

一台のリムジンがそばを通り過ぎた。運転手は白人だが、中にはモダンなニグロが三人――二人は野郎で一人は女――が座っていた。彼らが尊大な対抗意識をみせて目玉をぎょろりとぼくたちのほうへむ

けたとき、ぼくは声をだして笑ってしまった。（野崎孝訳）

そのあと語り手ニックは、こういうことが起きてもなんら不思議ではないことに気づく。しかし、二〇年代には、世界がこの「一台のリムジン」のようになり、文明が停滞する危機が笑い事ではなく真剣に訴えられたのである。

3 ヴァレリーとヨーロッパ半島

一次大戦は当時「グレート・ウォー」と呼ばれたと記したが、世界規模の帝国戦争を報道するうちに、「一台のリムジン」といった世界の一体化がもたらされることとなった。ヨーロッパ化した国々を調和させる「文明」をめぐって議論が百出し、それは国際連盟のような理念を生む一方で、「偉大な人種」を保持するヨーロッパ至上主義のような反作用も引きおこしていった。人類史を記そうとしたウェルズの『世界史大系』（一九一九―二〇）が二〇年代最大のベストセラーになったのは、そうした当時の総合化志向の現れといえる。これは同時に、一次大戦でヨーロッパ文明という巨船が沈没した喪失感の裏返しでもあった。たとえば、実現しなかったアメリカ講演の原稿に基づくウェルズの書名は、象徴的にも『文明の引き揚げ』（一九二二）と題されている。こうした喪失感は、北欧人種の栄光の時代という古代幻想をかきたて、人種的なユートピアとして、『ムー大陸』（一九二六）のような妄想の流行まで生み出すことになったのである。妄想にすぎないとはいえ、文明の沈没という喪失感と、そこから人種主義に彩られた過去が捏造されるという点で、グラントらの北欧人種史観とは不可分の関係にあるといえるだろう。

一方、フランスの詩人ポール・ヴァレリーも「富と精神を満載した巨船の幻」と記して、文明の沈没を示唆した。彼は、ヴェルサイユで講和会議が開かれた一九一九年に、英語で「精神の危機」を発表し、多大な影響を及ぼした。いちはやく注目したストダードがその一文を長く引用しているように、両者の危機意識は共通している点が多い。たとえば、ヴァレリーもまた物理学第二法則に基づき、おそらくはキプリングの「退場」(一八九七)をふまえ、「エラム、ニネヴェ、バビロンが美しい名」であるように、「フランス、イギリス、ロシアもまた美しい名となるかもしれない」と、ヨーロッパの没落を暗示した。そうしてヴァレリーは以下のように問いかける。

ヨーロッパは、事実あるがままの姿、つまりアジア大陸の小さな岬になってしまうのだろうか? それとも、ヨーロッパは、今まで思われてきた姿、つまり地上世界の貴重な部分、地球の真珠、巨大な身体の脳髄であり続けるのだろうか?

これより三年前、グラントもまた「ヨーロッパは、ユーラシア大陸の半島に過ぎない」と記した。もっともヴァレリーがグラントから影響を受けた確証はない。ただ、学生時代のヴァレリーがアーリア民族の頭骨計測を手伝ったラプージュについて、グラントはたびたび言及しているだけでなく、この反ユダヤ主義者の私信まで引用してる。とはいえ、この「岬」と「半島」という相似する隠喩が示すのは、影響よりむしろ、危機意識の同時代性であろう。事実、山田広昭氏の『三点確保』が詳述するように、この一節はさまざまな波紋を起こすことになる。

むしろ、ヴァレリーに呼応する英語の詩文ならば、T・S・エリオットを中心にして二〇年代に再発見されたジョン・ダンを挙げるべきだろう。ダンは、十七世紀イギリスの詩人だが、ちょうど岬のように「ひと握りの土を、波が洗い流せば／それだけヨーロッパの土は失われる」という一節を残している。イギリスという島も、ヨーロッパという岬も、宗派の違いを超えて神に救済されることを、ダンは暗示したのである。したがって、ヴァレリーが冒頭で記す「眼に見える大地はみな灰でできており、灰に意味があることをわれわれはよく知っていた」という一文も、こうした死と再生に関するものと考えられるだろう。つまり、この戦後の灰燼から、ヨーロッパは再生するのか、それとも別の文明が芽生えてヨーロッパに取って代わるのか、というのである。

この灰の大地と再生は、T・S・エリオットの長詩『荒地』（一九二二）の主題でもある。リチャード・リーハンが詳述するとおり、フィツジェラルドは『荒地』に強い衝撃をうけた。ギャツビーたちが煌々と灯をともして乱舞を繰り返す岬と、「角砂糖を積み重ねたような」摩天楼のニューヨークの間には、荒涼とした「灰の谷」が広がっている。岬が海に削られるように、こうした人間の営為がいとも簡単に溶解し、灰燼に帰すことが、『偉大なるギャツビー』では土地によっても造形されているのである。

こうした隠喩の地図は、文学と非文学の境界を越えて、二〇年代の思考を覆っていた。ヴァレリーの「精神の危機」の翌年、『有色人種の勃興』の序文で、「地理学と動物学の観点からいうと、ロシア以西のヨーロッパは、アジアの半島でしかない」とグラントは再び記した。ストダードの『有色人種の勃興』は、題名が示すように、白色人種の文明が、「有色人種という高波」にさらわれる脅威を訴えたものである。半島や岬の言及はないが、潮の干満を各章にちりばめる点で、ヴァレリーと同じ磁場にあるといってよい。そのヴァレリーから長文を引用したストダードが、「潮は退いている。岸へ泳ぎ着くためには、前へと強く漕がなければならない。さもなければ、暗黒の大海の底へと速やかに葬られるまでだ」と、『偉大なるギャツビー』の末尾にも似た一節で章を閉じるのもその一例といえるだろう。

実際、ブキャナンによる『有色帝国の勃興』の紹介は、『偉大な人種の消滅』と『有色人種の勃興』を的確に要約している。すなわち「そいつの考えはだな、おれたちは北欧人種というんだ」、「で、おれたちは、文明を形成するものをみんな産み出したわけだ――科学とか芸術とか、そういった一切のものをさ。わかるだろ?」、それゆえに「おれたち、支配的人種に警戒の義務があるんだよ。さもなければ他の人種が支配権を握ることになる」し、「白色人種は、この――完全に沈没してしまうというんだな」。

4 ストダードと『暗黒の中へ』

このような「危機の時代」を救うと考えられたのが優生学である。『有色人種の勃興』のあと、ストダードは『文明に対する反逆』(一九二二)を書き、急速に優生学へ接近していった。たしかに優生学が成立したのは十九世紀末イギリスだが、「不適者」の生殖能力を奪う断種法は、一九〇七年以来、世界に先駆けてアメリカの州が続々と制定したのだった。ちなみに『偉大なるギャツビー』で言及されたゴダードは、ある一族の系図をたどり、犯罪と精神病とが遺伝することを一九一二年に「証明」した優生学者の名前でもある。

この優生学運動は、産児制限と結びついて、二〇年代にはいっそう盛んになってゆく。マーガレット・サンガーは、そうした産児制限運動の代表として知られるが、その『文明の中枢』(一九二二)では優生学を積極的に援用している。恋愛関係にあったH・G・ウェルズの序文を巻頭に、「精神や肉体に欠陥ある人間が過剰に繁殖するのをいかにして制限し、妨げる」か、その必要性を訴えている。「慈善という残酷」によって引き起こされる「無秩序な結果」を憂慮する点で、サンガーは、グラントやストダードと地続きである。したがって、中国の飢餓を救う経済援助に彼女が反対している理由は、容易に想像がつくだろう。実際、ストダードはサンガーに共鳴し、産児制限運動の委員会に加わり、『産児制限評論』の常連となる。サンガーとストダードはそれぞれ異なった立場から出発して、二〇年代にはともに「白色人種の退潮」を訴え、対策として優生学をとりこんだのであった。

産児制限の関心は、『偉大なるギャッビー』にもうかがえる。「金持ちは金をもうけ、貧乏人は子をもうけ」という歌詞の引用や、産科学の話をしだした女学生たちからキャラウェイが退散する記述がその一例である。優生学をめぐる虚構と現実は、二〇年代アメリカにおいて複雑に交差しあっていたのだ。たとえば、ブキャナンが憂慮する「白人と黒人の雑婚」だが、映画の世界では、州法にとどまらず全米規模で対策が講じられることになる。『偉大なるギャッビー』には、アラビア人の首長とイギリス人女性のロマンス映画『シーク』(一九二一)にちなんだ流行歌が引用されているが、そうした「雑婚」と「白人奴隷」を描くような映画に対して、ウィル・ヘイズが二〇年代に浄化運動を指揮した。ギャッビーの夜会に現れる「最良映画審査会を牛耳っていたニュートン・オーキッド」は、彼がモデルであろう。そして三〇年に発表された規制事項、いわゆる「ヘイズ・コード」は、四年後には厳格に履行される運びとなり、少なくともアメリカ映画では、六〇年代まで「雑婚」はタブーとなったのである。

しかし、『偉大なるギャッビー』は優生学のプロパガンダからは遠く離れた作品といわねばならない。

たしかにフィッツジェラルドは、人種主義的な言辞を残しているが、それは彼がブキャナンと同じ信条であることを意味しはしない。グラントたちの著作とは異なり、『偉大なるギャツビー』では、「偉大な人種」が称賛されるわけでも、その腐敗が憤られるわけでもない。北欧人種を自認するブキャナンは、愛人とともに「偉大」からほど遠い俗物として描かれ、後の人種主義が幻想であることは、「おれたちはみな北欧人種なんだ」というとき、妻ディジイを含めるかどうか彼自身がためらうことからも明らかである。デイジィにしても、ブキャナンとの間に娘が生まれたとき、「女の子でよかった」「女の子はばかなのが一番いいんだ、きれいなばかな子が」と述べ、「偉大」であることの重圧からむしろ逃れることを願っている。「偉大な」ギャツビーはといえば、この夫婦の交通事故と愛人問題にまきこまれて、誤解から射殺される。なによりも、『偉大なるギャツビー』を覆っているのは、暗黒と「灰の谷」とを隣り合わせにした享楽であり、その危機意識にも享楽志向にも居場所を見いだせない語り手キャラウェイの疎外感である。こうした虚無は、いくつかの男女関係を描きながら、子供はけっして生まれることがない点とも関係しているだろう。

しかし、同時代のアメリカでは、優生学が管理する未来と子供に希望が託されることとなった。優生学運動は、サンガーだけでなく、エマ・ゴールドマンやヘレン・ケラーなど、さまざまな社会運動家たちをまきこんでいった。たしかに反共運動と優生学は結びついていたが、同時に、社会主義運動もまた優生学を吸収したのである。優生学こそが、政治上の対立を超えて、当時の「文明」でもっとも共有されていたといっても過言ではないだろう。事実、二〇年代を通じて、アメリカ、ドイツ、ソヴィエト、日本など各国が優生学の国際学会に参加し、成果と意見を交換しあっていた。たとえば二十四年の移民制限について、日本の優生学者たちは、「排日移民法」というように日本人全体ではなく、「不適者」という基準で排除をすべきだと訴えている。優生学というとナチスばかりが連想されるが、もともとナチスの優生思想は、二〇年代アメリカから多大な影響を受けている。現にヒトラーは、『わが闘争』(一九二五)のなかで、「病弱」な移民と「ある人種を排除する」アメリカを「モデル」とまで称賛し、『ナチ・コネクション』が詳述するように、米独の「学術交流」は第二次大戦中も続いたのであった。

その一例を示すのは、またもやストダードである。彼は二次大戦開始直後のナチス・ドイツへ旅し、『暗黒の中へ』(一九四〇)を刊行した。敵国ドイツへの警戒を叫びつつも、その徹底した優生計画にストダードは感心することになる。こうした彼の軌跡は、二〇年代に叫ばれた「危機」が優生学の問題として統合されていったことを如実に示している。これは、才覚あるイデオローグがアメリカを扇動しただけでなく、いかに二〇年代という新しい時代が彼を必要としたかをも物語っているといえるだろう。

おわりに

二〇年代という新しい時代の幕開けは、ヴァレリーにならえば、ヨーロッパ文明がもはやヨーロッパ独自のものであることを終えた時代といえる。そうした崩壊意識への反作用として、民族を超えた普遍的な文明の誕生や、欧米という西洋文明の連帯が夢見られた。その作用と反作用が同じ硬貨の両面である好例として、先に記したジョン・ダンの一節の続きを引用しておこう。

いかなる人の死もまた私を削りとってゆく

何故なら私もまた人類の一部なのだから
それゆえに問いによこしてはならない
誰がために鐘は鳴るのかと
それは君のために鳴るのだから

ストダードの『暗黒の中へ』と同じ年に出たヘミングウェイの『誰がため鐘は鳴る』は、冒頭で引用されたダンの一節にちなんでいる。波に削られるヨーロッパに、ヴァレリーはヨーロッパの弔鐘か復活の鐘かと問いかけたのに対し、ヘミングウェイはむしろ欧米の連帯を見いだそうとしたのだった。事実、二〇年代を通じて、アメリカという巨大な島は、ヨーロッパという半島とさまざまな点で一部となっていった。しかし、「北欧人種」という連帯で架橋しようとしたブキャナンの「警戒の義務」は、あまりにも多くの犠牲をもたらすことになったのである。

（橋本順光）

3 葬儀文化の変遷―アメリカン・ウェイ・オヴ・デスの出現

はじめに

アメリカン・ウェイ・オヴ・デスとは、アメリカ式死の習俗という意味だが、イギリス人作家ジェシカ・ミットフォードが一九六三年に出版して、一躍ベストセラーとなった本の題名でもある。これは、「豊かな社会」のもっともバカげた現象としてアメリカ人の高額な葬儀習慣を批判した書である。ミットフォードによると、アメリカ人はアメリカ式生活様式《アメリカン・ウェイ・オヴ・ライフ》で求められる卓越性や安逸、耐久性、美などを死においてまで求めるようになり、肉体を朽ちさせない金属製の棺や、キャデラックの霊柩車、オートクチュールの死者の衣装などの高額商品を登場させたという。ミットフォードの『アメリカン・ウェイ・オヴ・デス』は悲しみに打ひしがれ、通常の判断力のなくなった遺族に、なるべく高額な商品やサービスを購入させようと画策する葬儀業者の巧妙な販売テクニックを暴露し、アメリカ社会に衝撃をもたらした。一九六三年に出版されたこの本をきっかけとして、連邦公正取引委員会は一九七二年から葬儀産業への調査を開始し、一九八四年には消費者を欺くような販売方法を禁止する規制が制定された。

　イギリス人ミットフォードが批判するようなアメリカに際立った死の習俗が登場するのは二〇世紀初頭、第一次大戦後から一九二〇年代にかけての時期である。一九二〇年アメリカ人の平均寿命は、一九〇一年の四九・二四歳から五四・〇九歳と伸び、一万人中の死亡者率は、一九〇〇年の一七五五人から、一一六三・九人と減少した。そしてこの時期は、社会学者G・ゴーラーや歴史家フィリップ・アリエスが指摘するように、西欧人の死生観の歴史のなかで初めて「死をタブー視」する考え方が、西欧社会のなかでもとりわけアメリカに登場した時代でもあった。アメリカでは死の痕跡をすべて取り払ったまったく新しいタイプの墓地、メモリアル・パークが誕生し、墓地はここに至ってその呼び名からも埋葬を連想させる言葉が一切排除された。そのメモリアル・パークの原型を築いたのは、アメリカでもとくにユニークな文化風土で知られるカリフォルニア州ロサンゼルス郊外につくられたフォレスト・ローン・メモリアル・パークである。

1 死の陰を払拭したフォレスト・ローン

墓地から死の連想をまったく取り除くという画期的な発想を思いついたのは、二十世紀初頭に中西部からカリフォルニアにやってきたヒューバート・イートンという男だった。彼は一九一七年、ロサンゼルス郊外の、西部特有の枯れ草の舞うトロピコという土地にやってきた。住宅開発に失敗し墓地用地となったこの土地を望む丘の上に立ったとき、そこに未来の墓地のヴィジョンが見えたとイートンは後に述べている。墓地はなぜ悲しい場所でなくてはならないのか。陰鬱な墓地は生者への助けにも、死者への希望にもならないではないか。なぜ、キリスト教徒の墓は、復活の思想が教える永遠の命を表現するものでないのか。そして、死ではなく永遠の命に捧げる埋葬の地をつくるべきではないか。こうして、イートンの頭に浮かんだのはメモリアル・パークの構想だった。

このような墓地の一大革命ともいうべき発想を思いついたヒューバート・イートンとはどのような人物だったのか。イートンは、一八八一年六月三日ミズーリ州の片田舎に生まれた。その二年前には喜劇俳優のウィル・ロジャーズが、また二年後には第三三代合衆国大統領となるハリー・トルーマンが近在で生まれている。ウィル・ロジャーズは皮肉なことに、それから五十年も経たない内にイートンのフォレスト・ローン・メモリアル・パークで彼自身の葬儀が執り行われる運命であった。イートンの父親は牧師でありミズーリ州リバティーにあるウィリアム・ジュエル・カレッジの自然科学の教授でもあった。彼自身は、父と同じ牧師・教師の道は歩まず、大学で化学を専攻し、鉱物学の知識も得た。一八四〇年代にカリフォルニアに始まった金鉱ブームは、五〇年代にはコロラド、ネヴァダへと移動していくが、イートンもそのような環境の中で育ち、鉱物学に関心をもった。カリフォルニアにやってくる前は、ネヴァダの銀鉱山で働いていた。しかし、ネヴァダも最後のゴールドラッシュを迎えた時期であり、鉱山に投資したイートンは一文無しとなった。次の職を考えている時に運命的な出合いをしたのが、カリフォルニアにある破産寸前の墓地の経営であった。

イートンは霊園の経営をまかされるや、大胆な構想を次々に打ち出した。まず、墓地は悲しい、陰うつな場という常識を覆し、墓地から死を連想させるものを総べて取り除いた。家族の記念碑をなくし、墓石も芝に埋め込むタイプのものを奨励し、広い空間に芝生が広がる公園風の景観を創造した。死の隠蔽化はスタッフの言葉遣いでも徹底され、決して遺体とは言わずミスター誰々というように名前で呼ぶ、「亡くなった」と言う代わりに「休暇をとって旅に出た」と言うなど指導された。また、イートンは墓地経営においても手腕を発揮し、とくに墓地販売に生前契約の概念を導入し販売を強力に押し進め、売り上げを倍増させた。また、アメリカの葬儀史上初めて葬儀から埋葬まで一貫して行う「フル・サービス」のシステムを導入し、積極的な広告キャンペーンを行った。莫大な利益を得てイートンはヨーロッパから多くの芸術作品を買い集め、霊園を一大美術館に変身させようと試みた。こうしてフォレスト・ローンは現代メモリアル・パークのモデルとなり大成功をおさめるが、死をも企業化するアメリカ人の飽くなき商業主義の典型として批判も集めた。

このようなフォレスト・ローンがなぜ、二十世紀初頭のカリフォルニアという土地に誕生したのか。二十世紀初頭に生じたこのような死生観・墓地景観の変化にはどのような社会的・文化的意味があるのだろうか。この問に答えるためには、まず前世紀のアメリカの墓地の歴史的・地理的展開を概観する必要がある。

2 田園墓地《ルーラル・セメタリー》からメモリアル・パークへ

フォレスト・ローンがその原型を築いたメモリアル・パークは、二十世紀の特異現象ではなく、その多くの要素はすでに十九世紀に誕生した田園墓地と呼ばれる墓地のなかに見いだすことができる。田園墓地とは一八三一年にボストン郊外につくられたマウント・オーバーン霊園を第一号として、短期間に北東部を中心に全米に広がった革新的な墓地である。都市化によって過密化した市街地の墓地問題を解決するために、墓地は郊外の自然の美しい場所に移動させられるのだが、その時ヨーロッパで流行していた英国風景庭園のデザインにレイアウトされた。そのために、この庭園墓地は都市に公園が登場する前に公園の役割を果たし、多くの人々が訪れる観光名所となった。田園墓地の大きな魅力は、丘や谷や川などの変化に富む地形を利用してデザインされた「絵のような《ピクチャレスク》」景観であった。墓地がはじめて家族の区画を単位として生前に販売されるようになったために、墓を記念碑や植物で飾る習慣が生まれ、墓地には多くの彫刻も置かれるようになった。墓地が陰鬱で恐ろしい場所であることをやめ、庭園となり思い出を宿す美術館となる素地はフォレスト・ローンの八十年以上も前にすでにつくられていた。実際に、田園墓地はピクチャレスクな景色や彫刻を楽しむ「壁のない美術館」として自らを位置付けるようになっていった。イートンの墓地販売の画期的なテクニックとなる「生前契約」も、田園墓地によって初めて採用された販売方法であった。ただし、十九世紀前半の田園墓地はほとんどが非営利の組合組織であった事実が、フォレスト・ローンの利益追求型の墓地販売と大きく異なる点である。

一八三〇年代に東部に始まった墓地の改革・美化運動であるこの田園墓地は、一八五〇年代に早くもカリフォルニアにまで普及した。アメリカは多様な地形・気候を有する国であるにも関わらず、芝の前庭をもつ住宅がカリフォルニアの砂漠地帯にも移植されたように、田園墓地も東部とは異なる地形・気候を無視してナショナル・モデルとして西部に普及していった。しかし、東部の緑豊かな自然と変化に富んだ地形が生み出したピクチャレスクな景観をそのまま西部の自然に適用できるはずもなく、西部へ普及する過程で葛藤が生じた。田園墓地の西部への展開は、西部へと移動するなかで出くわした沼地や乾燥地などの不毛な荒れ地をナショナル・モデルとしてのピクチャレスクな枠組みのなかに取り込む過程でもあった。

その過程でフォレスト・ローンも含めた現代の墓地景観のプロトタイプとなる重要な景観の変化がオハイオ州シンシナティのスプリング・グローヴ霊園で生じた。この霊園は三分の一を沼地が占めていたが、当初は家畜の放牧地として使われていた。しかし、プロシア出身の造園家アドルフ・ストラウフがランドスケープ・デザインの理論を用いて不快な沼地をピクチャレスクな水辺の風景へと変貌させた。また、ストラウフはこれまでの変化に富んだピクチャレスクな景観とは異なるシンプルな芝生の開放空間が特徴の景観芝生プラン《ランドスケープ・ローン・プラン》を提唱し新しい墓地景観を確立した。このシンプルな景観を達成するために、ストラウフは初めて墓石に規制を設け、一家に一つの記念碑、その他は墓石の高さを制限して地面すれすれに芝刈りを容易にするように規制した。また、家族の墓の周りに設置された鉄柵をことごとく取り除くように奨励し、景観を邪魔するものはいっさいないシンプルな美を徹底して追求した。ストラウフは、すべての墓碑、記念碑の設置を霊園の監督下におくシステムをつくりあげ、視覚的な統一性を最重要視した。田園墓地の時間的・地理的展開の一つの傾向は、個々の墓地区画所有者の自由を許す時代から、全体の善のために、この場合は霊園全体の統一された景観美のために、個人の自由を犠牲にする時代への流れである。フォレスト・ローンは、この流れの最先端に位置し、すべての墓石が取り除かれ代りに芝に埋め込む方式のプレートが採用されるにいたった。景観全体の統一をはかるオーガナイザーは芝であり、スプリング・グローヴが確立した景観芝生プランは現代公園墓地のモデルとなりその後の墓地景観に多大な影響を与えた。メモリアル・パークの生みの親はこのスプリング・グローヴ霊園にたどることができる。

芝生の景観を強調した田園墓地はさらに西部に進み、ついにカリフォルニアまでやってくるが、そこで待ち受けていたものは極度に乾燥した不毛な土地であった。ピクチャレスクな枠組み自体が成り立たないような自然、もはやデザインだけで解決することが不可能な気候・土壌にどのように対応したのか。サンフランシスコ近郊オークランドのマウンテン・ヴュー霊園の設計を依頼されたフレデリック・ロー・オルムステッドは、ナショナル・モデルを排してローカルな気候・土地柄に合ったデザインを提案するが、これは当時としてはきわめて斬新な考え方であった。しかし、マウンテン・ビューはオルムステッドがセントラル・パークで岩や沼地の不毛な土地を魅力的な緑の空間に変えて高い評価を得たその手腕を見込んで彼にデザインを依頼したのであり、ナショナル・スタンダードとしての芝生の田園墓地にこだわった。結局マウンテン・ヴューは、芝生にこだわれば膨大な資源・経費がかかると警告するオルムステッドを無視して、後にエンジニアリングの力によって緑の芝生を実現してしまった。そして、二十世紀のカリフォルニアは、エンジニアリングの技術により、デザインだけでは解決できなかったどのような理想の景観もつくり出すことが可能になったのである。

二十世紀初頭にカリフォルニアに登場したフォレスト・ローンも十九世紀の遺産を引き継ぎつつ、直接のモデルとしたのは技術と文化の祭典である世界博覧会であったという意外な事実も、このような背景から説明されるだろう。一八五一年世界初のワールド．フェアがロンドンで開かれて以来、「博覧会ブーム」が続くなか、一九一五年にサンフランシスコ・ワールド・フェアが開かれた。このフェアをイートンも見て大いなる霊感を受けたのだが、アメリカで開かれたフェアのなかでも、もっとも「芸術的」、「人工的」と言われた。

東部に始まった田園墓地の流れをくむメモリアル・パークは多くの遺産を引き継ぎ発展したものだが、一世紀近くの時間の経過によってその内容は大きく変貌していた。墓から陰鬱な雰囲気を取り除くことは、田園墓地が意図した点でもあったが、メモリアル・パークにいたっては、ヴィクトリア時代の人々にとっては喜びの源でもあったメランコリーなムードさえ一掃させられてしまった。また、瞑想を誘い、ピクチャレスクな景観を演出した入り組んだ道も、メモリアル・パークではアクセスが簡単で流れるような車道となった。かつては、田園墓地が郊外住宅地や都市公園のデザインに影響を与える立場であったが、この時代になると墓地はそのような影響力を失い、逆に郊外住宅地や公園などを参考とし、人々にとって受け入れやすい、居心地のよい景観デザインがされるようになった。シンプルなレイアウトもメモリアル・パークの特徴であるが、これは審美的な嗜好の変化だけでなく、かつての田園墓地のように広い敷地が確保できなくなり、土地の集約的利用のための方策でもあった。

墓地の生前契約も、田園墓地がはじめたことをすでに指摘したが、イートンはこの考え方をさらに発展させ、保険会社の販売テクニックを利用して生前契約の販売を促進した。そもそも保険業は、フラタニティの形で葬儀の保険を提供することから始まり、また、初期の保険会社はコミュニティに対しての疑似公共サーヴィスという認識をもっていたので、同じ公共サーヴィスである霊園と結びつきやすかったのだろう。墓が必要になる前に墓を購入させるために、少しづつ支払いを積み立てていく形式は、土地や車の購入で考案された「分割支払い方法」と同様に、所有の新しい形であった。家や車を金を払わずに所有するという習慣がアメリカ式生活様式であるとしたら、墓地の生前契約は、「必要になるまえにもつ」究極の所有を付け加えたことになろう。

3 思い出の園《ガーデン・オヴ・メモリー》としての墓地

イートンは、人生の終わりとしての死ではなく、喜ばしい永遠の命の始まりを讃える霊園をつくろうと考え、死を連想させるものを一切取り除いた。その結果、墓石のない墓地が登場することになった。墓石のない墓地など誰が想像しただろうか。スプリング・グローヴが墓石の規制を墓地監督者のもとに大規模に行った最初の墓地であったが、ストラウフの意図は景観美を維持することにあった。イートンの場合は、中西部の信仰心の篤い家庭に育ったことも背景となり、現代生活のなかで人々の生活から離れつつあるキリスト教の思想をもう一度身近なものとすることが強い動機となっていた。とくに死に際しては、本来キリスト教は希望を与える教えであるにも関わらず、人々は悲しみに暮れ絶望するだけである。一九一七年にイートンが書いた「創立者の信条」の第一番に、「私は幸せな永遠の命を信ずる」とある。神を信ずるものは、死後により幸せな世界に入ったのだ。キリストは、あなたにも、私にも微笑みかけており、我々を愛していると言っている。こうして、イートンの心に浮かんだのは、微笑むキリスト像を捜すことであった。ヨーロッパ中を旅して微笑むキリスト像を捜したが、満足いくものは手に入らなかった。

このようなイートンの考え方は、当時の文化的時代背景を反映したものであった。一九二五年から二六年にかけてアメリカでベストセラーとなった本にブルース・バートンの『誰も知らない男』がある。バートンは、広告業界の第一線で活躍するビジネスマンで、この本でキリストを有能で魅力的なビジネスマンとして描いた。この本によると、キリストは「苦難の人」ではなく、「強健な肉体に恵まれ、生活をエンジョイしている若者」であり、仲間と集うのが好きで、熱い欲望をもち、しかも「完璧な歯並び」までもちあわせた好男子というのだ。したがって女性にもて、またエルサレムで食事の席に一番招きたい人物であった。彼は有能なセールスマンであり、自己実現の予言者だという。一九二〇年代のアメリカ文化は、自動車やラジオ、家庭電化製品などものを中心とし、人々の精神生活のなかで宗教の重要性はますます低下していた。バートンの試みは、キリストを現代的な文脈のなかに置き、現代社会の価値観に照らして万人に共感を得る方法でキリストを提示するすることであった。

バートンもまた、会衆派の牧師の息子としてリベラルなプロテスタンティズムの影響を強く受けて育った。バートンは、一九三七年に『リーダーズ・ダイジェスト』に「陰鬱さのない霊園」と題した、フォレスト・ローンの紹介文を書いている。人々はフォレスト・ローンを、素晴らしい公園を訪れるように訪れ、芝の上で子供を遊ばせ、芸術家は美しい景色や彫刻をスケッチするためにやってくる。また、七千組ものカップルがここの教会で結婚式をあげ、子供の洗礼式も行われることに人々は少しも違和感を感じていないと述べている。墓が陰鬱で深い悲しみの場所である必要はないことをこのフォレスト・ローンはっきりと証明しているというのだ。

では、墓地がそのような場でないとしたら、墓石ももはやない場所であるとしたら、いったいどのような場所であるべきなのか。イートンの答えは、思い出の園であった。キリスト教の幸福な永遠の生命という考え方と一致した場でなくてはならなかった。それは、絶えまない変化こそが発展の証であるような都市景観とは対極の、永久不変のオーラが発散されるような場所でなくてはならなかった。十九世紀の田園墓地では、季節とともに変化し、死と再生が繰り返される自然が永遠の命を象徴するものであった。イートンが考えついたものは、自然ではなく人間の手によって産みだされた芸術作品であった。自然と言ってもイートンがやってきた当時のフォレスト・ローンには、そもそも森も芝もなく荒涼とした土地であり、地形的には何ら興味深い特徴もなかった。

芸術作品こそ変わらぬ価値を温存するものとして、イートンは墓石の代わりに、芸術作品で墓地を飾ることを思いたった。

イートンはまずサンフランシスコのワールド・フェアで大評判となった「アヒルを抱く子供」の像を購入した。ヨーロッパからは、ダビデ像、ピエタ像などミケランジェロの主要作品の石膏模型像や「最後の晩餐」のステンドグラスなどつぎつぎと注文し購入した。西洋文明の偉大な芸術作品を収集することを目的とし、フォレスト・ローンを「海を渡らずしてヨーロッパの芸術作品に触れられる場所」にしたいと願った。

墓地を「壁のない美術館」にするという発想は、墓地に彫刻が置かれるようになる十九世紀の田園墓地にその起源があることはすでに述べた。東部の田園墓地が文化施設となっていく背景には、ヨーロッパから与えられた文化後進国という汚名を晴らしたいという強い動機が働いていた。イートンのヨーロッパ芸術への執着も、彼自身の技術者としてまた経営者としての人生に欠けている文化的側面を補いたいという個人的な欲求と同時に、当時のロサンゼルスの社会的・文化的状況を反映していた。イートンは中西部の出身だったが、中西部はアメリカの田舎者が住む文化の欠如した地域として、インテリたちから非難され蔑まれてきた。そのような蔑みが、中西部からカリフォルニアへの移住を促す一要因であったと言われるが、ロサンゼルスは、八〇パーセントが中西部からの移住者によってつくられた町であった。一九二〇年代の人口増加の多くは、退職後をカリフォルニアの太陽の下で過ごしたいという金銭的に余裕のある中西部からの移住者たちだった。フォレスト・ローンはこれらの同質的な人々にサービスを提供して大成功を納めた。彼らは、文化の香りは求めているが、純粋な芸術に深い関心があるわけでもなくまた学問があるわけでもなかった。イートンがフォレスト・ローンに購入しようとした芸術作品は、誰もが知っている最も有名な作品であり、オリジナル性にこだわらず莫大な資金で複製品を収集した。これから大勢のアメリカ人が大挙してヨーロッパを訪れ、それらの芸術作品に直に触れるようになるが、フォレスト・ローンのメリットは、海を渡らずとも、ミケランジェロの有名な作品を一ケ所で見ることができることだった。

霊園の中でひときわ目を引く独立宣言のモニュメント　フォレスト・ローン・メモリアル・パーク

おわりに

ウンベルト・エーコは、『ハイパーリアリティへの旅』のなかで、アメリカ人は過去を等身大の厳密な複製のなかに保存し、記念する傾向があり、永遠性を複製のなかに求めようとすると述べている。フォレスト・ローンの芸術作品も、オリジナル作品と同じ材料を使い、厳密に復元され、しかも原物よりもピカピカと磨かれたアメリカ人好みのハイパーリアリティの世界を提供して成功したとも言えよう。さらには、バーバラ・ルービン他のフォレスト・ローンの研究が明らかにしたように、フォレスト・ローンの真に重要な点は、琥珀のなかに閉じ込められた蝿のように、イギリス系アメリカ人の白人・プロテスタント的価値観がそのままの形で保存されたハイパーリアリティの世界そのものであったと言えるかもしれない。都会の根無し草たちは、フォレスト・ローンで彼らが捨ててきた中西部の信仰篤い、古き良き共同体を、よりお手軽な形で体験できた。霊園のチャペルは葬儀だけでなく、洗礼や結婚式にも人々を集わせ、霊園を歩けば、公園のような明るい雰囲気の中で、伝統的な価値や愛国心を学ぶことができたからである。十九世紀の田園墓地も産業化・都市化によって失われつつあった共同体の再生運動の側面があった。求められたものはキリスト教精神に基づいた近隣愛・家族愛であり基本的にはすべての人々に開かれていた。二十世紀初頭に現れたメモリアル・パークは、埋葬に人種的な制限をはっきりと設け、現実よりもさらに同質的な仮想共同体を作り上げたのである。

（黒沢眞里子）

4 禁酒運動とシカゴの街

はじめに

植民地時代からのアメリカの歴史の中で、連邦レベルの禁酒法が実施されたのは、一九一九年から一九三三年までのわずか十四年たらずであった。しかし、この修正条項は、第一次世界大戦の混乱に乗じた短期的な試みとして成立したものではない。それは植民地時代から試行錯誤をくりかえしてきた禁酒運動の結果でもあった。その背後には、今日までアメリカ人を形成してきたこの国の文化に固有な道徳観、そして法制化への絶対的な信奉があると言われている。禁酒法を勧めたアメリカ人は、植民地時代の聖職者のように道徳的に完全主義者で人間の個人的な嗜好にさえ干渉することが、正しいキリスト教徒の務めだと考えていた。また、悪を正すために何もかも法律を盾にする、規則一辺倒のアメリカ人独特の性格があらわれている。禁酒運動を推進した人々は純朴でこの世のユートピアを信じ、手段を考えずに目的を望み、誰もが聖人のようにふるったが、愚かであった。

飲酒の規制は、極めてアメリカ的な風土で発展した。アメリカの社会制度は、ヨーロッパのように激しい階級闘争は経験せず十九世紀の商業主義や産業の進展を阻む封建的な要因がなく、豊かな環境に恵まれ経済的には自由放任主義の下に進んできた。その中で民族や文化的差異、宗教的な慣習の衝突が顕著になったのが、禁酒運動であった。このような観点から、女性キリスト教禁酒連盟と反サルーン同盟、シカゴとカポネの暗躍を考える。

1 植民地時代の飲酒と深酒をするアメリカ人

元来、個人の飲酒に対し政治権力が介入する習慣は、植民地時代にさかのぼる。当時は貨幣の流通が希薄で、アメリカ先住民との毛皮交易や土地の買収にも、また黒人奴隷貿易にも、ラム酒が通貨の代りに使用された。また、りんご酒が安価で人々の飲物として定着し、非衛生的な飲料水に代わり教会や農家の行事、軍事訓練などに使用された。農家の手伝いや職人には、休息時の午前十一時と午後四時に賃金の一部として酒がでた。

しかし教会は、節酒により得られる倹約や勤勉を美徳として植民地に繁栄が訪れ〈千年王国〉の実現を願うことを人々に促した。植民地時代には、ライセンス法の規制があり、居酒屋内のダンス、ギャンブル、喫煙、食事中の飲酒、売春行為の禁止があった。午後九時以降の閉店時間、安息日や説教日の営業禁止についての条項があった。罰則は、罰金、足かせ、晒し台、その他鞭打ちの刑などもあった。また、一六三九年のインディアンの泥酔による略奪から発したピークォド戦争以降は、黒人奴隷や白人年季奉公人、アメリカ先住民族に対する酒類販売が制限された。

一八一〇年代に、すでに牧師のライマン・ビーチャー等がマサチューセッツ禁酒同盟を発足させている。その背景にはアメリカ人の大酒飲みが増えて、一八三〇年代には史上最高の年間蒸留酒消費量を記録したからである。一八二〇年代における十五歳以上のアメリカ人一人当たり年間蒸留酒の消費量は、八・七ガロンに、一八三〇年代には史上最高の、約九・五ガロンに達した。蒸留酒とは、ウィスキー、ラム酒、ジンなどアルコール度四〇%を越えるものを指した。この頃までに、スコットランド人やアイルランド人の移民がアパラチア山脈に移住し始め、ペンシルヴァニア、オハイオ、ケンタッキー各州の大麦、ライ麦、とうもろこしの収穫が大きく伸びたのであった。生産過剰になった麦を、農民はウィスキーに加工して交通の未発達な地域では、馬車で消費地に運んだ。

一八二六年、ベンジャミン・ラッシュを中心にアメリカ禁酒協会が設置され、蒸留酒の全面的な禁酒を目指した。禁酒協会は、説教や小説や新聞記事・冊子などを配布し、過度の飲酒による経済的な不利益、酒飲の投獄に支払う税金、酒乱の夫や父を持つ家庭の貧困や暴力の不幸、病気を招く習慣、売春や姦通のテーマが宣伝された。禁酒運動は「第二次覚醒運動」と共に、ニューイングランド地方から南部の州へ広がり、それぞれ福音主義教会の支持を受けて発展した。各地の禁酒集会で世論も高まり、一八三〇年には全国で二千二百の地方組織と十七万人の会員が組織に入った。この頃、労働者に賃金の一部として支払われたラム酒の配給が廃止となった。東部の工場や軍隊も禁酒となった。

一八三三年には、蒸留酒だけではなくビールやワインなどの醸造酒も止めるべきであると言う、いわゆる「絶対禁酒主義」を唱える完全主義者も現れた。この頃の合衆国禁酒同盟(USTU)は、「自治体選択権法」の成立を掲げた。当時、州政府がライセンスの権限を郡や市長に委譲していた。選択法は州政府のもつライセンスの発行権を地方に移し、住民の選挙でライセンスを発行するかどうかを決定した。これには民主主義の出発点である住民自治の原則が含まれていた。自治体選択法の提唱者たちは、究極的には州全体がドライな地域になることを望んだ。この政治活動が活発になり一八三〇年後半より東部やジョージア、イリノイ、ミシガン諸州で立法化された。一八五一年に州レベルでの禁酒法が初めてメイン州で成立したので、州の禁酒法を「メイン法」と呼ぶ。これは、医療と産業目的以外で、アルコール飲料を製造、販売してはならないというものであった。一八五〇年代には、合計十一州と二準州に類似の「禁酒法」が成立している。

2 酒場の訪問「十字軍」とキリスト教女性禁酒同盟(WCTU)

女性たちの禁酒運動は、家庭の平和を求める保守的なものであったが、女性の自立を促す結果となった。一八七三年十二月二十三日、オハイオ州ヒルズボロで禁酒運動家の講演を聴いた女性たちが酒場を閉店させる運動を起こした。翌日、知事の娘エライジャ・トムソンを中心に長老派教会に集まった数十名の女性たちは、聖書を片手に四軒の居酒屋に押し入った。彼らは讃美歌を合唱し祈りを捧げ、主人に店の閉鎖を約束する同意書に署名させた。三軒の店を閉店に追いこんだこの運動はたちまち広がり、女性たちの酒場訪問は「十字軍」と呼ばれた。一八七四年の三月までにワシントンを含めて三十一州で、女性たちの「十字軍」が目撃された。この運動で二百五十もの店看板を下にしたが、もちろん法的拘束力もなく、本気で閉店を約束した店主もおらず、まもなく営業再開の光景が各地でみられた。

一八七四年十一月十日にクリーブランドの第二長老派教会でキリスト教女性禁酒同盟(WCTU)が創立された。この時女性の禁酒運動家が、全米十六州から百三十五名集まった。WCTUにとって最優先の仕事は、組織の拡大と運動の充実であった。第二代会長ウィラードは、教会間の情報網を利用し八十日間に書簡二千通をひとりで発送し、各地方の女性活動家に活動への参加を呼びかけた。また、地方の組織化を援助し積極的に地方に赴いている。こうしてWCTUは、一八七九年には二十四州におよそ千の同盟と二万七千名の正規会員を有する組織に発展した。

ウィラードは、エヴァンストン女子大学の学長を務めた人物であったが、東部の保守派を抑えて、参政権運動に賛成の進歩派である中西部の女性たちの支持を集めた。一八七六年大会で「あらゆる改革の参加」を掲げ数多くの「部会」を設立した。ウィラードの運動はキリスト教社会主義と呼ばれ、その部会の中には「科学的禁酒教育部会」「健康・衛生部会」「婦人参政権部会」などがあった。部会は、一八九六年までに三十九に増え、そのうち二十五が禁酒運動以外の問題を扱っていた。特に、「社会浄化部会」では、「売春婦更正協力委員会」として一八七〇年代に発足させ、売春婦の更正、売春婦の避難所の建設や、法規制への働きかけがあった。一八八〇年中頃には売春行為を行う「承諾年齢」が十才であったものが、一八九四年までに四州を除き十六歳までに引き上げられた。「科学的禁酒教育部会」では、禁酒で健康な生活習慣を教育する目的があり、二十世紀初頭までに禁酒

フランシス・ウィラード・ハウス
ウィラードの父親が増築したゴシック・リヴァィヴァル様式の屋敷。彼女は1865年から1898年までここに住んだが、後に女性キリスト教禁酒同盟の本部となる。現在、国とエヴァンストン市の文化財。（筆者撮影）

を奨励する教科書が全国に三十種類以上出回る一方、ジョージ州を除くすべての州で、「禁酒義務教育法」が成立した。

その後、WCTUは条件つきながら女性参政権運動に加担し、保守派にも受け入れやすい方法で、自治体選択権法など禁酒運動に関連した住民投票などへの参加を主張した。また禁酒運動のために、ウィラードは共和党、全国禁酒党、労働騎士団、また新しい人民党とさえ共闘を計った。しかし女性問題と禁酒問題は、改革運動に熱心な共和党でさえ反対が強く、全国大会の綱領からはずされ、移民や農民票を頼みとする人民党は、禁酒を綱領とすることに反対し、WCTUは選挙の共闘をなかなか実現できなかった。しかしながら、ウィラードの功績は、多くの女性に政治意識をもたせ社会運動に参加させる機会を与えたことであった。

ウィラードの死後、過激な行動で有名になったキャリー・ネーションが出現した。斧を片手に酒場へ押しかけては、酒瓶やグラスだけでなく、室内装飾などを手当たり次第、打ち壊す彼女は「清教徒的狂信者」と非難された。しかし、元来違法な酒場の器物損壊などの取り締まりはできず、地元の保安官もその対処に苦慮し、初めは禁酒運動家たちから支持された。彼女は、バプティスト教会の信者で、二度の不幸な結婚と酒乱の夫から生まれた奇病をもつ娘が、その過激な行動の原因と説明される。しかし、その後の彼女はWCTUの支援によって、全国を講演する有名人となった。

3 憲法修正一八条の成立と反酒場連盟（ADL）

一九〇六年以降、禁酒運動の波は地方で勢いを増し、他の改革運動と切り離されて政治問題に発展した。禁酒党も結成され、一八七二年より毎回大統領候補を指名している。一八九三年までに十五州が州レベルで酒類の販売を禁止したが、一九一九年までには十九州が選択法を採用し、その多くは一九一七年までにはドライ州となった。それには反酒場同盟（ASL）とメソジスト教会の大きな影響があった。とはいえ、禁酒運動のためにプロテスタント教会が行政に介入したのは、この時からではない。二十世紀初頭の移民の急激な増大、黒人の都市への流入、売春や市街地域の人種衝突などによる都市問題が禁酒運動に拍車をかけたのである。アメリカ生まれの、プロテスタントの農村地域が、カトリック系の新移民に支配された都市文化への反撃として、都市化、産業化という時代の流れにうまく乗り切れない農民の不満が禁酒運動の高まりをもたらしたと言われている。

当時蒸留酒の消費は減少したが、ビールの消費量は増加し、その要因は移民の増加によるものだった。禁酒法の採択にも文化摩擦を示す興味深い局面がみえる。禁酒法の採択は小都市や田舎は別として、大都会は避けられたからである。一九一四年までに十四の州が禁酒法を通したが、それらはすべて圧倒的に農村地域であって、この年は逆に酒類の消費量がピークに達した。禁酒運動に反対する人口の集中している所は、カトリック教徒と移民の人口の多い東部の都会と州であって、イリノイ州、ニューヨーク州、ペンシルヴァア州は、十八条修正事項を批准した最後の州であった。禁酒運動推進派は、南部や中西部に強く、それにニューハンプシャ州、メイン州、そしてヴァーモント州が続く。支持者はプロテスタント、農業従事者、そしてアメリカ生まれであった。更に重大なことは、禁酒規制を承認した個々の州の中に、断固として禁酒を受け入れない多くの小都市が存在したことであった。アラバマ州は禁酒運動が強い地域であるが、州の政治や産業や財政を支配する十の郡があり、そこはウエット・カウンティであった。北カルフォルニア州や、南部諸州もこのような例にもれない。

女性の禁酒運動や禁酒党（ＮＮＰ）等が全国的に禁酒運動を展開できない間に、多くの禁酒協会がワシントンのバプティスト教会に集まり「反酒場同盟」（ＡＳＬ）を組織した。この組織の特徴は、弁護士の経験をもつ牧師ラッセルの下で、専門化された管理機構をもつことであった。それは、「宣伝部」、ロビー活動をする「立法部」、告発する「法律施行部」、資金調達の「財務部」の四部門に分かれ、その役職者には専従活動家を雇った。活動方針は、州レベルで決定されるトップ・ダウン方式が取られた。「反酒場同盟」は飲酒そのものよりも酒場を排斥した。一般市民にとって当時の酒場は評判が悪かった。一九一〇年に人口十万以上の都市はアメリカに三十七存在したが、そのうちの二十の都市は、外国生まれ、そしてその子ども世代が全住民の三分の二を占めていた。酒場は、外国生まれの移民にとって、母国語で情報交換でき、宿泊施設や仕事の斡旋などをしてくれる場所であったが、いかがわしい場所でもあった。酒場と悪徳政治家との関係は目にあまった。違法酒製造業の代償として民主党のタマニーホールでは献金が堂々とおこなわれ、ニューヨークの市長選挙では、選挙管理委員会を買収したと言われている。ミルウォーキー、デトロイト、そしてシンシナティなどでは、市会議員の三割から五割が酒場経営者であったし、一九〇八年にもぐり酒場はニューヨークだけでも、三万軒、全国には二十万軒を下らないといわれた。酒場は、クラブを運営し酒類の価格を釣り上げ売春の客引きに利用された。

一方、禁酒運動に対抗すべき蒸留酒業界と醸造酒業界は元来対立が深く、その上政界に多額の献金をしていることで油断していた。また、労働者は禁酒運動と戦う前に、労働条件の改善を求めて雇用者側の醸造業者と戦った。また第一次大戦への参加は、一層全国的な禁酒運動をもりあげた。禁酒による食料の節約、作業の能率、戦意の高揚などが直接の目的で連邦議会への圧力をかけ、とうとう憲法修正第十八条項に載る全米的な禁酒法を成立させた。

実際には住民の四十五パーセントは、禁酒法に反対であったとする資料もあるが、皮肉なことに、これからおきる混乱を予言した人は誰一人いなかった。とはいえ、禁酒法通過後数ヶ月の一九一九年十一月には、ウィリアム・ステイトンがデュポンなどの富豪の後押しで、反禁酒法修正連合（ＡＡＰＡ）を創立している。

4 禁酒法下の犯罪組織とシカゴの不道徳な街

禁酒法試行の失敗は、不効率な取り締まりと共に、移民労働者の悪名高い飲酒癖に向けられたが、実際には彼ら移民の結合を強化することになった。シカゴで暗躍したアル・カポネがその証明となるだろう。カポネの伝記を書いたローレンス・バーグリーンによれば、一九二〇年代のシカゴの街は、その欝勃たる野心を受け入れる進歩と富にとりつかれた都市であった。また個々の民族グループが住み分け共闘する、禁酒法の怨霊跋扈する世界であった。シカゴの発展は、無軌道に増大するほら話と似ていた。一八七一年十月八日の大火事で旧シカゴは焼失したが、三年足らずで街は不死鳥のごとく飛翔し、一九〇〇年には百七十万、カポネがシカゴに到着した頃の一九二〇年頃には二百七十万にとなり、数年で三百万に到達した。湖に隣接した街は、異なる多くの人種の集まりであった。この典型的なアメリカの都市は、故国と固い絆で結ばれた少数民族で構成されていた。各民族は分散して街の各地区に住んだ。シカゴには人種の坩堝はなく、他の民族との同居を好まない同一民族からなる街があることであった。五十万に近いポーランド人にはサウスサイドの町があり、アイルランド人には彼らの、ロシア人、ドイツ人、スエーデン人、チェコスロヴァキア人、ボヘミア人、ユダヤ人、黒人にそれぞれの町があった。南部イタリア系移民も同様であった。彼らは郷土意識が強かったので、シカゴハイツ市に十万人がひしめき合っていた。

アル・カポネに関しては、無一文に近い者でも、シカゴにくればビッグ・フェローと呼ばれる金持ちになれるということであった。ニューヨークの貧しいイタリア移民のスラム街で育ち、冷酷非情、大胆不敵な性格と緻密な頭脳、膨満した欲望でニューヨーク、シカゴから西海岸に広がる闇の一代帝国を築き上げた、希代のギャング。ここに居を構えて七年、一九二九年一月十七日三十歳の誕生日を迎えた彼は、生涯で無敵と思われた時期だった。カポネの犯罪は、すでに全国版の記事になり、その社交的で派手なイメージは不気味な魅力を添えた。優雅で洗練され、平然とマイアミの上流階級に仲間入りし、大恐慌の時には、失業者にスープを配り、家族への愛を公言してはばからない。カポネの冷酷非情には梅毒説もあるが、敵を次々に片づけて、酒の密造・密売・賭博の儲けを独占していった。

彼は人種の壁をこえて、ユダヤ人やイタリア人、ポーランド人、黒人などの主だった民族集団すべてと手を組み、闇酒、売春、賭博については一都市を越え、ニューヨークからミシガン湖、ヨーロッパ、カナダ、カリブ海から流入してくる酒の流れを支配し、政界の実力者、事実上シカゴの市長だった。彼はシカゴ警察を買収して服従させ、本来なら遵法精神の強い何百万人ものアメリカ人に法律破りをさせていた。禁酒法時代に成人に達した酒飲みも多く、禁酒法のために、法律を愚弄することがアメリカ人の生活の一部となった。禁酒法を生んだ偽善を考えながら、多数の人がカポネを軽蔑しながら同時に声援を送った。

しかしカポネがその支配力の頂点にあった時、彼を追い落とす政府の力に弾みがついてきた。この年に連邦検事ジョージ・ジョンソンは、シカゴハイツがカポネの隠れ家や集結基地、武器庫であることを突き止め、ねばり強い調査と分析によって、やがて帳簿の束から組織の弱点を突き止めるのである。兄のラルフに連邦政府の所得税違反の捜査の手が伸びた時に、聖バレンタイン・ディの大虐殺が起こり、カポネの残虐さを人々に改めて認識させた。カポネの手下で共同経営者のマクガーンは、禁酒法の手入れを偽装して警察官に成りすまし、敵対するモラン一味、六人をマシンガンで殺害したのであった。そのノースクラーク・ストリートにある倉庫には、壁に手を挙げて並んだ彼等の敵から流れ出した血が洪水のようにあふれていたという。カポネの差し金とされたこの事件も、他の多くの殺人事件同様未決着であったが、一九三〇年カポネは所得税違反で訴えられ、一九三一年には拘留され、その後アトランタの連邦刑務所に収容される。

一方、取り締まりについて言えば、禁酒法時代の幕開けであった一九二〇年一月、ヴォルステッド法の実施の時期がやってきたが、その時には戦争も終っており、国民は改革や説教にあきあきしていた時期だといわれている。財務省の国内歳入局が禁酒部隊を構成したが、地方では連邦政府からの予算も禁酒取締官の数も少なく、一九二〇年で千五百二十名、十年後でも二千八百三十六名であった。命の補償もない危険な任務で、なおかつ月収が百五十ドル（当時の一般市民の平均月収百四十一ドル）という魅力ない職種であった。最初の二年間に、禁酒部隊の二十三人が命をおとし、多数の負傷者をだした。禁酒法が布かれて毎年六万人が逮捕されているが、人々は業務用・医学の実験用・産業用のアルコールから違法に流用された疑似ビールを飲んでいた。また、カナダのヴァンクーヴァー、英国からはヴァハマ諸島、フロリダを渡り、多くの密輸入の酒類が入ってきた。政府は英国と密輸対策会議を主催し、ワシントン条約を結び沿岸警備隊の強化を予算化したが、効果があるとはいえなかった。

一九二九年の大恐慌で、小売業など酒類販売関連企業も含め二十五万人の雇用が見込めるという理由で、第十八条の廃止要求が強まった。一九三三年二月、十八条を廃止する憲法修正第二十一条は、上院・下院で二倍以上の賛成多数で、フーヴァー大統領候補者が「高貴な実験」と言った禁酒法の撤廃を諒承した。

むすび

十九世紀の禁酒運動は、奴隷制廃止運動だけでなく、猥褻物取り締まりや道徳浄化運動、教育運動などの合頭と時を同じくした。これらはみな、第二次宗教覚醒運動が出発点で、プロテスタント教会の社会改革運動と重なっている。女性禁酒運動の会合は祈りと聖歌から始まった事を思い出す必要がある。従って禁酒運動は、同じ価値観を共有する中流アメリカの「アメリカ化運動」でもあった。これが禁酒運動の革新的な目的に反して、保守的で退嬰的な側面であった。

皮肉にも、禁酒法は逆に少数民族、イタリア系、アイルランド系、ユダヤ系などの移民たちに密造業者になる恰好の機会を提供し、社会にとって大災厄となった。同時に組織犯罪に、大規模かつ緻密な計画性をあたえ、質的な変化をもたらした。しかも、一九七〇年代の司法省の調査によれば、一九二〇年代の禁酒法のはじまりが、現在存続するほとんどの犯罪組織（ファミリー）の原点で、その犯罪組織は現在も暗躍しているという。

（上野和子）

5 シンクレア・ルイスと一九二〇年代
―『バビット』とノーベル賞の「真実」

1 人気作家ルイス

Babbittという単語の意味を知る者は現在でこそきわめて少ないだろうが、しかしこの言葉は、一九二〇年代にアメリカで生まれた単語としてオックスフォードの辞典（OED）やウェブスター大辞典にまで掲載されている由緒の明らかな英語である。シンクレア・ルイスの小説『バビット』（一九二二）に描かれたステレオタイプのアメリカの実業家に因み、物質的成功しか頭にない独善的な俗物のことを意味したのだ。二十一世紀の今からはとても想像しがたいことだが、それほどルイスとその作品は、当時のアメリカ人に衝撃を与え広く読まれたのであった。同時に一九二〇年代、ルイスほどヨーロッパで広く読まれ高い評価を得たアメリカの作家はある意味で他にいなかった。一九二〇年の『本町通り』に始まり、『バビット』（一九二二）、『アロースミス』（一九二五）、『エルマー・ギャントリィ』（一九二七）、そして二九年の『ドッズワース』と、確かにルイスの代表作のほとんどはこの十年の間に書かれ、その結果が周知の通り、一九三〇年アメリカ人で初めてノーベル文学賞を受賞するに至るのである。

しかしこの受賞には問題があった。プリンストン大学のヘンリー・ヴァン・ダイク教授が「アメリカとその伝統を嘲笑する作家にノーベル賞を授与することはアメリカへの侮辱」であると咬みついた（資料一）。その真偽について後日訂正記事は出たものの、前大統領のクーリッジ同様、当時の「良識」ある「上品な伝統」を重視する知識人たちにとっては不愉快な出来事であった。一方、ヘミングウェイらのモダニストたちは逆にルイスの文学的資質を疑っていたのである。ヨーロッパでの好意的な受け止め方とは異なり、本国アメリカでの反発の声があまりにも大きく、ハーコート社はルイスの受賞に際し、スウェーデン・アカデミー常任理事エリック・アクセル・カールフェルト（詩人）の単なる歓迎演説を、「なぜシンクレア・ルイスはノーベル賞を受賞したのか。」（一九三〇年十二月十二日）という言い訳がましい題名に変えて印刷物として出さざるを得なかった。

Nobel Prize Award to Lewis Is an 'Insult' To America, Says van Dyke, Hitting Scoffers

Special to The New York Times.

PHILADELPHIA, Nov. 28.—Award of the Nobel Prize in Literature to Sinclair Lewis was characterized here today as an "insult" to this country by the Rev. Dr. Henry van Dyke, Princeton professor and author. Speaking at a luncheon of the Business Men's Association of Germantown, Dr. van Dyke said:

"'Main Street' and 'Elmer Gantry' cannot be considered as honestly representing the best in American writing. In 'Main Street' there isn't a girl in the story with whom you would fall in love.

"After all, falling in love with a girl in a book is perhaps the safest way of falling in love. There are no complications.

"It used to be that Americans were taught to honor traditions. These traditions were instilled in our hearts. Nowadays, the modern idea is to scoff at these traditions."

Dr. van Dyke criticized generally the "present day school of scoffing writers," adding:

"Choice of the author of 'Main Street' and the rest of these novels that scoff at America and its traditions for the Nobel Prize is an insult to America.

"It shows the Swedish Academy knows nothing of the English language. They handed Lewis a bouquet, but they gave America a very back-handed compliment."

At his home at Westport, Conn., Mr. Lewis was informed of Dr. van Dyke's criticism last evening. The author of "Babbitt," however, declined to make any personal comments, but Mrs. Lewis made the following statement over the telephone:

"All my husband will say is that Dr. van Dyke's statements do not call for any comment from him."

資料一『ニューヨーク・タイムズ』1930年11月29日付

　その中で、たとえば最も評価の高い『バビット』は、アメリカ中西部地方の商業都市ゼニスで不動産業を営む平凡な実業家ジョージ・バビットの中産階級的商業道徳と独善的アメリカニズムを風刺しながら、背景にある制度自体の誤謬を指摘し、同時にバビットを愛すべき好人物に仕立て上げた力量と、また作中交わされる商用旅行者たちの会話がこの時代を象徴する見事な描写だとして賞賛されたのである。マーク・ショアラーの批判的伝記によりほぼ完全に息の根を止められた感のあったルイス文学も、生誕百年祭を契機に徐々に見直しの成果が出始めている今日、一八八五年、ミネソタ州の田舎町、人口二千八百人のソーク・センターに生まれたハリー・シンクレア・ルイスが、イェール大学に入学するまで過ごした中西部を舞台に、ルイス流「狂乱の二〇年代」を描くこの小説の「アメリカニズム」あるいは「中産階級的独善性」とは何かを、スウェーデン・アカデミーの側から再考することは、「失われた世代」に集中しがちな我々の関心の遠近法を若干調整し直してくれよう。

2　『バビット』の成立過程

バビットのようなビジネスマン＝実業家への関心は、すでに『本町通り』執筆以前の短編小説時代からルイスの念頭にあった。始めの旅回りのセールスマンへの興味が次第に結晶し、人口三百四十万人の地方都市でバビットのような不動産業を営む実業家の物語へと進化した。時代はまさに都市化と消費の二〇年代初頭。それは消費者を生み出す実業家の時代をも意味した。W・D・ハウエルズの『サイラス・ラッパムの向上』（一八八五）、フランク・ノリスの『オクトパス』（一九〇一）、アプトン・シンクレアの『ジャングル』（一九〇六）、セオドア・ドライサーの『資本家』（一九一二）など、先輩諸作家がアメリカの実業家の人生をそれぞれの手法で描いたが、『バビット』ほど細部から全体に至るまで用意周到にビジネスの世界の住人を描いた作品はルイス以前にはいなかった。『バビット』によればこの時代の人々にとっての英雄とは、「卓越したセールス・マネージャー」であり、純粋に、「売るという目的」に自己を捧げる「敏腕家」(『バビット』十章—(三))であるという認識が、ルイスの捕らえた一九二〇年代であった。

さらにこの「売る」という目的に、地方都市での土地ブームが加わった。移民の増加に加えて田舎から都市への膨大な人口移動があったからだ。すなわち、第一次世界大戦が終わり、農産物の過剰生産と価格の暴落が引き起こり、連鎖的に土地価格の下落、担保割れへとつながった。借金を払えなくなった農民たちは破産し、何百万という人々が職を求めゼニス(「頂点」の意もある)のような大きな町へと出て行く。仕事を求める人々が中心街へ集中し(資料二の一)、その結果、町がさらに発展するのと平行して中産階級がはじき出される形で、バビット一家の住むような郊外の新興住宅地(フローラル・ハイツなど)が必要となる。ルイスはそこに不動産開発業者が登場する必然性を見出し、「すべての文明は不動産業者から始まる

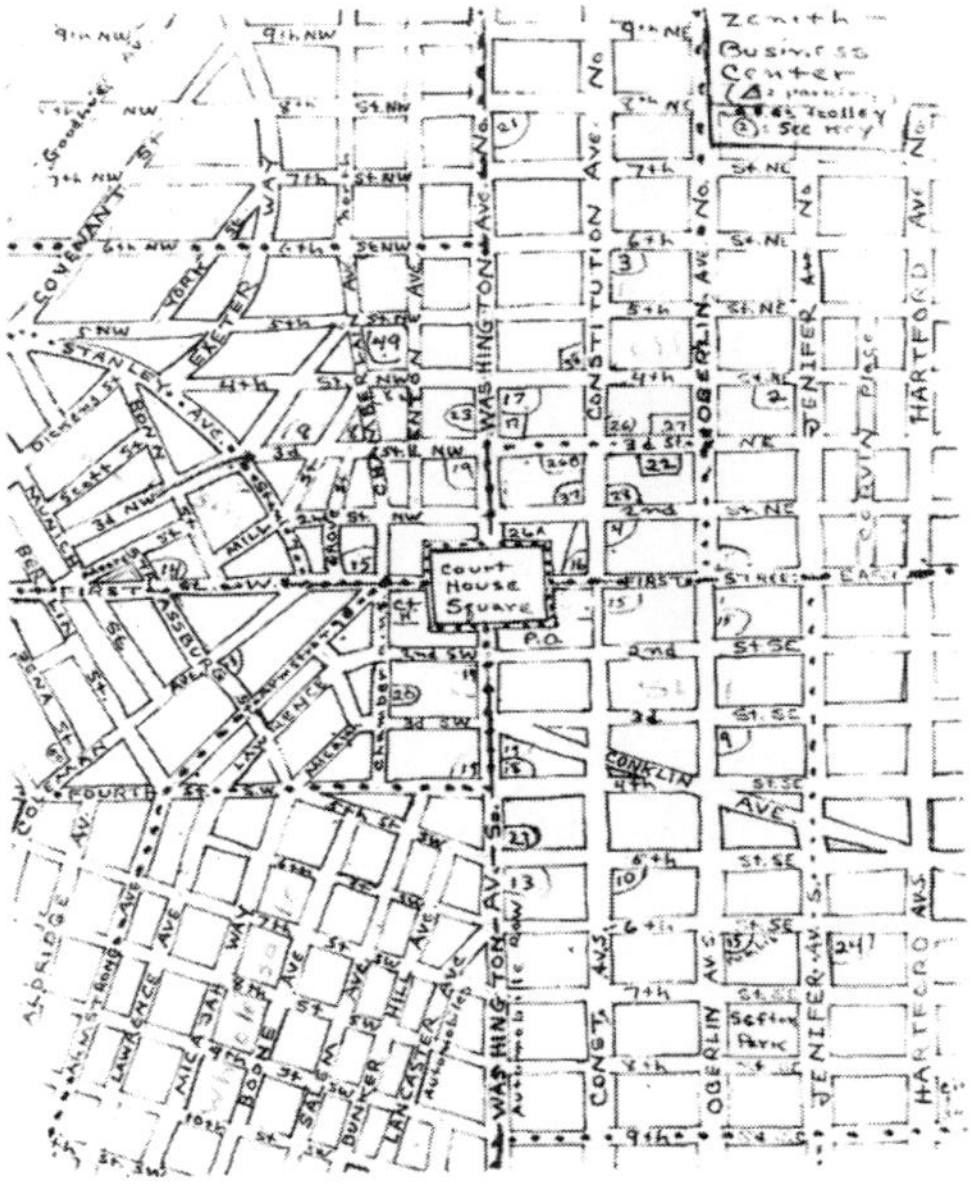

Plate X. Zenith—Business Center

資料二の一:新興都市ゼニスの中心街

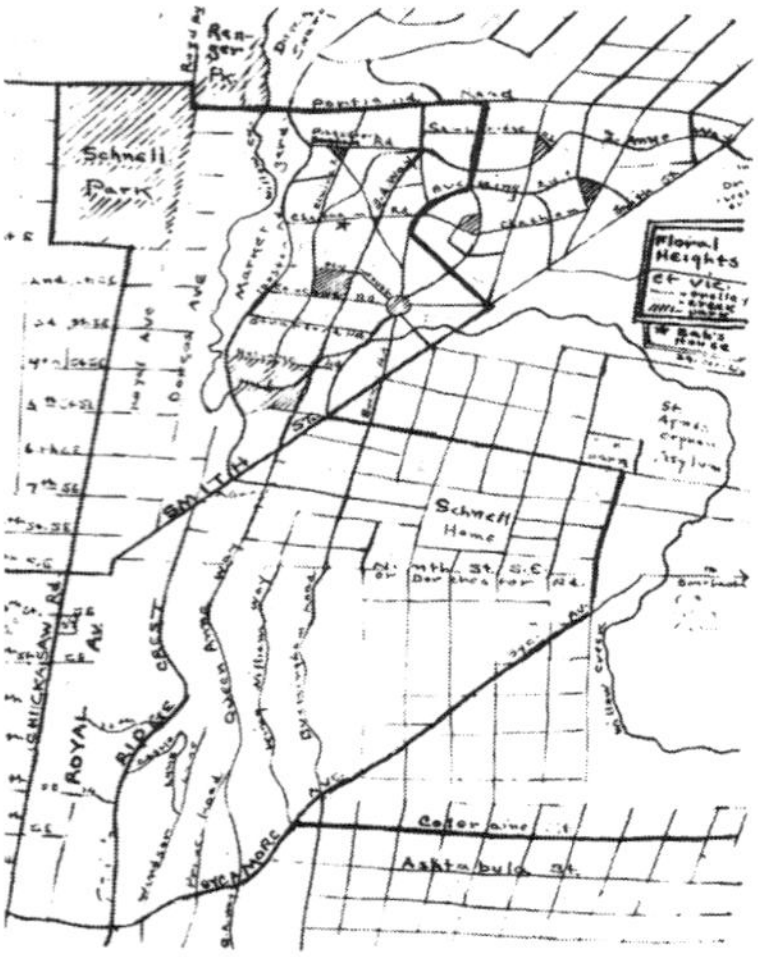

Plate XV. Floral Heights and Vicinity

資料二の二：新興住宅地フローラル・ハイツとその周辺

んだよ。」とバビットに言わしめることになる。こうして資料二の二の地図にもあるように、ビジネス街の中心地から三マイル程度のところに、ニュー・イングランド風の、あるいはヨーロッパ貴族風の魅力的な名前の道路を巡らした住宅地を構想し、その中の「オランダ植民地風の家」に、この時代の典型的実業家として四十六歳の不動産業者ジョージ・F・バビットを住まわせたのである。

3 『バビット』の一九二〇年代

(1) 商品とブランド

『バビット』には一九二〇年代のアメリカの特徴が満載されている。バビットがフォード車のエンジン音で「妖精の少女」の夢を破られ迎えた朝は、一九二〇年四月のある一日であったが、そこに描き出される生活には、まるでアレンの『オンリー・イエスタデイ』を先取りしたような時代認識の正確さがある。技術革新と新しい産業は二〇年代の特徴であろうが、「最新の器具こそ神様」であるバビットにとって「大量生産の全国的に名の知られた目覚まし時計」や「最新式の冷水機」、「キャビネット型ビクトローラ蓄音機」などは自慢の種であったし、お気に入りの下着は「ＢＶＤマーク」であった。何よりフォードは英雄である。バビットの滑稽なほどの自動車への陶酔ぶりはしばしば揶揄される。「この野蛮な二十世紀、ゼニス市においては、自動車はその家の社会的地位を示した、それはまさにイギリスの家の地位が爵位によって決められるのと同じであった。」一九一九年から二九年までの間に自動車の数は四倍の二千三百万台へ増加している。車は単なる移動手段からさまざまな付加価値を持ったいわゆる「衒示的消費」（ベブレン）の対象となったのであった。バビットにとってどのような車に乗るか、あるいはどれほど知名度のある製品や商品を自分のものとするかは、フローラル・ハイツの自分の家の中庭を眺め、あるいは自分の所属する団体やクラブの格式に思いを巡らすとき、初めて「成功した実業家」としての自己確認をするのと同じで、自分を知る重要な社会的物差しになっている。

「ちょうど彼がエルクス慈善団体やブースター・クラブ、商工会議所の会員であるように、あるいは長老派教会の牧師たちが彼の信仰の隅々まで決定し、共和党の有力な上院議員たちがワシントンの煙草の煙る小部屋で、軍縮や関税やドイツについてどう考えるべきかを決めてくれるように、全国規模の大手の広告業者が彼の生活の表面を決め、自分の個性だと信じるものさえ決定していた。練り歯磨き、靴下、タイヤ、カメラ、瞬間湯沸し機—こういった標準的な広告商品が、彼の高い社会的評価の象徴であり証拠であった。始めは喜びと情熱と知恵のしるしであったものが、やがてその代用品になった。」

このような広告の機能は、二〇年代の誇大宣伝時代の特徴だが、ある意味でバビットの演説のうまさと通低している。本心は別にして、いかに上手く演説をできるか、すなわち自己をいかに広告できるかでバビットの出世が決まっていく展開は、宗教界を批判した『エルマー・ギャントリィ』と同様、アメリカ社会における雄弁さの価値と表層性を示しながら、同時に、名士への階段を昇ろうとするバビット自身が、ある意味でブランド化の過程を辿る製品そのものであることを示している。交換価値が生じることによって初めてその価値が決定する商品のように、自己欺瞞を欺瞞と考えずにすむ殼だけの人間にとって、社会の決める評価基準はきわめて重要な人格構成要素である。

(2) ゼニスの禁酒法

禁酒法は、確かに都市生活を快く思わない「地方からの都市への反逆」であったが、多くの女性の支持を得、さらにビール醸造や蒸留酒製造者の多くがドイツ系であったことへの潜在的反発や、禁酒法反対論者がボルシェビキと見られる恐怖などから、瞬く間に議会を通過し、一九二〇年一月十六日の朝が来てしまった。アメリカの自己欺瞞を確認するためだけに作ったようなこの法律は（ルイス自身が二〇年代にアルコール中毒になっている）、結局一九三三年で終わりを迎えるが、ゼニス社交界ではすでに初期段階から形骸化した笊法であった。バビットが公私に所属するさまざまな団体の会合、社交の場では、何らかの理由を付けて酒が供される。パーティー用に闇の密造酒を買出しに行くバビットの姿には微塵の呵責もない。実は、禁酒論者に付きまとう「田舎の清教徒臭」は、むしろゼニスのような地方都市では嫌われたのであった。ゼニスには酒を飲める場所が幾つもあることを自慢に思う者も少なくなかった。「ゼニスではどこでも酒が買えますよ。・・・禁酒法は個人の自由の侵害ですな」。しかし、もぐりの酒を公然と認めることは国家的な二重基準と自己欺瞞を認めることになり、当然ながら社会の道徳律の弛緩をも招くことになった。

(3) フラッパーと新しい性道徳

バビットはある時(平凡な)父親として、息子テッドに、「膝上までのスカートをはき、まるでコーラスガールみたいに白粉や口紅を塗りたくった馬鹿な娘たちと映画に行ったり遊び回るのは止めて」少しは大人になれと(偽善的)忠告をする。いわゆるフラッパーの登場である。第一次大戦後の価値観の変化は、いつの時代でも同じであろうが、まず女性のファッションの変化として如実に表れた。ミニスカートやハイヒール、ノースリーブなどあえて大胆な服装をし、煙草を吸い、禁止の酒を飲み、新しい音楽やより身体的接触度の高いダンスに興じるこの風俗は、移動する個室としての自動車の普及と相まって、二〇年代の新しい女性像を作り出したことは周知の通りである。

このような風俗のドラスティックな変化は、実は背後にある道徳規範、特に伝統的恋愛および性道徳観の急激な変化を意味していた。大戦でヨーロッパへ渡った二百万を超えるアメリカ兵たちが、どこか清教徒的な道徳に縛られた自国の性道徳とは異なった、ヨーロッパの寛容さを体験し、フロイドが性的タブーを俎上に載せ、流行の映画では情熱的な恋愛場面を見せる時、ゼニスの人々もバビット自身も社会的道徳的規範の大きな変化を受けずにはいられなかった。始めてのキスを結婚の申し込みと解釈したようなマイラ(バビットの妻)の伝統的なビクトリア朝的恋愛観は、息子とその恋人ユーニスの、すでに寝泊りするような男女関係と、滑稽なほど対照的に描かれる。バビットが、ゼニスの良識としがらみから外れ、親友ポールの不倫同様、浮気相手のタニスやボヘミアン仲間と共に、自堕落な情欲と安ウィスキーに溺れる姿は、この時代の道徳規範と現実の人々との齟齬を示し印象的である。

ルイスの一九二〇年代の作品の多くが一種の不倫の要素を含んでいることは、この時代の男女関係のひとつの傾向を示しているといえよう。

(4) 赤の脅威とクラブ社会アメリカの排他性

一九二〇年代最大の特徴のひとつが、アメリカ市民の「ボルシェビキ」への不安と極端な反発である。これは本来、一九一七年のロシア革命次にレーニンに率いられたロシア社会主義労働党の多数派の意であったが、ルイスの作品では過激な社会運動家、共産主義者やそのシンパをも表す言葉に使われている。ヨーロッパへの介入を継続しようとしたウィルソンよりも「常態への復帰」を説いたハーディングを新しい大統領に選んだことからも推測できるように、国民の関心はすでに国内に向いていたが、戦時中高揚された愛国心と敵国への憎悪は、そのはけ口を求めて国内の左翼や移民、労働者運動へと向けられた。実際一九二〇年の幕開きは、一月一日の全国規模の「赤狩り」から始まったのだった。保守的体制派の人々は、「自分たちと対立するものはすべてレーニンと同盟していることにしてしまった」ような政治的「不寛容」の時代であった（『オンリー・イェスタデイ』）。国内の異分子、いわゆる「他者」を排斥しようとする動きは、二〇年代に広告とねずみ講的な勧誘方法で急成長した極右組織K・K・Kの「純粋なアメリカニズム」へと収斂していった。

共同体における外国人や反体制派への排除の論理が最も明白に描かれている作品の一つが『本町通り』である。ノーベル賞の歓迎演説でも最初に触れられたスウェーデン系移民労働者は、本国の社会改革運動を知っていた。彼らは主にミネソタやウィスコンシンで活発な運動を展開したが、それは時に「赤の脅威」としてひと括りにされ、これらの地方ではスカンジナビア人に対する偏見を生んだ。

『バビット』での人種偏見はより欺瞞に満ちている。ニューヨーク行きの列車に乗り合わせたセールスマンの一人は、「自分には人種偏見など微塵も無い」と言いながら、「我々は一致団結して黒人や、そう、黄色人にも自分の立場がどうゆうものか教えてやるべきです」と息巻く。南欧や東欧などからの外国人移民も制限し、やつらに「白人の国」の「アメリカ精神の原則」を説くことでみんなの意見が一致する場面は、ヨーロッパでも問題になったアメリカの外国人嫌悪が大衆レベルでどのように進行していたか語って余りある。グラントやストダートの疑似科学に基づく優生学的人種論による人種差別的言説が流布したのはまさにバビットの時代であった。

『バビット』ではたびたび労働運動やストライキ、共産主義や国内の外国人への嫌悪が描かれるが、排他性という意味では、バビットの属する幾つものクラブや市民・慈善団体、政治や商売上の組織こそがその機能を果たしている。一方で会員相互の人間関係や団結力を強化しながら、他方で、町の有力者の作る「優良市民連盟」への参加を拒んだバビットのように、組織に反旗を翻したり従順でない者は排斥される。対人関係こそ仕事の基盤であるバビットのような実業家にとって、有力な団体やクラブ内での公私に渉り網の目のように張り巡らされた人間関係は、標準的な中産階級の生活維持には不可欠であると同時に、外国人らの「よそ者」には計り知れない複雑な壁となっている。ルイスはその人間関係を見事に解き明かした。

バビットによれば、フローラル・ハイツのような郊外の新興住宅地に住み、立派な車と家族をもち、仕事に意欲を燃やす自分たち中産階級の実業家のように、「ここにいる標準的アメリカ市民の明細書のような人々」こそが、「今日のアメリカを支配し、世界中が模範とすべき理想のタイプ」である。さらにゼニスの「優良市民連盟」は、アメリカの民主主義が意味するものは富の平等ではなく、思想、衣服、絵画、道徳、そして語彙の共通性であり、外国人（新移民）への英語や歴史教育を通しての「アメリカナイゼーション」を反組合活動と平行させることであると唱える。実はイギリス的階級格差を残しながら富の分配以外では標準化を図り、中産階級の既得権を守るという一種のアングロ・アメリカニズムだが、その独善性と愚かさを、ルイス一流の軽妙な文体と風刺によって相対化してしまう。

新移民を嫌うアングロ・アメリカ人を風刺するルイスの文学は、そのスタイルはいささか古いにしても、必ずしも「失われた世代」から遠い所にいた訳ではない。少なくともアングロ・コンフォーミティという発想に基づくネイティヴィズムへの風刺は、他者の「アメリカナイゼーション」を潜在的に恐れ忌み嫌った人々の両面価値的心理を見事に表現している。

4　バビットの魅力

一九二〇年代の社会や風俗を通して描かれる中年実業家バビットにはあまり長所がない。物質的で独善的、排他的でもある。新聞にまで掲載された名演説で、ゼニスには「酒場は一件も無い」と自慢しながら、その足でバーレスク・ショーに駆けつけ仲間と公然と酒と脂粉を楽しむバビット。あるいは「公共精神」や「理想主義」を説きながら、不動産業者として、巧妙にしかも習慣的に役人と企業ぐるみで汚職を行なうバビット。いかにもアメリカの弱肉強食的なビジネスの世界でマキアヴェリ的人生を楽しむ鼻持ちならない人間に見えるこの中年男は、実は喜劇的だ。

結果的に、この自己欺瞞と喜劇性の絶妙なバランスで、バビットは奇跡的に魅力ある中年男に仕上げられている。小説の後半、親友ポールの妻殺害事件を契機に、ゼニスの良識から外れ自分の人生に疑問を感じ始める。ここが、宗教をビジネス化する牧師のギャントリィや、医学研究へ真摯に情熱を傾けるアロースミスとは異なる、バビット独特の一種の弱みでもあり強みでもある。弱点だらけの、気の好い、しかしセールスという仕事には特別の才能を示すこの男は、欺瞞と偽善が一種の「良識」となっている社会では、そのユーモラスな風刺的描写によって、むしろペーソスさえ感じさせる愛すべき存在と映る。誰もが持っている自己欺瞞と悩みを抱えながら、平凡な家庭の父親としてあるいは夫として、社会にあるいは人々に迎合したり時には羽目を外したりする姿は、当時の実業家の典型ゆえに、多くの読者が共通点を見出したのであった。『本町通り』のキャロルが、偏狭な田舎町の改革に失敗し、妥協せざるを得ないところまではバビットと類似していても、その弱点がユーモアまで昇華しなかったところに一抹の冷たさが残った。対照的に、『バビット』はその偽善が育む巧妙な可笑しみで、アメリカ文学には稀なある種余裕のある「大人の文学」足り得ている。図らずも、バビットへの風刺と愛着というアンビバレンスが生み出した結果であると言えよう。

5 スウェーデンのアメリカ嫌悪とノーベル文学賞

一九三〇年秋ノーベル賞発表前夜、スウェーデン・アカデミーの一室では五名のノーベル文学賞選考委員が頭をつき合わせていた。前出のカールフェルト、作家ペール・ハルストレーム、アンダーシュ・エステルリングらである。カール・アンダスンの『スウェーデンにおけるアメリカ文学の受容』によれば、二十世紀初頭まで、スカンジナビア諸国を含めヨーロッパでのアメリカ文学の立場はその文化評価同様きわめて悪かった。粗野でがさつで、「ヨーロッパ社会のくず」の集まりのような、歴史も文化も無い移民の国の文学は、たとえばトウェイン、ポー、クーパーなどはある程度読まれていたにしても、概して若年向けの読み物か単なる冒険譚としての興味でしかなかったのだ。さらにノルウェー人作家クヌート・ハムスンの『現代アメリカ文化生活』（一八八九）の影響は余りにも甚大で、スカンジナビア諸国のアメリカへの嫌悪と蔑視の伝統を生むに至っていた。ハムスンは本来アメリカに夢を託した北欧移民の一人であったが、多くの誤解と過酷なアメリカ移民の現実に挫折し帰国を余儀なくされた経歴があった。彼によればアメリカとは、愛国心から生まれる極端な排他主義（外国人への差別）、物質的な生活形態（拝金主義）、そして独善性（社会の堕落）の国であった。今アメリカの最も必要とされるものは、その豊かさと独善性、愛国主義を自ら「疑う人」であるという。

しかし、第一次世界大戦へのアメリカの参戦と勝利がすべてを変えた。アメリカの政治、経済、軍事力は無論のこと、「ローリング・トウェンティーズ」あるいは「ジャズ・エイジ」と呼ばれたアメリカ文化は、自動車、映画、ジャズ、フラッパーと、表層的ながらも明るい未来とたくましいエネルギーを感じさせずにはおかなかった。その影響をまともに受ける形で、スウェーデンの人々の関心は、それまでむしろ模範とし親近感を抱いていたドイツからアメリカへと大きく傾斜することになる。

「長いこと我々ヨーロッパのいわばりっぱな老紳士連は、大西洋の対岸にできた偉大な開拓者の国を優越感をもって眺めていた。そこへ船出して行ったのは正確にはヨーロッパの上流階級ではなく、平たく言えば、下層階級の者たちだったからだ。そして我々にとってアメリカ合衆国というのは、高貴なヨーロッパ文明の外れにできた一種のスラム街のようなものであった。ところが、ある朝、戦争の血なまぐさい夜から目覚めてみると、かつては誇り高いヨーロッパが目の前に無惨な姿をさらしている。ある不安が頭から離れなくなった。もしかして誤った方向へ進んでいるのは、他ならぬ我々自身ではないかと。」

(『スウェーデンにおけるアメリカ文学の受容』)

一九二〇年代になると洪水のようにアメリカ文学の受容が始まった。翻訳が出ると第一に評価される点は、権威に対する「本物の反骨精神」があるがどうか、すなわち「疑う人」としてアメリカ批判が成功しているかどうかが文学的価値を決定することになった。時流に聡いルイスは、一九二一年一月には早くもハーコート社にスカンジナビアの評論家とのコネ作りを依頼している。その結果、早くから翻訳のあったルイスの作品を基準として、シャーウッド・アンダソン、ドライサー、イーディス・ウォートンらが読まれ始めた。いわばルイスはアメリカ批判文学の師匠の立場であった。ノーベル賞選考委員の一人ハルストレームは、その学識と現代文学への造詣の深さとによって、この委員会の中で最も影響力のある人物であった。自身もフィラデルフィアでの挫折経験を持ち、ハムスン以来のアメリカ嫌悪の伝統の急先鋒である。アメリカ人の偽善を厳しく風刺するルイスの文学は彼を喜ばせた。特に『バビット』は彼自身の経験の確認でもあったのだ。また、その風刺と文体の新しさも評価の対象となった。結果的に、ノーベル賞の対立候補として最後までドライサーを推薦したのはエステルリングだけであった。ドライサーはこの時代の人間としては共産主義への共感が強すぎた点を指摘する者もいる。

こうして大勢が決まり、一九三〇年十二月、アメリカ初のノーベル文学賞はシンクレア・ルイスに贈られた。ルイスはその受賞演説で、「アメリカにおける文学に対する恐怖」と題して、未だに残る知識人のアメリカ的「お上品な伝統」や独善性を批判する一方、翌年平手打ちされる運命にあるとはいえ、そのドライサー始めアンダスンなどの文学の開拓者を賞賛し、同時にヘミングウェイ、フォークナーといった新進の作家たちを賛美することも忘れなかった。スウェーデンでは、ルイスのノーベル賞を期に、長く続いたハムスン的嫌米感情が実質的に取り除かれ、本格的なアメリカ文学の芸術的普遍性の見直しと大衆への普及が始まったが、これは他のヨーロッパ地域も同じであったろう。シンクレア・ルイスのノーベル賞受賞は、その後の文学的評価は別にして、少なくともヨーロッパにおいては、アメリカ文化を見直す契機として大いなる意味を持っていたのである。

（宗形賢二）

＊（『バビット』のテキストとしては、Modern Library版（2002）を用い、引用には一部刈田元司氏の訳（主婦の友社）を参考にさせていただいたことを明記する。）

コラム❷ 二〇年代のアメリカ文学

この時代の文学は、とりわけ「モダニズムの文学」であり、小説の分野ではロスト・ジェネレーション「失われた世代」の作家たちによって代表させることができる。しかしながら、彼らの文学だけが二〇年代文学の全てではないことは言うまでもない。

小説では、一〇年代に引き続き、彼らの先輩格である自然主義作家たちが、中西部の田舎町の古い因習を批判的に描く作品を残した。セオドア・ドライサーは、アメリカ自然主義文学の一つの頂点となった大作『アメリカの悲劇』（一九二五）を出版している。一九年の『ワインズバーグ・オハイオ』で作家としての地位を確立していたシャーウッド・アンダソンは、機械文明を批判した『貧乏白人』（一九二〇）や原始的な生命力を扱った『暗い笑い』（一九二五）などの作品を書いた。また、シンクレア・ルイスは、諷刺精神を発揮し、アメリカ中西部に住む人々の偽善や俗物性を攻撃した『本町通り』（一九二〇）や『バビット』（一九二二）に続き、商業主義と戦う医学者を描いた『アロウスミス』（一九二五）、宗教界の腐敗を暴いた『エルマー・ギャントリィ』（一九二七）などを発表している。

一方、ロスト・ジェネレーションの作品は、戦争体験が直接、間接的に影を落としている。第一次世界大戦を経て、二〇年代初期にはドス・パソスの『三人の兵士』（一九二一）、カミングズの『巨大な部屋』（一九二二）のような戦争小説が現れたり、他方、フィッツジェラルドの『楽園のこちら側』（一九二〇）のように、ジャズやフラッパー、ペッティング・パーティーなど、戦後の若者たちの享楽的な社会風俗を描いた作品が出ている。二〇年代中頃になると、ドス・パソスの斬新なモンタージュ手法を取り入れた『マンハッタン乗換え駅』（一九二五）、ヘミングウェイのハード・ボイルド文体を駆使した『われらの時代に』（一九二五）、『日はまた昇る』（一九二六）、フィッツジェラルドの『グレート・ギャッツビー』（一九二五）、フォークナーの『兵士の報酬』（一九二六）など、各作家の独自のスタイルが現れ始めた作品が出版されている。そして、二〇年代の終わり頃には、ヘミングウェイの『武器よさらば』（一九二九）、フォークナーの『サートリス』（一九二九）、『響きと怒り』（一九二九）などが出た。フォークナーは『サートリス』において初めて南部の架空の地ヨクナパトーファ郡を創造し、以後彼の広大な文学世界の方向性とテーマを確立した。

演劇では、劇作家ユージン・オニールが一〇年代に始まった小劇場運動を背景に登場し、ブロードウェイを中心とする商業主義に毒された当時の演劇界に新風を吹き込んだ。彼は、『カーディフさして東へ』（一九一六）以来、仮面の使用、独白など前衛的な演劇技法の実験を試み、三六年にアメリカ人で二番目のノーベル文学賞を受賞した。

詩では、一〇年代に起こったイマジズムの新詩運動を中心に、『リトル・レヴュー』のような新しい詩の雑誌やカール・サンドバーグの『シカゴ詩集』（一九一六）のような注目すべき詩集がいくつか発行された。『シカゴ詩集』では、大都市シカゴの喧噪と活力が日常語を用いて自由詩で書かれた。また、ロバート・フロストは、ニューイングランド地方の自然と生活を日常的で端正なアメリカ英語を使い、伝統的な詩形で描いた。

（関口敬二）

第Ⅲ章

「ローリング・トウェンティーズ」の 文化と芸術

かつてはハーレム・ルネッサンスで賑わいをみせた現代のハーレム
〔君塚淳一撮影〕

1 マーカス・ガーヴェイとハーレム・ルネッサンス

はじめに

「アフリカにアメリカ黒人のための国を建国する」という現実離れした夢を吹聴し、貧しき黒人たちから散々と金を巻き上げた末に、不正を働いて逮捕され故国へ強制送還された二〇年代の「黒人イカサマ師」。残念ながら一般のマーカス・ガーヴェイ（一八八七―一九四〇）への評価は未だにこの程度にすぎないといえるだろう。

しかし、熱狂的に黒人大衆から支持されたガーヴェイズムという運動は、時代の流れと共に現代の視点から再考し評価する必要がある。なぜなら世界の黒人大衆が彼の言葉に酔い、その運動に夢を託したこの時代と、彼を危険視した当時のアメリカ政府、政府同様この運動に反対した黒人知識人の意識などが、彼の敗北に深い関係があることは間違いないと思えるからだ。

時まさに「華やかさ」と「闇」を持つ一九二〇年代。当時「ジャズ・エイジ」として脚光を浴びた黒人文化が、ハーレムを発祥の地としているゆえ、この文化が「ハーレム・ルネッサンス」と呼ばれた時代である。J・アーチャーは著書『彼らには夢があった―公民権のための闘い』（一九九三）で、フレデリック・ダグラス、キング牧師、マルコムXに加え、二〇年代の英雄としてガーヴェイを加え論じているが、まさに彼が他の三人にも劣らぬ黒人大衆の指導者であったことは紛れもない事実だ。既に二〇年代に、これほどアメリカ黒人に「アフリカ民族主義」を強く意識させ、白人への迎合を徹底的に非難し、黒人の独立を訴えたこのガーヴェイ運動と、ハーレム・ルネッサンスの関係を、現代アメリカから再考し、彼の汚されたレッテルを払拭したい。

1 ハーレムの発展とハーレム・ルネッサンス

一九二〇年代の黒人文化の中心地となったハーレムは、十九世紀末には大高級住宅地になる予定であった。これにはマンハッタンが一八七〇年代に近代都市の様相を成し始め、その十年後には人口が急激に増加し、結果として裕福な連中は都会の喧騒を避け、更に北へと移住したことにある。その後、高架鉄道が三車線で一二九番通りまで伸びたことで、高級住宅、高級アパートの建設が瞬く間に行なわれ、一八九〇年代の家賃は、労働者階級が月に一〇ドルから一八ドルの時代に、ハーレムでは月八〇ドルの物件から年に九百ドルから千七百ドルのものまで出現した。『ハーレムUSA』（一九六七）所収のギルバート・オソフスキーの論文「ハーレム・ゲットーの成立」では当時、ハーレムの住人は判事、政治家、有名実業家など一流の人々で、紳士淑女がハーレム・オペラハウスで劇を観てバプティスト・ハーレムで食事をする優雅な地域だった、とその様子をハーレムで発行された月刊誌や週刊誌、隔週新聞などをもとに論じている。

だがこのようなハーレムが一転してゲットーへ変貌していくきっかけは、地下鉄建設計画で地価が上がることを見込んだ投資家たちが、付近の二束三文の土地や安アパートを買い漁り転売を繰り返したことにある。地下鉄完成を待たずしての、建物の過剰な建設数に加え、上がるだけ上がった価格で土地や建物を購入する者も、それに見合う家賃で住もうと思う者もいなかった。土地の切り売りや暴落から「黒人がいずれ住む」という悪環境への白人側の恐怖も生み出し、「黒人には売らない・貸さない」運動も起こったが、市場は暴落し結局は背に腹は代えられぬ家主たちの決断で、ハーレムは「黒人たちの街」となっていったのであった。

それは十九世紀末から二十世紀初頭、南部の黒人たちが農園を捨て都市労働者として、急速に工業化する北部の都市へ移り住む時期と重なったからである。かくして一八九〇年から一九二〇年の間でおよそ二百万人の黒人が北部移住し、ハーレムの黒人人口は二倍に膨れ上がることになる。このような状況において、ハーレム・ルネッサンスと呼ばれる「黒人芸術家の時代」が到来することになった。とはいえこの現象を支える黒人指導者と同様に芸術家も、二〇年代に突如として現れた訳ではない。「黒人の有能な十分の一が世界を変える」という論を提唱したW・E・B・ドュボイス（一八六八―一九六三）と、「黒人は技術を身につけ白人社会に受け入れられよ」のブッカー・T・ワシントン（一八五六―一九一五）は、それぞれの主張から既に対立し注目されていたし、読み書きを禁じられていた奴隷たちによるスレイヴ・ナラティヴから始まる黒人文学だが、既に二十世紀初頭にはチャールズ・チェスナットやポール・ローレンス・ダンバー、ジェームズ・ウェルドン・ジョンソンなど、そうそうたる黒人小説家の活躍のおかげで、その土台が築かれていたことは指摘するまでもない。

しかし理由はそれだけではない。この時期に白人たちが、なぜジャズをはじめ黒人文学や文化に関心を抱くようになったのか。それはこの時代が影響している。第一次大戦後の一九二〇年代アメリカ社会は、繁栄を享受する物質主義に浸りながらも移民排除や禁酒法という保守的な、光と影を相持つ社会であった。戦争体験からくる虚無感と、人間を無視する物質万能のアメリカへの絶望が、若者を混沌の中へほうり込んだ。人間性の復興、反物質主義を求める彼らの注目を惹いたものは、アフリカという原始的かつエキゾチックな世界だった。それは特にジャズに代表され、この時代が作家スコット・フィッツジェラルドの作品からも知られるように、ジャズ・エイジと呼ばれる所以でもある。ケリー・キング・ハウズ著『ハーレム・ルネッサンス』(二〇〇一)では「白人たちが、黒人を見ることが出来る、原始的エキゾチズムの雰囲気を醸し出すナイトクラブは、ハーレムのジャングル・アレイ付近か十三番通りに多く集まっていて、中でも有名な「コットン・クラブ」は、白人ギャングでブートレガーのオーニー・マッデンがオーナーの一九二三年オープンのクラブだった」と解説している。

そもそも二〇年代黒人芸術家たちが「ハーレム・ルネッサンス」というカテゴリーで注目されることになったのは、アレイン・ロックがアンソロジーとして出版した『ニュー・ニグロ』(一九二五)が契機となったのであった。ロックはこの中で、この新たな時代が「国際的なアフリカ民族意識」「アメリカ史における黒人の貢献度の評価」と重なり、白人黒人双方からアメリカ黒人が再評価され、それが「ハンディ・キャップ抜きで黒人が評価され白人と対等になれる」とこの時代に希望を託している。デュボイスも「黒人芸術批評」(一九二六)で黒人作家の実力を称え、「黒人作家の作品だから劣るという時代は過ぎた」と声高に叫ぶ。確かに黒人作家がこの波に乗り多く排出されたことは言うまでもない。カウンティ・カレン、ジーン・トゥーマー、ラングストン・ヒューズ、クロード・マッケイ、ゾラ・ニール・ハーストン、ネラ・ラーセンなど、文学史上に名を轟かす作家群は、どれもこの時代の産物であるのだ。

このような吸引力に引き寄せられるかのように、当時のハーレムには北部黒人、そして南部からの移住黒人、そしてカリブからの移民黒人など、世界各地から黒人たちが続々と集まって来た。この地はロックが語るように、まさに世界でも稀なる黒人都市となっていたのであった。

2 ガーヴェイのアメリカへの道程

ハーレムの芸術に白人たちが浮かれ、当時のインテリ黒人たちが「差別の時代は過ぎた」と語るのを聞くと、二〇年代アメリカが夢の世界であるかのように錯覚してしまうかもしれない。しかしインテリでもなければ芸術家でもない、大多数の当時のアメリカ黒人たちの暮らしは相変わらず苦しかった。

二〇年代のアメリカ社会は、戦後の好景気で消費文化が繁栄し、株価と土地が高騰し「にわか投資家」が激増した時代だった。「アメリカ的生活」も確立され、自家用車やラジオをはじめ洗濯機や掃除機など家電製品が普及し、それを売ろうとセールスマンも誕生した。だがこの繁栄を享受できるのは白人中流以上の者で、それ以外は相変わらず貧しく貧富の差は広がるばかりであった。一方、大戦勝利とこの自国の繁栄から、愛国ムードが高まり「一〇〇パーセントアメリカ人」の標語のもと、政府による「移民排斥運動」が起こり、「戦争反対運動に加わった者」への弾圧はエスカレートし、この繁栄を阻止する者や労働運動を組織する者への赤狩りも行われ、彼らは投獄または強制送還、抹殺されることさえあった。愛国ムードと白人優位主義は一体化し、一時は衰退の途を辿っていたKKK（キュー・クラックス・クラン）も息を吹き返した。中でも無実の罪で一九二七年に処刑された「サッコ＝ヴァンゼッティ事件」として知られるイタリア移民二人の悲劇は、当時のアメリカ史上最大の汚点とされている。

貧富の差と差別の嵐が、底辺に押さえ込まれた者たちだけに猛威を振るっていたのである。更にそのような状況下にあったアメリカの黒人大衆がマーカス・ガーヴェイに魅了された理由は、「戦争での勝利がほとんど自分たちに還元されぬことへの落胆」からであったことは、『満たされぬアメリカ―一九二〇年代の合衆国』（一九九九）におけるゴールドバーグの指摘を待つまでもないことだ。

このような一九二〇年代のアメリカへ、ガーヴェイはどのように登場していったのだろうか。マーカス・ガーヴェイは一八八七年ジャマイカ北部の村で生まれ、洗礼を受けた彼のミドルネームはモシア。いずれアメリカに渡る彼が、貧しき黒人のカリスマ的存在としてアフリカへ彼らを導こうとする「黒人モーセ」となることなど夢にも思わずに母親は彼を「モーセ」と呼びたかったようだ。

ここでジャマイカの歴史を簡単に振返えりながら、E・D・クロノンによるガーヴェイの伝記『黒人モーセ、マーカス・ガーヴェイの物語』（一九五五）とメアリー・ローラー著『マーカス・ガーヴェイ・黒人民族主義の指導者』（一九九八）をもとに、アメリカに進出するまでのガーヴェイについてまず、触れておきたい。一四九四年に始まるスペインによるジャマイカ植民地支配は一六五五年イギリスに取って代わられ、その後、十七世紀までイギリス、フランス、オランダが西インド諸島の砂糖きびをめぐり争うことになり、結局、イギリス支配が定着する。この頃から彼らは砂糖きび畑での低賃金労働者が必要になり、アフリカ人の奴隷売買をするヨーロッパの奴隷商人から、多くの奴隷を買い取ることになる。しかし、解放を要求するマルーン族の勢力にイギリスも屈伏し、一八三三年には奴隷解放となり、ジャマイカの黒人は自由を勝ち取る。当時八〇パーセントが黒人でありながら、彼らのほとんどが低所得労働者階級に属し、奴隷制廃止後も白人からの差別はなくならなかった。前掲書でローラーもガーヴェイが十四才になった時、突然、幼な馴染みの白人の娘から引き離されたことや、男友だちも白人であれば徐々に減少していった、というガーヴェイ自身の回想を引用している。

ガーヴェイは公立学校とプライベートレッスンで教育を身に付け、十五才で名付け親の元の印刷業社で働き始める。十八才で同じく印刷業の伯父を頼って首都キングストンに出るが、そこでストリート・ディベイトに魅了され、その技術習得に励む。またここで都市における人種差別についても学び、黒人の強い指導者の必要性を実感するなど、後の彼を形成する重要な時期になったことは言うまでもない。その後、一九〇七年にキングストンを襲った大地震とそれが引き起こした大火を経験し、その余波による物価の高騰に対し、賃金の値上げ要求をする印刷業者組合の運動を初めて目にする。ストライキの先導役に祭り上げられたため、他の労働者は闘争後には職場に復帰できたにも関わらず、彼だけは解雇され、黒人の状況と組合の限界を実感する。一九一〇年の『ガーヴェイの見張り』という刊行物の編集出版に続き、政治団体「ナショナル・クラブ」を組織し、その刊行物『われわれの手で』の出版などと徐々に政治運動に目覚めていく。資金集めで訪れたコスタリカでは、青果会社での黒人の劣悪な労働条件を実感し、リモンではイギリス統治下におけるジャマイカ人たちのバナナ・プランテーションでの扱いに抗議運動を展開するなど、めきめきと運動家としての才能を発揮し始める。またパナマ、コロンビア、エクアドルと行く先々で反発を感じる度に新聞を発行し、自身の主張を民衆に訴えた。

一九一二年のイギリス旅行中には、数か月の滞在ではあったものの、彼の方向を決定する経験をする。彼は「アフリカ独立運動」や各国の黒人たちの虐げられた状況について、アフリカや西インド諸島からの留学生、船員など多くの人物と出会うことで学び、街や大学の図書館でアフリカについて学んだのであった。後の彼のアフリカ意識の芽はここから始まることは言うまでもない。一九一三年には第一次世界大戦前の緊張みなぎるヨーロッパにも出かけ、イギリスへ戻った際に出会ったのが、ブッカー・T・ワシントン著『奴隷より身を起こして』（一九〇一）であった。ワシントンの自己啓発の哲学に感銘した彼は、その時の状況を以下のように著書『マーカス・ガーヴェイの哲学と主張』（一九二六）で当時を懐古している。

「私は『奴隷より身を起こして』を読んで、黒人の指導者となる私の運命（そう呼んでよければ）に気づかされた。私は〈どこに黒人の政府があろうか?黒人の王が、黒人の王国が、黒人の大統領が、黒人の国が、領事、軍隊、海軍があるだろうか?〉と考えてみた。そしてないことに気づくと〈作ることに力を注ごう〉と固い決意をした」

一九一四年、自らの使命を見つけたガーヴェイは、故国に戻り「人種の誇りと教育プログラム、経済的自立」を目的としたＵＮＩＡ（万国黒人向上協会）を組織し活動を開始する。ブッカー・Ｔ・ワシントンの職業訓練を目的とするタスキギー校を目標にしたガーヴェイの構想は、ジャマイカ白人社会のリベラルな有力者からも好意的に迎えられ、金銭面での援助さえも約束された。

だがＵＮＩＡに対し真っ向から敵意をむき出しにした層も現れた。何とそれは思いも寄らぬ相手で、ジャマイカでは中産階級に属する白人との混血（カラーズ）の人たちであった。白人と黒人の中間層で、黒人よりも教育を受ける機会を持ち、裕福で政府関係の職にも就ける彼らは、自分たちの現在の身分を守るため、ガーヴェイの民族主義に良い顔をしなかったのである。白人との結婚を求め、白人として生活する彼らを否定し、黒人と白人が平等に権利を持つ社会を求め「脱白人、黒さの賛美」を主張するガーヴェイを、彼らが好ましく思わぬのも当然のことであろう。結局、ガーヴェイは思うように進まぬジャマイカでの運動をそのままにし、一九一五年ワシントンの死には落胆するものの、資金調達のためとタスキギー校視察のためアメリカ南部に出かけることになる。

3 ガーヴェイズム―熱狂と批判、そして一九二〇年代

一九一六年、二十八歳のガーヴェイはニューヨークへ降り立った。既に黒人の街となっていたハーレムに住み、印刷工として金を貯め、その後、彼はジャマイカやカリブの黒人の状況を訴える公演の旅に出た。およそ一年におよぶその旅で彼は多くの黒人指導者たちにも会い、交流を深めアメリカ黒人の歴史も同時に学ぶことになる。ハーレムに戻り当時の黒人運動家ハバート・ハリスンの講演に参加した際には、ガーヴェイは壇上でジャマイカの運動家として聴衆へ紹介され、拍手喝采で受け入れられた。これが彼にとってニューヨークでの輝かしいデビューとなり、その後は毎週日曜に教会でのスピーチを依頼され、UNIAニューヨーク支部も開設し、いずれは本部を置くことになる。また、『ニグロ・ワールド』紙を発刊し、当初は無料で配付していたが、後に週五ドルから一〇ドルで購読してもらうようになる頃には、合衆国を始めカナダ、西インド諸島、ラテンアメリカ、ヨーロッパ、アフリカからも注文が来た。『ニグロ・ワールド』紙はガーヴェイの哲学を民衆に広く伝える手段であったと共に、UNIAの活動資金としても大いに役立ったことはいうまでもない。

ガーヴェイの魅力はそのカリスマ性と聴衆を魅了する講演の雰囲気にあると言えるだろう。メモは見ず、心から絞りだすように聴衆に訴える。「その声は天から響く落雷のように心に響き、そこにいる者は皆、トランス状態になる」とボルチモアでのガーヴェイの講演を聞いた後、ＵＮＩＡの事務局に入るＷ・Ｌ・シェリルはその最初の出会いを語っている。またカリスマ性だけでなく、彼の講演内容もその魅力であることは確かだ。ローラーは前掲書で、ガーヴェイは講演する地域が抱える問題を事前に良く調査した上で、解決するには何が必要かを、具体的に講演では訴えていたと述べているからだ。

さて第一世界大戦後のアメリカ社会の状況が、このガーヴェイ運動に拍車をかけることになる。戦時中の人手不足の折、北部では黒人にも仕事が与えられたことは事実であった。しかし戦後、白人帰還兵が続々とアメリカへ帰ると、再び黒人は真っ先に職を失うことになった。加えてアメリカへ押し寄せる移民が、黒人と職の奪い合いになることも明らかだった。黒人人口の多い大都市では黒人に対するリンチが起き、その反撃として暴動も起きた。そしてまたその恐怖からリンチが起きるという繰り返しの状況が続いたのだった。中でもアメリカに忠誠を誓い、ヨーロッパに出向いたアメリカ黒人兵士たちは、帰還した母国でのこの状況

机に向かうマーカス・ガーヴェイ

に落胆し、ガーヴェイ運動に傾倒していったのであった。

当時の白人がガーヴェイを危険視したことは言うまでもない。事実、一九一九年十月、彼の元でかつて働いていたジョージ・タイラーにガーヴェイはニューヨークの事務所で撃たれ瀕死の重傷を負う。彼は額と足に銃弾を受けるものの、運良く死を免れたのであった。タイラーはその場から逃走したが、その後、変死体で発見されたことからも何者かによる陰謀であることは間違いないだろう（警察はガーヴェイとタイラー間の個人的な諍いとして片付けた）。また多くの黒人知識人や中流階級の黒人も、彼を危険人物と見なしていた。クロノンは前掲書で中流階級の黒人が彼を批判する理由を、「アメリカ社会での自分たちの地位が危うくなるため」と、ガーヴェイがかつてジャマイカで白人黒人の混血から攻撃を受けた理由同様の見解を述べているが、明らかにその可能性は否定できないだろう。だがガーヴェイの訴えるものは変わることはない。彼は常に講演で聴衆に語りかけたのであった。「立ち上がれ、汝、崇高なる民族よ」と。「教育を身に付け、民族の誇りを持て」と。「神に肌の色はない」「親は黒人の娘に黒人の人形を与えよ」「肌の色を薄めるのも、髪を直毛にするのもやめよ、神は我々を完全なものとしてお造りになったのだ。白人の〈まね〉は即刻やめよ」と。

だが結局、ガーヴェイは黒人が民族の誇りを取り戻すには、富を得るしかないという結論に行き着くことになる。彼は「もう騙されるな、富は強さであり、力であり、正義であり、自由であり、本物の人間の権利となるものだ」と述べ、一九一九年、その実現のため船舶会社「ブラック・スター・ライン」を設立する。白人による黒人支配は、経済的理由に負うところが多い点を指摘するのである。合衆国をはじめ、アフリカや西インド諸島などにも、黒人のための工場設立を視野に入れた巨大プロジェクトを彼は立ち上げたのであった。「黒人のための」「黒人による」この会社は、全世界の黒人から寄付を求め、ひと株一ドルから出資を受け付けた。その後、五ドルの株も売り出すと、瞬く間に買われ、初年度で六一〇万ドルが集まり、一六万五千ドルの商業船ヤーマウス号が購入された。

一九二〇年八月には世界黒人会議をハーレムで開催し、デモンストレーションとして大々的なパレードをし注目を浴びた。その制服も鮮やかブルーの上着、そして赤のストライプのズボンと派手なもの。またその後方からは二百人の白のドレスに白のストッキングという出で立ちの「ブラック・クロス・ナース」の集団が続き、ブラスバンドや聖歌隊まで登場した。会議のスピーチでガーヴェイは「アフリカは世界の黒人にとっての磁石となるもの」と述べ、スタンディング・オベイションは五分も続いた。

その後、ヤーマウス号はフレデリック・ダグラス号と改名、ガーヴェイの哲学を伝える航行をアメリカで続け、西インド諸島への航行も計画した。だがヤーマウス号の元所有者からは、十分な保険が掛けられるまで航行はできない、と指摘され乗船者は激減、更に船長コックボーンの裏切りなど苦難は絶えなかった。だが彼はそれに屈せず、アフリカまで運行可能な船も新たに購入し、「ニュー・ジャージー・ブラック・スター・蒸気船会社」も設立、船舶会社の運営はうまく行かぬものの、一九二一年には、アメリカ黒人をアフリカへ帰す「アフリカへ帰ろう」運動を提唱し始める。彼に夢を託すガーヴェイ支持者がいる反面、彼を現実離れした「夢想家」呼ばわりする者もいた。後者は「アフリカはアメリカ黒人にとって文化も言葉も異なる別世界であって、新たな生活を始めるという非現実的発想」を非難したものだった。実際に一九二二年、彼はまずアフリカの元ドイツ植民地獲得に乗り出す。

その計画は失敗に終わるものの、その後、ガーヴェイは大学や工場、鉄道などの建設を条件に、西アフリカのリベリアから、アメリカ黒人の植民の受け入れを取り付けることになる。一九二三年当時、アフリカ訪問中のラングストン・ヒューズは「アフリカ西海岸全域でガーヴェイの名は知れ渡っており、彼がアフリカを統一し解放してくれれば良い」と彼らが本気で望んでいたことを自伝『大海原』（一九四〇）で記している。しかし、一九二四年になると、リベリア政府はこれまでの方針を翻し、計画は実行不可能となってしまう。一般には「リベリア政府がその後のヨーロッパ諸国からの侵入を恐れたことによるもの」と解釈されてはいるが、真実は合衆国秘書官ウィリアム・キャッスルが、リベリア政府に「ＵＮＩＡはコミュニスト団体である」と虚偽の警告をし（実際のガーヴェイはコミュニストを敵対）、イギリスやフランスなどヨーロッパ諸国と協力し、「アフリカに西欧諸国にとって脅威となる黒人国家建設」を阻止したものと、Ｊ・アーチャーは資料をもとに結論づけている。なるほど、白人諸国にとってリベリアの天然資源（ゴム、鉄、ダイヤなど）は、他のアフリカ諸国と比較にならぬ魅力あるもので、白人が自国の利益を考え妨害を計ったという彼の分析は、正しいと言えるだろう。ガーヴェイ自身も、当時を振り返り「白人による植民地主義がこの計画を失敗に終わらせた」と述べているが、我々はそこに、かつて「イギリス帝国・植民地政策の中心ロンドンにいると、黒人の悲惨さが手にとるように分かる」と黒人解放という野心に燃え語っていた若き彼の姿を重ね、この計画失敗へのガーヴェイの失念の思いを推し量ることができるのである。ヒューズは先のアフリカ人たちのガーヴェイ人気の引用に続き「だがアフリカ人たちは植民地問題が抱える非常に複雑な問題を分かっていなかった」と一言のみ加えているが、そこに込められた彼の意図は明らかだろう。

これを機にガーヴェイの運は陰りを見せ始める。危険人物リストに挙げられ合衆国入国が危ぶまれたのをはじめ、ニューヨーク到着後は、妻からは秘書との関係を訴えられ、UNIAのメンバーからは会社の経営方針が問われ、揚げ句に郵政省からはブラック・スター・ラインの儲けを企み虚偽の宣伝をしたと起訴され、加えて投資家を騙すため郵便物を使用したという件で逮捕されたのである。これが結局はガーヴェイの「壮大なる夢」を終焉へと迎わせたのであった。

白人とは「対立より融和」を望む黒人知識人は、彼らを支援する理解ある白人をも敵に回すガーヴェイの民族主義には敵意を抱いた。『黒人と白人にとってのハーレム・ルネッサンス』（一九九五）の著者ジョージ・ハッチンソンも、デュボイスの「アメリカ黒人はアメリカ人であり、その歴史経験は白人と同じくらいあり、自分とガーヴェイは異なる」という主張と、ジェイムズ・ウェルド・ジョンソンの「アメリカが白人の国であるというガーヴェイの主張は、黒人インテリ層には受け入れられずNAACPも援助しない」という論を以てその不和を指摘しているが、十分、理解できるところだ。

ハーレム・ルネッサンスにおいて華々しく活躍する当時の黒人芸術家たちも、一様にガーヴェイには背を向けた。デュボイスをはじめ黒人インテリ連中がガーヴェイを敵対し、自分たちも白人からちやほやされていれば、当然のことだろう。だがこの黒人を祭り上げた白人の騒ぎも、ゾラ・ニール・ハーストンの伝記を記したロバート・E・ヘメンウェイによれば、「ハーレムへ行く白人は、ジャングルへサファリに行くのと同じで、そこで原始的な自分を発見しようとしているのであって、自分に欠けている活力を求め、ニュー・ニグロ芸術家のパトロンをしたがっているだけだ」ということであり、レビ・ハバートも『ハーレムのあるルネッサンス』（一九九九）所収「白人がハーレムへ」では、「バス、地下鉄、リムジンで白人はやって来た。詩や文学、絵を書く黒人を自分の目で見るために。踊る犬をすごいと絶賛するのと同じだったんだ」とかなり辛辣に論じている。また、ヒューズに至っても「単に黒人が流行の時代であって、そんな長く続くはずはないと思っていた。ハーレムの連中は繁栄の時代が来たと浮かれていたけれどね。黒人は自分のためでなく白人を喜ばすため書くようになっていった」と、この時代への評価は冷笑的だ。事実、コットン・クラブをはじめハーレムのクラブは黒人を客として締め出していたし、当時、黒人芸術家たちが出ていた大パーティ主催者のアレリア・ウォーカーは、黒人の髪を直毛にする整髪法で財をなした人物で、「髪を白人らしくする」点では、皮肉にもガーヴェイの主張とは真っ向から反対の人物だった。

そんな中でデュボイスは、一貫してガーヴェイ批判を強く打ち出し、他の黒人への影響力も大きかった。アメリカの人種問題解決を白人と競合し行う彼にとって、ガーヴェイの白人黒人の民族分離主義は、結局、KKK（クー・クラックス・クラン）の分離主義と一致するものと見たためであった（ガーヴェイは「アフリカへ帰る」運動成功のため、NAACPには愛想を尽かした後、KKK幹部と会合も持った）。また、ガーヴェイの民族主義は、二〇年代アメリカ政府の民族主義排除という方針からも批判されるものであったことは言うまでもない。「反白人」扇動家として人気を得ていたガーヴェイを危険視した、当時まだ若手であったFBIのエドガー・フーヴァーが、彼を郵便詐欺か脱税で国から追い出せないか、と既に一九一九年から策略していたことも、現在、明らかにされている。その後、合衆国はついに一九二五年、ガーヴェイの転覆を図ることに成功する。まさにハーレム・ルネッサンスは全盛を極め、皮肉にも『ニュー・ニグロ』出版の年に、政府はフーヴァーの計略どおり、彼を起訴し逮捕、強制送還を企てガーヴェイの夢は一九二七年、はかなくも消え去ることになったのである。

4 早すぎたヒーロー

一九六〇年代には、黒人の誇りを回復する様々な運動が、人種差別撤廃という公民権運動と共に黒人の中から沸き上がった。南部穏健派マーチン・ルーサー・キング牧師から北部急進派マルコムXやストークリー・マイケルなどの指導者たち、ブラック・パンサー、ブラック・モスリムなどの団体、そして「ブラック・イズ・ビューティフル」の主張まで。民族の誇りを取り戻すと共に「アメリカ黒人のルーツはアフリカにあり」と大声で叫び始めた時代だ。事実、この時代には、彼らの多くに黒人史を通じてガーヴェイの功績が認められ始めたことになる。マルコムXの父親が一九二〇年代には巡回牧師で、ガーヴェイ支持者ゆえ鉄道事故に見せ掛け白人から殺害されたことは、アレックス・ヘイリーの『マルコムX自伝』（一九六四）でも触れられ周知のことだろう。まさにマルコムXの登場もその点で象徴的であるのだ。六〇年代には、二〇年代にデュボイスら黒人指導者たちが散々と批判したガーヴェイが提唱した「アフリカ回帰の民族主義」が、ヨーロッパ中心主義に代わり全面に打ち出され、唱えられたのである。中でも特筆したいのは、あのデュボイスが晩年には、アフリカへ渡りそこで『アフリカ大百科事典』に取り組んでいる際、一九六三年に一生を終えたという何とも皮肉な話だ。

マーカス・ガーヴェイはまさに早すぎたヒーローと言わざるを得ない。

（君塚淳一）

2 アメリカ音楽の誕生

ギターを弾く人なら名ギタリストのチェット・アトキンスを知っているだろう。彼は二〇〇一年六月に惜しくも亡くなったが、以前こう言った。「カントリー音楽はアメリカの文化遺産だ。学校で教えなければいけない」。一九二〇年代のアメリカは自由奔放さと力強さを持って、様々な音楽ジャンルを形成していく。そして多くの人に受け入れられる魅力的なアメリカ音楽を作り上げていった。本節ではさまざまな音楽ジャンルに強い影響を与えたジャズ、ジャズ的交響曲を生み出すに至ったクラシック、そしてユニークな成立過程を歩んで巨大音楽ビジネスに育ったカントリー音楽を見てゆこう。

1 一九二〇年代のジャズ

十八世紀初頭ニューオーリンズ（ルイジアナ州）はフランスの植民地として、フランスにより建設された街である。この街で一八九〇年代に基礎作りを始めたジャズは、社会のニーズから生まれたと言っていいだろう。つまりダンスの伴奏音楽への需要があった。当時社会的交流としてダンスが盛んであった。またピクニックやスポーツイベント、政治演説会などに黒人を中心とした金管楽器バンド音楽が必要だったのである。戸外では音量の大きなバンドが必要だったからだ。だからコルネット（トランペットに似た金管楽器)、トランペットやトロンボーンなどの金管楽器とドラムスを組み合わせたバンドが発達してゆく。しかし、なぜニューオーリンズなのだろうか？　また黒人中心の音楽ならアフリカ音楽はどのようにジャズ誕生に影響したのか。ニューオーリンズはミシシッピ川河口に位置しており、アメリカとカリブ海諸国やヨーロッパとの貿易により大いに繁栄した一大商業都市だった。コスモポリタン都市の雰囲気を漂わせ、街にはダンスホールも多数存在した。音楽需要がミュージシャンを育て、多くの人に受け入れられるアメリカ音楽の誕生に導いた。アフリカ音楽の影響に関しては、奴隷として新世界（アメリカ）に連れてこられた時、楽器の持ち込みが認められなかったから、黒人は教会での賛美歌やフォークソングを自分達流にアフリカの伝統を加味して楽しんだのである。そのことがジャズの誕生に間接的に作用した。つまりジャズに対してアフリカ音楽の直接的関与があったのではなく、アフリカの伝統を取り入れた他の音楽がジャズに影響したのである。

その後ダンス伴奏としてのバンド音楽は少しずつ変容してゆく。プレイヤー達は自由な発想で音楽を演奏するようになり、メロディを原曲から大きく離れたものにしていった。固定した演奏パターンにこだわらず演奏家自身のアイディアと高い技術を聴衆に聞かせようとした。これが今日アドリブと呼ばれる即興演奏である。高い技術を盛り込む即興演奏は、プロフェッショナルだけに出来る音楽活動である。現在でもそれは同じである。演奏中に心に浮んだ気持ちを楽器に託して、限られた小節数の中で自分らしさを自由に表現するジャズは、きわめてアメリカ的だと言えるかも知れない。一九〇〇年前後といえば一八六二年のリンカーン大統領による奴隷開放宣言から約四十年過ぎた頃である。黒人は制度上、奴隷の身分から脱したが、さらに精神的に自由を求める気風が強まったと推測される。一九〇〇年前後のアメリカの社会状況も音楽形式の発達に関与していると考えられる。

ジャズのアドリブは精神開放の側面も持つが、サックスやトランペットなどを中心とした器楽演奏であるので人間の心の叫びを肉声で表現することは出来ない。ジャズの成立とほぼ同時期に、肉声を使いながら自分の仕事の厳しさ、道路で行商する辛さなどを歌う音楽が登場した。これがブルースである。コード（和音）は二つか三つしか付けない単純なものであったが、ギターやバンジョーの伴奏で心の叫びを歌った。ジャズとブルースはお互いに影響しあって特徴ある音楽形態になってゆく。つまりブルースのソウルフル（深い悲しみ）な音階が、ジャズにも取り入れられて、ジャズの特徴のひとつになってゆく。ドレミファの西洋式音階からわずかばかり音程を狂わせるブルーノートと呼ばれる音階だ。これは鍵盤楽器のピアノでは不可能で、ジャズバンドの管楽器が得意とした。

ジャズはまたラグタイムという音楽形式からも影響を受けながら進化していった。シンコペーションというリズムをいち早く取り入れたのだ。これはジャズがジャズであるための、かなめのリズムである。これによりジャズにはスイング・フィーリングを得た。スイングしなければジャズにはならないのである。つまりジャズは、前述の即興演奏（アドリブ）とスイング・フィーリングを合わせ持っていなければならない。

一九二〇年代になってジャズはシカゴとニューヨークでレコーディングが行われるようになり、一挙に花が咲く。主にニューオーリンズで見られたジャズが、全米へと広がりを見せる時期でもある。ニューオーリンズで多くのジャズプレーヤーが育ったが、彼等はシカゴに移り、レコーディングを盛んに行なうようになる。彼等の中で最も有名な人物はトランペッターのルイ・アームストロングであろう。またジャズ作曲者でありアレンジャーのジェリー・ロール・モートンも一九二〇年代にシカゴで大活躍をした音楽家の一人である。さらに白人もジャズ演奏家の仲間入りをするようになった。そしてシカゴでも新たなプレイヤーが育っていった。特にシカゴのオースティン高校に通った生徒がのちにジャズプレーヤーになり、「オースティン・ハイ・ギャング」と呼ばれるほど有名になった。このようにジャズはアドリブを一大特徴としてアメリカ音楽シーンにしっかりと根をおろした。ジャズのアドリブは楽譜上演奏者を束縛しないので、個性の発揮を重んじるアメリカの風土に合致したと言えよう。そして固定した音楽をくずしたダイナミック（動的）な音楽誕生となった。

2 一九二〇年代のアメリカ・クラシック音楽

クラシック音楽は固定的で新しい音楽を拒むような印象があるが、アメリカの一九二〇年代は、クラシックの分野でもアメリカ的創造性を発揮し、他の国では見られないクラシック世界を作り上げていった。一九二〇年代の華やかな街ニューヨークは、ジョージ・ガーシュインとアーロン・コープランドという溢れるばかりの才能を持ち、数多くの作品を残した音楽家を輩出したのである。彼らはオーケストラ用音楽だけに止まらず、ミュージカル曲、映画音楽、ポップスなどに多くの作品を精力的に書いた。ニューヨーク・ブロードウェイのミュージカルやロサンジェルスのハリウッド映画が庶民の人気を集めるようになってきたことも、ガーシュインとコープランドを育てる素地になった。クラシック音楽の範囲をはるかに越えて、アメリカ音楽を庶民に近付けたこの二人の功績は測り知れない。この二人は生まれた年も場所もきわめて近く、そして両親がロシア系ユダヤ人だという点も同じである。

まず一九二〇年代に大活躍をしたガーシュインを見てみよう。彼は一八九八年ニューヨーク・ブルックリンで生まれた。ニューヨーク・イーストサイドで育ち、高校は中退した。「ミスター・ミュージック」と呼ばれたガーシュインは、当時ポピュラー音楽の中心地であるニューヨーク・マンハッタンのティン・パン・アリー地区（二十八丁目とブロードウェイが交わるあたり）にある音楽出版社で働くことになった。ガーシュインが十六才の時だった。音楽出版社がポピュラー音楽を独占的に買い上げ、宣伝し、営業利益を上げるシステムであったので、曲を売り込むのにプラガーと呼ばれる宣伝職員が存在していた。ガーシュインはその宣伝職員として働くことになった。多少汚い方法を使ってでも担当の曲を売り込むのが仕事だった。そんなプラガーの仕事に馴染めなかったガーシュインは出版社にあったピアノを毎日十時間も弾き続けた。そして黙々とポピュラーソングの作曲に没頭した。彼のピアノを聴こうと黒人やコーラスの女性などさまざまな人が集まり、彼にいろんな演奏を要求した。ガーシュインは彼のもとに集まる人達を楽しませるため、実験的なピアノ奏法を披露したり、めずらしいコード（和音）をつけてみたり、また歌手の声の高さに合わせて即座に転調をおこなうといったことをしていた。このことは彼が将来の多様な曲作りをする上で役立ったことは間違いがない。ガーシュインの卓越したピアノ技術と音楽的創造力は音楽関係者に知れ渡るところとなり、自動ピアノのロールに録音をする仕事が入るようになった。すぐに彼は自動ピアノの仕事を独占してしまうほどの力量を示した。このようにガーシュインは十代でポピュラー・ミュージックの世界を足掛かりとして、高いピアノ技術と作曲の才能を世間に見せてゆく。

一九二〇年代と一九三〇年代のガーシュインの作曲活動を見てみよう。コンサート用作品として一九二四年に『ラプソディー・イン・ブルー』を発表した。今でもこの曲はよく演奏される大ヒット曲であるが、当時もベルリン交響楽団、ニューヨーク交響楽団、ボストン・ポップス・オーケストラなどと何度も共演している。この曲はガーシュインの作曲能力が充実していた時の作品で、巧みにジャズの要素を取り入れて、自由で画期的なアメリカ音楽の歴史に一ページを加えた。『ラプソディー・イン・ブルー』には独特のリズム（一―二―三、一―二―三、一―二）とジャズやブルースが得意とするブルーノートの音階を使って、クラシック音楽に新境地を開いた。一九二八年にはコンサート曲『パリのアメリカ人』を発表し、一九三五年にオペラ『ポーギイ・アンド・ベス』を完成した。作曲家の地位を不動のものとしたのである。またブロードウェイ・ミュージカルでは一九二六年に『オー・ケイ』、一九三〇年に『ガール・クレイジー』の音楽を手掛けた。その他映画音楽や数えきれないほどのポピュラー・ソングも作曲した。中でも『サマータイム』は我々もきっとどこかで耳にしている有名な曲である。アメリカの華やかな都会で生まれ育ったガーシュインは、それまでのクラシック音楽体制をくずし、自由奔放な音楽をクラシック界に溶け込ませた大作曲家である。

アーロン・コープランドはユダヤ系ロシア人を両親に持ち、一九〇〇年にニューヨーク・ブルックリンで生まれた。有名ピアニストの個人指導を受けたコープランドは曲作りを十代で始めたが、作曲家としてなかなか認められなかった。前述のガーシュインが十代から音楽出版社に入り、社会の波にもまれながらも若くしてクラシック界の寵児となったのとは対照的に、コープランドは非情なマスコミ、無関心な音楽関係者達などにより、若く貧しい二十代、三十代を過ごさなければならなかった。しかし経済面と精神面で支えてきた父親の理解もあり、コープランドは二十一才から三年間フランスの音楽学校に留学する。彼にとってフランス留学はジャズ・テイストを加味した作曲手法をさらに発展させるジャンプ台になった。コープランドは遅咲きの大物音楽家と言っても良いであろう。

コープランドは一九二五年にこう語っている。「アメリカの作曲家はアメリカの伝統に目を向けるべきだ。それはジャズとポピュラー音楽だ」。事実コープランドは一九二〇年代はジャズの要素を多く取り入れた作品を書いている。また彼自身ブルックリンで育ったので、ジャズ音楽が回りにあふれていたことを率直に認めている。しかしながら彼の人気と名声が急速に高まったのは主にバレエ音楽と映画音楽の成功があったからである。中でも一九三八年のバレエ音楽『ビリー・ザ・キッド』が有名である。これらエンターテイメントを足掛かりにクラシック音楽界でも成功したことは、ガーシュインと同じ道を歩んだと見ることができよう。

コープランドの作曲の幅広さはガーシュイン以上であろう。オペラ、バレエ音楽、交響曲を始めとするオーケストラ音楽、オーケストラと金管楽器のアンサンブル曲、室内楽、ピアノ曲、合唱曲、映画音楽、ポピュラーソング、テレビ番組の音楽にまでわたる。レコードやラジオ、また一九五〇年代からはテレビが普及したが、それら文明が発達したことによる恩恵も積極的に活用した。コープランドは少年時代ホレイショウ・アルジャーの少年向き小説に夢中になっていたが、その影響か、小説家スタインベックの『二十日鼠と人間』を素材とした映画音楽を書き、ヘミングウェイの『ニック・アダムス物語』を原作としたテレビドラマ『ニック・アダムスの世界』の音楽も担当している。このようにショウ・ビジネスにも受け入れられて万人が楽しめる音楽を作ることがアメリカ・クラシック界の特徴となり、クラシックの幅を広げ、その結果多くの人を引き付けるようになっている。

以上のようにガーシュインとコープランドはほぼ同じ時期にニューヨークに生まれた。そして音楽界で認められた時期は異なるものの、二人ともジャズを積極的にクラシック作品に取り入れたことは共通している。そしてクラシック・ファンのみならず、さまざまな人々にアメリカ音楽の魅力を知らしめたと言える。サード・ストリーム（クラシックとジャズの要素を組み合わせた音楽）の牽引者であるガーシュインとコープランドの作品は、現在でも新鮮さ持ち、さまざまな場で演奏されている。

3 一九二〇年代のカントリー音楽

ジャズやクラシックが演奏家や作曲家を中心に大きく展開していったのとは対照的に、カントリー・ミュージックは「金もうけ」をめざした数人のプロデューサーを中心に誕生した。ポーク・ブロックマンとラルフ・ピアーである。計画的音楽ジャンル誕生と言ってよいであろう。当時ガーシュインも関わっていたポピュラー音楽（ニューヨークのティン・パン・アリー地区）に対抗して、ポーク・ブロックマンらは南部の州にいるアンチ・ポップス派（反都会派）を掘り起こそうと画策したのである。

アメリカは当時二つの革命的マスメディアが発明されて普及しつつある段階であった。それはフォノグラフと呼ばれるレコードプレーヤー（蓄音機）とラジオである。この二つのメディアを使い、ニューヨークなど大都会からポピュラー音楽が南部の州にまで押し寄せていた。ブロックマンはウェストバージニア州、ノースカロライナ州、ケンタッキー州、テネシー州、アーカンソー州、テキサス州、オクラホマ州などの南部をこよなく愛する人々にターゲットをしぼった。都会的ポピュラーソングを嫌う人達に、素朴なカントリー・ソングを売り込もうと画策したのだ。カントリー音楽を商業的レールに乗せることに関し、彼は次のように述べている。「カントリーに対する私の関心はお金だ」。またブロックマンの信条は「お客さまは常に正しい」であったと言われている。タレントスカウトであり、プロデューサーでもあるブロックマンは最初からカントリー音楽を戦略的に位置付けていたのである。

カントリーという音楽ジャンル名は一九二〇年代には存在せず、ヒルビリー音楽などと呼ばれることが多かった。一九二〇年代のカントリー・ソングはフィドル（バイオリン）、ギター、バンジョーなどを伴奏楽器として失恋、故郷の人々、仕事の辛さ、信仰など日常生活を素朴に歌うものであった。そのカントリー音楽は現在、全米で約二千五百のカントリー専門ラジオ局から流されており、洗練された音楽に変身したカントリーCDは年間で六千七百万枚売れている（二〇〇〇年現在）。そしてナッシュビル（テネシー州）にはレコード会社、レコード・スタジオ、音楽出版社、音楽家協会、著作権協会などが集まっているので、全米からカントリー歌手、作詞家、作曲家などを目指す人達が集まってプロとして成功するためにしのぎを削っている。

さてカントリー音楽の歴史にとって大きな出来事の一つは一九二三年に起きた。この年ジョン・カーソンというフィドル（バイオリン）奏者がアトランタ（ジョージア州）でレコーディングを行ない、世の中にカントリーという音楽があることを宣言したことである。ジョン・カーソンを見い出し、レコーディングをさせ、売り出しを実行したのがポーク・ブロックマンであった。フィドル奏者ジョン・カーソンの楽し気なレコードを制作し、予想以上の売り上げを記録したカントリー音楽は、当時のラジオやレコードの普及といった追い風にも助けられて大ヒットをしたのである。ニューヨーク中心のポピュラー音楽と張り合って商売していくためには、システムを整備する必要があった。ブロックマンが新規参入組であるカントリー音楽を商業的に成功に導くことができたのは、次の五大要素を一つのシステムにしてカントリー音楽を商業ベースに乗せたからだと言われている。つまり、①レコーディング、②ラジオへの出演、③演奏ツアー、④音楽出版社、⑤作詞作曲家の確保である。これら五つの要素は今も成功のための要素であり続けている。

次なる大物プロデューサーと大物歌手が出てくる。プロデューサーはラルフ・ピアーである。彼はブロックマンと同じようにまずタレントスカウトに精を出した。一九二七年に女性二人と男性一人の家族で構成されたカントリーバンド、カーター・ファミリーを見い出す。このグループはフォークソングを巧みに取り入れてカントリー・ソングの幅を広げていった。そして現在のジョーン・バエズやエミルー・ハリスにつながってゆくのである。また彼らのハーモニーは現在のカントリー・ソングのハーモニーにも受け継がれている。また彼らはフォークソングだけでなく、ゴスペルソング、郷愁を呼ぶ古きポップソングなど幅広く手掛けたので、当時ナンバーワンのレコード売り上げを記録した。ただし彼らはラジオ番組出演と大掛かりなツアーを積極的にやらなかったので、次に述べるジミー・ロジャースにレコード売り上げで抜かれることになる。

ラルフ・ピアーは一九二七年に、次なる才能豊かな歌手ジミー・ロジャースを発掘してレコーディングさせた。ジミー・ロジャースは後に「カントリーの父」と呼ばれるようになるが、彼は当時ジャズのスイング感を取り入れた曲作りをしたり、裏声を使うヨーデルをからませたりして歌を大ヒットさせた。『ブルー・ヨーデル』は彼のヨーデル歌唱の典型的ヒットである。またジミー・ロジャースは鉄道のブレーキ係り（制動手）の仕事をしていたので『ブレークマン・ブルース』という曲を書いてヒット

現在のGrand Ole Opry公開放送のようす。1927年から続くカントリーミュージックのこのラジオ番組は毎週金曜日と土曜日に全米に流されている。通算すると76年間続くこのラジオ番組は世界最長である。筆者撮影。

させている。このようにカントリー音楽界は急速にその組織と体制を整えて商業音楽として飛躍を始めた。

音楽雑誌『ビルボード』誌が一九五三年に指摘しているように、カントリー音楽の飛躍には社会環境として三つのRが必要だった。**Radio, Routes, Records** である。カントリー音楽は新たなジャンルとしてスタートしたばかりだったので、その宣伝は不可欠であった。一九二〇年代は新たにラジオ局が誕生した時代でもあった。放送出力ワット数が強く、多くの地域をカバーできたラジオ局は、アトランタでは一九二二年に南部の州の中では最初となるWSBというラジオ局だった。またシカゴのWLSやナッシュビルのWSMというラジオ局もカントリー音楽にとってはきわめて重要であった。カントリー・ソングを入れながらも、おしゃべりを楽しむバラエティ番組を開始したからである。シカゴのWLSでは『ナショナル・バーンダンス』、ナッシュビルWSMでは『グランド・オール・オープリー』と呼ばれる番組が有名である。特にナッシュビルのWSM『グランド・オール・オープリー』は七十七年経った今もカントリーのライブ番組として人気が高く、毎週ナッシュビルから全米へ放送されている。

次のRは道路のことであるが、一九二〇年代中頃から舗装道路が全米各地に整備されてきた。これにより、カントリー歌手は車で各地に演奏旅行が比較的楽にできるようになった。演奏旅行により、カントリー歌手達は収入の道を広げることが可能になったのである。当時ラジオ局での演奏だけでは生活が出来なかったのである。

三番目のRはレコードである。レコードとラジオは最近では共存共栄の関係にあるが、一九二〇年代はライバル関係だった。アメリカでは一九一九年から一九二一年にレコードがブームになり、大変売れた時期がある。ところが一九二三年にはすっかり売り上げが減少してしまった。音質が良くなかったことと、ラジオ局が各地で開局されていったことが関係しているものと考えられる。ただしレコードが全くすたれたわけではなく、ブームが過ぎたのである。プロデューサーのブロックマンはレコードに歌詞カードを付けるサービスを行なうなど、いろんな工夫をした。またA&Rと呼ばれるプロデューサー業務を行なう人達のシステムが確立し、彼らの働きもあって、好きな時に好きな音楽を聞けるレコードの良さが盛り返してきた。一九二九年の末までに、大手レコード七社からリリースされたカントリー・ソングは、三千五百曲もあったという調査もある。このようにカントリーは一九二〇年代において、ティン・パン・アリーから発信されるポピュラー音楽界へ敢然と挑戦し、成功への足掛かりを得たのだ。

まとめ

音楽の成立は、演奏家自身が情熱を持ち工夫をこらして形式を生み、そして洗練されたものにしてゆく過程をたどる。そして社会的ニーズが加わって大きなうねりになるのである。ジャズはアメリカ人演奏家による、アメリカ社会から生み出された典型的アメリカ音楽と言ってよいだろう。クラシック音楽ではガーシュインやコープランドがその才能をいかんなく発揮し、既成のクラシック音楽形式をくずしてアメリカン・テイストを加えた。これも音楽家自身がその中心にいてクラシック界を引っぱった。カントリー音楽だけは成立当初から、ティン・パン・アリーの対抗勢力として音楽地図の塗り替えを企てたビジネスマンによって作られたのである。最初は少数のプロデューサーの金銭的欲望を満足させる手段だったカントリー音楽であるが、日常性をこまやかに表現する歌詞が多くのアメリカ人に好まれて、典型的アメリカ音楽に成長していった。ジャズ、クラシック、カントリーと見てくると、自由奔放さと力強さを持ったアメリカ音楽は、広大な国土と多様な民族の中で生まれる競争心から創造されたものだと言えよう。そしてポップス、ジャズ、ブルース、カントリー、ロック、クラシックなどの音楽はお互いに融合しながらダイナミックに変容をしているのである。多様な生き方を模索するアメリカ人の考え方が音楽誕生にも反映されている。

（田中健二）

3 オニールの鎮魂の旅 ―『夜への長い旅路』を中心に―

1 オニールの出現 ― 魂の放浪者と遍歴の始まり

アメリカにおける劇場の建設は十八世紀である。しかし演劇の上演は、十七世紀からすでに始まっており、植民地開拓時代から大衆の生活に身近なものであった。つまり、ピューリタン的、禁欲的な開拓精神に対する反動として、抑えきれない人間の欲望や衝動、情念といったものを目の前で繰りひろげて見せる演劇が、それだけ民衆から求められたことの証拠である。とはいえ、演劇としての形や質、そして内容については、かなり長い間未熟な状態が続いた。ましてアメリカ独自の演劇として個性的な芸術様式をそなえて自立するまでには、なお長い年月を待たねばならなかった。

その意味で一九一一年、アイルランドのアベイ・シアターがアメリカ各地で公演を行い、当時のヨーロッパにおける新しい演劇を紹介したことが、それまでのアメリカ演劇に大きな刺激を与え、変革のきっかけを作ったと言える。ヘンリック・イプセンなどによる十九世紀後半のヨーロッパ演劇は、いわゆるメロドラマ、ウェルメイド・プレイから脱却して、リアリズムの方向へ大きく流れを変えていた。そうした流れの中でジョン・M・シングやW・B・イエイツなどがアイルランドで新しい演劇集団を結成し民族色の濃い作品を上演し始めたが、それに刺激されてアメリカでも小劇場運動が起こり、やがて本格的なアメリカ演劇の開花につながるのである。アメリカにおけるこの運動は商業的、娯楽主義的演劇に対抗する芸術上の実験という形で台頭してきた。その代表となる劇団の一つがプロヴィンスタウン・プレイヤーズ（一九一五年結成）である。

そしてこの劇団とユージン・オニール（一八八八―一九五三）との出会いが、その後のアメリカ演劇の動向を支配するモニュメンタルな出来事であった。そもそもこの劇団は、ジョージ・クラム・クック（一八七三―一九二四）というギリシャ古典の教授の呼びかけによって結成されたもので、アメリカの劇作家を発掘し彼らの作品のみを上演することに徹していた。その頃オニールは、まだグリニッチ・ヴィレッジの酒場で酒浸りの毎日を送りながら、そこに集まる芸術家たちと語らってはアナーキズムなど新思想の影響を受けるという日常の中で、少しずつ自己の作品を書きためていたのである。

この劇団はマサチューセッツ州プロヴィンスタウンにある漁業倉庫を改造した、粗末なつくりの小屋を「埠頭劇場」と銘うって活動を始めたが、創立二年目に早くも上演作品が集まらないという憂き目にあった。たまたまその時友人の誘いで同地を訪れていたオニールは、クックとその妻である劇作家スーザン・グラスペルに紹介され、はからずも、作品不足に悩んでいた彼らの願いを叶えることになる。そのオニールの最初の上演劇が『カーディフを指して東へ』（一九一六）であった。オニールはこの劇団との関係を深めてゆき、以後一九一九年までの間に、彼の書いた七本の海洋一幕劇が全部この劇団によって上演された。これらは人間に及ぼす運命の力を描き出したもので、後のオニール独特の演劇世界をすでに明確にあらわしている。この時オニールは二十八才、反商業主義を旗印とした芸術小劇場運動の草創期に居合わせたという演劇史上、幸運なスタートを切ったのである。

しかしこの時期に至るまでのオニールの人生を振り返る時、幸運という言葉ほど事実と縁遠いものはない。劇作家として本格的な活動を開始した一九一六年までの歳月は、すでに十分波乱に富んでいた。一九〇七年には酒の上での過ちがもとでプリンストン大学を停学処分となり、そのまま退学。ここから彼の「放浪と遍歴」の人生は加速してゆく。船員となって何度も中・南米、アフリカそしてヨーロッパに往き来するが、洋上はもちろんどこの地の生活にも満足できず、あげくの果ては死ぬ思いで帰国するというパターンを繰り返す。しかしその中にあってオニールは、アベイ・シアターのアメリカ公演の全作品を観ており、その結果「自分にもチャンスはある」と思ったという。それからしばらく、俳優であった父親の劇団で端役を務めて興行先をまわるが、父親に対する反感に加えて、生来の神経過敏が昂じて孤独癖に陥ったオニールは、こうした旅役者稼業にもなじめず多量の睡眠薬を飲んで自殺をはかる。幸い一命はとりとめたが、その後定職もなく常に何かに憧れて身心ともに漂泊の旅を続けるうち、ついに一九一二年、肺結核と診断され療養生活を余儀なくされる。しかしこの時期の読書や思索が幸いして創作意欲をかきたてられ、やがて劇作に手を染めたことを考えると、運命の不思議さを思わずにいられない。この一身上の不幸がなかったらオニールの劇作家への道は開けなかったかも知れないし、ましてやアメリカ演劇の開拓者として陽の目を見ることもなかったのである。

2 ブロードウェイの渦の中で—二〇年代の漂流

プロヴィンスタウン・プレイヤーズは、第四公演後に場所をグリニッチ・ヴィレッジへ移し、「劇作家劇場」を本拠地としてアメリカの劇作家による実験的作品の上演を行ってきたが、二二年にクックが

オニール（左端）、アグネス（右端２番目の妻）プロヴィンスタウンの海岸で 1920 年頃。

ギリシャを去ってしまう前後から状況に変化が見られた。劇団幹部を入れ替えるなど組織替えが行われ、活動そのものは続けられたが、もはや芸術家集団としての求心力が衰退しやがて二九年の大恐慌のあおりで解散するに至る。オニールの活動も次第にブロードウェイとの関わりを濃くする。

一九二〇年の『地平線のかなた』はオニールのブロードウェイにおける第一作目であり、この成功によって彼は小劇場からいわゆる大舞台へと進出したことになる。このことは、商業主義に反発するクックとの対立を一層決定的なものとした。そもそもブロードウェイと対抗する意味での小劇場活動は、アメリカ演劇をリアリズムの追求による新しい、すなわち真の意味での「アメリカ演劇」に仕立て上げることを目指してきたのであり、その運動に大きく貢献してきたはずのオニールが、活動の中心をブロードウェイに移し、より保守的、一般的な観客層を意識するようになれば、当初の理想からの後退は当然予想される。けれども他方、この変化によって従来のブロードウェイには見られなかった文学的香気や詩的余韻が商業演劇にもたらされ、人間の深層や生死の深渕をかいま見させる作劇法もブロードウェイの舞台に花開くはずである。それは二〇年代において、商業演劇が旧来のマナリズムを捨て、新たなリアリズム演劇を受け入れる機が熟したと見ることもできれば、逆に小劇場での実験演劇がその芸術性とリアリズムを引っさげて商業劇場に進出する機が到来したと言うこともできる。いずれにせよ両者の成長発展にオニールが絶大な役割を果たしたことは疑いない。同時に、新旧相反する二つの作劇法を両立させるという、前人未踏の大難局が彼の前に控えているのだった。

オニールが立脚したリアリズム演劇の基本的立場は、人間を取り巻く社会と、その中に生きる個人の心理的葛藤とを描くことであった。その結果、一方では社会的現実をいかに忠実に舞台の上に再現するかが追求すべき課題となり、他方では個人の心中を深く掘り下げ、その内面をいかに犀利に描出するかが目標となる。こうした二面的な追求の姿勢があってこそ、初めて人生の真実に迫る芸術としての演劇が成立しうるのである。そしてこの根本理念を一歩も譲ることなく、いかにして一般観客の期待に添い要求を満たすかという、劇作家の宿命とも言えるパラドキシカルな難問を抱えたまま、オニールの魂はブロードウェイの大きな渦の中で漂流を続けるのだった。

にもかかわらずと言うべきか、それゆえにというべきか、二〇年代から三〇年代にかけてのこの時期にオニールの創作活動は最高潮に達し、おびただしい作品を産出した。それがどれも粒揃いの力作で、テーマの斬新さから劇的空間の密度に至るまで、当時としては群を抜いたオニールの力量とエネルギーに、私たちは改めて驚嘆するほかはない。

『皇帝ジョーンズ』(一九二〇)と『毛猿』(一九二二)は、主人公の設定がまず大胆であり、従来のブロードウェイでは考えられない発想である。前者は殺人犯の黒人男性がアメリカから西インド諸島のある島に逃れてきてその地の「皇帝」となったが、反逆者に追われて森の中に迷いこみ、原始的恐怖と戦ううちに本来の血にめざめて死ぬという心理劇である。黒人全体にひそむ民族的潜在意識を表現主義的手法で描いているものである。後者は大西洋の客船で火夫をしていた毛猿のような体躯と風貌を持つ男の話である。ニューヨークのディーセントな社会から疎外された末、動物園でゴリラと対面して自分のアイデンティティを取りもどし握手を求めるが、ゴリラに絞め殺されるという結末には、ひたすら機械文明へと傾斜していくアメリカ社会への批判も見られる。同時に文明社会に住む人間の疎外感を浮き彫りにした心理的リアリズムの実験的作品としても評価されている。

『すべて神の子には翼がある』(一九二四)は黒人男性と白人女性との結婚という設定がまず話題を呼んだが、ブロードウェイで初めて黒人俳優を起用したことで一層騒ぎを大きくした作品である。当時はハーレム・ルネッサンスの最盛期であり、その影響も無視できないが、必ずしも人種問題がテーマではない。むしろ偏見のために結婚生活が妨げられる悲劇を心理学的アプローチによって掘り下げようとした点に、前出二作と共通の心理的リアリズムへの姿勢を読みとるべきであろう。さらに仮面を用いた『偉大なる神ブラウン』(一九二六)では、『皇帝ジョーンズ』『毛猿』のテーマ——人間の存在を現代の物質文明と神への信仰との関連において追求する——をより普遍的に深化させ、象徴主義的な神秘さを加味している。「意識の流れ」を演劇に試みた『奇妙な幕間狂言』(一九二八)では、傍白を全面的に採用し一人の女性の分裂した自我をあらわすことに効果をあげている。

アメリカ演劇史上最初の本格的悲劇と評される『楡の木陰の欲望』(一九二四)は、ギリシャ悲劇の世界をアメリカへ導入し、これを十九世紀半ばのニュー・イングランドに再現しようとした野心作である。農場を営む一族の中で起こる物欲と愛の相克をテーマに物語は展開する。七十五歳になるイーフレイム・キャボットは二番目の妻の所有していた石ころばかりの荒れ地を立派な農場に仕立て上げた、現在なお矍鑠とした老人である。また厳格なピューリタニズムに繋縛された人間でもある。その老父が四十歳年下のアビーという女性と三度目の結婚をすると知って、最初の妻との間の二人の息子は愛想をつかしてカリフォルニアの金鉱探しに出てゆく。しかし農場の継承権を得た二番目の妻の息子エベンは義父のもとにとどまる。エベンは筋骨たくましい二十五歳の男性で、抑圧された野獣性を内に秘めている。後妻アビーの登場は彼の土地継承権を奪いかねないものであり、エベンは彼女に激しい敵対心を抱く。そして不幸なままで亡くなった母親への思慕が復讐の念を増大させる。憎しみがつのる一方で、エベンは魅惑的なアビーへの欲情を抑えきれず、ついに二人は結ばれる。やがて子供が生まれるが、キャボットは自分の子供だと信じて喜ぶ。ところがすべては当初からのアビーの策略で、彼女は夫の土地財産を乗っ取るためにエベンを誘惑して子を設けたということがわかる。それを知って激怒するエベンに、今は真実の愛に目覚めたアビーは事相を告白し、さらに赤児を殺すことによって土地所有の野心のないことの証しとする。エベンはことの重大さに驚愕し、アビーを保安官に引き渡そうとするが、その瞬間彼のアビーに対する疑念が消え、彼女の愛の深さに気づかされる。土地や家に対する所有欲や執着心から解放され、我執も怨念も消えた二人は共に罰を受けるべく公吏に連行されてゆく。一方キャボットは二人の裏切りを知って怒り狂うが、やがて気を取り直し、ひとりで農場を守りぬく決意を語る。そこには皮肉にも一生土地に縛りつけられ、過酷な運命を背負って生きなければならない孤独な人間の姿が浮かびあがる。

ここには当然のことながら、資本主義国として急速に発達したこの時期のアメリカに対するオニールの批判が込められている。しかし近親相姦的関係や嬰児殺しなど、これまではタブーとされた素材を扱ったこの劇は、当初から上演禁止騒ぎを起こしてしまう程だった。ある意味ではそれだけ包み隠さず人間存在の極限的状況を提示したと言えるわけで、それを小市民的体質のブロードウェイが受け入れることになったというのも皮肉である。また、亡くなった母親（キャボットの第二の妻）へのエベンの思慕が、義母アビーに対する愛にも、父キャボットに向けた対抗心にも複雑微妙に、いわばハムレット的に反映している点も指摘できる。それがオニール自身の父母に対する思いと絡み合っていることは次の節で論じるが、ここでは舞台で象徴的に用いられている「楡の木」に注目したい。家の屋根の両側の上に、たるんだ乳房のようにこんもりと覆いかぶさる楡の木は母性を表している。それは保護する力であると同時に征服する力でもある。男を養い、同時に支配するという両面の力を楡の木によって視覚化したところに、オニールは自分の母親像を重ねている。ちなみにこの作品を執筆する直前の二、三年間にオニールの父母と兄が相次いで亡くなった。この作品に何らかの影響を与えていると見ないわけにはいかない。

しかし、以上の作品に見られるように、メロドラマを脱しきれないリアリズムに留まってしまったのはオニールの観客への歩みよりであり譲歩と言うべきであろうか。アメリカ演劇のメッカであるブロードウェイで観客の現実認識を変えようという、まさに「山を動かす」ような戦いに立ち上がった彼だったが、あくまでもブロードウェイの内側、中心に立って行動を起こすことにこだわったが故に、「高級芸術」と言いながら所詮は知的娯楽作品の枠内を出なかった歯がゆさが残る。これをもって「オニールのあらゆる演劇的試みが徒労に終わった二〇年代」と評するのは酷にしても、彼が次第にブロードウェイから離れ、一九三四年を最後に沈黙期に入ったのは自然の勢いであったのかも知れない。

3 過去への問い直しの旅―母への鎮魂歌

オニールが『夜への長い旅路』（一九五六）を書いたのはサン・フランシスコ近郊に建てた「タオ・ハウス」に妻と二人だけで過ごし、いわば世間から隔絶した状態にあったときである。生来の厭人癖が昂じたのも、自分の作品が受け入れられなくなったことと無関係ではない。そうしてひたすら自らの内面に引きこもった結果は、創作活動の原点である自身の過去を凝視し、そこから見えてくる様々な人生体験の意味を問い直すことであった。そうすることが新たな生のエネルギーを彼に与えたのである。オニール究極の大作『夜への長い旅路』を始めとして、『氷人来たる』（一九四六）『日陰者に照る月』（一九四七）など晩年の作品は、いずれも自身の過去の土壌から掘り出されたテーマに基いている。

その中で『氷人来たる』と『夜への長い旅路』の舞台は、ともに一九一二年の設定である。オニールが特にこの年にこだわったのは、それが魂の放浪者としてさまよい続けた彼の人生において、生活上で大きな区切りとなった忘れがたい年だったからである。つまりその年には父ジェイムズ、母エラ、兄ジェイミーが、それぞれに様々な不満や苦悩そして葛藤を抱きながらも、とにかく全員揃って一つ屋根の下に暮し、互いに面と向かって語り合えた、生涯唯一といってよい期間があったのである。それはあらゆる意味で彼の人生の出発点であり、二度と帰らぬ家族和合のきっかけを生むはずであった。

前述したように、一九二〇年代始めにこの家族は相次いで世を去っていった。すでにこの世に生まれた時から存在していた家族間の不和や確執はついに和解を見ぬままに終わってしまった。今ここに至って「魂の放浪者」を過去に遡らせたものは、いわば置き忘れた罪と償いの証しを求めて人生の原点に赴き、そこでの経験の意味を問い直すことではなかったか。その過程をつぶさに描き出すことによって、和解に至らず先立たれた家族に対する暗澹たる負い目を、心理的トラウマを、軽減できると思ったのではないか。事実それは、劇作家にのみ許された唯一の解決法かもしれない。

そういうわけで『夜への長い旅路』はオニールの自伝劇、私小説とも呼ぶべき作品で、そこには彼自身も含めて実の両親と兄が仮名で登場する。設定は一九一二年八月のある一日の朝から深夜までの出来事であるが、その文字通り「長い」一日に舞台上で繰り広げられる家族間の愛憎のせめぎあいがあまりに生々しいため、一九四一年に脱稿したこの作品をオニールは、自分の死後二十五年間は封印するよう遺言した。それを懇請したのは長男であったが、その彼が一九五〇年に自ら命を絶ったため、結果的にはオニール死後三年目で公開の運びとなったのである。それゆえこの作品はオニールの「遺言」とも「父母そして兄への鎮魂歌」とも評されるが、ここでは「母への鎮魂歌」としての面に注目してみたい。

父ジェイムズは、メロドラマ全盛期のアメリカ演劇界で一世を風靡した人気スターであった。デュマの『巌窟王』を脚色した復讐冒険劇の主人公モンテ・クリスト伯がたまたま彼の当り役となり、結局死ぬまでその役を続ける破目になった経緯については『夜への長い旅路』の幕切れで後悔の念をこめてしみじみと語られる。貧しい移民の子として育ったため、それが異常なまでの金銭への執着となって結局は身を滅ぼすのである。有望なシェイクスピア俳優として将来を嘱望されながら、偶然の当り役で大金を手にすると、これを無謀な投資に注ぎ込んだのが祟って貧窮に陥り、実入りのいいこの役を生涯手放せなくなったのである。ハンサムな人気俳優の彼には若い女性ファンが群がってきたが、その中でひと味違った良家の令嬢エラ・クインランを見初めて結婚する。彼女はインディアナ州にある修道院の付属学校に学び、卒業後は修道女になる志を抱いていたが、しばらくは世間を見ておいたらという周囲の勧めもあって、両親のもとで暮らすうちに、人気俳優の妻になるという一八〇度の方向転換をする。音楽の才能がありピアニストの夢もあったのに、家族の反対を押しての結婚であった。その後数え切れないほどの後悔と不満に苛まれる彼女の不本意な人生は、本人の気づかぬままこの時に始まったのである。

旅役者の夫について各地を巡業し、ホテルからホテルへと仮寝の旅を続ける生活は、およそ彼女が抱いていた結婚のイメージとかけ離れていた。その上、富裕な家庭に育った身には、家事や育児の心得が乏しかった。音楽には親しんでいても演劇には関心のない彼女であってみれば、夫との語らいに気を紛らせるという機会も少なかった。そんなこんなで彼女の内面には次第に不満と憂鬱の気分が昂じていったのである。やがて二人の間に長男ジェイムズ・ジュニアが誕生し、五年後には次男エドモンドが生まれる。ところがこの子は兄のはしかが移って二歳で亡くなり、その後に身代わりのような形でユージンが産声を上げた。このことに彼は負い目のような思いを抱いており、『夜への長い旅路』ではユージン役の登場人物をエドモンドと名づけている。とにかくこの息子たちはいずれも安らかな家庭ではなく、落ち着かない旅先の宿で生まれたという点では共通している。しかも次男が病死したことは母親の落度というより、彼女を常に巡業先に連れ歩き、残された子供の世話を彼女の母親にまかせた夫の責任ではないか。その上彼は医者代まで出し惜しんだという。もはや望みもしない第三子を出産した時、見ず知らずの藪医者に勧められたモルヒネを安易に服用したのが病みつきになり、母親はその後見境もなく麻薬の世界に現実逃避の道を求めたのである。

このようなオニール家の過去を踏まえて『夜への長い旅路』は書かれた。劇中の父ジェイムズ・ティーロンも同じく旅役者であり、一九一二年の今は六十歳になっている。長期にわたる巡業生活が一区切りとなり、夏を過ごすためのコネティカット州ニュー・ロンドンに購入した別荘に、珍しく一家が集まったのである。プロットと言えるほどのものはなく、終始告白や議論の応酬で舞台が進行する。その間各人のせりふの中で特に目立った視聴覚的対象といえば霧と霧笛、そして電灯とウィスキーである。

夫ティーロンは電気代についてやたらと神経質である。絶えず家族に向かって電灯のつけ忘れを咎め立てする。また、自分のウィスキーが減っていないかどうか厳しくチェックすることも、彼にとっては人生最大の関心事である。対して妻メアリーの方は霧のことを何度も口に出す。まるで霧が自分をやさしく包み隠してくれるかのような親近感を抱いているのである。それでいて霧笛の響きには恐怖感を覚えている。それは自分を現実という修羅の巷に呼び戻し、眠りかけた悔恨の古傷を疼かせるからである。

もう一度結婚前の自分に戻って人生をやり直せたらと、メアリーは思う。しかし彼女の思考はそこから先には進まない。夫や家族のもとを飛び出して自分ひとりで生きることなど、メアリーには考えもつかない。どこまでも結婚という枠の中でしか人生を描くすべがないのである。しかし、そうした意識の限界がある一方、自分の人生を生きたいという、ほとんど無自覚的な願望が心の片隅に芽生えていることは疑えない。その芽生えは本人にその自覚が稀薄であるだけに、理由もない焦燥感や不満感となって現れる。メアリーの場合、『楡の木陰の欲望』のアビーのように、女性のエゴや本能をむき出しにして現実と対抗する姿勢は見られない。絶えず指を震わせたり、テーブルの上を這わせたりする仕草がメアリーの内面の歪みを語っている。その情景は細かく見ればリアルな描写だが、全体としては霧の中に浮かぶ幽霊のような印象を与える。そうしてその行き着く先は、麻薬への沈潜がもたらすかりそめの解放の幻想である。

こうして一九一二年の過去に遡って母親に対する自分の印象を問い直す時、オニールは上述したような形でしか母親像を再生することが出来なかった。それは表面、嫌悪と反抗の対象であり、時に男性である自分を脅かす恐怖の表象でさえあった。それは最近のフェミニズム研究が指摘するように、女性の持つ幽霊性の現れであって、霧の中の幽霊のように、男性主導社会に安住する男達の肝を冷やし、自信をぐらつかせるのである。しかし今は五十歳に達した劇作家はその先を見ていた。『夜への長い旅路』では、一家の男性達が父も息子も町へ出かけた束の間の留守に、一度だけメアリーは薬を買いに手伝いの娘と外出する。だがこの町に誰ひとり知合いはいないし、他に友人もいない。この娘だけが唯一の話し相手であり、あとは家に帰って彼女と孤独を紛らすだけである。オニールのこの描き方には男性主導社会の犠牲者に対する同情がある。反りの合わない夫の旅興行についてまわり、何一つ思うようにならなかった母親への憐憫がある。そうして母親をそういう境遇に追い込み、それを放任してきた自分たち男性家族のエゴと罪の意識がある。母親の麻薬耽溺をめぐる兄と弟との修羅場（第四幕後半）は、上述の心理状態すべてを踏まえた上でのオニールの告白である。

一九一〇年代から二〇年代にかけての時期は、すべての女性が真の生き方に目覚めていた時代ではなく、また目覚めていてもその意識をすぐに行動に移せる時代でもなかった。「ニュー・ウーマン」の動きはあったとはいえ、まだまだ圧倒的な男性原理が世界を支配し、女性自身の意識まで縛っていたからである。事情はオニールがこの作品を書いた四〇年前後でも大きく変化したわけではない。その中にあって彼が自分の母親の内面に女性としての真の生き方が願望として潜んでいることを見抜き、それが男性によって押しつけられた規範意識との間に自己矛盾を起こして悲劇的結果をもたらした、その経過をリアルに描写したことは大きな功績であったと言える。母親の悲劇は結局、その時代に生きたほとんどの女性にとって避けることのできない運命であり、理解と同情を持ってその犠牲者を遇するべきなのだ。五十歳に至ってそのことを悟ったオニールは、彼の本領である透徹したリアリズムの手法を駆使してこの悲劇を書き上げた。それはやさしいとは言えない態度で接してきた母親に対する和解のしるしであり、同時にその母親への、長い、心からの鎮魂歌なのである。

劇中のメアリーが聖母マリアに語りかける最後の台詞は、名前も同じこの女性に向かって女性同士の連帯を呼びかけていると解釈される。それが二〇年代前後の演劇界における、女性作家の台頭と一致するのは単なる偶然であろうか。それとも回想の彼方に二〇年代演劇の潜在的女性像を探り当てた、オニールの先見的感性の鋭さを例証するものであろうか。

（鎌田　紘子）

4 ポール・ロブソン —黒人舞台俳優としての軌跡—

はじめに

ポール・ロブソンは、一八九八年四月九日にニュージャージー州プリンストンで生まれた。父は南北戦争がはじまる以前の南部で働く奴隷の子どもとして生まれたが、十五才で逃亡し、のちに牧師となる。母は、アフリカの祖先とデラウェア先住民、イギリスのクウェーカー教徒の血が混じった家系に生まれた。この二人の血を受け継ぐロブソンは、高校時代すでに勉学で頭角を顕すだけでなく、フットボール・チームの黒人に対する根強い差別といじめに立ち向かい、チームになくてはならぬ選手として成長した。また、持ち前の豊かで張りのある声を聖歌隊の一員として生かし、学校劇においても活躍した。ラトガース大学で優秀な成績をおさめた後、ロブソンはコロンビア大学のロースクールを卒業して法律事務所に職を得るが、そこで働く白人の秘書から、「ニガーの口述は書き取りません」という差別的な発言を受け、事務所を辞める。彼は、その出来事を機に、法律の仕事を通して人々を経済的搾取と人種差別から守るという計画をあきらめ、かわりに芸術を通して大衆に訴えることを決意する。

時代はハーレム・ルネッサンスの真っ只中にあった。ロブソンはピアニストのローレンス・ブラウンと組んで、黒人の民俗音楽（主に黒人霊歌、労働歌、ブルース）にこめられた人々の哀しみと希望を歌い上げ、ジョージ・ガーシュイン、セオドア・ドライサー、ラングストン・ヒューズをはじめとする多くの聴衆の心をつかみ、二人の力によって黒人の民俗音楽が芸術としてはじめて評価されるにいたった時期である。ロブソンは、歌手としてその魅力を語られることが多いが、本稿では、彼の舞台俳優としての活動に焦点を当て、ロブソンと時代との相克を見ていきたい。

1 実験劇への挑戦

二十世紀初頭のブロードウェイ演劇は、スター・システム全盛時代を迎えており、有名な役者が出演することを売りにして観客を動員するという商業主義に堕していた。上演百回以上のロングランを樹立して興行的成功を収めることが主眼となり、劇は、当然有名な役者にハイライトが当たるように構成され、内容や作品としての出来栄えは二の次であった。上演作品は、大衆受けするメロドラマやドタバタ喜劇、歌や踊りで楽しませるミュージカルが主流となった。

そのような風潮の中で、十九世紀末にパリでアンドレ・アントワーヌにより創設されたテアトル・リーブルをはじめとして、ロシアのモスクワ芸術座やダブリンのアビー・シアターを中心に急速に波及していったヨーロッパの小劇場運動に触発された三つのグループがアメリカに誕生した。これらの三つのグループとは、シカゴで起こってきた小劇場運動に刺激されて一九一四年に結成されたネイバーフッド・プレイハウス、ワシントン・スクウェア・プレイヤーズ、そして元来マサチューセッツ州プロヴィンスタウンの埠頭を本拠地として活動を開始し、後にニューヨークに劇場を構えたプロヴィンスタウン・プレイヤーズである。いずれもアマチュア劇団として出発したが、共通理念として、当時のブロードウェイ演劇に見られるような商業主義を排し、芸術性、実験性の高い演劇を目指した。彼らが関心を示したのは、イプセン、ストリンドベリに代表されるヨーロッパ現代演劇や古典劇であり、さらに自らペンをとり、アメリカ出身の劇作家として自国独自の問題を深く探求する作品を生み出す者も出現した。一九二〇年代にはアメリカ全土に広がる勢いを見せたこの流れの中で特筆すべきは、ユージーン・オニールの誕生であろう。

オニールは、実験的作品も試作も多い劇作家であるが、本稿では、特に俳優ロブソンと関わりの深かった初期の作品三篇を中心にみていきたいと思う。いずれにも、その後終生オニールが作品の中で描き、そして問いかけ続ける、心の拠り所を求めてさ迷う魂の孤独と苦悩、夢の挫折、人知を超えた力のはたらき、運命との葛藤といった主題の萌芽をみることができる。

まず三つの作品の主な登場人物達を簡単に紹介する。『皇帝ジョーンズ』（一九二〇年初演）の主人公ジョーンズは、西インド諸島のとある島で皇帝に収まっているが、島民を搾取したがために島民の反発を買い、逃亡を企てる。ジョーンズは銀の弾丸をもっており、最期がきたらそれで自分の命を絶つつもりでいるが、それはワニに向かって撃たれ、ジョーンズも息絶える。『毛猿』（一九二二年初演）に登場する定期船で働くヤンクは、定期船で働く火夫として仕事にプライドをもっている。しかし、船会社社長の娘に「けだもの！」と罵倒され激怒するものの、その後、彼は折に触れて「考える人」のポーズをとるようになる。彼は自分が所属するにふさわしい場所について考えるようになったのだ。しかし、それは容易に見つけることはできない。最後は動物園に出かけていくが、ゴリラからも相手にされず、檻のなかで死を迎える。『すべて神の子には翼がある』（一九二四年初演）の黒人ジムと白人エラは幼馴染であり、年月を経て再会し、周囲の反対を押し切り結婚する。しかし、司法試験に合格するというジムの夢はかなわず、一方エラはジムの家族にもなじめず、また白人仲間に蔑視されているのではないかという不安が昂じ、精神的バランスを崩していく。二人に残された道は、差別意識と無縁だった幼い頃へと退行していくエラの世界に遊ぶことと死のみである。

次に、演劇の手法としては、三篇とも、日常の時間軸に沿って目に映るものを忠実に再現していくリアリズムとは異なり、表層部分には表れない人間心理の内奥に裏側から光を当てて舞台にのせる、いわゆる表現主義的な技巧が散りばめられている。たとえば、『皇帝ジョーンズ』では太鼓の音が全編を通じて流れる。最初は人間の正常な脈拍数にあたる一分間七十二拍のリズムであるが、次第に速さ、大きさ、高さともに増幅されていく。それは、島民の反乱を逃れてジャングルの奥深くに足を踏み入れていくにつれ、威厳と自信に満ちていたはずのジョーンズの心をしだいに侵蝕していく過去の亡霊への恐怖を象徴している。『毛猿』においては、オニール自ら「決して自然主義的に扱ってはならない」と注釈を加えている。オニールは後年、作品の中で仮面を効果的に用いる方法を探っているが、そのきっかけとなったのが、本作品第五場における試みである。労働者ヤンクは自分が所属する場所を求めてニューヨーク五番街に出てくるが、そこに彼がみたものは教会へ向かう人々である。本公演担当の衣装デザイナーであったブランチ・ヘイズは公演直前になって、この教会に向かう人々全員が仮面をつけることを思いついたという。この発案はオニールに受け入れられ、主人公ヤンクの疎外感を高める効果を発揮し、批評家の間でも好評であった。他の場面で仮面を使われることはなかったが、そのかわりに第一場で働く火夫たち、第六場に登場する囚人たちにはせりふでなく、ギリシャ劇のコーラスを思い起こさせる

「声」が与えられ、個性を排除された群像として描かれている。それは、ヤンクに社会的抑圧に喘ぐ人間、機械文明に押し潰される危険をはらんだ「個」としての象徴的意味を与えた。『すべて神の子には翼がある』では、第一幕一場から三場までの、黒人街と白人街を対照的に図式化した舞台や、第二幕二場から三場にかけて、部屋の天井と壁が狭められ、壁にかけられたコンゴの面が強調されていくところに表現主義的技法がみられる。オニールは、他にも独白やマイムを取り入れるなどの様々な実験を行っているが、主役に黒人俳優を起用したことも当時としては画期的な試みであった。

一方、ロブソンは、当時ナイトクラブのボードビル・ショーを活躍の場にしていたが、本格的な舞台劇に出演することをめざし、紹介状を付してプロヴィンスタウン・プレイヤーズに手紙を送った。彼はさっそくオニールから連絡をもらい、オーディションを受け、『すべて神の子には翼がある』のジム役を演じることが決まる。しかし、ロブソンの相手役をつとめる白人女優メアリー・ブレアーが病に倒れた。それに加え、黒人と白人の結婚を舞台にのせることはタブーとされていた時代背景の中で、白人の役者が黒人の役者の手に舞台の上でキスするシーンがあることが上演前に知られると、一般市民と報道メデイアから抗議の手紙が殺到し、オニールとロブソンにはクー・クラックス・クランからの脅迫もあった。初日には暴動が起こることも予想されたため、上演は延期された。当時のニューヨーク市長ハイラン氏は、未成年者労働法を引き合いに出し、プロローグに八人の子どもたちを出演させることを差し押さえ、事実上作品上演を妨害した。プレイヤーズは苦肉の策として、『すべて神の子には翼がある』でジム役をつとめる予定の黒人俳優ロブソンが、容姿、学歴ともに申し分の無い男優であり歌手であることをニューヨークの観客にアピールするために、彼を『皇帝ジョーンズ』に一週間という期間限定で出演させた。ロブソンはその後、一九二五年にはロンドン公演に、一九三〇年にはベルリン公演に、そして一九三三年には映画版にもヤンク役で出演している。結局、『すべて神の子には翼がある』の初日には、演出家ジェームズ・ライト氏が観客からの要望にこたえるかたちで、プロローグを読み上げたが、事の顛末が『ニューヨーク・タイムズ』紙（一九二四年五月十六日付）の第一面に報道されていることからも、オニールの試みが当時の社会背景の中でいかにセンセーショナルであったかがうかがわれる。

ロブソンがジムを演じたことへの新聞や雑誌の評も書き手の人種によって賛否両論であった。白人の批評家は概して好意的なコメントを寄せたのに比べ、黒人の記者や民族主義者、公民権運動の旗手たちはロブソンに手厳しい批判を浴びせた。当のロブソンは、ジムについて、それまで大衆文化のなかで蔓延していた「サンボ」という戯画化された黒人のイメージから一歩踏み出したキャラクターであると、オニールの描いた悲劇的英雄像を一貫して弁護した。しかし、彼も役作りにあたり、劇作家の意向に全面的に沿うかたちでジム像を表現していたとは必ずしもいえない、と後日ロブソンの息子は著書『ポール・ロブソンの知られざる素顔』（二〇〇二）で語っている。オニールがジムを、愚直で世の荒波に打ちのめされる犠牲者とみなしていたのに対し、ロブソンは、高潔な人格を有していながら性格的な脆さ、弱さが命とりになる人間として考えていた。ロブソンは人種差別と思われるせりふや設定が台本の中にあっても、劇作家や演出家に直接抗議することはなかった。しかし、本来彼に備わった舞台栄えのする容姿と豊かで張りのある声、気品のある身のこなし、それらを支える学識の高さによって、ともすれば人種あるいは『毛猿』のヤンクのように（一九三一年五月ロンドン公演にてロブソン出演）、階級差別の被害者として表現されやすい主人公たちに風格と気高さを与え、人種や階級という枠を越えたひとりの人間が直面する苦悩と挫折として、そこに「哀感」を漂わせて（『ニューヨーク・タイムズ』一九三一年五月十二日付、『毛猿』ロンドン公演におけるロブソン評より引用）描き得た、黒人俳優ロブソンの功績は大きい。

2 ミュージカルへの誘い

ロブソンが、ミュージカル『ショー・ボート』（一九二七）の舞台に出演依頼を受けたことは、それまでの歌手として、また役者としてのキャリアを考えれば、自然な流れといえようが、まず、『ショー・ボート』にいたるまでのアメリカン・ミュージカルの歴史を概観してみよう。

スタンリー・グリーンは著書『ブロードウェイ・ミュージカル』（一九八五）で、ブロードウェイ・ミュージカルの幕開けを一八六六年としているが、ミュージカルの源流をたどる時、ミンストレル・ショーの存在を忘れることはできない。歌と踊り、そして軽口や軽喜劇も盛り込まれ、十九世紀半ばに一世を風靡したこのショーの起こりは、一八二〇年代にさかのぼる。当時、"Ethiopian delineators"と称する白人で構成された一座が、サーカスや幕間の見世物として、顔を焼きコルクで黒く塗り、ダボダボでつぎはぎだらけの服とからだに不釣合いなほど大きい靴をはいて黒人たちに扮し、大衆の人気を博していた。それは彼らが旅回りをする間に出会った黒人たちを模したものではあっても、決して彼らの言動を忠実に再現することをめざしていたものではなかった。彼らの主眼はあくまでも、特に北部の白人たちを中心とした観客層を意識したエンターテインメント性にあったのであり、そのネタを黒人たちに求めていた。一八二八年のある日、一座のひとりであるトーマス・ライスは、手足の少し不自由な黒人が馬丁としての仕事の合間に見せる歌と踊りに目をとめた。彼はさっそく、その黒人から着古しの服を買取り、歌詞と振り付けを教わり、歌のテンポを上げて大衆に披露した。

くるくるまわる、ぐるぐるまわる
そうしてそんな風に
まわるたび
ジムクロウのジャンプ・ステップを踏むのさ

彼のパフォーマンスは一八三〇年代にニューヨーク、ロンドンの舞台でも喝采をあびた。彼自身はその後、「ジャンプ・ジムクロウ」の域を出るネタには恵まれず、皮肉にも、「ジムクロウ」は白人の人種差別を示唆する俗語として用いられるようになったのである。また彼のパフォーマンスは、その後四人の団員が新たに "The Virginia Minstrels" を結成し、ミンストレル・ショーを確立していく布石になった。

ミンストレル・ショーは、十九世紀半ばまでには形式が整えられ、「第一部」「バラエティ」「寸劇」の三部構成になった。「第一部」では、タンボ（Tambo）とボーンズ（Bones）と通称呼ばれた二人のパフォーマーの軽妙なやりとりの合間に、バイオリン、バンジョー、タンバリン、動物の骨でつくられたカスタネットの演奏に合わせての歌や踊りが披露され、「バラエティ」では時世を反映した演説が行われ、そして「寸劇」では一幕ものの喜劇が上演された。

ミンストレル・ショーの出し物のうち特に、農園で働く黒人奴隷の姿を描いたものは、黒人自ら演じるほうがより迫真性があった。そのような事情もあり、一八五〇年代半ばになると黒人のメンバーで構成されるグループが誕生した。中には自分たちのことを「アラバマから出て来たばかりの七人の奴隷で、現在は北部の友人たちの手ほどきを受けてコンサートを開くことで、自由を謳歌している」とアピールするグループも出て、やがてこれが黒人たちによるミンストレル・グループの宣伝文句として定着していった。一八七〇年代までには、正真正銘の黒人奴隷であることを売りにし、農園での生活を彼らの持ちネタの定番とするようになっていった。

当時、黒人でプロの役者となることを真剣にめざす者にとって、ミンストレル・ショーに出演することは、ショー・ビジネスの世界でキャリアを積む数少ない貴重な機会をつかむことを意味したため、その後二〇世紀初頭にかけて、黒人たちによるミンストレル・グループが多く生まれた。ブロードウェイの舞台で黒人俳優として初めてその才能を認められたチャールズ・シドニー・ギプリン（一八七八—一九三〇）も黒人ミンストレル・グループ出身者である。ちなみに、彼の場合は、その後ボードビルに転身し、世紀の変わり目に登場した黒人劇団のパイオニア的存在であるシカゴのペキン・ストック・カンパニーの団員となり、さらにラファエット劇団で頭角を顕し、ついに『アブラハム・リンカーン』（一九一九）の奴隷役でブロードウェイ・デビューを果たした。ギプリンがたどった道は、当時プロの俳優を目指す黒人たちが夢見る行程であった。しかし、彼はその後オニールの『皇帝ジョーンズ』でジョーンズ役を演じて好評を博すも、せりふに出てくる人種差別的表現をめぐってオニールと口論になり、役からはずされ、若手ポール・ロブソンに役を回されるという苦い経験を味わう。結局、ギプリンは皇帝ジョーンズ以降あまり役に恵まれず、最期はアルコール中毒になって命を落とした。

スタンリー・グリーンの『ブロードウェイ・ミュージカル』(一九八五)によると、ブロードウェイ史上初めてロングランを達成したミュージカルは『黒い悪魔』(一八六六)である。南北戦争後、都会に住むアメリカ人たちは、娯楽性が高く、目新しさのある、遠い異国の物語を求めていたため、一六〇〇年ドイツのハーツ山脈を舞台としてファウスト伝説に基づいた、陽気な歌と踊りに溢れるこのメロドラマは観客の欲求にこたえるものであった。しかも、豪華な舞台照明と、最新技術を導入した大仕掛けの舞台装置、そしてパリからきた踊り子たちが見せる脚線美が話題となった。その後、レヴューと呼ばれる笑劇的で風刺性のある短いスケッチや、オペレッタという、詩やおどけた冗談をまじえた語り口とファンタジーを盛り込んだ形式を特長とする作品が人気を集めた。しかし、アメリカン・ミュージカル史に燦然と輝く金字塔を打ち立てた作品は、一九二七年十二月二十七日にジーグフェルト劇場で開幕し、五百七十二回の公演を記録した『ショー・ボート』である。

この作品は、女流作家エドナ・ファーバーによって書かれた同名の長編小説(一九二六)をミュージカルに脚色したものである。ショー・ボートとは、舞台が設えてある船のことで、舞台に出演する役者たちは基本的にその船を生活の拠点としている。船が河岸に停泊すると、その地域の人々が乗船して役者たちの舞台を観るという仕組みになっており、これは、ウィリアム・チャップマンが一八三一年頃はじめて以来、二十世紀初頭にかけてアメリカの民衆に愛されたエンターテインメントのひとつであった。しかし、その後大都市の発展と、映画産業の隆盛にともなって衰退の一途をたどった。小説のモデルは、ファーバーが出会ったハンター夫妻が実際に経営していた「ジェームズ・アダムズ水上劇場」であるが、物語では、コットン・ブロッサム号を経営するアンディー・ホークス船長とその妻パーシー、娘マグノリアがその乗組員や役者たちとともにたどる数奇な運命が語られている。時代は、一八八〇年代中葉からほぼ半世紀にわたり、その間の都市の発達とそれにともなう人々の生活や考え方の移り変りをファミリー・サガのなかに織り交ぜ、ミシシッピー川を舞台に詩情豊かに描いている。

この小説が、作曲家ジェローム・カーンの目にとまった。当時のブロードウェイ・ミュージカルといえば、風刺と機知と笑いに富んだせりふの合間に歌を入れていく形式で、ストーリーは単純かつコミカルでハッピーエンドものと相場が決まっていた。しかし、カーンはミュージカル界のそのような傾向に飽き足らず、変革の必要性を感じていた。ファーバーの作品に生き生きと丁寧に描出された登場人物たちと、彼らが直面する結婚生活の破綻や、白人と黒人の結婚といった、特に当時の時代背景においては深刻な重い題材こそ、それまでのミュージカルに欠けていた要素ではないか、というカーンの考えにオスカー・ハマースタイン二世が賛同し、本作品がミュージカルに生まれ変わるはこびとなった。

では、次にロブソンが『ショー・ボート』に出演することになった経緯をみてみよう。ファーバーの原作には、コットン・ブロッサム号で働く黒人のカップルが登場する。料理人クウィーニーとその夫ジョーである。船長の愛娘マグノリアは幼少の頃から彼らと親しく交わり、クウィーニーからは詰め物をしたハムの料理を教わり、ジョーからは「行け、モーゼ」などの黒人霊歌を聴いて育つ。ミュージカルのなかでもジョーはクウィーニーの相棒であるが、夫としてはあまり頼りにならない人物という設定である。彼が初めて観客のまえに姿をみせるのは、船荷の積み下ろしをする労働者としてで、彼は労働の合間をぬって木箱に腰を下ろし、川面を見つめながら「オール・マン・リヴァー」を歌う。この曲は、

『ショー・ボート』1928 年ロンドンのドルーリー・レーン劇場での公演。左から 3 番目がポール・ロブソン。

ハマースタイン二世作詞／カーン作曲による、いわばこのミュージカル全体のテーマ曲にあたるもので、ロブソンに捧げられた。つまり彼らは、最初からジョー役としてロブソンを念頭においてこの曲を作ったわけであるが、当のロブソンは、彼のマネージャーをつとめる妻エッシーの勧めがあったにもかかわらず、この役を引き受けるのを渋り、初演の時には（ニューヨークのジーグフェルト劇場において一九二七年十二月二十七日開幕）、彼に代わり黒人バリトン歌手のジュールズ・ブルゾーがジョー役をつとめた。ロブソンが断った表向きの理由は、他の仕事と重なっているからであったが、実際のところは詩に目を通して気が進まなかったからであったと、後日ロブソンの息子は彼の父を述懐する本のなかで語っている。一九二七年初演の「オール・マン・リヴァー」の歌詞を一部引用してみよう。

1　ニガーはみんなミシシッピ川で働き
2　ニガーは自分たちが遊んでいる間もなく働く
3　おれの気力は萎えるばかり
4　生きることにうんざりで死におびえている
5　それでもオール・マン・リヴァーはひたすら流れてゆく

『ショー・ボート』初演は 五百七十二回という記録的な回数を達成し、引き続きロンドンのドルーリー・レーン劇場で上演されることになるが、この度はロブソンもジョー役を引き受けることを承諾する。その際、「オール・マン・リヴァー」の歌詞のなかに再三出てくる「ニガー、くろんぼ」をせめて「黒奴」に換えて歌わせてほしいと作詞者ハマースタイン二世を説得した。

　ロブソンにとって、この曲はその後、彼の生涯にわたり持ち歌のひとつとなった。聴衆は、時には劇場や集会に集う人々であり、時には炭鉱などで働く労働者たちや戦場で戦う兵士たちであったが、歌いこむにつれその詩も変化していった。スペイン戦争の最前線で歌うとき、四行目の歌詞は「おれたちは死ぬまで闘い続けなければならない」と変わった。彼の歌声が拡声器を通して流れると、銃声は静まり、敵味方とも彼の歌声に聞き惚れた。一九四九年、ヨーロッパでのツアーでは歌詞はさらに変わり、一～二行目は「ミシシッピ川と呼ばれるおやじ《オール・マン》がいる／おれはおやじ《オール・マン》のようになりたくない」となった。赤狩り時代にはパスポートを剥奪され、国境のこちら側からカナダの労働者たちに向けて歌ったこともあるが、十年を経てようやくパスポートを返還されてのち、オーストラリアの工事現場で働く労働者たちのまえで歌ったときの歌詞はまた新たに（四行目）「おれは死ぬまで闘い続けなければならない」となり、元来俳優ロブソンがミュージカルの舞台で歌う黒人労働者の哀歌であったのが、年月を経て、闘士ロブソンが民族の権利と誇りのために歌う闘いの歌へと変わっていったのである。

3 古典劇への回帰―『オセロー』―

ロブソンがシェイクスピアの『オセロー』に登場する軍人で、腹心と信じていたイアーゴーの陰謀により、妻デズデモーナに不実の嫌疑をかけ殺害してしまう悲劇の主人公ムーア人と役の上で出会うのは、彼がニュージャージー州ソマービルの高校に通っていた頃にさかのぼる。同校の英語教師が、彼を学校演劇でオセロー役に抜擢し、ロブソンは初舞台を踏むこととなる。その時のエピソードをひとつ紹介する。

当時、ロブソンはディベートのクラブでパブリック・スピーキングのスキルを磨いていたものの、シェイクスピアの芝居を演じる自信はなかった。しかし、オセローの役づくりに励むべく、過去にオセローを演じた役者たちの写真に目を通した際、彼が気づいたのはどの役者もひげをつけていることだった。そこで初日直前にロブソンは、サンタクロースの白く長いひげを使うことを考えた。ところが、いざつけてみるとそのわざとらしさが観客に不評なうえ、せりふを言う声が客席に届かない。結局、ロブソンは舞台上で観客に背を向けたまま付けひげを剥がし、その痛みに耐えながら芝居を続けたという。

学校演劇での熱演以来、数十年を経て、ロブソンのたっての希望にこたえるべく、マーガレット・ウェブスターがブロードウェイに『オセロー』をのせる企画に乗り出したのは、一九四二年のことである。しかし、舞台の上とはいえ、白人女性と結婚した挙句殺害するオセロー役に黒人俳優を起用するというアイディアに賛同してマネージャー役を引き受ける人物に巡り合うのは至難の業であった。大半の人々は、この企画が世間の物議をかもすことを怖れたのである

その背景には、それまでのアメリカにおける『オセロー』上演史がある。一九四二年より以前に、アメリカ出身の黒人俳優でオセロー役を演じたのはアイラ・アルドリッジただ一人であった。アルドリッジは、一八二七年にイギリスのリバプールにおいて初めてオセロー役につき好評を博し、その後イギリスやヨーロッパ各地をまわり、四十年にわたってこの役を演じ続けた。しかし、その役者としての力量にもかかわらず、アルドリッジはついに母国アメリカの地でオセローを演じる機会を与えられることは無かった。アメリカは黒人俳優がオセローを演じることを受け入れられなかったのである。その気風は二〇世紀半ば近くなってもまだ根強く残っていたことを前述のエピソードは物語っている。ロブソン自身、アルドリッジの活躍から半世紀を経た一九三〇年にイギリスのサヴォイ・シアターでオセローを演じており、引き続きアメリカで上演する計画も話題にはのぼったものの立ち消えになった。

結局、『オセロー』の興行日程は、ケンブリッジで一週間、引き続きロブソンの生まれ故郷プリンストンで二週間上演されることが決定した。マーティン・ドゥーバーマンの著書『ポール・ロブソン』(一九八九)によれば、ケンブリッジでその日程が発表された当日数時間で前売りチケットは完売し、プロダクション予想に関する論争が新聞や雑誌の紙面を賑わした。しかし、初日の公演が終わると劇場内は観客の大喝采に沸き、プロダクションに携わった人々と観客全員による国歌斉唱で幕を閉じた。新聞や雑誌も惜しみない賛辞をロブソンに送り、本公演は翌年一九四三年十月についにブロードウェイ進出を

果たし、さらにブロードウェイで上演されたシェイクスピア演劇史に残る二百九十六回と言う記録を樹立した。この公演は、ブロードウェイの歴史における演劇的事件であったというにとどまらず、ロブソンがアメリカの人種差別の歴史に楔を打ち込んだ出来事としてその後長く記憶されることになった。

ロブソンはその後、一九五九年のストラットフォード・オン・エーボンにおけるシェイクスピア演劇祭百周年にもオセロー役で出演しているが、一九三〇年の時と同様、演出家と共演者にあまり恵まれなかった様子が『シェイクスピア・クォータリー』に寄せたクレア・バーンの記事からうかがえる。この頃のロブソンは赤狩りの憂き目に遭い、剥奪されたパスポートを返還されたものの体調を崩した時期であった。しかし、無理を押して出演した裏には、ロブソンのオセローに対する個人的な思い入れもあったことは、ロブソンがある時、新聞記者に語ったことばからも推察される。「オセローは、わたしを襲う様々な不安や恐怖、断崖に立たされているような気持ち、そしてあらゆる人種的偏見をわたしから拭い去ってくれました。オセローはわたしに新境地を切り開いてみせてくれたのです。つまり、オセローはわたしを解き放ってくれたと言えます。」

結び

ロブソンは、ショー・ビジネスの世界にまだ足を踏み入れたばかりの頃に、芸術のための芸術か、それとも広い層の大衆に訴えるための芸術をめざすのか、について妻エッシーと議論したことがある。そして、彼は後者を選んだ。のちに彼はある新聞記者に次のように語っている。「わたしは自分のやっている仕事が、芸術の域を越えて世の中に訴える力をもっていると考えるのが好きです。わたしは、芸術を社会的な武器ととらえています。」また、一九四二年から四三年にかけて『オセロー』で共演したウータ・ハーゲンに、「わたしが歌手として歌い、役者として演じるのは、そういう活動の場を与えられることによって、わたしの信じていることを明確に示すことができるからです」とも話している。

ロブソンの誰からも慕われ人を惹きつけてやまない人柄と、スポーツにおいても学問においてもまた芸術面においても発揮される才能をもってしても、彼の選んだ道は決して平坦ではなかった。前述したように、彼の前には必ず人種差別の厚い壁が立ちはだかった。彼が演じたキャラクターたちの運命に立ち向かう姿は、ロブソン自身が歩んだ人生の軌跡でもあったろう。

（吉田真理子）

5　一九二〇年代の西部劇──滅び行くインディアン

はじめに　滅び行くインディアン

インディアンの勇士ノファエは、銃弾と矢が飛び交う中を白人とインディアンの争いを止めようと割って入り、銃弾に斃れた。そして彼は、互いに愛し合う白人女性マリオンの腕に抱かれて息を引き取った。ノファエの仲間であるインディアンたちは彼の死によって戦いを止め、大挙馬を駆って地平線の彼方へと去って行くのであった。これは一九二五年につくられたサイレント映画、『滅び行く民族』のラストシーンである。滅び行く「民族」とは、いうまでもなく北アメリカ大陸の先住民、ネイティヴ・アメリカン、いわゆるアメリカ・インディアンである。

この『滅び行く民族』という映画は、「画期的なサイレント西部劇」といわれている。映画は実在のインディアン部族ナヴァホ族をモデルに、米国政府との条約によってナヴァホが居住を強いられた不毛の地、インディアン指定保留地（リザベーション）で当時実際に起きていた白人の数々の悪行を糾弾しながらも、白人文明の侵略の前にインディアンが今まさに滅び行かんとしている情景を運命論的に描き出している。すなわちこの映画は、一九二〇年代のアメリカ社会における映画産業、中でも「西部劇」（Western）というジャンルの興隆と、米国のインディアン政策を批判する世論の高まり、さらに、弱者

表一

年	映画館入場料に対する個人支出（単位：百万ドル）	レクリエーションに個人支出が占める割合（%）
1921	301	14.6
1923	336	12.8
1925	367	12.9
1927	526	16.8
1929	720	16.6
1930	732	18.3
1940	735	19.5
1950	1,376	12.3
1960	951	5.1
1970	1,162	2.9

合衆国商務省編『アメリカ歴史統計 第Ⅰ巻：植民地時代〜1970年』原書房、1986年、401ページより作成。

は強者の前に滅びる適者生存の必然を謳う社会ダーウィニズムという思想の流行といった、一九二〇年代の「光と影」というべき様々な文化および思想の潮流を体現する作品であった。

本章では、『滅び行く民族』に代表される西部劇映画とその中でのインディアンの描かれ方を中心に、本書のテーマである一九二〇年代の「光と影」を追及したい。なお、北米大陸先住民、ネイティヴ・アメリカンに対する「インディアン」という呼び名が差別的言説を有することは承知しつつも、西部劇の中で広く用いられ、かつ当時の一般大衆にひろく流布した呼称であるという歴史性を考慮し、本章では敢えてインディアンということばを用いることにする。

1 一九二〇年代の西部劇

まずは、一九二〇年代のアメリカにおける映画人気という現象をみてみよう。第一次世界大戦後の好景気と大量生産によって誕生した大量消費社会の中、十九世紀から二十

表二

年代	制作西部劇数
1920s	1401
1930s	1127
1940s	1056
1950s	720
1960s	189
1970s（～1977）	131

Edward Buscombe, ed., The BFI Companion to the Western（New York Da Capo Press, 1988）426. より作成。

世紀への世紀転換期に誕生した映画という新しいメディアが、大衆、ことに中産階級の間に娯楽として定着しつつあった。ブロードウェイの観劇料金が六十セントから一ドル二〇セントであったのに対して映画館の入場料は五～十セントと安かったことや、豪華な内装が施された映画館を家族連れで訪れて映画を楽しむ人が増えたことなどがその要因であったといわれる。当時、国民は平均して週に一回映画を観ていたという報告もある。表一をみると、映画館の入場料に対する個人の支出は一九二〇年代末までに倍増し、さまざまなレクリエーションへの個人支出中映画のための支出が占める割合も一九二三年よりいったん減少するものの、その後は二〇年代後半から四〇年代にかけて増大していった様子がわかる。

　一九二〇年代とそれに続く三〇年代は、ハリウッドの黄金時代といわれ、「喜劇の黄金時代」として知られる。チャップリン、キートン、ロイド、マルクス兄弟らによるコメディ映画全盛期であった。ダグラス・フェアバンクスの『奇傑ゾロ』（一九二〇）、『バグダッドの盗賊』（一九二四）などの「スワッシュバックラー」とよばれる冒険活劇映画も人気を集めていた。

　その中でも特に人気のあったジャンルは西部劇であった。表二にみられるように二〇年代より後は製作される西部劇数は減少傾向にあり、五〇年代は二〇年代の約半分、六〇年代以降は二〇年代の僅か一割にも満たない。このように一九二〇年代は ブロンコ・ビリー アンダースンやウィリアム・S・ハート、トム・ミックスといった人気スターが活躍し、西部劇がハリウッドで非常に多く作られた時代なのである。

ここで、西部劇についておおまかに定義したい。主として時代設定は十九世紀、舞台はを中心にアメリカの西部の開拓が進むフロンティアである。牧場や開拓町、町の酒場を中心に、対立する牧畜業者と開拓農民、あるいはアウトローのガンマンやカウボーイ、または正義の味方の保安官と騎兵隊、これに対抗する悪漢としての無法者や開拓民や駅馬車を襲撃する敵意に満ちた「野蛮人」インディアンが登場する。

観客は西部劇に何を期待していたのだろうか。一九二〇年代は、一八九〇年に合衆国国税調査局によって「フロンティア」の消滅が宣言されてからすでに三十年以上の月日がたっていた。西部劇を楽しむ一九二〇年代の白人市民たちにとって、フロンティアは過去から現在、東部から西部へと、自分たちの父祖が「野蛮人」インディアンの跋扈する荒野へと乗り出し、栄華を極めるにアメリカン・デモクラシーを築き上げていくドラマの舞台であった。いうなれば、二〇年代の観衆にとって西部劇とは、文明＝未開の境界線フロンティアで展開される父祖たちの光輝に満ちた開拓史を、スクリーン上でドラマティックかつロマンティックに再現しつつ、アメリカ市民としての誇りをかきたててくれるものでもあった。あるいは、今や失われたフロンティアに対する郷愁を満たすものであった。

第一次世界大戦によって高まった愛国心の高揚も、アメリカの栄光ある発展史を視覚的に体験できる西部劇の人気に影響した。また、ソヴィエト連邦成立へ至る一九一七年のロシア革命や、二十二年のイタリアでのファシスト政権誕生といった大戦中から戦後にかけての国際情勢や、東・南ヨーロッパからアメリカへ大挙してやってくる移民の増大といった国内における諸問題が、国民間に「反アメリカ的」「反デモクラシー的」なるものに対する不安感を醸成させ、その感情がアメリカン・デモクラシーの栄光と正統性を確信させる西部劇へ国民の足を向けさせることになったともいわれている。

2 一九二〇年代のジョン・フォードと西部劇

前述の〝ブロンコ・ビリー〟アンダースンも出演した一九〇三年の映画『大列車強盗』はしばしば黎明期の映画のひとつとして挙げられるが、この映画は最初期の西部劇でもあった。ハリウッドは一九一三年頃から映画製作のメッカとしてひろく知られるようになり、チャップリンもそこで映画を撮り始めるようになった。一九一四年にはセシル・B・デミル監督による西部劇『スクォー・マン』が興行面で成功を収め、以来、西部劇の製作はハリウッドの発展と足並を揃えて急速にすすんだ。

一九二〇年代の西部劇の中では、『幌馬車』（一九二三）と『アイアン・ホース』（一九二四）が代表的な作品としてあげられることが多い。ジェィムズ・クルーズ監督の『幌馬車』は、当時としては破格の制作費七十八万二千ドルを投入し、前例のない程大規模な野外ロケーションの下、馬車、バッファローやインディアンの大軍団による一大スペクタクルを描き出した。

『幌馬車』の成功に続かんと製作されたのが『アイアン・ホース』である。監督はジョン・フォードである。「私はジョン・フォード。西部劇を作っている男だ」という有名な発言でも知られるフォードは、往年の映画ファンの多くにとっては今なおハリウッド西部劇の代名詞的な存在である。フォードの映画には、アカデミー賞を受賞した『わが谷は緑なりき』（一九四一）、『ミスタア・ロバーツ』（一九五五）などの、西部劇以外のジャンルのものも多い。しかし、フォードといえばやはり三〇年代以降のトーキー時代、ハリウッドの虎の子監督として撮れば当たるといわれた黄金期の数々の西部劇、たとえばあまりにも有名な『駅馬車』（一九三九）や『荒野の決闘』（一九四六）、『黄色いリボン』（一九四九）に『捜索者』（一九五六）という作品が脳裏に浮かぶ。

フォードが初めて監督として映画を撮ったのは一九一七年のことであった。彼は当初から西部開拓史を題材とする作品を撮っていた。現存するフォードの最も古い作品は一九一七年の『誉（譽）の名手』であるが、この映画も西部劇の典型的な図式である牧畜業者と開拓農民の争いがテーマになっている。さらに、一九二〇年代にはいってから二七年にサイレント映画時代が終わるまでにフォードが撮った映画およそ六十本中、実に約四分の三が『アイアン・ホース』を含む西部劇であった。

アメリカ史上名高い大陸横断鉄道の建設を描いた『アイアン・ホース』は、先に述べたように二〇年代の西部劇の代表作であるだけでなく、多大な興行収益をあげてフォードにとってはじめての成功作となった。この映画はサイレント映画期におけるフォードの最大のヒット作でもある。そして、この映画の成功によって、それ以後のフォードは一流の監督として認められるようになったのである。

3「アメリカ映画の父」グリフィスと一九二〇年代の西部劇

フォードはのちに「トーキー時代のグリフィス」とよばれるようになり、フォード自身もグリフィスのことを「映画の偉大な開拓者」、「映画を真の芸術に高めた」と高く評価している。フォードはサイレント映画期における著名な映画監督D・W・グリフィスからの影響を受けていた。フォード作品にみられるコメディとペーソス、愛国的なトーン、登場人物の強さの中にひそむ優しさ、とりわけその家族愛を中心としたロマンチシズムは、グリフィスから受け継いだものといわれる。『アイアン・ホース』とならんで二〇年代のフォードの最高傑作という評価の高い一九二六年の『三悪人』は、スペクタクルなシークエンス撮影とメロドラマ的なストーリーの点でグリフィスとの類似性を指摘され、そこからフォードがグリフィスからうけた影響の大きさをうかがい知ることができる。

主に一九〇〇年代から一九一〇年代にかけて活躍したグリフィスは、その間五百本近い作品を監督した。中でも、のちに黒人への人種差別があると批判をうけた一九一五年の大作『国民の創生』（フォードはこの映画にKKK団の一員に扮して出演している）や、一九一六年の『イントレランス』などが有名である。クローズ・アップ、カット・バック、ロング・ショット、パノラマ・ショット、フェード・イン&フェード・アウトといった、現在に至るまで用いられている映画の様々な技法を初めて積極的かつ効果的に使い、今日においては「アメリカ映画の父」と呼ばれている。

グリフィスはファミリー・メロドラマ的映画を好んで多く作ったが、その一方で西部劇も得意としていた。前述の西部劇スター〈ブロンコ・ビリー〉アンダーソンと並んで、グリフィスも初期の西部劇映画の人気と発展に寄与した中心人物として評価されている。彼は約七十五本の西部劇を撮ったが、そこでも前述のクローズ・アップ、ロング・ショット、パノラマ・ショットといった技法を効果的に用い、特に西部の雄大かつ広大な平原や大峡谷を大俯瞰でカメラにおさめるというのちの西部劇の定石となった手法は、グリフィスがはじめたものだといわれている。

西部劇ではおしなべて凶暴な野蛮人として描かれることの多いインディアンを、逆に擁護する立場で描く映画が登場するのは、一般には一九五〇年代以降とされる。一九五〇年の『折れた矢』や、インディアンの権利復権を訴えるレッド・パワー・ムーヴメントの影響によってつくられた一九六九年の『馬と呼ばれた男』、七〇年の『ソルジャー・ブルー』、七一年の『小さな巨人』、インディアンの真の姿をはじめて描きだしたという謳い文句の『ダンス・ウイズ・ウルブス』(一九九〇)、『ラスト・オブ・モヒカン』(一九九二)、『ジェロニモ』(一九九四)等がこれにあたる。しかしこれらの映画では、主人公はインディアンではなく白人であり、またあるいは白人の語り部の視点から描かれたものであった。

一九一〇年代のグリフィスの視点は、これらの映画よりもはるかに先んじていた。グリフィスの西部劇にはインディアンが登場するものが三十本程あるが、そこではインディアンが主人公として同情的に描かれ、その精神の気高さが賛美され、その一方で白人は悪玉の扱いをうけていた。そして、グリフィスの影響を直接に受けたであろう一九二〇年代の西部劇の中にも、後代の西部劇よりリベラルといえる作品があった。それらは、西部劇が描くようなアメリカの栄光ある発展の陰で、インディアンたちが絶滅の危機に瀕している現実をみすえ、そのことを惜しむ心情を伝えようとしていた。それが『暁の娘』(一九二〇)と、冒頭に挙げた『滅び行く民族』である。

4 『暁の娘』と『滅び行く民族』の製作

建国以来インディアンから土地を奪い続けてきた連邦政府と、インディアンを教化、「文明化」するという名目で伝統的文化やコミュニティを破壊してきたキリスト教伝道団体に対して、一九二〇年代初頭には市民からの批判と改革の機運が高まっていた。その機運をさらに盛り上げたのが、二〇年代に制定された二つの連邦法であった。

ひとつは一九二二年の「バーサム・プエブロ領地法」である。ニュー・メキシコ州選出の上院議員ホーム・O・バーサムの名を冠したこの法は、石油などの鉱物資源が発見された同州内のプエブロ・インディアン保留地内への白人の侵入を公認すると共に、条約によって保障された筈の保留地内における土地所有権をプエブロの方が自分で証明しなければならないという、保留地の石油を狙う白人側にとって非常に有利な規定により、インディアンはわずかに残された保留地内の土地さえ白人から奪われる危機に見舞われることになった。

もうひとつは、一九二四年の「インディアン市民権法」である。同法は、これまで米国市民とみなされなかったインディアンに白人と同じ市民権を与えた。この時期連邦政府は、踊り、服装、セレモニーといった部族の伝統文化を「野蛮」であるとして公式に禁じる措置をとりはじめていたが、この法も一見インディアンに有益にみえるものの、米国市民となることを必ずしも望まない部族民も一律に市民とした点で、インディアンの意思を無視したものであった。さらに、同法以前は米国と部族の間に結ばれた条約により部族全体の共有物として確保されていた保留地が、同法により米国市民となった各部族民の私有割当地に分割されたため、白人が詐欺的な契約を結んでそれぞれの部族民から土地を奪う例が増えていった。

このような事態に対し、インディアンとその文化を絶滅させるものであるとして連邦政府の政策を強く非難する論説が全国的に有名な雑誌に数多く発表された。「アメリカ・インディアンの悲劇」「インディアンを自由に」「インディアンのおかれた悲惨な境遇」などの見出しのそれらの記事は、大きな論争を巻き起こした。例えば一九二三年一月二十五日のニューヨーク・タイムズ紙は、「わが国の偉大な美と驚異」で「考古学的にも価値ある」遺産であるインディアンとその文化を滅ぼすことは、「文明的」なやり方ではないという批判を載せた。

インディアンの窮状を訴えはじめた世論と並行して、一九二〇年代のいくつかの西部劇の中で注目に

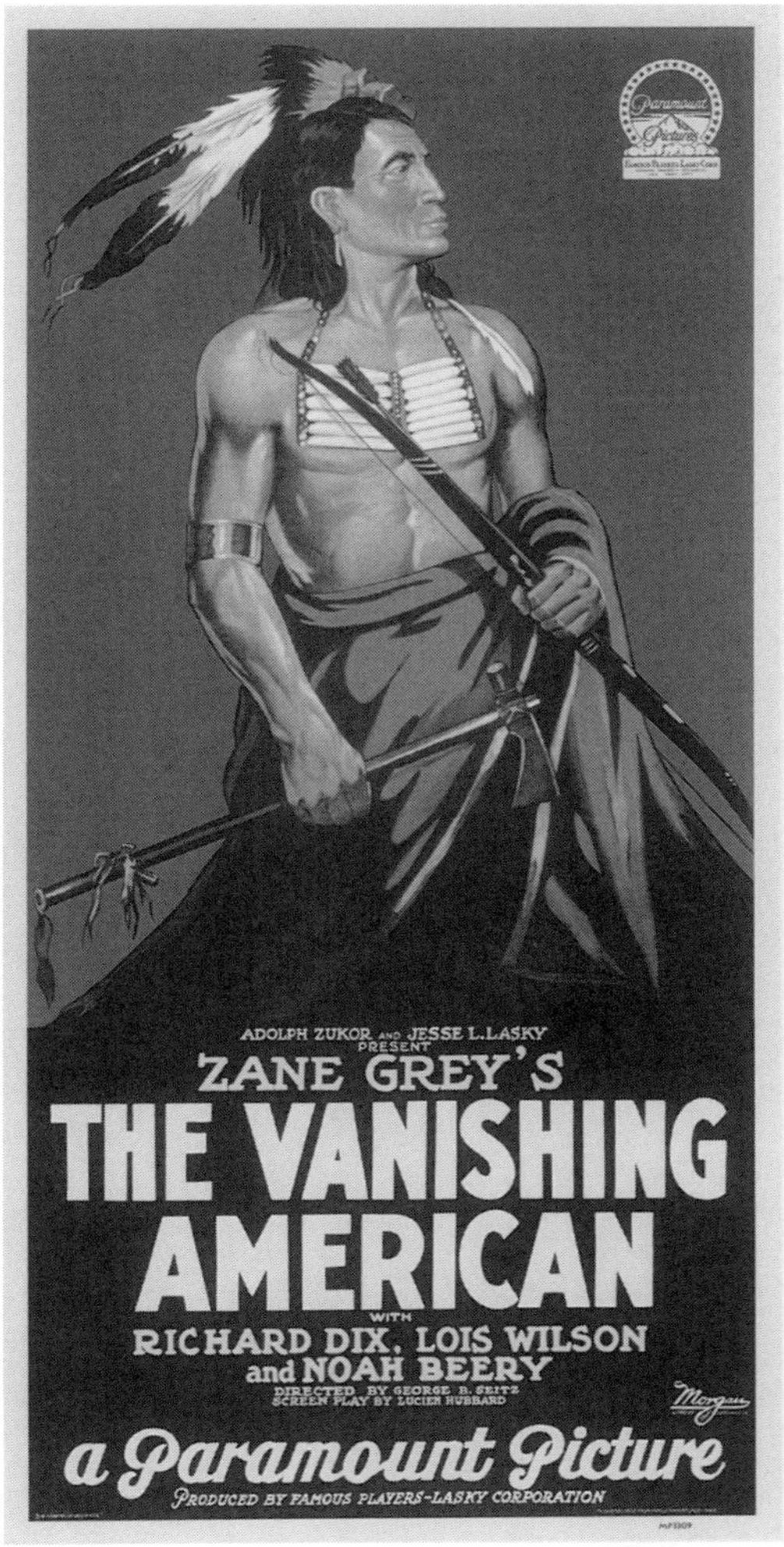

映画『滅び行く民族』のポスター（当時のものを復刻したもの）

値するものが現れる。ノバート・マイルズによる『暁の娘』は、アメリカ史上に名高いコマンチ族の族長クワナ・パーカーの実の娘がヒロインの一人として出演したという話題に加え、今日に至るまで例を見ないことに、全ての登場人物がインディアンによって演じられていた。西部劇ではインディアンの役さえも白人の俳優が演じる事が多かったが、この映画のように主役をインディアン自身が演じるのは、当時はむろんのこと現在においても稀なことである。また『暁の娘』では物語の主軸は男女の恋愛であり、白人社会に舞台を置きかえてもさほど支障はないストーリーである。このことから『暁の娘』では、一般の西部劇のようにインディアンを野蛮視するより、白人と変らぬ人間として描き出す事に重点が置かれていたといってもいい。

また、前述したバーサム法に端を発する世論の高まりの影響を特に強く受けてつくられた映画が『滅び行く民族』である。この映画は、貪欲な白人の非道な振る舞いの犠牲者としてインディアンを描いてきた作家ザーイン・グレイが、一九二二年に発表した小説を原作にしている。グレイはパラマウント製作部の副部長をナヴァホ族保留地に連れて行き、この作品の映画化を決めさせた。土地を奪われ今まさに消え行こうとしているインディアンに対する同情的な視線をもち、政府の腐敗官僚の搾取によって土地と民族の尊厳が奪われていく様を厳しく糾弾するこの映画は、ハリウッドではじめて公けに政府のインディアン政策を糾弾した作品である。

興味深いことにこの映画は、文明の「進歩」の前に弱者が滅ぼされてゆくという歴史の「必然」を謳った、当時流行の思想であった社会ダーウィニズム論をも基調としていた。そのことを最も表しているのが、映画の冒頭に、歴史は絶え間ない弱肉強食による適者生存の連鎖であるという、イギリスの哲学者ハーバート・スペンサーのことばを引用していることである。これによって、悲惨な境遇にあるインディアンは白人と同じ人間であり、貪欲な白人の悪行は非難されるべきであるが、キリスト教を信ずる優れた白人文明の前に、弱者たるインディアンは滅び行く運命にあることも暗示されるのである。

物語のはじまりは、第一次世界大戦前夜。インディアン指定保留地に住む戦士ノファエは、保留地でインディアンの子供たちに勉強を教える教師マリオンに恋心を抱いている。マリオンもノファエのことを憎からず思っている様子である。一方、インディアン保留地監督のため政府が派遣した担当官のひとりブッカーは卑劣な人物で、マリオンの前では紳士然としつつも隙あらばわがものにしようと狙っている。ブッカーとその一味はインディアンを蔑すみ、部族民のかけがえのない財産である馬を強奪し、暴力を振るう。

一九一四年に第一次世界大戦が勃発すると、保留地にアメリカ軍徴兵係がやってきて、インディアンたちに海を渡ってヨーロッパで戦うよう呼びかける。そうすれば君たちも「アメリカ人」として認められるのだという呼びかけを信じ、ノファエたちは部族の服を脱ぎ捨てて軍服へ着替え、勇んで出陣してゆく。

時は移って一九一九年に戦争が終わり、ノファエたちは、これからは自分たちも白人と同じアメリカ人だという喜びを胸に帰郷する。ところが、保留地は完全にブッカーに牛耳られ、出征前よりさらに悲惨な状態に陥っていた。ある者は死に、家は荒れ果て、自分たちが耕し実らせてきた土地も奪われ、ノファエたちの従軍と戦傷は、結局は空しいものとなってしまった。

絶望したインディアンたちは反乱を起こし、保留地内の白人を襲撃するが、同胞とマリオンを救うため死を賭したノファエの尽力により、殺戮は終わりを告げる。映画の最後に、地平線に向かって何処とも知れず走り去って行くインディアンたちの姿は、きわめて同情的ではありながらも、あくまで白人に都合のいい史観、すなわち、悲しむべきではあるが必然的に滅びゆく運命にある存在としてのインディアンのイメージを観衆に与えるものである。

それでも、『滅び行く民族』は『暁の娘』と同様に時代に先んじていた映画であるといっていいだろう。『滅び行く民族』では『暁の娘』のうちだした男女の恋愛という普遍的主題を、インディアン男性と白人女性の恋にまで昇華したという斬新な内容をもっていた。しかし、『暁の娘』のようにインディアン俳優が主役を演じる映画の登場までにはさらに数十年を待たねばならなかったし、『滅び行く民族』において描かれた白人にはあまりにもスキャンダルな男女関係は、これ以後の西部劇では避けられる運命にあった。

おわりに　一九二〇年代の西部劇における光と影

今日でも多くの映画ファンにとって、西部劇イコール、フォードという認識があるといっていい。しかしこれまで述べてきたように、映画の誕生および発展と軌を一にしてつくられてきた西部劇は、その特徴的な撮影手法、主題、インディアンの描き方等、さまざまな面において一九一〇年代にD・W・グリフィスが先鞭をつけたものを継承しており、さらに二〇年代においてはその時代の風をうけて、今日からみても非常に先駆的な西部劇がいくつか登場するに至ったという事実は見過ごされがちである。それは短いながらも、西部劇という映画ジャンルにともったひとつの光であった。

同じ一九二〇年代に、フォードもグリフィスの影響をうけた西部劇をつくり、大物監督としての地歩を固めた。ただしフォードは、二〇年代のいくつかの西部劇に引き継がれたそのリベラルな視点においては、グリフィスを継承しなかった。二〇年代末期に映画がサイレントからトーキーになってからは、三〇年代に黄金期を迎えたフォードの作品こそが正統な西部劇であるという認識が一般に定着し、そのフォードの人気の影で二〇年代までの画期的な西部劇は忘れ去られていった。かくして、それ以降多くの西部劇では相もかわらず、白人の主人公対野蛮人インディアンという図式が描かれ続けることになる。

しかし、アメリカ社会の繁栄を象徴する映画産業が興隆するや、少なくとも一九二〇年代の西部劇においては、インディアンの窮状を憂えた世論といったアメリカの良心という光の部分と、インディアンが置かれた絶望的な状態や、インディアンを滅び行く存在と決めつける思想という影の部分が錯綜していた。そしてその中で、現代でも通用する普遍的内容と画期的手法をもったいくつかの西部劇が、小さいながらも美しい輝きを発したという事実を、われわれは忘れてはならないだろう。

（岩崎佳孝）

6 ロスト・ジェネレーション「失われた世代」の作家たち

はじめに

ロスト・ジェネレーションとは、一八九〇年代後半に生まれ、第一次世界大戦時に青年期を迎えた若者たちで、戦争体験によって既成の価値観に不信を抱き、新しい生き方を求めて国籍離脱者となり、ヨーロッパ、特にパリに渡った一群の若者たちを指す。具体的には、E・E・カミングズ（一八九四―一九六二）、ドス・パソス（一八九六―一九七〇）、スコット・フィッツジェラルド（一八九六―一九四〇）、ウィリアム・フォークナー（一八九七―一九六二）、マルカム・カウリー（一八九八―一九八九）、アーネスト・ヘミングウェイ（一八九九―一九六一）などの作家、詩人、批評家たちである。彼らは、パリ滞在中に当時のモダニズム運動の洗礼を受け、戦後独自の文学スタイルを確立していった。彼らがその後のアメリカ文学に及ぼした影響は大きく、二〇年代の彼らの文学活動はアメリカ文学史上ひときわ際だっている。

ところで、このロスト・ジェネレーションという名称は、パリに滞在していたガートルード・スタインがヘミングウェイに向かって「あなたがたはみなロスト・ジェネレーション（失われた世代）よ」と言った言葉に由来する。ただし、この世代を「ロスト（失われた）」という言葉でひとまとめにすることには問題がある。彼らに対してしばしば絶望とか虚無という言葉が使われるが、彼らはむしろ生を肯定し、活発な文筆活動によって、新たな価値観を創造しようとしたのである。

もちろん、この間ロスト・ジェネレーションの作家たちが突如現れたわけではなく、彼ら以前に、セオドア・ドライサー、シャーウッド・アンダソン、シンクレア・ルイスなど主に中西部出身の自然主義作家たちの文学活動がその下地としてあった。本節では、前世代の作家たちとの影響関係をも考慮に入れながら、ロスト・ジェネレーションの作家たちの意義と特質を明らかにしてゆきたいと思う。

1　一九一〇年代――ヨーロッパ・モダニズムの流入

第一次世界大戦後の二〇年代において、アメリカ文学は目覚ましい進展を遂げた。それはその前の一〇年代に起こった斬新な芸術革新運動を母胎とし、大戦の深い影響を受けて生まれたものである。その芸術革新運動とは、いわゆる「シカゴ・ルネッサンス」と呼ばれている様々な芸術運動である。このグループには、詩人ではカール・サンドバーグ、エドガー・リー・マスターズなど、小説家ではドライサー、アンダソン、アプトン・シンクレアなどが属している。

一〇年代に入ると、新しい文学の創造を刺激するような文化的な状況がシカゴに生まれていた。当時、東部の産業資本主義が次第に中西部シカゴにも波及しつつあり、堅苦しいピューリタン精神が町の雰囲気を支配し、体裁だけを気にする因習が生まれ、物欲に凝り固まった卑俗な小実業家が幅を利かせていた。シカゴ・グループは、人間をゆがめる中西部の田舎町の因習や人間の画一化をもたらす産業主義文明に対して激しい批判を行った。

このような社会的、文学的状況下にあって、ヨーロッパからモダニズムの新しい波がアメリカ、中でもシカゴに押し寄せた。一二年にはシカゴで『ポエトリ』、続いて『マッセズ』、『リトル・レヴュー』、『アメリカン・マーキュリー』など前衛的な小雑誌が創刊され、これらの雑誌はフロイト、ベルグソン、ニーチェ、H・G・ウェルズ、バーナード・ショーなどヨーロッパの新思潮を紹介するのに貢献した。

一〇年代にはまた、アメリカ国内において芸術のあらゆる分野で、大胆な実験が試みられた。音楽の分野では、シェーンベルク、ストラヴィンスキーが紹介され、美術では十三年にニューヨークで「アーモリー・ショー」という国際現代美術展が開かれ、後期印象派、立体派、表現主義など前衛的な絵画・彫刻（ゴッホ、セザンヌ、マチス、ピカソ、ブラック、ブランクーシ、デュシャンなど）が作家たちにも大きな衝撃を与えた。また、映画ではグリフィス、エイゼンシュテインなどの新手法が紹介された。

一方、当時パリには画家ではマチスやピカソ、作家ではプルースト、ジッド、ヴァレリー、コクトー、アラゴン、ファルグ、ラルボー、さらにイギリスからはジョイスやフォード・マドックス・フォードなどが渡仏しており、ダダイズム、シュールレアリズムといった芸術運動の中心となっていた。すでにパリに渡っていたスタインやパウンドたちは、これらの芸術家たちと交流し、パリの文化や芸術の雰囲気をアメリカに伝える仲介者の役割を果たしていた。パウンドは、英詩の革新運動（イマジズム運動）を進める一方、『ポエトリ』の海外編集者として、T・S・エリオット、H・D・、フロストなどを発掘し、また最新のフランス文芸思潮を伝えた。

以上のような芸術の諸ジャンルの交流やシカゴ・グループを通じてヨーロッパのモダニズムの流入、受容が二〇年代のアメリカ文学の下地を形成していった。この時代の文学は、フロイト心理学やモダニズムの美学の影響もあって、心理分析や文体上・技法上の実験が大胆に行われた。

2　一九二〇年代のパリとアメリカ作家たち

第一次世界大戦と「シカゴ・ルネッサンス」は、アメリカの知識階層の目をヨーロッパに向ける契機となった。ロスト・ジェネレーションたちは、二〇年代に大挙してヨーロッパ、特にパリへ渡って行った。その際、だれの助けもなしに彼らの文学活動が可能であったわけではなく、彼らを援助し、助言を与えてくれる先輩作家たちが既にパリにいたのである。先輩作家たちは、彼らに創作に対する助言を与え、雑誌への掲載を仲介するなどの労を取ってくれた。

その先輩作家の一人、シャーウッド・アンダソン（一八七六―一九四一）は、ヘミングウェイをガートルード・スタインに紹介し、フォークナーの最初の長編小説『兵士の報酬』（一九二六）の出版の斡旋をするなど、ロスト・ジェネレーションの橋渡し的な役割を果たした。彼は、代表作『ワインズバーグ・オハイオ』（一九一九）において、ヘミングウェイの『われらの時代に』より五、六年早く、断片の集積とも言うべき連作短編集の実験を行った。しかし、ヘミングウェイと違うのは、もう少しアメリカのローカルな、親しみやすい、泥臭い語りの口調で斬新なことをやろうとした。彼の文章は、スタインの実験的な文章の影響を受け、筋を排し、短い文や反復、"and" "then"といった単純なつなぎ言葉を多用し、飾り言葉は使わないという特徴がある。

書かれている内容は、機械文明、現代文明が農村をいかに解体してしまうか、金と権力が支配する商業主義の台頭と偏狭なピューリタニズム道徳との軋轢の中で、いかに真の人間性が失われ、堕落していくかということである。思い切った性的な描写や異常でグロテスクな人間心理の描写などにはフロイトの影響が見られる。フロイトがアメリカに大々的に紹介されたのはこの時期である。精神分析が普及し、無意識や抑圧、性衝動といった概念が一般にも浸透していた。

　アンダソンは、後述するようにヘミングウェイとは違い、スタインの忠実な弟子、後輩であり続けた。スタインは、めったに人を褒めることはなかったが、彼だけは例外で、彼のことを満足な文章が書ける数少ないアメリカ人の一人だと賞賛している。彼の方も、彼女の作品がいかに自分の創作に影響を与えたかということについて『パリ・ノートブック、一九二二』で次のように述べている。「私にとって言葉が大変重要なものになった。最近ガートルード・スタインというアメリカ女性が『やさしい釦』という本を出版したが、それが私の手に入った。私は、すっかり興奮してしまった。そこには、純粋な実験がある。言葉と意味を切り離して使っている。それは詩人ならば選ばなければならない方法だと確信した。これは私にも役立つ方法だろうか、私もやってみることに決心した。」

ガードルード・スタイン
(1874〜1946)

　そのガートルード・スタイン（一八七四―一九四六）は、ペンシルヴァニア生まれのユダヤ系で、ラドクリフ・カレッジでウィリアム・ジェームズ（作家ヘンリー・ジェームズの兄）から実験心理学を学び、ジョンズ・ホプキンズ大学医学部では、脳解剖学を専攻した。彼女は、一九〇二年渡英し、翌年からパリに居着く。数度の講演旅行を除いては、生涯アメリカに帰ることはなかった。スタインのパリの住居は、新しい芸術との出会いを求めてフランスへ渡ってきた若い芸術家たち（アンダソン、ヘミングウェイ、フィッツジェラルドなど）のたまり場、サロンになる。スタインの功績は、そのような芸術家たちにサロンを提供したことと、ヨーロッパのセザンヌ以降の現代美術、ピカソ、マチス、ブラックなどをアメリカに紹介する窓口になったことである。彼女は、一三年にニューヨークで開かれた国際美術展「アーモリー・ショー」に自分のコレクションをたくさん貸し出している。

彼女は、一般に「文学上のキュービスト」と言われるように、キュービズムに対する関心が大きかった。彼女は、ピカソと友人関係にあり、最初にピカソの価値を認めた一人であった。また、ピカソの絵の蒐集家としても知られている。「私は、ピカソと同じことを文学において表現しようとしていた」と明言している。彼女はまた、セザンヌにも関心があり、セザンヌの夫人像を眺めながら『三人の女』（一九〇九）を書いたと述べている。彼女は、ピカソやセザンヌ流に対象を分解してとらえ、立体的に描写するための独自の文体の開拓に努めた。彼女の書く文章は、筋がなく、単純で繰り返しが多く、言葉の意味より音の効果、連想を重視し（翻訳不可能）、一種の言語革命、文体実験を大胆に行った。

ヘミングウェイはスタインから実に多くのものを学んだ。二人は、最初は先生と生徒、あるいは先輩と後輩の関係であったが、次第にしばしばぶつかり合うようになる。二人の対立は、一種スキャンダラスな様相を呈した。

ヘミングウェイは、まず『春の奔流』（一九二六）でスタインの文体をパロディー化し、それを皮肉った。すると、彼女は、『アリス・B・トクラスの自伝』（一九三三）で「アンダソンとスタインは、ヘミングウェイというのはイエローだ（臆病だ）と二人とも認めていた。あの人は、ちょうどマーク・トウェインが書いたミシシッピー川の平底船の船員みたいだわ。」と応酬した。

これに対して、ヘミングウェイは陰湿な答え方をした。彼はまず、『アフリカの緑の丘』（一九三五）で「スタインは自分に嫉妬している。小説の中で対話の書き方のこつを教えてやったのは、むしろ自分の方である」と反論した。さらに、極めつけは、彼女の死後、二〇年代パリで過ごした日々を回想した『移動祝祭日』（一九六四）で、「スタインは、いっしょに住んでいたアリス・B・トクラスと同性愛だった。自分は見てはいけないものを見てしまった」と仕返しをするという具合に、泥仕合へと発展していった。いずれにせよ、スタインは文学史の中では大変大きな意味を持っているし、アメリカにおける現代芸術の成立と言う点でも大きな影響力を果たした。

スタインと共にロスト・ジェネレーションに新文学の師と仰がれたのが詩人エズラ・パウンド（一八八五―一九七二）である。彼は、詩の革新運動であるイマジズム運動のリーダー的存在であった。彼は、パリで無名の詩人や作家たちに適切な助言を与え、彼らを世に出すべく尽力した。ジョイスの才能をいち早く認め、『若き芸術家の肖像』、『ユリシーズ』を雑誌に掲載し出版する労を取ったり、エリオットの『荒地』の草稿に青鉛筆で大胆な削除や推敲を施して、今日知られている形にした。また、若いヘミングウェイの文章から無駄な形容詞を削り、後にハード・ボイルド・スタイルと呼ばれるヘミングウェイの文体の成立に寄与した。ヘミングウェイを雑誌『トランス・アトランティック・レヴュー』の副編集長にしてやったのも彼である。

もう一人、文学者ではないが、パリのアメリカ人たちにパトロン的存在として親しまれたシルヴィア・ビーチを挙げなければならない。彼女は、「シェークスピア書店」の経営者であり、若い芸術家たちのために本や金を貸し、手紙の取り次ぎをし、批評家を紹介し、出版の仲介をするなど、あらゆる側面から援助した。書店にはモーロワ、ジッド、ヴァレリー、パウンド、エリオット、スタイン、ジョイス、ヘミングウェイなどが出入りしており、スタインの客間と共に、当時の前衛芸術家たちのサロンの役割を果たしていた。中でも彼女の最大の功績は、他の出版社が発禁処分を恐れて出版を拒否したジョイスの『ユリシーズ』の出版を引き受けたことである。

3 ヘミングウェイのハード・ボイルド・スタイル

ヘミングウェイの二十世紀文学、芸術への最大の寄与は、ハード・ボイルド文体を作り上げたことである。彼の文体の特色は、簡潔で凝縮されており、その限りでは明晰、かつ客観描写に徹していながら、場合によっては俳句のような象徴性を帯びる。その文体でしか表現できないような世界と切り離し難く結びついていた。この文体にして始めて表現できた世界とは、第一次世界大戦後の、既成の価値観が崩壊して神も死んでしまった非情な世界である。

第一次世界大戦は、史上始めての世界規模の戦争であった。無意味に、不条理に死を迎える人間がたくさん出た。恐らく若い人たちに何らかの虚無的な心象、印象を与えたことは想像に難くない。イタリア前線でヘミングウェイ自身も重傷を負い、生と死の境をさまようことになる。彼は、心身ともに深く傷つき、人間存在のむなしさに苦しむ。第一次世界大戦の不条理な

アーネスト・ヘミングウェイ（1899～1961）

死の目撃、そのような死を現場報告した体験がヘミングウェイの乾いた文体に大きく関与したと考えられる。

以上のような戦争体験以外にも、ヘミングウェイの文体成立にはいくつかの要因が関わったと考えられる。まず、前時代十九世紀中頃、後半から始まったアメリカ英語の口語化の流れがある。この流れは、具体的に言うとマーク・トウェインの『ハックルベリー・フィンの冒険』(一八八四)あたりから始まり、スタイン、アンダソンを経てヘミングウェイで一応の完成をみる。

次に、彼の文学修業時代における新聞記者体験が挙げられる。彼は、高校卒業後、母親の勧めに従って大学に進学することをせず、新聞記者となる。この時代には、ヘミングウェイに限らず新聞記者、雑誌記者上がりの作家が多く出ている。彼は、新聞記者時代に、無駄を排した簡潔な文体、現場を見て書いているような臨場感のある文体の書き方を学んだ。

さらに、現代絵画、特にセザンヌの影響が考えられる。スタインは、ヘミングウェイの作品が「美術館の匂いがする」と述べているが、彼は、実際パリ滞在中にリュクサンブール美術館にほとんど毎日通っていた。セザンヌやマネ、モネその他の印象派の絵を見るためであった。彼は、いろいろな作品の中で、特にセザンヌについて書いている。ヨーロッパでたびたびセザンヌを見る機会があったようである。『われらの時代』の「大きな二つの心臓の川」の草稿で(最終版ではカットされてしまうが)、「ニックはセザンヌが絵を描くように文章を書きたいと思った。……ニックはセザンヌだったらこの辺の川と湿地をどういう風に描くかを想像すると、立ち上がって川の中に足を踏み入れた。……彼は流れを歩いて横切った、頭に描いた絵の中を歩くつもりで。」と書いているが、彼がセザンヌの絵と一体化するほどに感情移入していたことがわかる。

セザンヌは、二次元と三次元の調和を新たにやったことで知られている。彼は、三次元の奥行きから成り立っている自然を二次元の平面に置き換え、その単純な平面で立体（自然界の複雑な形）を表現しようとした。確かに『武器よさらば』（一九二九）の冒頭など、ヘミングウェイの風景の描き方にはセザンヌの影響が見られる。

4 ドス・パソスの映画的手法、E・E・カミングズの絵画的手法

両者は、ハーバード大学時代からの友人であり、若い頃から絵画に共通の関心があった。また、共に第一次世界大戦に際し、一七年ノートン・ハージェス衛生隊要員募集に応じてフランスへ渡った。文学活動の出発点が戦争小説であった点でも共通している。

ドス・パソスの『マンハッタン乗り換え駅』（一九二五）は、視点を複数化して都市風景を捉え、また、描写方法として映画のモンタージュ手法を取り入れている。モンタージュとは、いろいろな断片を組み合わせて、一つの場面を構成する技法で、彼が映画「戦艦ポチョムキン」を作ったソ連の映画監督エイゼンシュテインの影響を受けていることは、批評家ロバート・デイヴィスが指摘している通りである。また彼は、若い頃から絵画、特にピカソのキュービズムに深い関心を寄せていたことから、多くの登場人物の生活の断片をモザイクのように組み合わせる手法は、絵画のコラージュという手法にヒントを得たとも考えられる。その他の新手法として、彼は当時の新聞記事や流行歌、広告の文章などをテキストの中に挿入した。大都市ニューヨークとそこにうごめくちっぽけな人間の生活を対比的に描くために

は、これらの技法はなくてはならないものであった。

一例を挙げると、冒頭船着場の場面では、空中で輪を描く三羽のかもめ↓岸壁の間に漂うゴミ（壊れた箱、オレンジの皮、腐ったキャベツ）↓泡立つ波↓連絡船のへさき↓連絡船↓船着場↓手巻きウィンチ↓ゲート↓押し合いへし合いながら先を争う乗客の足というふうに視点が移ってゆく。これは、まさに映画のカメラワークの手法（遠景↓近景↓対象物のクローズアップ）である。この技法は後に、大作『U・S・A』（一九三八）に発展してゆく。

ドス・パソス同様、E・E・カミングズもその出発点は軍隊体験であった。彼は、野戦衛生隊に勤務中、手紙の検閲にひっかかりスパイと疑われて、フランス南部の収容所に約三カ月間監禁された。その時の体験を基に書かれたのが、彼のただ一つの散文作品『巨大な部屋』（一九二二）である。その後、彼の創作活動は詩に転ずる。詩においては、スタインの影響を受け、視覚的な活字の配列（活字を抽象画風にばらばらに配列する）、文法・句読点を崩し、一人称単数を示す小文字の i など、独自の言葉の実験を行った。詩人であり、また画家でもあったカミングズは、印象派や立体派などヨーロッパの絵画を中心としたモダニズム運動に強い関心を持っていた。ハーバード大学卒業時に発表した『新芸術論』（一九一五）の冒頭で「芸術と真剣に取り組んでいる者であれば過去半世紀間における技法の進歩を理解し、マネやモネを受け入れているだろうし、セザンヌおよびマチスをも受けとめているはずである」と述べている。一連の実験的な彼の詩の言語には、これら二十世紀の前衛的な画家たちの用いた技法が反映している。

おわりに

ロスト・ジェネレーションの作家たちは、ヘンリー・ジェームズやT・S・エリオットと同様、歴史や伝統の浅いアメリカは芸術にふさわしい土壌を提供し得ないと考え、ヨーロッパ文化に何かを求めて、亡命者として故国アメリカを去った。しかし、彼らは、ヨーロッパに滞在するうちに、その何かが、実は故国アメリカにあることに気づいた。フランスにせよ、イギリスにせよ、それぞれに優れた特色を持っているが、アメリカもまたそうである。アメリカには、民間の伝承もあれば、伝統もある。それは、自国の文化・芸術に対する再認識、アメリカ人としてのアイデンティティの再確認であった。この点が、同じくアメリカを捨ててイギリスに永住、帰化したジェームズ、エリオットとは異なる点であった。ロスト・ジェネレーションたちは、概ね二九年の経済恐慌を境にアメリカへ帰還し、その後それぞれ独自の文学を築いていったのである。

一九世紀中葉の「アメリカン・ルネッサンス」の中心人物ラルフ・ウォルドー・エマソン（一八〇三—一八八二）は、一八三七年「アメリカの学者」という講演の中で、アメリカの学問、文化は「他国の学問に対する依存の時代、長い徒弟時代」を終え、今こそ「自分自身の足で歩く」べきだと述べた。その後、マルカム・カウリーは、「一九二〇年代の小説は、一八四〇年代および五〇年代の偉大な「アメリカン・ルネッサンス」に匹敵する『第二の開花』である」と述べ、ロスト・ジェネレーションに賛辞を送った。そして、三〇年にはシンクレア・ルイスがアメリカ人で初のノーベル文学賞を受賞し、アメリカ文学はここにきてやっと世界文学として認められるに至った。

一方海外でも、特にフランスでは、第二次世界大戦直後ロスト・ジェネレーションの作品が広く読まれ、いち早くアメリカ文学が認知された。フランスは、戦後、批評家クロード・マニーの書名通りの「アメリカ小説時代」を迎える。また、サルトルは、『カイエ・ド・パリ』誌上で現代アメリカ作家について次のように述べている。「一九二九年から三六年に至る期間のフランスでなされた、最も偉大な文学上の展開は、フォークナー、ドス・パソス、ヘミングウェイ、コールドウェル、スタインベックの発見であった。……私の世代の作家たちにとって『北緯四十二度線』、『八月の光』、『武器よさらば』の出現は、十五年前ジェームズ・ジョイスの『ユリシーズ』がヨーロッパに引き起こしたそれに類似した革命であった。

このように二〇年代のロスト・ジェネレーションの作家たちの活躍が、エマソンの念願であったアメリカ文学の欧州からの本格的独立を達成させることとなった。こうしてアメリカ文学は世界的なレベルにまで達することができたのである。

（関口敬二）

7 失われた大陸を求めて ―俳句と英詩とアトランティス

はじめに

二十世紀が始まったのは実は第一次世界大戦からだと、歴史家ホブズボームはいった。同じことが英詩にもいえるかもしれない。それほどエズラ・パウンドの詩論「ヴォーティシズム」(渦巻主義)は、時代を画するものだった。一九一四年九月の対ドイツ戦まもないロンドンで、このアメリカ生まれの詩人は、渦巻とイメージという言葉を使って、二十世紀以降の英詩の新思潮を的確に要約してみせた。一九〇八年、自身がいうところの「半野蛮の国」アメリカからヨーロッパへと渡ってから、パウンドは多方面かつ多国籍の芸術家たちと交わり、さまざまな詩を翻訳・紹介しながら、英詩に革新をもたらしたのだった。この章では、彼の詩と詩論をてがかりにして、同時代の俳句熱や映画のモンタージュに断片と断片を衝突させる共通の技法を指摘しながら、そこから、断片を統合する血と土の人種的な伝統意識が浮上していった過程をみてみることにしよう。

1 表現の効率化と俳句

「ヴォーティシズム」でパウンドが主張したのは、端的にいって表現の効率化であり、抽象化であった。彼は、その際にイメージ主義ことイマジズムという用語を多用している。それによれば、イメージとは「きらめく結節点」であり、その強度ゆえにほかの意想を喚起し、巻き込まずにはいられない渦巻でもあるという。そして「イマジズムの要点は、さまざまなイメージを装飾として用いないことだ。つまり、イメージそのものに語らせるのである」とも記している。こうして、韻の規則に縛られず、無駄な修飾をとりのぞき、鮮烈な物それ自体を簡潔に表現することを宣言したのである。「ヴォーティシズム」のなかで披露される「発句のような」自作自演の詩「地下鉄の駅で」は、その最適な例といえるものだ。つまり「人ごみのなかに、つと立ち現れたこれらの顔――／黒く濡れた枝に張りついた花びら。（川本皓嗣訳）」という二行詩である。この詩では、顔と花びらがばらばらなまま並置され、コラージュされている。地下鉄という無数の見知らぬ人々が移動するなかで、一瞬、立ち現れた顔は、その強い印象ゆえに渦巻のように、枝に張りついた花びらというイメージを巻き込み、この二つを結びつけるのだ。しかし、それは、「花びらのような顔」あるいは「顔のような花びら」というように、一方が一方を修飾する従属関係ではない。異なる両者を異ならせたまま結びつけ、結びつけつつも分離する「節」という点で、これはまさしくパウンドのいう、イメージこと「きらめく結節点」たりえている。

この詩はパリでの経験に基づくものだが、こうしたイメージを並置するコラージュの手法は、パリを中心とするヨーロッパではまさしく同時代的な現象だった。パウンドのいうイマジズムは、装飾を排し、形そのものの美しさを追及するモダニズム美学と共通している。事実、「ヴォーティシズム」のなかではピカソやカンディンスキーの絵画との共通性が述べられており、その点で、「地下鉄の駅で」は、詩で書かれた抽象画ともいえるだろう。一瞬の印象をきりとり、ちょうど地下鉄でまったく無関係な人間がとなりあわせるように、断片を並置する手法は、機械化と同時に断片化が進んだ二〇世紀を描く格好の手段でもあった。地下鉄という、十九世紀後半から登場しつつも詩の対象にはなかなかなりえなかった都市の象徴をうたっている点でも、そうした都市の速度を象徴する短さという点でも、この二行詩は画期的だったのである。

一方、こうした速度と機械の新時代にふさわしく、機能と効率を求める運動は、パウンドが移った一九〇八年のロンドンで国家的なスローガンとなっていた。世紀末の退廃を打開するため、野生の簡素で力強い文化を取り入れることで西欧の伝統を活性化しようとしたのである。一九〇五年の日露戦争以降、新渡戸の『武士道』は英国民のモラルを高める処方箋としてベストセラーとなり、「柔術」はその精神性からも注目された。また一九一三年には、サンガーとならぶ産児制限運動家マリー・ストープスが、ロンドンで本格的に能を紹介し、パウンドは彼女に協力をたのんで虫がよすぎると断られている。パウンドが「地下鉄の駅で」を「発句のような」と記しているのは、同時代の簡潔かつ「効率のよい」日本文化への関心と地続きといえる。「ヴォーティシズム」で、パウンドは「落花枝に帰るとみれば胡蝶かな」という句を引用しているが、それも、その贅肉をそぎおとした表現と、花と胡蝶を比喩や修飾ではなく対置する方法のためだった。さらに俳句と日本を経由して、パウンドはさらに漢詩にも関心を示し、翌一九一五年には英訳漢詩集『キャセイ』を刊行した。ちなみにパウンドは、漢字は絵文字をコラージュのように組み合わせることで抽象概念を表すものと考え、そのイメージ性ゆえに、漢字を一種の普遍言語とみなした。そうした知識は、フェノロサの遺稿『詩の媒体としての漢字考』を一九一三年に受け取ってから身につけたようだ。異質なものを組み合わせて独特の効果を生み出すという点で、パウンドの「きらめく結節点」は、その漢字論と連続している。パウンドは、その語学力と好奇心を最大限にいかし、貪欲に各国の詩や手法を吸収することで、表現の効率化と同時に、いわばイメージのコラージュを詩によって行おうとしたのである。

2 映像と詩という姉妹芸術　モンタージュと漢字

こうしたパウンドの俳句や漢詩といった非ヨーロッパ世界への関心は、二十世紀初頭から二〇年代にかけて人類学が英米で隆盛したのと無関係ではない。文明と非文明は光と闇のようにはっきり区別できるものではなく、実は同じように闇を共有しているのではないかという意識が、心理学の一般化とあいまって広まったのだ。たとえば、フェティシズム、トーテム、タブーはどれも二〇年代に流布したフロイトの用語だが、元来は「野蛮人」を記述するための人類学用語であった。それはまた、アメリカ・インディアンを「滅び行く民族」として美化させると同時に、盛んに研究させることにもなった。サピア・ウォーフの仮説として言語学に名を残すエドワード・サピアは、そうしたインディアンの言語研究でつとに知られたひとりである。金関寿夫氏によれば、サピアはその有名な『言語』（一九二一）のなかで、「たった数語からなるアルゴンキン族の章句は、それ自体一個の小さなイマジスト詩だ」と述べているという。同じ『言語』のなかで、漢字の簡潔さは、詩人がうらやむところであると記しているのも、イマジズムをふまえてのことだろう。ほかにも金関氏は、一九二〇年代には多くの詩雑誌が、イマジストの詩と、インディアンの詩や俳句との共通性を論じていたと記している。たとえば、チッペワ族の短い歌が、俳句と比較され、しばしばもてはやされたという。もっとも、「滅び行く」事態になってからインディアンへの関心が高まったように、二〇年代の俳句への関心と排日感情はなんら矛盾するものではなかった。

実際、谷譲次がいう在米日本人こと「めりけんじゃっぷ」たちは、二四年のいわゆる排日移民法をめぐって、逃走と迷走を余儀なくされる。この谷譲次、林不忘、牧逸馬と三つの筆名を使い分けることになる長谷川海太郎が、六年にも及ぶ在米経験をきりあげて帰国し、二〇年代アメリカを痛快かつ悲哀をこめて描いたのは移民制限法の通過する直前だった。そしてロックフェラー研究所の野口英世は、南米からガーナへと赴いたまま一九二八年に客死し、二〇年から国連へ勤めはじめた新渡戸稲造は、日本の弁護に孤軍奮闘して身をすり減らすことになる。ハリウッド初の日本人スターとなった早川雪洲は、ロスト・ジェネレーションよろしく、二二年にはパリへ移住してしまう。二十世紀初めに英語で自由詩を出版して評判になった野口米次郎は、一九〇四年に帰国して以来、日本回帰を強め、伝統文化の再評価を叫ぶ書物を乱作してゆく。そうした書物は、新感覚派の活躍の場となり、日本のモダニズムを牽引したかつての金星堂からも多く出版されたのだった。

ゴーディエ＝ブルゼスカ作「ヒエラティック象形文字風のパウンド頭像」。パウンド『ゴーディエ＝ブルゼスカ』（1916年）より。この友人の戦死をいたんだ回想録に詩論「ヴォーティシズム」も収録されている。

野口は第二次大戦中の国粋的な活動以降、長く忘れられてきたが、彼が英語で書いた『日本詩の精神』（一九一四）はもっと評価されていい。その元となったロンドンでの講演は「ヴォーティシズム」の八ヶ月前のことだったが、ハクタニの論文も示唆するように、パウンドは野口から俳句の知識を得たと考えられるからである。事実、『日本詩の精神』で野口は表現の簡潔さを強調し、発句と短歌は「断絶し、孤立した断片」であり、「人生と自然の瞬間に投げかけられた思考あるいは情熱の閃光」であるため、「読者は自由に想像力を羽ばたかせることができる」と述べた。こうした主張は、別の講演「日本の発句」でも反復されており、そこでは発句の英訳が冗長であることを指摘している。そして日本の雑誌に書いた評論「所謂英詩は破れたり」では、「イマジスト」について「彼等の語る所に依り又彼等の作る所の詩を見ると、如何に彼等が我我日本人の詩として考へた所に類似して居るか」がわかると記し、一九一九年から翌年にかけて俳句についてアメリカを講演旅行した時に、「本詩論の原書が私の想像以上に読まれていて（中略）非常に喜んだ」と誇らしげに記している。事実、後述するイェイツからパウンドを紹介され、手紙のやりとりもするのだが、結局、すれちがいにおわってしまった。そもそも野口が失敗例として引いた「落花枝に帰るとみれば胡蝶かな」に、パウンドはむしろイメージを重層させる効果を積極的に評価している。パウンドは俳句に触発されはしたが、あくまで主眼は新たな技法を生み出すことにあったから、すれちがいは無理からぬことといえるかもしれない。

とはいえ、野口の詩論は「想像以上」な人々に読まれていた。『戦艦ポチョムキン』（一九二五）を監督し、映画におけるモンタージュを確立したロシアのエイゼンシュテインがその一人である。モンタージュとイマジズムとの共通性はすでにアール・マイナーが指摘しているが、ここでも野口は過小評価されたままでしかない。が、エイゼンシュテインは「映画の原理と日本文化」（一九二九）のなかで俳句を引用し、それが「ショットのリスト」であり、「モンタージュ成句」であると述べ、「俳句の不完全を完全にするのは読者だ」という野口の一節を引用しているのだ。エイゼンシュテインが引く例でいえば、モンタージュとは、階段をおりる兵士たちのショットのあとに、階段を転がり落ちる乳母車という異なるショットを重ねて得るような映像効果のことである。そして、ショットとは表意文字であり、弁証法のようにそれらが時に対立しあいながら組み合わさることで、特殊な含蓄や意味を持つようになるのだという。興味深いのは、「口」と「犬」で「吠える」となるような漢字を例にとってモンタージュが説明される点だろう。パウンドに言及はないものの、モンタージュの効果はイマジズムになぞらえられているのである。なるほどパウンドもエイゼンシュテインも野口に影響を受けたというよりは、その詩論を媒介にして自説を洗練させたわけだが、野口の詩論が流用されることで、映像と詩という姉妹関係にある芸術で一大刷新運動が引きおこされたことはもっと評価されていいだろう。

3 オシリスの肢体を集めながら 断片と秩序の危うい均衡

こうしたパウンドの「きらめく結節点」である断片への関心は、同時に秩序への意志という反作用も内蔵していた。この相反する傾向は、パウンド初期のエッセイ『私はオシリスの肢体を集める』（一九一一―一二）にもうかがえる。このなかでパウンドは、ラファエロやレンブラント、北斎などの絵を掲げた部屋は、自分にとってさまざまなエンジンが陳列された一室のようなもの、と記している。つまり「力」を生み出す機能という点で、それらはみな同じというのだ。このように強力な光を放つ機能、「光り輝く細部」に注目したパウンドは、多様な時代の多様な地域の詩を貪欲に摂取しながら、それらを統合する英詩の可能性を模索していった。

その点で、『私はオシリスの肢体を集める』という題名はきわめて示唆に富んでいる。これはプルタルコスが記録したエジプト神話の一つで、ばらばらに寸断された夫オシリスの身体を拾い集めて復活させようとする妻イシスの物語にちなむものだ。そして、優れた詩は断片になっても依然として優れていると述べたホラティウスの一節を想起させもする。いずれにしても興味深いのは、断片の「光り輝く細部」を偏愛する一方で、それらの断片をつなぎあわせて一つの全体を紡ごうとする意志が題名に紛れ込んでいることだ。そしてこの相反する力の均衡は、予想もしない一次大戦の長期化によって、ゆっくり重点をずらしてゆくことになる。

二十世紀の武器が十九世紀の価値観によって使用されたといわれる第一次大戦では、マシンガンや空爆や毒ガス兵器によって大量に人が殺され、傭兵や軍隊ではなく市民が市民と戦う世界初の総力戦となった。ようやく終結した一九一九年、喪失感がヨーロッパから蔓延しはじめる。それを最初期に明言した一人が、フランスの詩人ポール・ヴァレリーである。その「精神の危機」は英語で書かれ、ロンドンの代表的文芸誌『アセーニアム』誌に掲載された後、アメリカでも転載された。ヨーロッパの進歩、科学、文化、宗教、すべてが第一次世界大戦をとどめられなかったどころか、その大量死をむしろ促進させたことに強い衝撃をうけ、ヨーロッパの特権喪失を予見したのである。そうしたヨーロッパの終焉は、ドイツのシュペングラーが『西欧の没落』(一九一八—九)で詳述し、英米にも強い衝撃を与えることになった。

文明の代名詞であった都市の大伽藍が爆撃でばらばらになった喪失感は、二〇年代を貫いている。ヘミングウェイの小説『日はまた昇る』の巻頭に飾られた、ガートルード・スタインがふと口にした言葉「ロスト・ジェネレーション」が、スタインの意図を離れて流布していったのは、この喪失感と迷走をなによりも言い表していたからだろう。それは旧来の因習からの解放と消費の促進を生む一方で、根無し草のようによりどころを失ったゆえに、新たな秩序の希求をもたらすことにもなったのである。

こうした喪失感と危機意識は多くの詩の題材となった。アイルランドの詩人イェイツは、パウンドを秘書にしていたこともあるのだが、その「再臨」(一九二一)で「万物は離散し、中心は持ちこたえられない」と、文明の瓦礫のうえで不吉な啓示をうたった。そうした無秩序のなかで、最良の人間が呆然自失し、最悪の人間が肥え太っているという一節は、優秀な人間が戦死し、劣等な人間が生き延びてしまったという逆淘汰が、ロスロップ・ストダードなどの優生学者のあいだで議論になったのと軌を一にしている。そんな文化の危機ともいえる中心の喪失は、多くの友人を失ったパウンドにも深い影を落としている。たとえば、自身の似姿を歌った長編詩『ヒュー・セルウィン・モーバリー』(一九二〇)の第一部第四歌では、大戦を「かつてない勇敢さと、空前の浪費」と記した。そして同第二部の「つながりを失った意識、/在るものは/ぼんやりした/一連の/こまぎれの心象のみ(金関寿夫訳)」という一節は、茫然自失とした崩壊感覚を何よりも伝えている。

その二年後、パウンドは、エリオットの長詩『荒地』を添削することになる。「塔が墜ちる、墜ちる、塔、塔、塔」という一節のように、そこには崩壊し灰燼に帰した「荒地」がヨーロッパの心象風景として重ねあわされる。たとえば冒頭近く、「石だらけの屑のあいだ」からなにが芽生えるのか、「おまえは言うことも、推測することもできない、おまえは／壊れたイメージの堆積しか知らないのだから（富山英俊訳）」と、この断片の「荒地」が不毛であることが示唆される。そんな長詩『荒地』は発表時、多大な反響をよんだ。たとえばフィッツジェラルドは『偉大なるギャッツビー』（一九二五）のなかで「文明は今ばらばらになろうとしてるんだ」と登場人物の一人ブキャナンに語らせ、「荒地」という単語をそのまま使って「灰の谷」が繁栄の都と隣り合わせになっていることを描いた。その危うい均衡は、エリオットの『荒地』、とりわけその末尾にもみることができる。左のように、そこでは「壊れたイメージ」の断片が、宝石箱を覆したようにちりばめられている。

わたしは岸辺に座って
釣りをした、不毛の平原が背後にあった、
わたしはせめて自分の土地を秩序よくしようか。
ロンドン橋がおちる、おちる、おっこちる
ソシテワレハ炎ノナカニ飛ビ入リヌ
ワレハイツ燕ノ如クニナラン——おお燕よ、燕よ
あきてーぬの王子ハコボタレタ塔ニ
これらの断片をわたしは廃墟の支えとした
それでは御意にかないましょう。ヒエロニモはまた気が狂った。
ダータ。ダーヤードゥヴァム。ダーミヤータ。

シャンティ　シャンティ　シャンティ　（富山英俊訳）

ダンテの『煉獄篇』、ラテン語の『ウェヌス前夜祭』、十九世紀フランスのネルヴァルの詩、十六世紀のトマス・キッド、古代インドの聖典が原語で並べられたあと、サンスクリット語で「ことばを超えた平和」を意味する「シャンティ」が祈りのように繰り返される。「秩序」とは程遠いながらも、このあとの末尾には自注が付され、『荒地』は聖杯伝説の変奏と記されるのである。とはいえ、聖杯伝説というには、『荒地』はあまりに断片的というほかない。いわば、断片と秩序という両極が分裂したまま宙ずりにされていて、どちらにも決定することができないのである。この分裂は、パウンドの『私はオシリスの肢体を集める』を思い起こさせる。ちょうどイシスがオシリスを復元したように、しかし、プルタルコスによればイシスはオシリスの生殖器だけは見つけられなかったように、読者は、『荒地』のなかで、その「光り輝く細部」と「寸断された肢体」を拾い集めつつ、しかし、決定的な解釈は見つけられないままさまようことになるからである。

4　十七世紀とアトランティス大陸　失われた伝統に失われた大陸

エリオットは、こうした「光り輝く」「壊れたイメージの堆積」を生み出す一方で、十七世紀を再発見し、神話的伝統へと回帰してゆくことになる。後にチャーチルがいみじくも二つの世界大戦を「第二の三十年戦争」と呼んだように、十七世紀は中世的な統一ヨーロッパが完全に分裂した世紀でもある。三十年戦争に代表されるような宗教的内戦の結果、政治的、経済的、宗教的な統一体としてのヨーロッパ意識は希薄になり、近代科学の幕開けは、ラテン語や古典文化が共有されていた文化的統一を崩壊させた。それゆえに、ソナ・レイジスの『形而上学的情熱』が明らかにしたように、近代科学の進歩の結果、一次大戦という第二のヨーロッパの内戦が起きたと考えられた一九二〇年代に、十七世紀、特にその形而上詩と蔑称されてきた奇矯な詩の同時代性が、エリオットたちによって再発見されるのである。

そうした十七世紀詩人のなかでも、ジョン・ダンは特権的地位を占めていた。ダンはそうした世界の断片化を嘆きつつ、その破片を結合させる技として詩に希望を託した詩人である。長詩「一周忌の歌・此の世の解剖」で「総てが粉々の破片となって、あらゆる統一が失われた。／総ての公正な相互扶助も、総ての相関関係も喪失した。（湯浅信之訳）」という一節など、長い忘却を経て、一次大戦後においてどれだけ生々しくたち現れたかは想像に難くない。こうした喪失感とそれゆえの享楽趣味を併せ持ったイギリスの形而上派詩人たちは、両者を共有する一九二〇年代に再評価され、ロスト・ジェネレーションの作家たちに、好んで参照されることになった。たとえば、ヘミングウェイの一次大戦従軍経験をもとにした『武器よさらば』には、アメリカ人の主人公が、「だが私の後ろには、翼ある時の戦車の近く迫り来るのが／たえまなく聞こえてくる」と、マーヴェルの代表詩「はにかむ恋人に」の一節をつぶやく場面がある。そして看護婦であるイギリス人の恋人はあたかも常識であるかのように、即座に出典をあきらかにしてみせる。ちなみにマーヴェルの原詩では、この引用の直後、二人の恋人のまえに横たわっているのは「広大な永遠という砂漠」という語句が続く。求愛を拒む女に、美の儚さを説き、享楽を説くというその主題は、二十年代の喪失感と享楽という両面を体現しており、しかも、その求愛が身を結ばない、つまり妊娠した妻が母子ともに死ぬという『武器よさらば』の結末とも通底しあっている。一方、T・S・エリオットの『荒地』でも、まったく同じマーヴェルの詩句が、「だが私の後ろには、冷たい風にのって骨がふれあう音や、耳から耳／へ広がる含み笑いが聞こえてくる」と、その不毛と不吉とをいっそう強調した一節に作りかえられている。

このように引用と典拠が錯綜し、思わぬところで水路がつながってゆく動的なネットワークに、エリオットは伝統の可能性を見いだそうとした。長く影響を与え続けたエッセイ「伝統と個人の才能」（一九二〇）から、有名な一節を引用してみよう。

　いかなる芸術家も、自分ひとりでは完全な意味をもたない。彼の意義、彼の評価は、死んだ詩人や芸術家たちに対して彼がもつ関係の評価である。人は彼を一人で価値づけることはできず、対照や比較のために、彼を死者たちのあいだに置かなければならない。（富山英俊訳に基づく）

一つの作品は、孤立して成立するのではなく、その作品を形成するにあたって意識的、無意識的に参照した作品との比較によって評価されるというのである。そして、その新たな作品がまたそれまでの作品の位置づけや参照するところを変え、従来の作品がまた異なった相貌を現し、と連鎖してゆくことになる。この伝統観は、パウンドが漢字や俳句に詩の可能性を探ったように、いわば無数の作品と作品がコラージュのように衝突し、重ね合わされることで新たな意味を生み出してゆく過程とも共通しているともいえるだろう。

しかし、こうした詩論は、二〇年代を通じて徐々に、「こまぎれの意識」をつなぐ人種的な血と土の伝統を浮上させてゆくことになる。その点でエリオットの伝統論は、スイスの心理学者ユングが唱えた元型、ばらばらになった人類に共通する無意識、と同時代の産物ともいえるだろう。それは、両者ともに反ユダヤ主義に接近していった点でも共通している。こうした個人と伝統、断片と秩序について考えるとき、エリオットにならって以下のダンの一節を置いてみると、島と大陸という新たな主題が浮かびあがってくる。

いかなる人間も島ではなく、自分ひとりで全体ではない
人はみな、大陸のひとかけら、本土の一部なのだ
ひと握りの土を、波が洗い流せば
それだけヨーロッパの土は失われる
さながら岬が欠けてゆくように

ここでダンは、個人の死を束ねる神にとって、イギリスという島もヨーロッパという大陸もその宗派の違いにかかわらず同じであることを示唆している。この島の比喩を使えば、パウンドもエリオットも、アメリカという巨大な島をヨーロッパ大陸とをつなぐ架け橋を模索していたといえるだろう。この大西洋を結ぶ架け橋として、パウンドは俳句を引き合いにだし、エリオットは伝統を持ち出したわけだが、そこへさらに、人類学における伝播論の流行によって「失われた大陸」という架け橋が、アメリカ詩とアメリカ・インディアンを強引に結びつけることになる。その一例を最後に紹介しておこう。

伝播論の代表エリオット・スミスは、あらゆる文明はエジプトから伝播していったと考え、世界中の巨石遺跡は、その太陽信仰の産物とみなした。そうした彼の伝播論は、H・G・ウェルズのベストセラー『世界史大系』（一九一九—二〇）によっても広められることになった。そして一九二四年、T・S・エリオットは、自分が編集し、『荒地』を掲載した『クライテリオン』誌で、エリオット・スミスの弟子ペリーのエジプト論を好意的に紹介している。こうした伝播論から、文明の源であった失われた大陸が太平洋や大西洋にあったという議論が生まれた。その一つ、ルイス・スペンスの『アメリカのアトランティス』（一九二五）は、アメリカ・インディアンが太古の先進民族アトランティス大陸の生き残りであり、彼らの文明が世界に広まったという書物である。これもまた『クライテリオン』誌に、やや皮肉な調子で書評されることになった。ところが、この書評を読み、アメリカとヨーロッパの伝統を文字通りつなぐ鍵として、アトランティス大陸に引きつけられた詩人が現れる。長詩『橋』を書いたハート・クレインである。クレインは、ブルックリンという実在の橋から、最後のアトランティスという橋によって、二〇年代のさまざまな分断を文字通り架橋しようとしたのであった。

こうした文明一元論は、アメリカ同様、ヨーロッパと肩を並べようとした同時代日本でも盛んだった。大隈重信の「東西文明の調和」論はその代表である。大隈は、文明はユーラシア大陸のどこかに起源があり、それが西のヨーロッパと、東の中国へと伝播し、文明が形成されたと考えた。そして、西の文明はヨーロッパからアメリカへ移り、東の文明は中国から日本へ移ったというのである。こうして、日米が太平洋で相対しようとしているのは、文明的な必然であり、これを衝突ではなく調和へ導こうという「太平洋問題」が、当時、盛んに叫ばれた。新渡戸は、一九二六年に国連を辞したあと、二十九年に太平洋問題調査会理事長となり、京都で太平洋会議を開催した。その席で彼は、ギリシアから始まった西洋文明がアメリカへと西へ進み、「アカデヤ又はスメリヤの何処か」から始まった東洋文明は日本へと東へ進み、太平洋で「西の文化に相会わんとし、かくして人類発展の一つの円を描かんとして」いる、と、大隈の持論とかなり似たことを話しているのである。

しかし、太平洋の架け橋たらんとした新渡戸の期待は、裏切られることになる。三十三年に、新渡戸は思い半ばで逝去し、着々と太平洋は衝突の場へと変化していった。一方、大西洋に架ける橋を夢想したクレインは詩にも生活にも行き詰まり、三十二年には自殺してしまう。T・S・エリオットはというと、より人種的な土と血の伝統へ回帰してゆく。詩の世界で東西を混淆させてきたパウンドはファシズムへと接近し、三宅昭良氏によればストダードの著作に引きつけられるようになる。俳句の魅力を英詩にもちこんだ野口米次郎は日本回帰し、国粋的な愛国詩人へと変貌をとげる。かくして『荒地』を代表とするような断片と秩序が危うく保っていた均衡は崩れ、三〇年代になると、これらの詩人たちは意識するとしないにかかわらず、人種という神話と秩序に関与していったのである。

おわりに

二〇年代の英詩の運動や詩論は、一見、その前衛さゆえに、同時代の思潮とは没交渉のように思える。しかし、それは、「ヨーロッパの没落」によって従来の規範に期待できなくなったあとで、いかにして新たな文化を築くべきなのかという文明論と実は密接な関わりをもっている。英詩のイマジズムや映画のモンタージュが、日本という異国の文化に言及しながら、アメリカとロシアを中心にして形成されたのは、西欧の古典的な伝統を批判的に受け継ぎ、再構成しようとする非西欧国のある種の使命感ゆえにほかならない。とりわけ俳句という形式は、断片を断片のまま並置して衝突させ統合させようとする点から、新たな時代にふさわしい文化として注目されることになった。しかし、そうした俳句の宣伝にかかわった野口の詩論が錯綜して読まれたことが示すように、その東西の交流はすれちがいに終わり、三〇年代には、人種的な記憶としての伝統そして「失われた大陸」のような古代幻想が不気味に浮上しはじめるのである。

（橋本順光）

コラム❸ ヨーロッパとアメリカを繋ぐもの

一九二〇年代のヨーロッパにおける「アプレ・ゲール」の十年間は、民衆の解放感を基にする大衆文化の成立と、既成のヨーロッパ中心主義の凋落による新しい文化・思想・価値観の誕生によって特徴付けられる。この時代、ワイマール文化の中心地ベルリンでは、ブレヒトの演劇やディートリヒ主演の映画、キャバレーなどの通俗文化が活況を呈し、ロシアでは社会主義革命直後ではあったが、エイゼンシュテインの映画や、ロシア帝政の遺産とも言うべきバレエ団や音楽家、あるいはフォルマリスト文学運動家たちの活躍が他のヨーロッパ諸国に大きな影響を与えていた。ロンドンでは、エリオットが『荒地』を出版し、とりわけ、パリはヨーロッパ文化の中心として光り輝いていた。

アメリカ人の間では、大戦後の解放感とドル高、そして本国の清教徒的禁酒法への反発も手伝い、二〇年代のパリへの観光、移住熱が急激に高まった。いわゆる「失われた世代」のヘミングウェイやフィッツジェラルド、その生みの親たるスタインやパウンド、後にミラー等文学者たちは、ジョイスやピカソを始めとする芸術家の都を目指したのである。

彼等パリのアメリカ人文学者たちが居を構えたモンパルナスには、エコール・ド・パリ（パリ派）と呼ばれる外国人芸術家集団が移り住んでいた。ムーラン・ルージュや「洗濯船」があったセーヌ川右岸のモンマルトルがあまりにも通俗化しすぎた結果である。モンパルナスのカフェは一種の文化サロンの役割を果たしていた。たとえばヘミングウェイの『日はまた昇る』に登場するカフェ「ラ・ロトンド」には、ピカソ、モディリアニ、藤田、ユトリロ、ダリ、コクトー、ストラヴィンスキーなどがしばしば訪れたという。マン・レイのモデルで恋人キキは、このサロンの中心人物であった。

モンパルナスに集まった芸術家の異国性は、この時代のパリの、すなわちヨーロッパの文化的特徴を象徴していた。ディアギレフの「バレエ・リュス」、ストラヴィンスキーのスラブ音楽はむろんのこと、ピカソのアフリカ芸術、黒い美神ベイカーの「野生のダンス」、アメリカのジャズやチャールストンまで、まさに非ヨーロッパ性こそが注目された時代である。一方でアール・デコの幾何学的機能性でアール・ヌーボーの古さを一新し、無意識の発見によるシュルレアリスムでモダニズムの到来を告げながら、他方では、より異国的《エキゾティック》で原始的《プリミティブ》な生命力に惹かれるという、いわば文化的混沌の中に新しい生命を育みつつある活力にあふれた時代でもあった。

　パリがアメリカ人を受け入れたのは、アメリカの覇権の証しであった。その文化的結実の一つとして、一九三〇年、ルイスがアメリカ初のノーベル文学賞を受賞する。その年、マン・レイとキキの恋が終わりを告げた。

＊当時のパリについては、ヘミングウェイの『移動祝祭日』、フラナーの『パリ点描・一九二五―一九三九』が臨場感あふれるエピソードを伝えてくれる。

（宗形賢二）

第Ⅳ章

流行（ファッド）と文化の接点

1921年、スイミング・プールで泳ぐ女性たち

1 大衆消費社会と自動車

はじめに

一九二〇年代、社会学者のリンド夫妻がインディアナ州マンシーで社会動向を調べる現地調査を行っていると、住民のひとりが彼らに向かって言った。「何がこの地方を変化させているのかをどうしてわざわざ調べる必要があるのですか。いま起こっていることはたった四文字でいえますよ。AUTOですよ。」

この住民が実感しているように、一九二〇年代、アメリカを大きく変えたのは自動車であった。「馬なし馬車」と呼ばれ、馬車の代用品として登場した自動車は、人々が想像したよりはるかに短期間のうちにアメリカの家庭に普及した。ウォーレン・G・ハーディング大統領は一九二一年の年次教書で「自動車はわれわれの政治生活、社会生活、そして労働者の生活において不可欠な道具となった」と述べている。自動車の登録台数は二〇年代を通して増加を続け、一九二九年には約二千七百万台、四・五人に一人が自動車を所有するまでになる。この普及の速さもさることながら、フレデリック・L・アレンが『オンリー・イエスタデイ』（一九三一）で「自動車は平均的アメリカ人の心の中心的な位置を占めていた」と記すように、人々の自動車への高い関心と熱狂ぶりは驚くほどであった。

もともとヨーロッパで発明された自動車がなぜアメリカで人々を熱狂させ、また短期間で普及したのだろうか。本論では、自動車が二〇年代のアメリカ社会と当時の人々にとってどのような意味を持ち、どのような影響を与えたのかについて、自動車産業というマクロな視点と自家用車というミクロな視点から考察したい。

1 大衆消費社会を導いたT型フォード

フレデリック・アレンは、アメリカの一九二〇年代が未曾有の繁栄となった要因として、大戦の被害を受けなかったこと、物質的にも人的にも資源に恵まれ、国内に大きな市場があったこと、さらにフォードによって確立された大量生産と自動車産業の活況の三つを挙げている。アメリカの自動車産業は二十世紀初頭に急成長を遂げる。産業の萌芽よりおよそ十年経った一九一〇年には製品出荷額で全産業中二十一位、そして二〇年代半ばには遂に一位となり、自動車産業はアメリカ経済において最も重要な位置を占めるようになる。さらに石油、鉄鋼、ガラス、ゴム、塗料などの関連産業、道路やハイウェイの建設、都市郊外の不動産ブームや道路沿いに作られたスタンド、ガレージ、食堂、宿泊所などにいたるまで、他のあらゆる産業の発展にも「自動車」の影響は及んだ。二〇年代の繁栄状況をアレンは「繁栄のバンド・ワゴンに乗っていた」と表現するが、その「ワゴン」はもしかするとフォード車ではないかと思えるほど自動車産業、とくにフォードが二〇年代の繁栄に果たした役割は大きかった。

アルフレッド・P・スターンは自動車産業の発展を商業上の視点から三期に区分している。第一期は一九〇八年以前の自動車が大変に高価だった高級市場の時代、第二期は一九〇八年から一九二〇年中頃までの大衆市場の時代、第三期はそれ以降の大衆高級車市場の時代である。ここで取り上げる二〇年代はスターンの区分では第二期から第三期にかけての期間となるが、第二期のはじまる一九〇八年は歴史上最も有名な自動車T型フォードの販売が開始された年である。T型フォードの登場によって自動車の大衆化が実現され、今日まで続く自動車文化は始まったが、その大量生産体制こそ、アメリカ社会と人々の生活を根底から変えることになったのである。

一九〇八年にT型フォードが発売された時、その宣伝文句は「二千ドル以下の車でこの車以上のものはなく、装飾を除けば、二千ドル以上の車でもこの車以上のものはない」というものであった。T型は一切の無駄を省いた実用車で、機械的信頼性が高く、操作性にも優れ、価格は当時自動車としては低価格の八五〇ドルだった。T型は発表されるや爆発的に売れた。フォード社は発売の翌年には生産をT型の単一製造に切り替えるが、高まる需要に生産はとても追いつかず、一九一三年にハイランド・パークに新工場を建設し、新たに開発された画期的な大量生産方式、いわゆるフォード方式を導入して生産を始める。これにより生産台数は飛躍的に増加し、一九〇九年に年間一万二千二百九十二台だった生産台数は、一九一四年には二十六万四千九百七十二台となり、量産によって一台当たりの生産費がおさえられたことで、価格は四九〇ドルにまで引下げられた。その後も年々増産を続け、ピークの一九二三年には年産約二百万台、価格は二九五ドルにまで下がった。

フォードが何より追求したのは生産能率を上げて価格を下げることだった。というのも自動車産業史家のジェイムズ・フリンクが指摘するように、当時「自動車の普及を阻んでいたのは高い価格であり、実際、自動車の価格は普通の家庭にとっては二の足を踏むほど高かった」からである。世間を驚かせた八五〇ドルというT型の発売価格でさえ、多くの人々にとってはまだ手が出ない金額だったのである。

大量生産で利益を上げるには、当然大きな需要が必要である。需要拡大のためにフォードは徹底した価格の引き下げを行ったが、同時に購入者側の購買力を上げることも行った。大量生産方式を導入したその年にフォードは労働者の最低賃金を日給二ドルから五ドルに大幅に引き上げ、さらに労働時間を九時間から八時間に短縮している。このフォードの行動は、まさにアメリカの大衆消費社会の始まりを示している。つまり大量生産された製品を買うのは「大衆」であり、製品を生産する労働者が同時に消費者であることをはっきり宣言したのである。大量生産によって金持ちの贅沢品だった自動車が大衆のものになっていく。この「魔術」が様々な産業分野で採用され、社会全体に広がったのが二〇年代だった。

2 大衆消費社会における自動車産業

アメリカに大衆消費社会が成立したのを最もよく示すのは、皮肉にもその先導的役割を担ってきたT型がシボレーとの販売競争に敗れ、一九二七年に生産中止になったことである。大衆市場を開拓し、市場を支配してきたT型は、製造中止までの約十九年間に大きなモデル・チェンジなしに合計千五百万台が生産されたが、二〇年代に入ると人気は徐々に下がり始めていた。一九二三年以降、自動車の市場動向には明らかに変化が見られるようになる。自動車の急速な普及によって市場が飽和状態となり、T型の登場以来続いてきた高い販売成長が鈍化するのである。需要の大半は買い替え需要となり、買い替えによって中古車も大量に出回るようになると、安価な実用車の役割を中古車が果たし、新車には実用以上のものが求められるようになる。ニーズが実用性から装飾性や快適性に大きく変化したため、装飾を排して実用一点ばりのT型の売上げは伸びなくなる。またT型の最大の「売り」である低価格も中古車の出現と豊かになった国民の生活のまえに、もはや最大の魅力とはならなくなるのである。

このような市場変化に鋭く反応したのがGM（ゼネラル・モーターズ）である。フォードが生産を重視したのに対してGMは販売を重視し、大衆消費社会の特徴を最大限に利用した販売戦略をとることで飽和状況の市場に新たな需要を創出していった。フォードの独壇場を突き崩す程の二〇年代のGMの飛躍は、大衆消費社会の成立で自動車の持つ意味が変化したのをいち早く正確に捉えたところに何よりその要因がある。

二〇年代になると、テクノロジーの進歩とメーカーの努力で、自動車の基本性能や信頼性にメーカー間でそれほど大きな差は見られなくなる。また低価格であれば必ず売れるということもなくなる。この状況で販売を拡大するために新たに重要な要素となったのがスタイルである。GMは徹底したスタイル重視の路線を推し進めていくが、クローズド・タイプ車（有蓋車）の需要の急増がその追い風となった。市場におけるクローズド・タイプ車の割合は、例えば二四年には四三パーセントだったが、二七年には八五パーセントにまで急増するのである。フォードもT型にクローズドのボディを取りつけて販売するが、もともとオープンに設計されていたため、スタイル的には他社の製品には及ばなかった。それでも実用性を優先するフォードはT型にこだわったため、GMの飛躍を許すことになった。

ボディが新たに重要な意味を持つようになったのは、単に雨風を凌いで快適性を高めるからだけではなく、それがスタイルを表現するものだったからである。GMは一九二七年に自動車会社で最初にスタイリング部門を設立し、若手デザイナーのハーレー・アールをチーフ・デザイナーとして起用した。同年にGMが発表したラサールは、アールによってフロント・バンパーからリア・バンパーにいたるまでデザインされ、その洗練されたスタイルが大きな人気を呼んだ。

スタイルで自動車が選ばれるようになると、モデルチェンジによって次々と新しいスタイルのモデルを出すことで飽和状態の市場に新たな需要を創出する方策がとられるようになる。GMは毎年スタイルを変化させる「アニュアル・モデルチェンジ」をいち早く採用したが、それは大衆消費社会と人間心理を緻密に計算したものだった。毎年新しいモデルを出すことは、すなわち現行モデルをたった一年で「古く」させることで、ヴァンス・パッカードのいう「計画的廃物化の戦略」である。製品を買わせるために、いかに捨てさせるのか。パッカードによれば廃物化には三通りある。第一は機能の廃物化で、よりよい機能を持った製品が出現し、現行の製品が機能的に時代遅れとなる場合。第二は品質の廃物化で、製品が壊れるか消耗してしまう場合。第三は欲望の廃物化で、機能や品質においてまだ健全な製品がスタイルなどの変化で「古く」なり、心理的にそれ以上望まれないものになる場合。「アニュアル・モデルチェンジ」は明らかに欲望の廃物化を意図したものである。しかも一年というサイクルで行うことで、大量生産の命である消費のスピードを常に早いものに保つのである。

スタイルが重要になれば、当然車種も重要になる。どちらも自動車を「差別化」するものだからである。GMは消費者の多様なニーズを睨みながら車種によってもさらに大きな利益を上げる体制を作り上げる。GMのポリシーはフォードのそれとは対照的で、フォードがT型だけの単一車種を低価格で販売したのに対し、GMはキャデラックを頂点に、ビュイック、オールズ、ポンティアック、シボレーの五段階の車種であらゆる価格帯をカバーするいわゆる「フルラインナップ・ポリシー」を実行し、多様な価格と目的の車種を提供したのである。消費者のニーズに応えた形に見えるこの「フルラインナップ・ポリシー」も消費者の欲望を刺激し増長させて購入を促す方法に他ならない。そもそも自動車がその登場以来熱狂的に受け入れられたのは、高い実用性と象徴性を兼ね備えていたからである。自動車は移動手段であるのと同時に社会的なステイタスを示すものでもある。GMの「フルラインナップ・ポリシー」は、自動車の階級付けを徹底することで所有者の社会的ステイタスをより明確に示し、さらに所有している車より上位の車種を欲しがらせる戦略なのである。ソースティン・ヴェブレンが『有閑階級理論』（一八九九）で論じた「顕示的消費」の概念はまさに自動車に当てはまるのである。

大量消費を支えるのは結局のところ人間の飽くなき欲望に他ならない。人間は「欲望という名の自動車」に乗っているのである。当然自動車会社は必死に消費者の購買欲や所有欲を高める努力をする。しかし消費者に購買力がなければ意味がない。その点を解消するのは、自動車業界でも急速に広がった割賦販売である。とくにGMは力を入れ、一九一九年に自動車会社で最初に自社製品の割賦販売に融資を行うゼネラル・モーターズ・アクセプタンス社を設立している。二〇年代には割賦制度が急速に発達し、家電製品をはじめ様々な耐久消費財にまで使われるようになったが、それを推し進めたのは自動車販売だといわれている。一九二二年の段階ですでに自動車販売融資会社は全国で千社以上あり、一九二六年には自動車販売のほぼ四分の三が割賦販売になっていた。

このように自動車会社は、アニュアル・モデルチェンジやフルラインナップ・ポリシーで消費者の購

クライスラー社の当時の広告（1927 年「タイム」誌より）

買欲を刺激し、割賦販売によって購買能力以上の製品を買わせていく。大衆高級車市場に入った自動車産業の動向から見えてくるのは、もはや社会においてイニシアティヴを持っているのは生産者側であり、生産者は消費者の欲望を満たしていくどころか、消費者の欲望自体もつくりだしていることである。

欲望を喚起させ、それを増大させて需要の創出を図るそのシステムこそ、大衆消費社会の「ダイナモ」といえるが、そこで重要な役割を担うもののひとつに広告がある。自動車業界も広告には力を入れた。ビッグ・スリーのひとつ、クライスラー・コーポレーションは、一九二五年にウォルター・P・クライスラーによって設立された。新規参入が難しい自動車業界で、破綻の危機にあったマックスウェル・モーター・カンパニーを継承した形とはいえ、クライスラー・コーポレーションが新たに参入して業界第三位の座を勝ち取ったのには、広告が少なからず影響している。ウォルター・クライスラーはＧＭでビュイック部門の責任者をしていた経歴を持ち、モデルチェンジや価格の引き下げ、低価格車から高級車までの価格帯を揃えるなど、販売方針もGMと同じ方向性をとった。しかし注目すべきは二〇年代後半、広告キャンペーンに非常に力を入れていたことである。クライスラーの広告費は総額ではGMに及ばず業界第二位だったが、両者には生産台数に大きな差がある。一台あたりに換算すれば、クライスラーの広告費はGMをはるかに超えていた。雑誌『タイム』にもクライスラーの広告は頻繁に掲載されている。当時の広告を見ると、クライスラー車の特徴である大きな馬力やスピードをイメージさせるものが多く、例えばモデルにつけられているナンバーはそのモデルの最高速を表していて、性能を視覚化することで人々に効果的に訴える工夫がされている。

広告の効果を正確に測るのは難しいが、その重要性はフォード社の変化からも明らかである。フォード社はT型では広告活動を熱心に行わなかったが、次のA型では一転して大規模な広告キャンペーンを行った。例えばA型を販売するに当たり、二千種類の日刊紙に五日間連続で全ページ広告を出した。その費用は百三〇万ドルといわれ、短期の広告としては前代未聞の額だった。A型の発表はさながらひとつの事件だった。自動車王フォードが新モデルを出すという噂は、発表前にすでに人々の大きな話題となっていて、一九二七年七月四日号の『タイム』誌にも「新型フォード、新しい噂」という見出しで、スペックや名前の噂についての記事が掲載されている。そのような状況下、新モデルについて沈黙を守っていたフォード社が突然大々的にA型を発表し売り出したため、その効果は絶大で、人々の熱狂ぶりは凄まじかった。アレンは『オンリー・イエスタデイ』でA型の発表を「民衆を興奮させたという点では、サッコ＝ヴァンゼッティの死刑執行、ホール＝ミルズ殺人事件の裁判、ミシシッピー川の洪水、デンプシー対タニーのボクシング戦に匹敵する」と述べている。A型は発売されるや百万台の注文を受けたといわれるが、驚くべきことに四十万人もの人々は実際に車を見る前に注文したという。この成功はフォードのブランドイメージと宣伝・広告による効果が非常に大きかったといえるだろう。

これまで見てきたように、大衆消費社会の成立によって二〇年代には自動車は本来の道具としての機能よりも付加的なイメージやシンボル性が重要視されるようになった。大衆消費社会の宿命というべき消費需要の獲得のため、自動車は実用品から「欲望の対象品」になったのである。ちなみに二〇年代の自動車産業が始めた販売戦略は現在においても多く見られる。例えば現在自動車以上に人々の関心を集めているコンピューターの分野に目を向ければ、アップル・コンピューターの戦略には、すでに論じたGMと多くの共通点が見られるだろう。二〇年代に自動車によって形づくられた大衆消費社会のスタイルは、原型かつ基本形として現在にも生き続けているのである。

3 自動車によって変わる家庭生活

これまでに見てきたように、二〇年代のアメリカにおける自動車を、自動車産業というマクロな視点で見ると、それが大衆消費社会の価値観や在り方そのものを作っていたことがわかる。では、家庭生活というミクロな視点で見るとどうか。人々の生活は自動車によって、実際にどのように変化したのだろうか。ジェイムズ・J・フリンクは、リンド夫妻の『ミドルタウン』（一九二九）を「一九二〇年代及び一九三〇年代当時の自動車文化の最も包括的研究」と賞賛している。実際、『ミドルタウン』の綿密なコミュニティ調査は、当時自動車が家庭生活に与えた影響を具体的な形でいくつか示している。自動車が人々に与えた影響や変化をアメリカ全体について詳細に検証することは困難である。そこで『ミドルタウン』に挙げられている事項を中心にいくつかの点に絞って検討してみたい。

『ミドルタウン』の調査地は人口三万八千人、九千二百世帯が住む中西部の小都市ミドルタウン（実際はインディアナ州マンシー）で、調査されたのは一九二四年から二五年にかけてである。一九二三年末のミドルタウンには三家族に二台の割合で自動車が普及していた。業務階級（ビジネス・クラス）の人々には自動車の所有はもはや必須のことと見なされていたが、労働者階級（ワーキング・クラス）においてもその重要性は大きくなっていたことが示されている。ミドルタウンの自動車融資会社の職員は「地元の自動車購入の七五パーセントから九〇パーセントが分割払いで、週給が三五ドルの労働者であれば毎月一週間分の給料を支払いに当てることが多い」と語っている。自動車を持てばさらにガソリン代をはじめとする諸経費がかかる。ミドルタウンのある住民は月に自動車に約一〇〇ドルもかかると頭を痛めているが、多くの人々は自動車のためなら他のことを犠牲にし、衣料費や食費さえ切り詰めるのである。自動車購入のために家を抵当に入れている場合も少なくない、とリンド夫妻は書いている。

直接的な衣食住より自動車が優先されるのは、その利便性だけでなく、自動車が「生活を豊かにするもの」、「家族のつながりを強めるもの」といったイメージと結びついているからである。シンクレア・ルイスの小説『バビット』（一九二二）の主人公バビットが、小説に登場する都市ゼニスの繁栄と進歩のしるしを、五・八七人に一台の割合で市民が自動車を持っていることだと考えているのもそれを示している。要するに自動車の所有は人々にとっては自らも物質的繁栄を享受していることの確認なのである。では、実際のところはどうなのか。自動車の所有は彼らの生活を豊かにしたのだろうか。フリンクは『カー・カルチャー』(一九七五)で興味深い資料に注目している。NACC(全国自動車商業会議所)が一九二〇年に実施したアンケート調査である。そこでは自動車所有者で「自動車の利用によって生活条件が改善されている」と答えたのは三七パーセントに過ぎない。つまり自動車は業務に使用する場合は別として、出費に見合うほどの生活水準の向上をもたらすことは少ないのである。ミドルタウンの労働者の家庭を見ても、自動車が家計を圧迫し、生活水準はむしろ下がっている場合もある。ある意味、自動車の所有は「信仰」のようなものなのである。

二〇年代に自動車が家庭に与えた影響として重要なのは、そのモビリティが人々の生活風景を大きく変えたことである。街自体も自動車の利用に適した形に変わっていく。道路が整備され、郊外に住宅地が建設される。多くの人々は郊外から自動車でオフィスや工場へ通勤する。道路沿いにはガソリン・スタンドやガレージをはじめ様々な店舗や娯楽施設が立ち並ぶ。買い物の範囲も広がり、近所の小さな商店から品揃えの多いチェーン店へ客は移っていく。リンド夫妻が調査した一九二四年の約一年間だけで、四つのチェーン店がミドルタウンに複数の店舗を設立し、個人の商店は苦しい状況に追い込まれている。また以前は鉄道や馬車を使って行かなければならなかった場所へ自動車で手軽に行けるようになったため、急速にレジャーが発達する。休みになると人々は自動車旅行やオート・キャンプに出かけ、「道路沿い」は大いに賑わう。オート・キャンプ場は一九二六年に全国に約五千四百ヶ所も存在した。対照的に、アレンも指摘するように「鉄道沿線」の村々は以前の賑わいを失い徐々に寂れていったのである。

自動車はまた農村地域の孤立状態を改善するのに役立ったといわれる。街に出ることが容易になって、農家は作った野菜、バター、卵などを売るのにも便利になり、買い物もそれまでメール・オーダーに頼っていたものが、店まで買いに行けるようになった。トラックでの作物輸送が可能となったため、鉄道から遠く離れた土地で農業生産が行えるようになったのも大きな変化である。さらに農村地方では「医療や学校教育がずいぶん改善された」とフリンクは指摘する。現在でも行われているスクール・バスによる通学が始まったのもこの時代で、農村と都市との教育機会の均等の実現に役立つものとして自動車は当時大変歓迎されたのである。

このように自動車のモビリティは人々の生活を「物理的」に大きく変化させたが、変化はそれだけにとどまらず、人間関係や精神面にも及んだ。例えば『ミドルタウン』では自動車によって隣人とのつながりが希薄になったことが指摘されている。以前は夕方になれば家から椅子や座布団を持ち出して、玄関先や庭の芝生でくつろいだり、話したりするのが習慣だった。しばしば近所の人が立ち寄って「近所づきあい」が行われた。ところが自動車で出かけるようになると、玄関先や庭で隣人と過ごす時間は激減する。その変化は庭自体にも明確に現れ、人々は以前ほど庭を飾るのに力を入れなくなり、また自動車を置く場所を確保するために庭の面積も狭くなった。ミドルタウンの種苗店主は「自動車がまだ無かった頃には、七、八割の家には広い庭があったが、今では狭い庭であれ持っているのは半分以下になった」と語っている。さらに以前であれば同じ工場で働く労働者同士が工場の近隣に住み、仕事以外でもつきあいを深め、助け合う傾向があったが、居住地が分散したためそれが失われた。これらのことからしても自動車はコミュニティの「崩壊」を進めたといえるだろう。

自動車は親子関係にも重要な影響を与えた。当時自動車には家族全員を結合させる作用があると考えられていた。確かにその作用はあった。家族が一緒に自動車で出かけることもあり、『ミドルタウン』

でも「車の中にいるときほど家族が親密感を感じることはない」と語る女性がいる。しかしリンド夫妻が高校上級生に行った調査では、親子間で意見対立を起こす要因として「自動車の使用」が男子学生では五位、女子学生では六位という結果が出ている。この結果が示すように、必ずしも自動車が家族の結びつきを強めるとは限らない。むしろ若者を家から離すのに自動車は一役買ったのである。自動車の利用で若者の行動範囲は拡大し、親の目が届かなくなる。三〇マイルも離れた町へダンスに行くことも珍しくなくなり、若者の「デート」もドライブ、ダンス、映画などが中心となって、家で過ごすのは「退屈」として避けられるようになる。このような状況に親の心配と子供の「自由」がしばしば衝突する。ミドルタウンのある女子高生は、ハイカラな自動車を表に駐車して待っている青年と夕方のドライブに出かけようとした時に父親にやめるように言われ、「私にどうしろというの。一晩中家のなかに座っていろとでも言うの」と激しく言い返している。これは衝突のひとつの例で、自動車による若者の行動変化は親子関係や家族の絆に確かに悪影響を与えたのである。

言うまでもないが、若者にとって自動車ほど魅力的なものはない。自動車さえあれば、親の監視から「自由」になれるし、好きな場所にデートにも行ける。二〇年代には少年が少女をダンスなどに誘う場合、自動車はもはや必需品となる。小説『バビット』では、バビットの息子と娘が晩に誰が自動車を使うかで喧嘩している場面がある。息子がどうしても譲らないのは、クラスの女の子を学校のコーラスのリハーサルに車で連れて行くと約束しているからで、女の子にいい格好をしたり、女の子の気を引いたりするためには自動車が必要なのである。もちろん自動車の魅力はそれだけではない。スピードもまた若者を虜にする要素である。十八歳の息子を持つミドルタウンのある女性は「家族も協力して息子はフォードを買ったが、今では七五マイルで走れるためスチュードベーカーを欲しがっている」と語っている。若者はしばしば自動車でスピードを上げることに熱中する。スピードを味わうために自動車を盗む者さえ出てくるのである。当時のミドルタウンの新聞は「自動車の盗難の大部分が、若者がスピードを出したい欲求に駆られたことが原因であった」と伝えている。

若者を「欲望」や「快楽」の世界に誘う自動車が、非行や犯罪の「場」となりうることは想像に難くない。実際にミドルタウンでは、「性犯罪」で少年審判所に送られた若者の三分の二が、自動車の中で犯行をおこなっている。また若者の暴走による事故も当時問題になっている。ドライサーも『アメリカの悲劇』（一九二五）で、若者が主人の留守中に勝手に自動車を持ち出し、仲間と共に女性を誘ってドライブに出かけ、その帰り道に猛烈なスピードで走行し、道路を横切ろうとしていた少女をひき殺してしまう、というエピソードを書いている。この作品では明らかに自動車は若者を破滅に導く欲望や快楽の象徴と見なされている。自動車が人を破滅に導くのは、フィッツジェラルドの『偉大なるギャッツビー』（一九二五）でも同様である。

自動車が人々の生活に与えた影響や変化についてミクロの視点で見てみると、自動車には人々の熱狂的支持とは裏腹に、多くのマイナス要素が見られる。道具でありながらそれ以上の意味を持つ自動車。自動車は見方によって様々な意味を持つ。一九二〇年代、社会のどこに目を向けても自動車の影響が見えてくるのは、これまで論じてきたように二〇年代の大衆消費社会はその表層のライフ・スタイルから深層の価値観やシステムに至るまで自動車と結びついていたからである。自動車とは何かをひと言で表わすのは難しい。しかし『バビット』の次の一節はこの時代の自動車の意味をうまく語っているだろう。

1 大衆消費社会と自動車

「バビットは少年の頃大統領になるのが夢だったが、息子のテッドの夢はパッカードを手に入れることだ。」

（河内裕二）

2 ニューウーマン、フラッパー、コーラス・ガール

はじめに

アメリカの女性は、一九二〇年に参政権を獲得した。このことはすぐには女性の生活に大きな影響を及ぼすことはなかったが、アメリカの社会には風俗や道徳に革命が起こった。フラッパーやニューウーマンが登場し、多くの女性にとってそれまでの厳しい道徳の教えが弛んだ時代であった。フラッパーは第一次世界大戦前に始まっていた女性の服装を一変させたが、それ以上に人々の生活様式に大きな変化を与えた。既に多くの女性が自立し創造的な職種に進出していたが、その背景にはマルクス、ニーチェ、フロイトなどの新しい思想が、芸術や道徳に大きな潮流を巻き起こしていた。しかし大多数の女性は、未ださまざまな社会規制から免れず、その上、第一次大戦後の保守化の波が強まり、自由は幻影となり理想主義が消え去る時期に入った。したがって、新しい風俗や生活様式をもたらしたニューウーマンやフラッパーも、詳細に検討してみれば、未だ性差の大きな社会に挑戦したのだということが分かる。

1 ギブソン・ガール登場

一九二〇年代は、ヴィクトリア朝時代の道徳や良俗が公に脅かされた時代であった。産業化の波に洗

われ、人々の生活に家庭と社会の境目がはっきりしなくなり、〈家庭の天使〉〈真の女性〉という信仰は徐々にくずれていった。高等教育を受け、それまでは男性が専有していた職業につき自活する、ニューウーマンの出現が人々の話題に上った。新しい分野で活躍する女性のチャンピオンが続々と現れた。テニス界の女王ヘイゼル・ワイトマン、イギリス海峡を泳いで渡ったガートルード・エダール、大西洋単独飛行を成しとげたアメリア・エアハルト、恋も結婚も子供の養育もした考古学者マーガレット・ミード等である。

また、化粧品業界の女王が出現したのもこの時代である。ヘレナ・ルビンスタインは、ビジネス界でも女性がすばらしい成功を手に入れることができることを実証した。彼女はポーランド、クラコウの商家の娘であったが、オーストラリアに渡り、メルボルンの上流社会で美容コンサルタントとして出発した。耐水マスカラなどの商品開発、販売の新技術を導入し、デパートで製品を紹介する、女性販売員の実演販売商法を編み出した。一九一〇年代から二〇年代には、ロンドン、パリ、ニューヨークなど世界の大都市にサロンを拡大。また、特定契約のデパートとのみ、販売する方法をとった。晩年は、美術品、宝石、骨董品なども扱い、一九五三年には、テル・アビブに現代美術館を設立し、留学生に芸術家への道を支援した。

とはいえニューウーマンが女性全体のモデルになったわけではなく、大多数の女性は結婚を人生の目標にしていた。しかしニューウーマンの出現は、新しい生活信条、価値観のモデルを示し、女性の地位向上のために影響を与えた。この時期に、伝統的な雑誌の記事には、娘たちへの不満や嘆きが掲載され始めた。たとえば、一九〇一年六月の、雑誌『アトランティック・マンスリィ』の挿し絵を紹介しよう。

有閑階級のニューウーマンを描いて人気のあったチャールズ・ギブソンの挿し絵である。飾り窓から外を眺めている優雅な若い娘がいるが、その目は夢見がちで、袖口から彼女の大理石のように白い腕がみえ、ゆたかな髪は肩にかかり、額の巻き毛が風にゆれている。そこに、日焼けしてショートパンツに、四角く堅い靴をはいて、白いシャツ、ヴェストとネクタイ、幅広いつばの帽子を斜めにかぶっている若い女が走ってくる。その手には、窓辺の娘をさして「消えゆくタイプ」と書かれたメモがある。ギブソン・ガールの主張は、男性と対等の自由である。「わたしたちは、男の人が近づいても、ふるえたり目をふせたりしないわ。男の人とは仲間としてつき合い、どんな話題にも自由な態度で話しあうの。」「兄と同じ教育を受けたわたしは、何でも兄より上手にできるわ」。有閑階級の夫人の間でさえ、ニューウーマンの影響で〈駆立てられる野ウサギのように〉娯楽に走る様子が雑誌の記事を賑わした。

2 ファッション界の隆盛と社会の規制

年配世代をさらに嘆きの淵に追いやったのは、フラッパーであった。彼女たちは陽気で大胆、周囲のことには無頓着、俗語や下品な言葉を使い、礼儀を無視してくだけた態度をとる。何事にも挑戦的で、ダンス・マラソン、自動車の運転、政治運動、セツルメントに参加し、酒やタバコを平然とたしなむ。だが大抵は中産階級の紳士と結婚し、二人位子供をもった母親となる、ひとときの華であった。フラッパーの風俗が時代を促進させた面もあった。彼女たちはシルクや毛皮をまとい、口紅をつけ、弓のように眉を引き、ショートヘアの髪型を好んだ。コルセットを辞めてブラジャーを着けたが、膝丈のスカートや肌色の絹のストッキングは、当時としては十分刺激的なことであった。ヘレナ・ルビンスタインやエリザベス・アーデンが化粧品業界で成功し、自立する女性の象徴となったのも、一般女性の化粧品の需要が増大したからである。

首や手足を露出し、膝丈のスカートというフラッパー・ファッションは、伝統主義を貫くＹＷＣＡや聖職者だけでなく、新聞や雑誌からも猛反撃を受けた。一九二〇年の『ニューヨーク・タイムス』紙には「今や女性のスカートは慎み深さの限界を越えて短くなってしまった」という記事が掲載された。それは床上がり九インチであるという意味だった。その冬はまた長めになるだろうという予測に反して、さらにスカート丈は数インチ上がったのであった。性開放の防止策として、教会関係者、市当局などが規制に乗り出した。たとえば、フィラデルフィアでは服装改良委員会が、千人の聖職者に適正な服装のアンケートを送り、結果は「モラル・ガウン」のデザインとなった。それは身体にゆるく、肘より長い袖、床上がり七インチ半の服だった。一九二一年には、ユタ州で、かかとより三インチ以上あがったスカートをはいた女性は、罰金あるいは刑務所行きという法律ができた。オハイオ州では、床上がり二インチまでという制限であった。

一九二〇年代のファッションで、女性の水着ほど論議を呼んだものはない。一九世紀の後半から、海水浴が中産階級の間で娯楽の一種として広まった。当初、公共の海水浴場は、男女に分かれていた。一九二〇年代、ニュージャージー州のアトランティック・シティの海水浴場が人気を博した。ここは、一九二一年からアメリカで初めて、ミス・アメリカ・コンテストを始めた場所である。地元の新聞が大々的にこの行事を宣伝し、人々は海水浴そのものよりも、海水浴に来る娘たちを見るために集まったと言われている。まだ、体形があらわになるワンピースの水着が不道徳とされ、初回のミス・アメリカ・コンテストに出場した娘たちはみな黒のストッキングをはいていた。市や町の当局は風俗紊乱を恐れて、監視をきびしくし違反者を逮捕した。水泳選手で映画にも出演したアネット・ケラーマンのワンピース水着は、保守的な地域では禁止され、アネット自身も一九〇八年、ボストンのリヴェア・ビーチで逮捕された。海水浴場の規制は、地域によりまちまちであり、シカゴは特に保守的であったが、カリフォルニア辺りでは緩いと言われた。しかし、リゾート地の繁栄と水着規制は矛盾を孕む問題で、アトランティック・シティ近くのサマーズ・ポイントは規制を緩めて海水浴客を集めた。

3 青春と破滅の星ゼルダ・フィッツジェラルド

フラッパーの一端は、作家スコット・フィッツジェラルドの妻ゼルダ、そして彼の作品『偉大なるギャツビー』のヒロイン、ディジィ・フェイにうかがうことができる。ゼルダは、伝統主義とニューウーマンの間で葛藤するフラッパーであった。南部上流社会の華、サザン・ベルとなるべき人物であったゼルダは、才能がありながら娘時代に甘やかされ、専門職《プロ》としてたつ志を意識するのが遅かった。ナンシー・ミルフォード著『ゼルダ――愛と狂気の生涯』によると、ゼルダは一六歳で社交界の花となった。「女王蜂のように」ふるまい、毎晩のようにダンスパーティに行った。付き添いの忠告を無視してチークダンスやネッキングも平気、タバコもジンもコカコーラも、バーボンウィスキーも飲んだ。

ゼルダは十八才で、フィッツジェラルドと出会い、その後結婚した。当初ゼルダは、作家である夫を支えることに専念した。ふたりの美貌と自己愛、そして征服本能などは双子のようにそっくりであった。ゼルダに初めてニューヨークで会ったドス・パソスは、彼女を「大変美しく気品があり、独創的なことを言ったが、多少奇妙なところもあった」と回想している。スコットの小説『楽園のこちら側』（一九二〇）がベストセラーになると、ふたりはたちまちニューヨークの名士となり、豪華な生活を満喫した。二年後にはグレートネックに〈バビット邸〉を構え、娘のために月給九〇ドルで乳母を雇い、一六〇ドルで家政婦夫婦、三六ドルで週二回の洗濯婦を雇った。また、中古であったがロールスロイスのクーペも買った。ふたりは毎晩ドンチャン騒ぎのパーティに出かけたが、そのしゃれた会話と激しい生命力に誰もが会いたがり、こけらおとしや初演に招きたがった。

しかし華やかな彼らの生活の裏に、深酒、そして精神病が忍び寄った。スコットは執筆の合間に酒を浴び、ゼルダの浪費癖はとどまることを知らなかった。ゼルダがその後、精神的な崩壊を加速させたのは、芸術家の妻としてのストレス、アイデンティティ確立の挫折であろう。彼女は初めバレーに熱中したが、神経症で中断を余儀なくされた。夫の作品を批評し助言したことは伝えられるが、自分でも短編小説を書き、絵やスケッチの個展も開いている。最近では、ゼルダを芸術家として再評価する動きもでているが、ふたりの生活は、出会いからふたつのエゴイズムの衝突で始まり、それがスコットをアルコール中毒へ、ゼルダを狂気に追いやった。

彼女だけでなく祖国を離れてロスト・ジェネレーションの仲間に身をおいた女性たちは、パリで活躍しているように見えて実は、か弱い立場にいた。その点では中産階級の妻たちと変わらない。その自由奔放な生き方も結局は、相手の男にとって都合がよいだけであった。将来を嘱望された芸術家ニーナ・ハメットは、アルコール依存症になった。アフリカの芸術に関心抱いた社交界の美女ナンシー・キュナードは、中絶手術の失敗により子どもが産めぬ身体となった。

1920 年代、スカート丈が膝丈になったのは 1925 〜27 年の間だけと表れる。ドローネの抽象画をあしらった渦巻模様の優美なワンピースドレス。

『偉大なるギャツビー』のヒロイン、ディジィ・フェイも、若さと夢の象徴である反面、自由放任経済下のアメリカ社会の不道徳という側面を荷っている。「女の子はきれいなお馬鹿さんが一番よ。」というフラッパーとして現状に甘んじて、ディジィがアメリカ社会の影の部分と密接に結びついていることは不思議ではない。主人公ギャツビーにこの上なく理想化されたデイジィは、富裕階級に属し、その点では、「不注意な人間なのだ。品物でも人間でもめちゃめちゃにしておきながら、自分たちは、トムもデイジィも、すっと金だか、あきれるほどの無頓着だか、なんだか知らないが、とにかくふたりを結び付けているものに退却してしまって、自分たちのしでかした騒ぎの後始末は他人にさせる。」アメリカン・ドリームが変貌する社会の中で、デイジィは無分別で金が大事で、不道徳というステレオタイプである。恋人が戦地にいる間、経済力のある男と結婚したが、いかがわしい風聞のあるその恋人との火遊びの責任は放り出し、夫のもとへ帰って行く。女の無節操と因習に反抗するかのような虚無的な態度は、一見矛盾し両極に引き裂かれた存在であるが、それはなにもデイジィに限ったことではない。そもそも社会が、そしてギャッツビーも周りの男性もみなそうだった。リチャード・リーハンの言葉どおり、「このような道徳的な憤りは、作家自身が経験した苦痛と心の傷に根ざしたものであった。デイジィの夫の愛人マートルや、マートルの夫でガソリンスタンドを経営する病弱のジョージ・ウィルソンも、ギャッツビー同様、不注意な金持ちが犠牲《いけにえ》を供える台の上で血を流した人間だった」。

4 エドワード・クラーク論争と性革命

性道徳が大きく揺らぐ中、前世紀からの性観念や社会的な価値観を根本から問い直した人々がいた。当時、エドワード・クラークの論文に激怒したシカゴ大学の学生部長マリアン・タルボットの勧めで、社会学や心理学の女性研究者たちは、女性の知的能力や性を調査し、女性の能力はほとんど男性と変わらないという論文を発表した。

エドワード・クラークは、スペンサーの閉塞的なエネルギー・システム論にのっとり、人間のエネルギー源は優先的に男女別々の器官に宿るのだと発表した。男性では脳と肺に、女性では生殖組織にそのエネルギー源があるので、女性を男性のようにきびしく教育すると、子宮から必要なエネルギーを削ぎ、過度に刺激を受けた女性の脳は、収縮して癌になりやすいと公言した。これに対して、シカゴ大学の研究者ヘレン・トムソンとジェシー・タフトは、ニューヨークの女刑囚を対象に性について面談し、男女の異なる反応を発見したが、それは文化的な社会条件によると結論している。ヴァージニア・ロビンソンも、一般女性にアンケート調査を実施して二千二百と言う膨大な回答から同様の結論を得た。キャロライン・B・デイビスとメアリー・ロバーツ・クーリッジは、知的能力と心理的な性向について男女を対象に調査したが、男女差よりも同性間の差の方が大きいと発表した。

スウェーデンの社会思想家エレン・ケイと同様、性愛を人間関係の最高位においた英国の思想家エドワード・カーペンターやハブロック・エリスは、愛と性は一体であると主張し、アメリカ社会に大きな影響を与えた。エリスは、産児制限を主張し、女性の経済的な依存が性生活に悪影響を及ぼし、女性の劣位が社会、特に夫婦や親子関係を害するという女性開放論を展開した。

しかしそれ以上に女性の生き方について新しい理論を提供したのは、フロイトの精神分析学であった。心理学におけるスーパーエゴ、イド、夢判断、無意識、そして新しい性概念などは、過去の思想に幻滅し、急速に変貌する社会のなかで生き方を模索する若者に訴えた。人間の無意識下の欲望を分析するフロイト心理学は、快楽主義追及の時代、アメリカで大いにうけた。フロイトは、感情の抑圧、特に性的な感情を抑圧すると人格形成上、悪い影響があると強調したので、二〇年代世代には曲解され、自然の衝動を抑圧するのは危険で間違っているととられた。そのため性的自由がもてはやされたのだった。大学で、オフィスで、グリニッジ・ヴィレッジで、人々はイド、エゴ（自我）、抑圧について語り、フロイトの使う言葉が若い人々の会話の中心となった。しかし性を開放したかに見えるフロイト理論は、女性の「ペニス願望」を誇張したため、一九六〇年代のフェミニズム運動は、もう一度フロイト心理学を問い直さねばならなかった。この当時から性の「充足」に関心が集まり、書店の棚には性生活に関する実用本が、料理やマナーの手引き書と共に並ぶようになった。

しかし、性行動は一般的には保守的であった。リンド夫妻の『ミドルタウン』(一九二九)によると、娘たちは以前より積極的になり、自分から男の子に電話してデートに誘い、かつては品行のよくない娘が化粧をしたが、今では上流階級の娘もするようになったとある。性道徳の二重規準を否定したかに見えたフラッパーの性開放度は、実際には、現実をかなり誇張した見方であることに違いない。

5 コーラス・ガールの悲劇

女性のダンサーも、一九二〇年代には娯楽の仲間入りをした。ダンスは女性の身体を娯楽化するという傾向があり、消費社会の新しい風潮であった。女性は、キャバレー、ボードビル、バーレスク、コーラスとして歌やダンスの娯楽を提供した。しかしながら、女性の美については厳しく検閲を受け、この時代にアメリカ女性の美の標準が決定されていった。演劇の道徳性を強調し、女優の職業を不道徳と非難する一九二七年のウェイルズ・パドロック法は、アメリカ演劇の分岐点であった。レヴューの踊り子は、他人の娯楽のために自己の身体を見せるという、他の女性には禁止されていた行為を許可される。このことは、女性が自己を誇示しながら、自己の身体を搾取される戦略として、逆説的な性格のデスコースをもつ。つまり、女性は舞台上で自己創造という過激な活動に参加するのだが、また自己の身体を客体として観衆に見せることになる。この矛盾のなかに、コーラス・ガールの境遇の危うさがあった。

当時有名な興行主ジークフェルド・フォリーは、大衆演芸を見事なラインダンスにまとめ、優美な踊りと人目を引く衣装でジークフェルド・ガールは、アメリカ人にとって女らしさの新しいモデルとなった。彼は踊り子たちを「舞台衣装や照明や技術的な魔術により、美しく見えるのだ。」と述べているが、娘を美人かどうかで判断し、女性美を賞賛しつつ女性の人間性を侮辱する傾向を助長した。レヴューの中で踊り子は、機械時代を象徴する一本のねじのように、車輪の輻《や》にすぎず、創造的な舞踏家ではなかった。「フォーク」文化の自由な音楽や黒人の歌が、野生動物のようなものとして退けられ、アフリカ系文化を周辺化に導いたと同じことが起こった。

当時レヴューに必要な女性の存在が不可視であったことが、コーラス・ガールのイメージの下落をもたらした。尊敬される個人としてより、グループとして理解されたために、金目当てで男に近づく女、ゴールド・ディッガーとか、ヴァンプ（妖婦）といわれ、頭のかるい不道徳な女であるという風聞が、彼女たちの出世を制限した。つまりプロではない使い捨ての存在で、消費時代の産物とみなされたのであった。しかし、レヴューの踊り子は、一般女性よりもずっと豊かな給料をもらった。一般の女性が一九二九年には、平均週給一七．五七ドルであり、一般的なダンサーが、週給三五ドルから四〇ドルであった時期に、ジークフェルドのコーラス・ガールは、七五ドルから一〇〇ドルの週給であった。

わずかばかりの高給と、若さと未熟さが時に悲劇をもたらした。ニューヨークとシカゴで「淑女の夜」のヒロインを演じたアーリン・キングは、十五歳からジークフェルドのコーラスで踊り、まもなく主役となった。一九一六年のジークフェルド十周年記念の大興行では、大当たりをとった人物であった。ある時、トップスターであるキングを目当てに、数週間毎晩ジークフェルド・フロリックに通いつめた男がいた。その後妻を同伴した彼は、キングの美しさをほめそやした。踊り子のパレードがふたりのすぐ近くの舞台の端に差しかかった時、妻はキングにグラスのシャンペンを浴びせかけた。キングは頬を流れるワインはそのままに、パレードを続けた。楽屋に戻っても固く口を閉ざしていたと言う。キングの熱狂的なファンと、儀式化された覗き趣味は、オーケストラを背景とした官能的な女性のパレードが、観衆にあたえる幻惑的な力を示している。キングは喜劇役者としても評判をとり映画にも出演した。しかし一九二七年体重が増えたため、ジークフェルドを退団させられた。その後キングは、食事療法のためアパートで倒れ、神経衰弱で二年間療養所にいた。退寮後、また体重が増えた彼女の神経症が嵩じ、家族はひとりで外出を許さなかった。一九三〇年、叔母の留守中、キングはアパートの五階から飛び降り自殺した。まだ三十歳であった。

むすび

一九二〇年代は、生活のあらゆる局面で旧い規範と新しい規範が劇的に入れ替わり、古い秩序が大いに崩れた時期であった。女性の生活も変化したが、根本的には性差の壁が厚く、エリートの女性を除いて大多数は社会的に自立できる状況からほど遠かった。しかし、風俗や習慣の変化、大衆文化の興隆は、たしかに女性の活動の場を拡大した。ただし、当時の享楽主義や娯楽に対する欲望の増大は、社会不安と心理的抑圧が結びつくとどうなるかを示している。フラッパーの享楽主義への逃避は疎外感の代償であり、コーラス・ガールへの偏見は、逆に富への信奉、体制への憧れであると解釈できるだろう。

（上野和子）

3 新しい男性像の出現
―シーク、ジョー・カレッジ、ビジネスマン

1 時代展望

「ジャズ・エイジ」や「ローリング・トゥエンティーズ」と呼ばれる「二〇年代」（以後カッコなしで表記する）は、第一次大戦終結に始まり、一九二九年の株式相場の大暴落に終わる。アメリカの歴史において異彩を放つこの時代は、戦争と戦後の経済的繁栄に大きく影響されている。アメリカは第一次大戦への参戦によって戦時体制に入り、政府による徹底した統制が行われた。その反動として、戦後は「自由放任」を求める気運が高まった。終戦はアメリカ国民にとって、何よりも戦時の緊張感や統制からの開放を意味していた。「常態《ノーマルシー》への復帰」をスローガンに掲げたウォーレン・G・ハーディングが、戦後の大統領に選ばれたのもその国民感情を反映してのことである。進歩的で世界に目を向けた前任のウッドロー・ウィルソンとは対照的に、ハーディングは対外的には孤立主義、国内では大企業を擁護し、個人に干渉しない保守的な政治姿勢をとった。さらにハーディングの後を継いだ大統領カルヴィン・クーリッジは「サイレント・キャル」と呼ばれ、何も言わず、何もしないことをモットーにし「動かぬことを芸術の域にまで高めた男」と言われた人物である。二〇年代は政治的に見れば、革新主義とニュー

ディールというふたつの改革期に挟まれた保守主義の期間で、前後に比べれば「静かな」時代だった。しかし保守傾向は一部行き過ぎる形で偏狭な「ナショナリズム」を生み、禁酒法、パーマーの赤狩り、サッコ＝ヴァンゼッティ事件、移民の排斥、ＫＫＫの復活、スコープ裁判など「不寛容」を象徴する出来事を次々と起こしている。この現象は、フレデリック・アレンも指摘するように、ひとつには戦時中に形成された高揚した愛国心や戦闘意識がすぐには消えず、戦後、新たな「敵」に向けられた結果である。また、いわゆる「アメリカの伝統」とされる農村地域の保守的な人々が、急速な工業化、都市化により都市が著しい発展を遂げる状況に、危機感を募らせたためでもある。

アメリカの都市人口は一九二〇年に初めて農村人口を上回る。この事実が象徴するように、二〇年代には都市文化が発達し、都会的なライフ・スタイルが「アメリカン・ライフ・スタイル」と考えられるようになる。都市文化とはすなわち消費文化で、テクノロジーと大量生産によって、アメリカに大衆消費社会という新しい社会形態が誕生するのである。家庭には自動車、洗濯機、ラジオなどの耐久消費財が普及し、映画、雑誌、ラジオといったマスメディアの発達により大衆文化が開花する。人々はモノを所有し、それを消費することに躍起になり、時間の消費であるレジャーに熱中する。現在の消費生活の原型がここに確立されるのである。二〇年代にこのような社会の大変貌がもたらされたのには、様々な要因があるにせよ、第一に空前の好景気によるところが大きい。多くの「顔」を持つ二〇年代だが、保守政権のもと未曾有の繁栄を謳歌した、というのがやはり時代の最大の特徴であろう。

繁栄と狂乱の二〇年代に人々はどのような生活を送ったのだろうか。二〇年代の人物像といえば、フラッパーに代表される女性像に目を向けられることが多く、女性に比べ、男性について言及されることは少ない。言うまでもないが、この時代を生きたのは女性だけではない。では、二〇年代の男性像とはいったいどのようなものだったのか。本論では、当時のいくつかの風俗や流行に注目し、その背景にある行動意識や社会事情を含めて考察することで、二〇年代の男性像を浮かび上がらせてみたい。

2　二〇年代の若者たち

「あらゆる神が死に、あらゆる戦争がたたかわれ、あらゆる信仰が揺さぶられた」とフィッツジェラルドは『楽園のこちら側』（一九二〇）に書いている。第一次大戦はアメリカにとって大きな分水嶺となったが、それはまたその後に続く二〇年代がまさに新しい時代の始まりであったことを示している。「新しさ」を最も目に見える形で示したのは若者だった。終戦による解放感や「ロスト・ジェネレーション」に見られるような幻滅感は、多くの若者を伝統的なマナーやモラルから外れた享楽的で刹那的な行動に走らせることになった。時代の呼称になった「ジャズ・エイジ」という言葉も、もともとはそのような若者の新しいライフ・スタイルを表したものである。この若者の変貌は「マナーとモラルの革命」とも呼ばれるが、とくに「革命的」だったのは女性である。ヴィクトリア朝的な価値観に縛られず、服装も行動も大胆で開放的なフラッパーは、まさに「ジャズ・エイジ」の象徴的存在だった。

フラッパーと比べれば、注目されることは少ないが、二〇年代には男性版フラッパーともいうべき「新しい男性」が登場している。彼らはシークと呼ばれている。映画『シーク』（一九二一）に登場するアラビアの族長に象徴されるような情熱的でエキゾチックな雰囲気を持つ男性である。二〇年代に流行った言葉でいえば、シークはいわゆる「イット」を持った男性ということになる。「イット」というのは「性的魅力」のことで、もともとはイギリスの女流作家エリナ・グリンが小説『イット』（一九二七）で「異性を惹きつける不思議な力」として使った言葉で、一般的に「性的魅力」の意味で使われ当時の流行語になった。「映画『シーク』は男性の性的魅力のスタンダードとされた」とアレンは『オンリー・イエスタディ』（一九三二）に記している。主演したイタリア系の美男子俳優ルドルフ・ヴァレンチノは、シークの典型とされ、男性のセックス・シンボルとして当時の「色男」の代名詞となった。ヴァレンチノ以前の人気スターにウォーラス・レイドがいるが、レイドはさわやかで健康的なイメージの俳優だった。役者のイメージと実際の本人とが違うのはよくあることで、皮肉にもレイドは麻薬中毒になって亡くなっているが、健康的なイメージが「売り」だったレイドに対して、ヴァレンチノはシークというセクシーで野性的な新しいイメージで登場したのだった。映画『シーク』はその人気により、続編『シークの息子』（一九二六）（邦題『熱砂の舞』）も製作され、続編ではヴァレンチノ扮するシークの息子と若い踊り子が恋に落ちるという「ダンス・ブーム」の二〇年代らしい設定となっている。シークの影響は、二〇年代を代表する小説『偉大なるギャツビー』（一九二五）にも見られる。『偉大なるギャツビー』には、語り手ニックが遊覧馬車の中でジョーダン・ベイカーの身体を引き寄せ、その唇にキスするシーンがある。ジョーダンに好意をもっていたニックが初めてその気持ちを行動に移すシーンだが、その行動に踏みきる直前には、黄昏のニューヨークの街角から当時の流行歌「アラビアのシーク」が聞こえて来ていて、まるでニックの行動はその歌に触発されたかのように描かれているのである。

シークのような男性像が出現したのは、フラッパーと同様、「マナーとモラルの革命」によって性的な要素が肯定され、性に対してよりオープンで積極的な態度が取られるようになったからである。さらにエキゾチックな要素がかなり強調されている点にも二〇年代らしさが現れている。二〇年代には、いわゆるエキゾチックで神秘的な対象としての「オリエント」への関心が高まった。例えば一九二二年にツタンカーメンの墳墓が発見され、この世紀の大発見はアメリカでも大きな話題になり、ファッション業界では古代エジプトをモチーフにしたスカーフ、イヤリング、ネックレスなどのエジプトスタイルを登場させるほどだった。T・E・ロレンスの『知恵の七柱』（一九二六）が出版され、ベストセラーにもなったのもこの時代である。また、二〇年代の一時的流行《ファッド》として麻雀は有名で、ジョセフ・バブコックによって紹介されるや瞬く間に全米に広がり、一年足らずのうちに麻雀セットは百六十万台も売れた。プレーする際に最大の障害となる複雑なルールや採点法もアメリカ人向けに簡略化され、人々は卓を囲み「ポン」とか「チー」とか声を張り上げ、麻雀に熱中したのだ。このような人々のエキゾチックを求めるムードが二〇年代の男性像にも反映されていたのである。

「野性」とともに自然の中で生きる「野生」も重要な要素だった。『シーク』はアラビアを舞台にしているが、二〇年代にはゼーン・グレイ原作の西部劇シリーズもヒットしている。灼熱の太陽の下に広がる広大な荒野とそこに生きる人々。現在でも西部劇は人気があるが、アメリカ人には「野生」に対する憧れがある。「野生」はアメリカでは西部フロンティアと結びつく。フレデリック・J・ターナーは一八九三年の論文でフロンティアの消滅について言及し、いわゆる「フロンティア学説」を唱えたが、彼の学説は二〇年代には大きな影響を持つようになっていた。急速に都市化が進んだ二〇年代には、失われたフロンティアや「野生」へのノスタルジーが人々の間で強まった。シークのような男性像の流行には、このようなオリエントへの関心や「野性」と「野生」の希求などの複数の要因がその背景にあったのである。

いつの時代においても流行を最も反映するのはファッションである。二〇年代の男性ファッションは女性ほど劇的に変化しなかったといわれるが、それでもいくつかの目立った流行が見られる。それらはこの時代に起こった様々な「ブーム」に影響を受けている。とくに大きな影響を与えたものは大学とスポーツである。

好景気によって経済的に生活が豊かになると、高等教育を受けるのが「ブーム」になって、多くの若者が大学に入学するようになった。男子学生は「ジョー・カレッジ」と呼ばれ、とくにアイビーリーグやビッグ・テンの学生は若者の憧れの的となり、そのファッションは若者ファッションの規範となった。当時、大学生の間ではオクスフォード・バグと呼ばれる太いバギー・パンツが流行した。これはその名が示すように、もともとはイギリスのオクスフォード大学の学生がはき始めたものだった。オクスフォードでは当時学生が好んではいていたニッカボッカーがクラスで着用を禁止され、どうしてもはきたい学生がニッカボッカーをはいた上から、それを隠す目的でオクスフォード・バグをはいたのだった。極端に太いパンツとなったのはそのためである。オクスフォード・バグはオクスフォードに留学したアイビーリーグのごく一部の学生にはすでに知られていたが、一九二五年にデパートのジョン・ワナメイカーが大きく紹介し、瞬く間に若者の間に広まった。また現在では大学生のトラディショナル・スタイルとされている、紋章のついたブレザーも二〇年代当時の人気スタイルだった。さらに第一次大戦のイギリス将校のスタイルが基になったバーバリーのトレンチ・コートも当時の大学生の間で着られていた。

シークがいわゆる「燃えている若者《フレイミング・ユース》」の象徴としてセクシーでエネルギッシュなイメージだったのに

対し、カレッジ・スタイルは上品で洗練された裕福なイメージが強調された。中産階級出身の大学生にとっては、カレッジ・スタイルで身を固めることは、いわば上流階級に近づく第一歩でもあった。ファッションの本場といえば、女性の場合はパリであるが、男性の場合はロンドンだった。フィッツジェラルドもエッセイ「ジャズ・エイジのこだま」で「アメリカ人はロンドンで大量に服を買った」と書いている。「英国紳士」は上流階級の象徴であり、とくに大学生のようなエリート意識をもった男性にとっては大きな憧れだったのである。アメリカ人のイギリス憧憬は、一九二四年にイギリス皇太子がアメリカを訪問したときの人々の熱狂ぶりにも現れている。彼は行く先々で大歓迎を受けたが、ジュディス・ボーマン編『アメリカン・デケイズ一九二〇―一九二九』(一九九六)によれば、訪問中に二百七十五万四千九百十一枚ものスナップショットが撮られたというのだから、その熱狂ぶりは半端なものではなかったといえる。

二〇年代はまた「スポーツの黄金時代」とも呼ばれ、この時代、スポーツがただプレーするだけでなく、観るものとして絶大な人気を獲得するようになった。そうするとスポーツ選手が国民的ヒーローとなり、そのファッションが一般にも流行するという現象が起こった。例えば、国民的「宗教」と形容されることもあるフットボールでは、プロ・リーグと同様にカレッジ・リーグが人々を熱狂させ、イリノイ大のレッド・グレンジや「ノートル・ダムのフォー・ホースメン」と呼ばれる四選手などのスター選手が誕生し、彼らの着ていたラクーン・コートやキャメルヘアのポロ・コートは、若者の間でも流行した。また、若き天才ボビー・ジョーンズの登場により人気に拍車がかかったゴルフは、ゴルフ・スタイルとしてニッカボッカー、とくにゴルフズボンといわれるプラス・フォーズを流行らせた。ニッカボッカーはお洒落な男性に人気となり、プラス・フォーズ、プラス・シックスズ、プラス・エイツ、プラス・テンズのように膝下のインチによるバラエティが登場し、ニッカボッカーをはいてゴルフ・コートか、ノーフォーク・コートを上着に着るのがニッカボッカーの定番スタイルとなった。テニス界のスーパースター、ビル・ティルデンの白いケーブル・ニット・セーターに白のスラックスというスタイルも流行し、それに対抗するように、フランスのスター選手でクロコダイルとあだ名されたラコスト（日本ではラコステと呼ばれる）の、現在でも人気のあるポロシャツのスタイルも一九二六年に紹介された。

このように二〇年代には大学やスポーツなど、人々の関心がスタイルとして次々に確立され、瞬く間に全国に流行していったのである。その背景には、新しいものを求める時代風潮やマスメディアと大量生産体制の発達、さらに流行を消費することの出来る経済的繁栄が揃ったことがある。そして何より繁栄を謳歌した二〇年代の人々が繁栄の象徴として流行を大いに楽しんでいたことも大きい。若者に目を向けてみても、彼らは既成の価値観に反抗し、古い社会的因習を否定して新しい風俗に生きながらも、何より世俗的な成功を求めていて、一九六〇年代の若者のように社会変革を激しく求めたわけでも、物質主義社会から「ドロップアウト」していったわけでもなかった。いってみれば、彼らは「豊かな」社会で自らの欲望を追求していたに過ぎない。フィッツジェラルドが「一つの民族全体が享楽的になり、快楽を求めていた」と述べているように、二〇年代は繁栄によって人間の飽くなき欲望が顕在化した時代だったのである。

3 繁栄時代の光と影

空前の経済的繁栄は、アメリカにビジネスという新しい「宗教」を誕生させた。ビジネスこそ人々を「豊か」にし、さらに社会を「発展」させる。アレンのいう「繁栄のバンド・ワゴンに乗っている」人々はそれを信じて疑わなかった。時の大統領クーリッジは「アメリカの仕事《ビジネス》はビジネスである」と宣言した。「カルヴィン・クーリッジと商工会議所《チェインバー・オヴ・コマース》はどちらも頭文字がC・Cで、両者は文字通り同じだった」と伝記作家アーヴィング・ストーンは皮肉を込めて述べているが、クーリッジは、産業界の指導者が自らの利益を追求すれば、それぞれの産業が繁栄し、結局、国民全体の利益になると信じていた。知識人の中にはビジネスに対して冷ややかな目を向け、その商業主義を批判する者も多かったが、彼らもまた二〇年代の繁栄の中に生きていた。大学は時代の要請にこたえる形でビジネスコースを創設し、若者はそれに殺到した。若者にとって大学は何より経済的成功を達成するための手っ取り早い手段だったのだ。アレンは『オンリー・イエスタディ』で「ビジネスは知的な職業に比べて、さほど威厳のあるものでも立派なものでもなかったが、新たに尊敬の念をもって見られるようになった」と記している。繁栄がビジネスの社会的評価を引き上げたのである。例えば教会においてさえビジネスは肯定的に受け止められ、牧師をビジネスマンと呼ぶ場合、それは誉め言葉となった。「ビジネスのための教訓を示すのに聖書が引き合いに出され、聖書のための教訓を示すのにビジネスが引き合いに出された」とアレンは述べているが、ブルース・バートンの著書『誰も知らない人』（一九二五）は、広告を大衆消費社会の「福音」とし、キリストを偉大なセールスマンと見なすことで、キリスト教信仰と消費文化が相反しないことを主張して、当時のベストセラーになった。

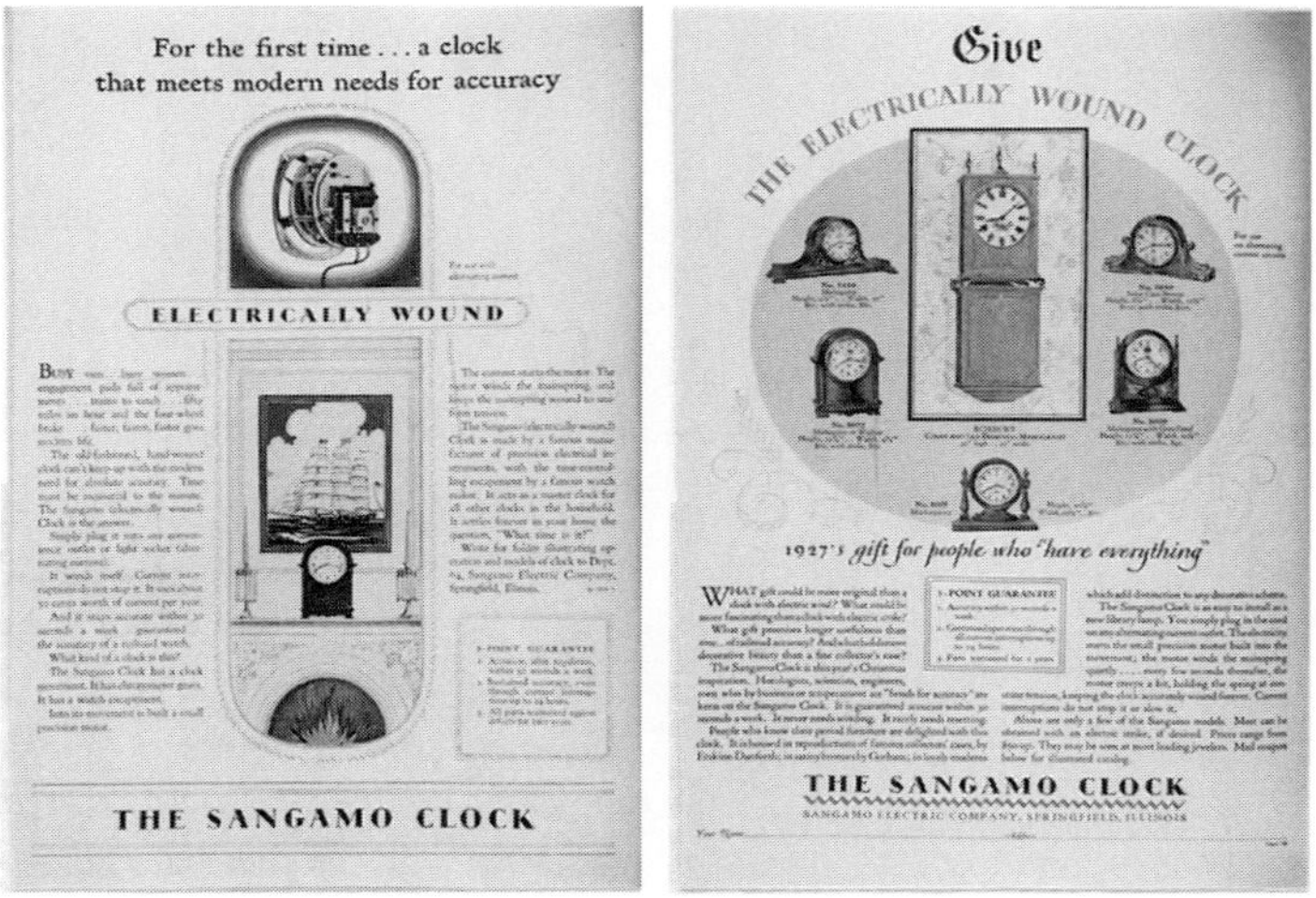

1927 年の「タイム」誌に掲載された時計の広告。時計は「電気巻き」にするもので、1 週間に 30 秒以内の誤差が保証のポイントに謳われ、その正確さが協調されている。

このようなビジネス万能主義の風潮に、ビジネスマンは力づいた。いわゆる新興中産階級のビジネスマンが社会で大きな力を持つようになり、彼らがアメリカ人を「代表」する人物になった。二〇年代のビジネスマンの典型といえるのは、シンクレア・ルイスの小説『バビット』(一九二二)の主人公ジョージ・バビットである。彼のような俗物ビジネスマンを表す「バビットリー」という言葉まで生まれたほどである。ルイスは作品を執筆するにあたり、オハイオ州のシンシナティを中心に徹底した観察・調査を行い、その実態を小説化したといわれている。そこで次に二〇年代の代表的な男性像として、ビジネスマンであるバビットに目を向けてみたい。

ジョージ・バビットは四十六歳。義父と不動産会社を共同経営し、ビジネスマンとしては成功している。彼はいわゆるコンフォーミスト

（順応主義者）で、平穏で無難な生活を送り、現状に満足している。彼に満足感を与えているのは、まず所有するモノである。住んでいる郊外の美しく立派な家はもちろん、例えば「練り歯磨き、靴下、タイヤ、カメラ、瞬間湯わかし器など、標準的な広告商品が彼の身分のシンボル」であり、さらに毎朝、全国的に広告されている目覚し時計に起こされるのが彼の自慢なのである。彼はＢＶＤの下着を着るたびに、旧式のきつくて長い下着を着なくてよくなった「進歩」に感謝する。郊外の住宅地からダウンタウンの事務所まで自動車で通勤する彼は、茶色の帽子をかぶり、最高のガラスレンズを使用した縁なし眼鏡をかけ、葉巻をくゆらせ高速道路を飛ばす自分の姿にうっとりする。また、立ち寄ったガソリンスタンドの店員の丁寧な対応に気をよくして、途中でトローリー・カーを待っている見ず知らずの男に声をかけてダウンタウンまで乗せてやり、自分の「善行」に満足している。このようなバビットの姿からは、まさに二〇年代の消費文化の担い手である中産階級の物質主義や俗物根性が浮かびあがってくるが、彼は人間的には純朴かつ善良で憎めない男である。

ビジネスが隆盛のこの時代、ビジネスマンの間では「クラブ」に所属するのが流行した。流行したというよりはビジネスに必須になったといった方が正しいかもしれない。『バビット』でも「クラブ」は大きく取り上げられている。例えば、現在でもビジネスマンの間で最もポピュラーな存在といえるカントリークラブは、『バビット』では「成功者は、リンネルのカラーをつけるように、どこかのカントリークラブのメンバーになることが必要だった」と述べられている。二〇年代には全国で五千ものゴルフ場ができ、ゴルフはもはや一部の金持ちだけのスポーツではなくなったが、それでもいぜんステイタス・シンボルであることに変わりはなかった。例えばフィッツジェラルドの短編「冬の夢」（一九二二）はゴルフ場を舞台にした作品で、昔ゴルフ場でキャディをしていた主人公が、ビジネスマンとして成功して戻ってきて、今度はそこでプレーするという話である。ステイタス・シンボルとしてのゴルフをよく表した作品といえるだろう。バビットもカントリークラブのメンバーになり、大いにゴルフを楽しんでいる。ただ、彼の所属するのは最高のカントリークラブではない。一流名士を夢見るバビットは、それを不満に感じているが、最高の名士たちが集まるカントリークラブからは入会の誘いはこない。いくら普段名士たちと友好的に接していても、新興中産階級であるバビットは、「上流階級用」のクラブのメンバーには加えてもらえないのだ。『偉大なるギャツビー』で、結局ギャツビーが成り上がり者のため、本当の意味で「上流階級」に入れなかったのと同様、『バビット』でもアメリカの見えない「階級の壁」の存在が示されている。

バビットは他にもいくつかのクラブに所属していて、例えばブースターズ・クラブでは副会長を務め、エルクス慈善会のメンバーにもなっている。二〇年代には実際にビジネスマンのための市民クラブやサービス・クラブが急増した。有名なクラブを例に挙げれば、キワニス・クラブは一九二〇年に全国で二百五支部だったのが二十九年には千八百支部に増え、ライオンズ・クラブも二〇年代に支部を増やして一九三〇年には千二百支部にまでなっている。そもそもクラブとは何なのか。ビジネスマンにとってクラブは、仲間とのフレンドシップを確立するための場、仕事上の利益を獲得するための場、またコミュニティへの貢献を提供するための場であるといわれるが、ハビットにとってクラブの最大の魅力は、仕事では得られない喜びや満足、とくに彼が最も手に入れたい、いつの時代にも男のこころをくすぐる社会的地位や名誉をクラブが与えることにある。リンド夫妻の社会学的研究『ミドルタウン』（一九二九）の中で、ミドルタウンの住民の一人は「すべての市民クラブの背後にあるのは〈紳士気取りの俗物性〉だ」と断言している。バビットを見ても、彼は上着の折えりにブースターズ・クラブのボタンをつけ、時計の鎖にエルクス慈善会のメンバーの印であるオオジカの歯をつけることで、自分が誠実な大物になった気分に浸っている。その姿が表すのは彼の俗物性以外の何物でもないだろう。

「クラブ」は地域への貢献を大義名分にしている。しかし例えば、実際のミドルタウンのエルクス慈善会の支部は一九二三年には年間総支出のわずか四パーセントを慈善に対して拠出するだけだったと報告されている。地域貢献以上に「クラブ」が重要としているのは明らかに仲間意識や結束であり、そこには利益を守るための排他メカニズムが存在する。『バビット』では優良市民連盟なる組織をめぐる騒動によって、その側面が明らかにされている。優良市民連盟は裕福な市民のほぼ全員が属す、いわば「資本家」の組織で、メンバーは「アメリカの民主主義が要求するのは富の平等ではなく、思想、洋服、絵画、道徳さらに語彙の健全なる同一性だ」と主張し、労働者や貧民を敵対視している。労働者に同情し、入会に消極的な態度を見せたバビットは、途端に友人や仲間から相手にされなくなり、ビジネスにも支障が出てくる。結局、コンフォーミストであるバビットは、自分の身の安定を危険にさらすことを避けるために連盟に入会するのである。

ダニエル・J・ブアスティンは「消費社会では人々は思想の内容よりは消費するモノによって結びつくようになった」と述べる。これまで見てきたように、社会に溢れるモノや流行は、まさに二〇年代の新しさや刺激を求める人々の精神状況を表徴するものである。しかし、それはあくまで表層的・派生的な物質領域においてであり、思想や価値観といったいわば核心部分は、「クラブ」に見られるように安定が求められ、既存がより強化される傾向にあった。リンド夫妻はミドルタウンで綿密な調査を行い、当時の人々の状況を「一方の足を既成の制度的習慣という比較的堅固な地盤に置き、もう一方の足をめまぐるしいほどのスピード変化で様々な方向に無軌道に動くエスカレーターに置いている」と分析している。「怒濤」や「狂乱」と形容される二〇年代だが、この時代に生きた男性たちは、若い大学生にしても、ビジネスマンにしても、何より「繁栄のバンド・ワゴン」に乗って基本的な衣食住を手堅く守ったうえで、流動的で自由に変更や交換が可能な風俗や流行において新奇や刺激を求めたのである。フィッツジェラルドは『楽園のこちら側』で、人々は「貧困の恐怖と成功の崇拝に身をゆだねていた」と述べている。二〇年代の馬鹿騒ぎや繁栄の謳歌は、貧困への不安の裏返しだったのかも知れない。アレンはタブロイド紙が大流行するような二〇年代の社会状況を「パンを獲得した人々は、今度はサーカスを欲しがった」と説明している。「繁栄のバンド・ワゴン」に乗って「サーカス」を楽しんだ男性たち。二〇年代を駆け抜けた「繁栄のバンド・ワゴン」も、エスカレートしていった「サーカス」も、パンを獲得していた人々が、今度はパンを獲得するために長い行列を作らなければならなくなる大恐慌によって、終わりを迎えるのである。

（河内裕二）

4　ヒーローの時代

1　ヒーローが生まれた社会

アメリカの歴史は英雄伝説なくして語れない。いつの時代にもヒーローが生まれ、「アメリカの顔」となる。「黄金の二〇年代」は史上の経済繁栄を謳歌した時代である。そこに生きた人々は、豊かで便利な生活を追い求め、自由な文化を創造するエネルギーに満ちていた。反面、急速な社会変動のうねりを体感し、不穏な時勢に戸惑いもあった。物質的豊かさと精神的貧しさが共存した時代に大衆ヒーローはどのような「顔」をもって登場したのだろうか。また、今日なお語り継がれる「アメリカの顔」はこの二〇年代をどのように映しだしているのだろうか。

一九二〇年代は今日の「アメリカ的生活様式」なるものを形成する歴史の大転換期となった時代である。十九世紀末から拍車がかかる産業革命は第一次世界大戦直後の混乱期を経て二〇年代の大量消費時代をもたらしたが、その過程においてアメリカ社会は急速かつ劇的な変質を遂げた。それは同時にこの時代を生きた人々の生活観や人生観にも大きな変化をもたらした。ここに至る三十年前、フレドリック・ジャクソン・ターナーは一八九〇年代年のフロンティア消滅をアメリカ史における重要な分岐点と捉えていた。確かにこの機を境にアメリカ社会は都市化、組織化が急速に進み、それまでの個人中心的な生活は否応なしに過去の遺物となっていった。戦争により奪われた自由を取り戻した一方で、次第に不自由な管理社会を実感するアメリカ人はフロンティアの残影を抱きながらもそうした社会生活への順応を強いられることになった。

一九二〇年の国勢調査で初めて都市人口が農村人口をわずかに上回り、その格差は以後年々拡大していった。農村から都市への人口流入は速度を増し、その都市はすでに大量の移民で溢れていた。摩天楼は都市繁栄の象徴となり、高層建築や道路建設のラッシュは続いた。自動車、ラジオ、住宅、家電製品、既製服など耐久消費財を大量生産し、大量消費する経済システムが確立された。今日の「アメリカ的生活様式」の礎はこの二〇年代にあるといわれる。こうした都市文化や生活様式が農村にまで浸透するにはさらに年月を要したが、この時代のホワイト・カラーを中心とする都市中産階級がこの国の物質的繁栄の実現に先導的役割を果たした。一九二〇年代、工業生産高は六〇パーセントの伸びを示し、国民総生産は年五パーセント上昇した。一九二〇年に四百万人以上いた失業者は一九二八年には半分以下にまで減少した。雇用は安定し、労働賃金もアップした。生産性や生産効率の改善によって労働者の就業時間は週六十時間から四十八時間に減った。加えて掃除機や洗濯機など家電製品の普及によって家内労働時間も短縮された。こうした都市生活の繁栄と安定は必然的に人々の生き方にも大きな影響を与えた。金と時間を手にした中産階級は個人生活をいかに充実させるかが人生最大の関心事となり、娯楽や余暇を楽しむことは仕事をすることと同様に大事なことと考えるようになった。ダンスやジャズ、映画やスポーツに興じ、ドライブや旅行、ファッションを楽しむことは都会生活者のステータスシンボルであった。南北戦争以後、国家が主導する理想社会の実現に、もはや彼らの関心はなかった。一方で政府は国家の持続的繁栄を唱え、ビジネス界の保護、育成を最優先した。新たなフロンティアと称して海外へ経済進出する企業を全面的に支援し、産業界を優遇する政策を次々に打ち出した。その一方で工場労働者や農業従事者のための政治的取り組みには常に消極的であった。安定した生活を求め、都会に殺到した多くの低賃金労働者は劣悪な環境の中で働いた。彼らの大半は貧しく、搾取や抑圧に抵抗する力はなかった。政府や実業界の権力肥大に批判の目が集まると、その矛先は新移民や左翼勢力に向けられた。彼らは差別的移民制限や「赤狩り」といった偏狭なアメリカニズムの犠牲者でもあった。こうした政策に対する反発や権力の癒着に対する批判、また改革を唱える声は次第に大きくなっていった。

退廃的な空気が社会に蔓延する中でも自己実現の模索は続いた。民主主義の回復を旗印に社会改革に専念するものもいれば、過激な反政府活動や排他的宗教活動、さらには組織犯罪に身を投じるものもいた。しかし多くのものは社会に管理され、個人を飲み込む構造支配を甘受し、従順な労働者として働いた。もはや労働に対する意欲や希望は薄れ、働くことは消費生活を満喫するための手段でしかなかった。

確かに個人を縛る社会構造に不自由な生活を強いられたが、金さえあればだれでも時代の繁栄を享受することはできた。消費や娯楽は唯一、彼らが主体的に社会参加できる機会であり、つかの間の現実逃避と自己回復をはかる手段であった。ショービジネスのスターたちと同じものを食べ、同じものを着ることができたし、同じスポーツ試合を観戦することもできた。彼らのような億万長者ではなくても、画期的なローン販売が導入されたことで、新車も郊外の家も手に入れることができるようになった。商業的娯楽が普及すると現実世界と別世界の行き来が容易になり、現存する「身分」の差はみえなくなった。消費や娯楽に身を投じることは、工場での管理労働には得られない安堵と悦びがあった。スリルと快感に身を投じる世界は自信と活力を取り戻せるオアシスであった。

2 メディア・ヒーローの誕生

二〇年代の多くのヒーローたちはこうした激動する社会から誕生した。以前のように、この国の伝統的価値観に根ざした個人の英雄的行為だけに目が向けられることはなかった。確かにこの時代は国勢を象徴する強いヒーローに飢えていたが、新しい生活様式の浸透は大衆のヒーロー・イメージにも大きな変化をもたらした。

時代が求めたヒーローは、もはや産業革命を先導した石油王ロックフェラーでもなければ、近代生産システムを構築した自動車王フォードでもなかった。彼らが説く勤勉、忍耐、倹約、奉仕の日々実践が将来の成功を約束するとしても、こうしたピューリタン的価値観はすでに大衆志向の基盤ではなくなっていた。その一方で、社会改革者による人道主義の実践や科学者による斬新な発明は大きな賞賛を集めたが、こうした人々が大衆ヒーローの対象として崇拝されることはなかった。歴代の名将にみるような戦争ヒーローの誕生もなかった。戦争から解放され、自由と平和を再び取り戻した人々はひたすら消費や娯楽を楽しむことを願った。身近な消費生活は長年溜まったエネルギーを一気に発散できる大きな受け皿ではあったが、消費がもたらす限りない欲求を満たすことは容易なことではなかった。

これを一見易々と体現する人々がメディアに登場すると人々を驚かせた。特に一九二一年に開始された商業ラジオ放送を始め、新聞、雑誌の全国的普及が新しいヒーローを創る大きな原動力となった。メディアという巨大組織の経済活動から生まれたヒーローたちは大量消費のための「商品」として量産された。急成長するヒーロービジネスに拍車がかかる一方で、メディア主導の商業文化を退廃文化と批判する声も大きくなっていった。それでも大統領よりはるかに高い報酬を手にするメディア・ヒーローたちは常に羨望の的であった。自分には決して果たし得ない成功をいとも簡単にやってのける超人性に大衆は大きな興奮を覚えた。医者や弁護士になるように、自分の子供が映画スターやプロアスリートになることを願った。皮肉なことに、マスメディアという巨大組織が創り上げたヒーローたちが、組織に埋もれ、自己喪失に苦しむ多くの人々を救済したのであった。

スポーツ、映画、音楽、文学、ダンスなどあらゆる文化の領域から新しいヒーローが誕生した。チャップリンのドタバタ喜劇では自由気ままな浮浪者チャーリーが現実世界を翻弄し、不変のチャーリー像を作り出した。西部劇のカウボーイは独立独歩の自由人であった。苛酷な自然や無法者と闘うといった勇敢な男の姿は多くの観客を惹きつけた。ルドルフ・バレンチノやグレタ・ガルボ、クララ・ボウといった斬新な映画スターの登場は美貌や気品、セックス・アピールといった個人の特性が社会に大きなインパクトを与える機会となった。ジョセフィン・ベーカーは躍動感溢れるダンスと音楽にその肉体美と合わせた個人の人間的魅力を内外に強くアピールした。ルイ・アームストロングに代表されるジャズ人気は芸術の理論や音楽の枠組みにとらわれない、自由で直感的な即興演奏にあった。人種や階層の壁を越えた、まさに民主主義のシンボルとして愛される音楽であった。

様々な文化のジャンルから生まれた大衆ヒーローの中でもとりわけその存在感、親近感、スリル感などあらゆる点で時代の大衆意識をもっとも反映していたのはスポーツヒーローである。スポーツの黄金時代といわれる中で、大リーグやアメリカン・フットボール、プロボクシングといった人気スポーツはヒーローは常にメディアの注目を浴びた。テニスやゴルフは庶民のスポーツとして親しまれ、ビル・チルデンやボビー・ジョーンズらの大衆ヒーローが生まれた。確かにスポーツ競技の愛好者は増えたが、誰もが気楽に参加できるわけではなかった。実際にはプレイできなくても新聞、ラジオがあればどんなスポーツも楽しむことができた。勝敗やルール、試合内容など、知りたいことは全て実況や解説に任せておけばよかった。ラジオから流れる実況中継に耳を傾けると、ホームランやノックアウトで瞬時に栄光を手にするヒーローたちがそこにいた。翌朝、朝刊を広げると昨夜の興奮が再現された。おそらく一生かかってもできないであろう自己実現を、いとも簡単に体現してくれる存在に誰もが酔いしれた。ラジオの実況に耳を馳せ、新聞のスポーツ欄に目を通すのは生活習慣の一部となり、いつでもどこでもスポーツは共通の話題となった。一九二六年九月二十六日、フィラデルフィアで行われたヘビー級タイトルマッチ、ジャック・デンプシー対ジーン・タニーの「世紀の対決」には観客動員数十三万人、全米で三千九百万人の人々がラジオ中継に聴き入った。試合が終わるとわれ先に号外を手にしようと街頭は人々で埋め尽くされた。事実、戦後これほどの記事ネタは他になかった。こうしたビッグイベントの数週間前や試合直後は売り上げが何倍にも伸びた。大統領選挙の勝敗分析を思わせる過熱ぶりであった。新聞各社は競ってスポーツ紙面を拡張し、内容の充実を図ることで販売部数を大幅に伸ばした。もはやスポーツ記者の仕事は試合結果やその分析、注目選手の人物描写に留まることはなかった。かれらの日常生活をつぶさに観察し、プライバシーに立ち入ることでスーパースターの商品価値を高めた。庶民に手の届くスター記事を書くことで確実に売り上げを伸ばした。(新聞を買えばスター選手のことは何でもわかった。)いつしかスポーツライターは「ヒーロー製造者」として、なくてはならない存在になっていた。

彼らは「製造」のための「原料」調達にこと欠くことがなかった。ヒーローたちのサイドビジネスはとっておきの記事ネタであった。ベーブ・ルース、ジャック・デンプシー、ジーン・タニー、ビル・チルデン、レッド・グランジ、スポーツ各界のスーパーヒーローの多くはハリウッドやブロードウェイで俳優としての顔も併せ持っていた。映画界でもスポーツヒーロー人気は目覚しく、本業に見合った破格の待遇が用意されていた。クライマックスによくでる乱闘シーンでは、役者の決め台詞はさておき、群がる悪党に立ち向かい、わが身を捨ててシンデレラを救い出すといったお決まりの役を演じた。そこにはフロンティアや西部劇にみる陳腐な英雄像が生き続けた。スーパープレイヤーの多くは、新聞、ラジオ、映画によって作りだされる現実と虚構の世界を意のままに渡り歩く「自由人」であった。一方、こうした華やかな舞台を用意した裏方の存在も大きい。興行ディレクター、プロモーター、さらにはスポーツライターの手によって完成されたヒーローたちはメディア・ビジネスが誇る最高級の「商品」として、スポーツ娯楽全盛期のシンボルとなった。

3 スポーツ界の英雄：ベーブ・ルースとジャック・デンプシー

二〇年代という時代を超え、今もって「アメリカの顔」であり続けるスポーツヒーローといえばそれはだれよりも先にベーブ・ルースのことである。

この時代の大きな社会変動の波は野球界にも押し寄せていた。二〇世紀始めからベーブ・ルースが大リーグに登場するまでの十数年間、工場の組み立てラインに象徴される「チーム・ワーク」の価値観は野球哲学にも根づいていた。科学的理論に基づく野球の実践こそが勝利への最短距離であると考えられていた。ベンチ主導の徹底した管理試合が展開される中で、打者の個人技は敬遠され、犠打、スクイズ、ヒット・エンド・ランといったチームプレイが優先された。投手力が重視され、小得点差のゲームに競り勝つ戦略が練られた。スピットボールといわれる、つばや土でボールを細工した「いかさま球」の投球が横行していた。この球に当たった打者が死亡するなど犠牲者が続出した。そうしたアンフェアなプレーに対する批判や非難の声が高まる中、いわゆるブラック・ソックス事件は起こった。一九一九年のワールド・シリーズでシカゴ・ホワイトソックスの選手が八百長試合に関与したことで翌年八人が球界から永久追放された。迫力や精彩を欠く管理野球や度重なるスキャンダルによって、野球人気の低迷はまさに深刻な状況にあった。こうした時期に大リーグ入りし、歴史的危機を救ったのがベーブ・ルースである。パワーとパフォーマンスの攻撃野球は人々の目に新鮮に映った。さっそうと登場した「強打の怪物」は多くのファンを球場に呼び戻し、新たな野球信者を作り始めた。伝統的に田園のスポーツであった野球

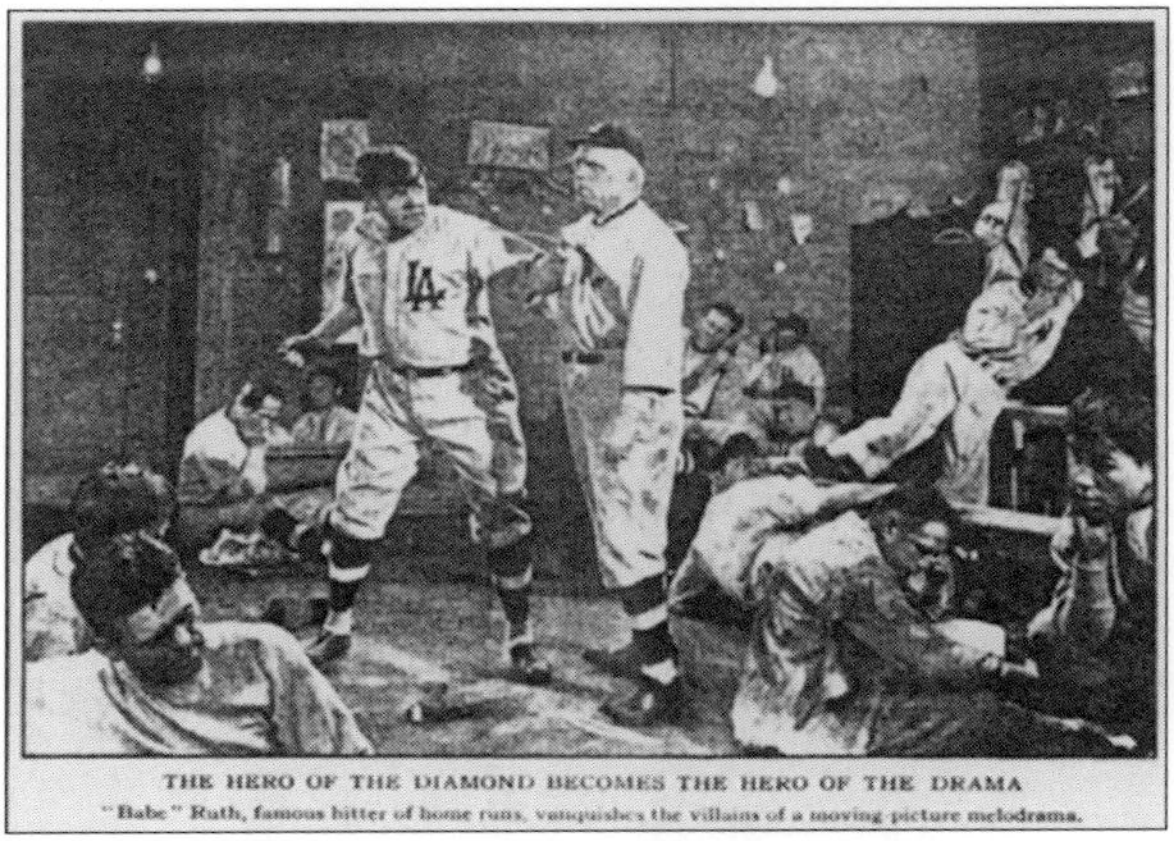

メロドラマでもヒーロー役を演じるベーブ・ルース
出典：American Review of Reviews 1927

は、二〇年代には都会の娯楽としてあらゆる人種や階層に広く浸透した。人種差別が横行する社会で黒人だけのニグロ・リーグが設立された。また、この移民急増の時代に野球ファン層に異変が生じ始めた。社会の「お荷物」とされた南・東欧からの貧しい新移民にとって、野球は限られた娯楽のひとつであった。興行収入の面からも野球は確かに中産階級のスポーツであったが、都市に集中する貧しい移民労働者が日毎に球場の外野席を埋め尽くすようになった。野球観戦を取り巻く状況の変化で反移民感情は高まったが、クラブ・オーナーたちにとって新移民はすでに無視できない固定客となっていた。ホワイト・カラーの中には野球を「貧乏人のスポーツ」として嘲るものもいたが、ベーブ・ルースの豪快スウィングはすべての野球ファンをとりこにした。ニューヨークの地元ファンはヤンキースの勝利よりもベーブ・ルースのホームラン目当てに球場に押しかけた。一九二三年に完成したヤンキー・スタジアムは「ルースが建てた家」と呼ばれた。ホームラン王としてのルースの名は瞬く間に知れ渡った。場内外を問わず彼の言動はどこでもマスコミの話題となった。しかし自分を神や超人に祭り上げるメディアの過大な人物評価に対して、ルースが自分本来の生き方を変えることはなかった。「ベーブ」や「バンビーノ」といった彼の愛称が示すとおり、ルースの「幼子のような大人」としての生き方は大衆の目から決して離れることはなかった。

ジョージ・ハーマン・ルース・ジュニアは一八九五年、メリーランド州、ボルチモアに酒場を営むドイツ系アメリカ人の両親の家庭に生まれた。劣悪な環境で両親の十分な愛情や教育を受けることなく育った少年は常に周囲を悩ませた。学校に上がる前から酒や煙草の味を覚え、学童になるとすぐに学校をさぼり、けんかや盗みをくりかえした。七歳にしてもはや両親の手に負えない状況であった。その後少年矯正施設に送られ、職業訓練を受けながらルースはそこで十二年間過ごした。ここが彼の野球人生の始まりであった。施設の野球チームに入り、八歳で十二歳チームの代表になった。左腕投手として活躍し、十九歳でプロ入りした。まもなくボストン・レッド・ソックスに移籍し、ワールド・シリーズで二九イニング無失点という大記録を達成するなど投手としての非凡な才能を証明していたが、バッターとしての素質を大きく買われて外野手に転向した。ベーブ・ルースのスラッガー伝説はここから始まる。一九一九年に打った二十九本のホームランは一九一五年以来の最多本塁打記録二十五本を上回った。この年、多額な金銭トレードでニューヨーク・ヤンキースに移籍した。一九二〇年に五十四本、翌年は五十九本塁打で連続ホームラン王に君臨した。一九一六年から一九三六年までに年平均五十本のホームラン、通算七百十四本塁打の記録を残した。ルースの記録に刺激された両リーグの多くの打者はこぞってスラッガーへの転身を図った。鉄人ルー・ゲーリックと組んだ至上最強のコンビは三度のワールド・シリーズ優勝をヤンキースにもたらした。

ルースのパワー、パフォーマンス、闘志は人々を興奮の渦に巻いた。次々と打ち立てる大記録はルース信仰を揺るぎないものにした。管理社会に埋もれ、個人の「顔」が見えなくなったこの時代にもアメリカン・ドリームは存在することをベーブ・ルースが身をもって証明した。自己喪失に打ちひしがれた多くの人々に勇気と活力を与えた。マスコミはこぞってルース崇拝に傾倒した。その非凡な能力，野球への献身，カリスマ性を描写することには懸命であったが、ルースを天使ではなく俗物として描くことには慎重であった。死の床にいる少年を見舞い、約束どおりにホームランを打ったこと、孤児院を頻繁に訪問しては子供といっしょに野球をするといった逸話にはスポーツライターが得意とする美辞麗句が並べられたが、人間ベーブ・ルースの欠陥部分に対する非難や批判は極力抑えられた。球場内外における素行の悪さはもとよりファンの知るところであった。試合中にやじを飛ばす観客を追い回したり、不服な判定に対して審判に罵声を浴びせるなど、少年時代の傍若無人な振る舞いはスーパースターになっても変わらなかった。ルースの大食漢、ギャンブル狂、色好みは有名で、禁酒法の時代にどこにいても酒を手放すことはなかった。飲酒運転で捕まり、子供のできた愛人に訴訟を起こされもした。一九二二年には私生活を含めた愚行のために五度も多額の罰金や出場停止の処分を受け、シーズンの半分近くを棒に振った。結婚後も高級ホテルに一人で住み込み、ロールス・ロイスを乗り回し，歓楽街で飲み明かすといった道楽生活が現役時代続いた。社会のルールや常識を逸脱したルースの奔放な暮らし方は、時にメディアの厳しい目にさらされることもあったが、大衆を失望させることはなかった。時代の繁栄に浮かれる裕福な人々は、快楽を愛し、自由気ままを体現するルースの生き様に自分の姿を観たのであった。貧しい者は、社会の底辺から自力で這い上がったルースのような生き方に未来の自分を観ていた。貧しさから脱却するために懸命に働き、物質的豊かさを享受することに真の幸福があると信じた。ベーブ・ルースの生き方そのものがアメリカン・ドリームであった。

ベーブ・ルースが復活させた野球人気は何よりその型破りな個人プレーにあったが、パワー、スピード、スリルに満ちた攻撃性こそ、時代が求めるスポーツであった。こうしたニーズを一番満たしたものはおそらくボクシングであろう。中でも、欲しい物は手に入れても敷かれたレールを踏み外すことのできない中流階級が、物質的豊かさだけでは飽き足らず、型破りな生き方に刺激や興奮を覚えたのがボクシングであった。忠誠や献身を捧げることも自己放棄に生きることも強いられず、名もないボクサーでも自分の腕一本で人生の成功を手にする雄姿に貧しい労働者の胸は高鳴った。一九一九年、アメリカ独立記念日に行われた世界ヘビー級タイトルマッチで、ジャック・デンプシー（ウィリアム・ハリソン・デンプシー）は一夜にして国民的英雄にのし上がった。これまでにない巨人、ジェス・ウィラードを残忍なまでのブルファイトで打ちまくり、初回七度のダウンを奪い、三回でマットに沈めた。見たこともないスピードと破壊力あるパンチ、連打による追撃に観客は興奮の渦に巻かれた。この日、戦後初のビッグイベントは瞬時にして惨劇の場と化した。相手の顎と肋骨は折れていた。試合後、「巨人殺し」の異名をとったデンプシーは獰猛な風貌と容赦のないファイティング・スタイルで大衆の反感を買うことにもなったが、何よりスラッガーとしての圧倒的存在感がボクシング復活の原動力となった。デンプシーの登場をみるまではボクシングが野球に勝るとも劣らない国民的イベントになろうとはデンプシー本人でさえ思いもしなかったであろう。それ以前、酒や賭博が大衆娯楽の中心であった一八〇〇年代後半、ボクシングは残酷で野蛮な興行として違法とみなされ、ほとんど全ての州で禁止されていた。状況が一変したのは第一次大戦後である。禁酒法の制定で酒の製造、販売は禁止され、酒場は錆びれた。ノミ行為が横行していた競馬も綱紀の粛正によって厳しい取り締まりを受けた。盛況であったこれらの娯楽が消えゆくなかで、興行としてのボクシングが復活した。戦時中、軍事訓練の一環として採用されていたこともあり、その公益性や健全性が広く世に認められるようになった。州知事が任命権をもつボクシング・コミッショナーが興行試合を管理、運営した。ヘビー級タイトルマッチともなると、政治界や経済界の大物がこぞって観戦に訪れた。観客動員数は軒並み上がり、十万人を超える試合も多かった。その人気は全米各地から特別列車を連ねて試合会場に集まるほどであった。スポーツ興行としては常に最高収益が約束され、勝者には破格の報酬が用意されていた。

一攫千金の夢物語は多くの人々を魅了し、リングの雄姿は新たなヒーロー神話を開花させた。しかしこうしたボクシングの隆盛は攻撃スタイルのスリル性や個人パフォーマンスへの賞賛だけにあったのではない。デンプシーの名を全土に轟かせ、ボクシングを華やかな国民的スポーツイベントを創り上げたのは野球と同様、興行試合の仕掛け人と手を組んだメディアパワーによるものであった。その注目はデンプシーの豊かな話題性にあった。一八九五年、コロラド州、マナッサに鉱夫の子として生まれ、貧しい少年時代を過ごした。兄二人は鉱山で働いたが、デンプシーは採鉱地の他にも牧場や農園での季節労働者として働きながら西部の町を放浪していた。十一歳で初めてボクシングの手ほどきを受け、以来酒場を渡り歩いては賞金稼ぎの試合に出た。相次ぐ初回ノックアウト勝利がスカウトの目に止まり、プロデビューした一九一九年にデンプシーはヘビー級チャンピオンとなった。王座に君臨した七年二ヶ月の間、対戦前後の試合分析は勿論のこと、日常生活のありとあらゆることが記事ネタになった。貧しい生い立ちから自力で身を起こし、下積み時代の自助努力で栄光を手にしたデンプシーは、人々の心に残るフロンティアズマンを連想させた。西部の開拓者と重ね合わせたメディア「操作」は確かなデンプシー信仰を作り上げたが、豊富な話題を提供することでメディアスターとしての「商品価値」を高めることも忘れなかった。チャンピオンになった翌年、ある新聞に徴兵逃れの疑惑をかけられた。非愛国者としての負のイメージはデンプシーには大きなダメージとなったが、興行主やメディアには大きなビジネスチャンスとなった。プロモーターはかつての戦争ヒーローでフランス人のジュルジュ・カルパンティエをあえて挑戦者とすることで、この防衛戦に世界の注目を集めようとした。祖国のための真の戦いを

「拒否」したデンプシーが勝てば全てのアメリカ軍人の不名誉となるし、カルパンティエが勝てば、フランス人に負けたことでアメリカ国民の不名誉となる。プロモーターの仕掛けどおり、組み合わせへの関心はラジオや新聞を通して瞬く間に全土に広がった。メディアのよるセンセーショナルな宣伝戦略も効を奏して、世界初の一〇〇万ドルの興行試合が実現した。ボクシングは何より儲かるスポーツビジネスであることが証明された。以来、タイトルマッチは国家間や人種間の対立といった、大衆を扇動する企画が練られ、さらに多くの人々がビジネスチャンスに群がった。三年間リングを離れ、その間映画界でも話題を振りまいたデンプシーは一九二六年にジーン・タニーと五年ぶりにタイトルマッチを行った。最高興行収益の新記録は以後五十年間破られることはなかった。相変わらずのパワー攻略で挑むデンプシーに対して、徴兵も経験した海軍のエリートボクサーであるタニーは独自の科学的攻略を実践し、力より技に秀でた頭脳派ボクサーとして注目された。この試合でデンプシーは判定負けした。翌年再戦を果たしたが、またも判定で敗れ、王座へ返り咲きはならなかった。観客もメディアも新チャンピオンを賞賛する以上に敗者の悲運を嘆き、引退を惜しんだ。大衆の喪失感は大きかったが、デンプシーが真の意味で、ヒーローとして大衆に受け入れられたのはこの連敗を機にしてであった。相手に計算し尽くされた攻撃パターンへの固執、ダウンを奪いながらコーナーポストに待機する新ルールを忘れ、相手にロングカウントを許したために結局、王座奪回を逃した不運。こうした素朴で無骨な姿は大衆の目に超人デンプシーの人間性として映った。日々の生活では敗北に打ちひしがれ、自らの不運に耐える人々の間に同情が生まれ、悲運なファイターに自分の姿を重ね合わせた。ヒーローに自分の現実は変えられなくとも、何よりその現実をデンプシーの中にみることが慰みであった。「弱さ」を共感できる大衆性もヒーローの「顔」としての一面であった。

4 時代を超えたもうひとつの「アメリカの顔」—チャールズ・リンドバーグ

アメリカン・ヒーローが一夜にして誕生する、英雄狂騒の時代を最も象徴するのがチャールズ・リンドバーグの大西洋単独横断飛行である。一九二七年、五月二十日、リンドバーグは自ら設計した愛機「スプリット・オブ・セントルイス」でアメリカの東海岸ロングアイランドからパリに向けて飛び立った。二十五歳の青年が一人で挑んだ初の無着陸大陸横断飛行は、本人さえも予想し得なかった「リンドバーグ神話」と「リンドバーグ崇拝」の始まりとなった。

一九〇三年、ライト兄弟のエンジン搭載機による初の有人飛行以来、大空へのロマンは引き継がれたが、二〇年代に次々登場する発明や技術革新の中で、飛行機はその実用性の面で大きな注目は受けていなかった。第一次大戦では攻撃や偵察など、戦略上での航空機の重要性は説かれていたが、安全性や信頼性は他の兵器に比べて明らかに見劣りするものであった。戦後はとりわけ国内のカーニバルやフェアなどで曲芸飛行としてもてはやされた。実際の飛行に傾倒していたリンドバーグは大学を中退後、空への夢を曲乗りによって実現させた。飛行中に翼の上でチャールストンを踊り、パラシュートで降下するなどの妙技を習得した。スタント飛行士としての自らエアーショーを宣伝するために空からのビラ撒きもした。生活の為ではあったが、この経験は飛行技術や安全性の判断力を培う何よりの収穫であった。曲芸飛行で生活できなくなったリンドバーグは陸軍飛行学校に入隊し、卒業後に予備役に任官された。赴任したセントルイスで大きな転機が訪れた。当時、連邦政府が推進した航空郵便事業が成功し、空の

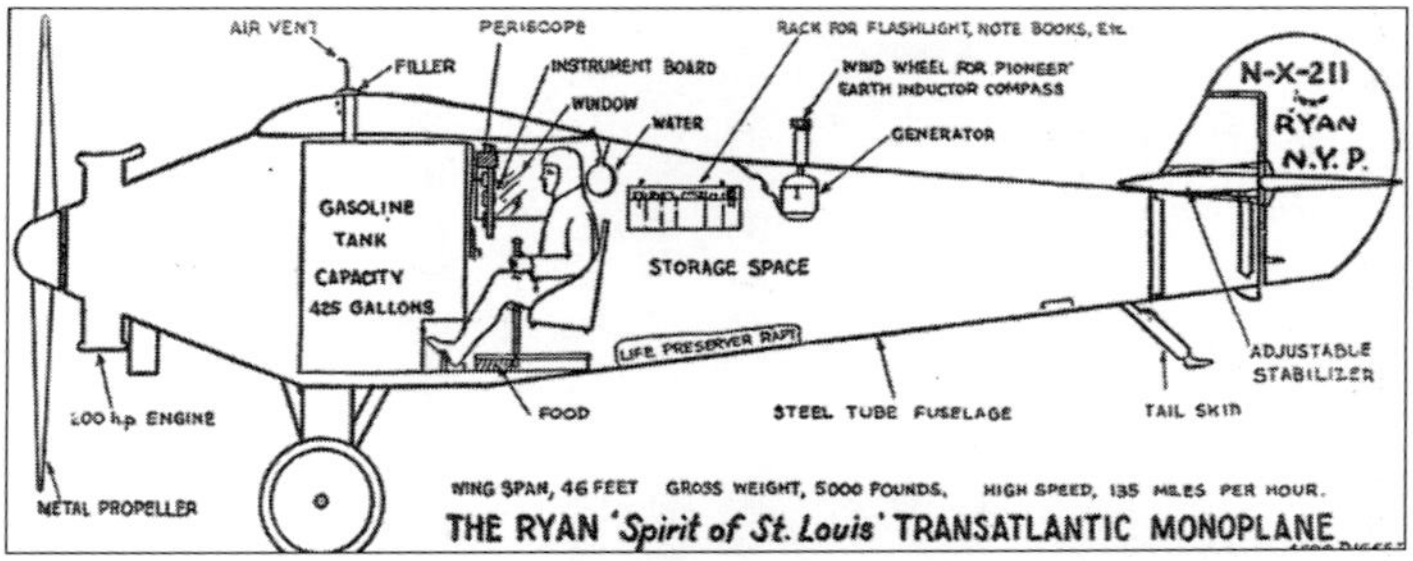

リンドバーグが操縦した単発機ライアン・スピリット・セントルイスの断面図　—燃料搭載量を上げた一方で装備を最小限に留めた。—

出典：The Out look, 1927

ビジネスへの期待が膨らんでいた。二〇年代は定期路線が次々と開設され、航空貿易の需要も拡大したことで、空港建設を始めとする様々な航空関連事業が開花した。リンドバーグは民間に譲渡されたセントルイス‐シカゴ間の定期航空郵便業務の以来を受け、二十四歳で正式のパイロットとなった。安全性の難題は解決されないままの船出であったが、夜間飛行や悪天候など危険な任務になることを十分承知していた。何人もの同僚を事故で失い、自らも操縦不能の機体からパラシュートで脱出するなど幾度となく命にかかわる事故に遭遇した。こうした状況でも任務に対する決意が揺らぐことはなかった。

一九二六年、リンドバーグはある大きな決断をした。一九一九年にレイモンド・オルティグという在米フランス人企業家が米仏友好と銘打って、ニューヨーク・パリ間の無着陸飛行の最初の成功者に二万五千ドルの賞金を提示した。七年もの間に数多くの挑戦者が失敗していた。すでに六人が命を落とし、行方不明とされるものもいたが、挑戦への名乗りは途絶えることがなかった。出発の準備を着々と進めていたリンドバーグもそのうちの一人であった。失敗の経緯を熟知し、教訓を生かすべく、機体の製造過程から実施計画までのありとあらゆる詳細事項の決定に独自の考えを優先させた。単独飛行はレースの条件ではなかった。どの挑戦者も同乗者との協力が長時間の安全飛行に必要な条件と考えていたが、リンドバーグはあくまで単独にこだわった。少しでも多くの燃料を積むためである。多くの飛行家が重装備による大型機で挑戦したのに対して、リンドバーグはラジオやパラシュートの装備さえない質素な軽量単発機での挑戦を選んだ。

冒険飛行家による長時間飛行競争はますます過熱化し、大西洋横断飛行はこれにまでない「豪華ショー」の様相を呈した。アメリカ、フランス両国には、飛行経験が豊富な挑戦者が出番の時をうかがっていた。すでに北極点到達に成功していたリチャード・バード、五十一時間の連続飛行記録をもつクラレンス・チェンバレンを始め、名の知れた飛行家や現役軍人がエントリーしている中で、リンドバーグは無名であった。飛行実績や支援体制からしても彼らの強力なライバルとは到底みなされることはなかった。

一九二七年、四月、リンドバーグは奇怪な運命の巡り合わせとも思える状況に遭遇することになる。アメリカからの出発にエントリーしていたすべての有力者が悲運に見舞われた。テスト飛行の失敗や本番での墜落事故が相次ぎ、多くの負傷者や死者がでた。これにより再挑戦の機会は奪われ、大幅な延期を余儀なくされた。五月初旬、パリから飛び立った二人の英雄もすでに命を落としていた。すでに準備ができているのはリンドバーグだけであることが新聞の見出しで明らかになった。出発のわずか一週間前になって初めてリンドバーグの名は知られることとなった。無口でスリムな青年が見るからに粗末な装備の飛行機に乗って苛酷なレースに立ち向かう姿に大衆の好奇心は高まった。新聞は、公演直前のサーカスを覗き見するかのように、スリルな「見世物」に目を向けた。花形スポーツ選手や映画スターのゴシップ、大物政治家のスキャンダル，あるいは血生臭いマフィアの抗争といった記事ネタの類であった。一九二七年五月二十日、午前七時五十二分、リンドバーグは飛び立った。ラジオはすぐに出発の様子を全土に放送した。様相は一変し、家庭でも教会でも多くの人々が若き飛行士の無事を祈った。翌日の二十一日、午後十時二十一分、パリのル・ブルージュ空港に着陸し、三十三時間二十九分に及ぶ単独飛行は成功した。誰より驚いたのがリンドバーグ本人であった。空港に押しかけた十万もの群集に手荒な歓迎を受けた。愛機は壊され、部品や私物が次々奪われた。空港は混乱し、歓迎式典は中止された。それでも初めて記者会見に臨んだリンドバーグには「アメリカの顔」がすでに備わっていた。予想を越えた事態にも困惑顔を見せず、常時、平静を装った。度重なるスピーチでは、何よりフランス国民への感謝を繰り返し、米仏友好を強調した。ライバルであったフランス人挑戦者が行方不明であることを気遣い、自分に対する賞賛に浮かれることはなかった。謙遜と節度ある言動は両国民の高い賞賛を集めた。出迎えのためにクーリッジ大統領は巡洋艦メンフィスをフランスに差し向けた。祖国が眼前に迫ると祝砲が鳴り響き、航空機や軍艦の護衛を受けながら、ポトマック河を上っていった。ワシントンに到着すると大統領から国家最高勲章が授けられた。航空分野の終身ポストも用意されていた。ニューヨークでの歓迎行事は戦後のヨーロッパからの凱旋パレードをしのぐものであった。マンハッタンでは紙吹雪が舞う摩天楼をパレードする中、四百万人もの市民がリンドバーグを歓迎しようと沿道にくりだした。アメリカの歴史において、一個人が、かつてこれほどの祝福を受けたことはなかった。

到着翌日の『ニューヨーク・タイムズ』紙の紙面はリンドバーグへの偉業に対する称賛と敬意の言葉

で埋め尽くされた。地方紙やタブロイド紙もこぞって世紀の大イベントの成功を絶賛した。最初のわずか四日間でアメリカだけでも二十五万の関連記事が書かれ、三万のコラムが紙面を飾った。ラジオも連日連夜、若きヒーローの誕生を祝福した。特別版や特別番組の企画が急増し、出演依頼や取材申し込みが殺到した。リンドバーグや愛機の名前を社名や店名、ブランド品名に使用したいとの申請が相次いだ。ハリウッドからは一〇〇万ドルの映画出演の勧誘があった。リンドバーグと名のつくものはなんでも売れた。メディア界やビジネス界の凄まじい攻勢を前に、リンドバーグはもはや「大空を舞う世界一の自由人」ではなくなっていた。帰国後は空軍や航空産業の発展に寄与することを願ったが、メディア・ビジネスが創り上げた「リンドバーグ像」を甘受することはなかった。消費社会のシンボルとしての役割を担う要請に応えることはなかった。「アメリカの顔」を押し付けられながらも本来の自分を死守しようとする、せめてもの意思表示であった。社会の支配から自らの自由を守ろうとする頑な姿勢を、リンドバーグの「公共性」の欠如や人格の「異常性」として描くマスメディアはすでに自由や人権擁護の代弁者としての使命を放棄していた。

アメリカの価値観が揺らぐ中、だれもがそれぞれにリンドバーグの幻影を見ていた。ある者は単独飛行の成功にかつての開拓者イメージを焼き付けた。未開の荒地を開拓し、鉄道を敷き、摩天楼を建設することで豊かな社会を実現できると信じ、未知への好奇心と自助努力で理想の未来を実現する自分をリンドバーグに見いだそうとした。リンドバーグの横断飛行は新たなフロンティアの開拓であり、機械文明の勝利を意味した。ある者は彼の偉業を神話の域にまで高め、崇拝することに歓喜と興奮を覚えた。またある者は「自由な」リンドバーグに「不自由な」自分を重ね合わせた。巨大組織に身を任せ、従順と依存に慣れきった絶望的な自分の姿を哀れむ一方で、自由人が未だ「存在する」ことに安堵を覚え、心の内に潜む本来の自分を呼び起こすことに悦びを感じた。激変する社会において、十人十色のリンドバーグ幻想は新時代を生きる人々の生命力を呼び起こす原動力であった。

（日高正司）

コラム❹ アメリカ的生活の確立

十九世紀後半から急速に都市化、工業化の進んだアメリカは二十世紀初めには、まだ貧富の差が激しく、それほど富める国ではなかった。しかし、第一次世界大戦を契機として債務国から債権国へと転じた後は一躍、資本主義世界で中心的地位を占めるようになった。この間、国内経済もめざましい発展を遂げ、アメリカ国民は一九二〇年代に未曾有の経済的繁栄を謳歌することになったが、その大きな要因となったものは、自動車、電気、建設や、それらの関連諸産業の急激な成長であり、広告マスメディアに支えられた大量販売組織の発展であった。そして、この空前の繁栄が生んだ大衆消費時代を象徴する最も代表的なものが自動車であった。

自動車は一九〇〇年当時、まだ裕福な人々のものでしかなく、アメリカ全土での保有台数も僅か一万三八二四台にすぎなかった。だが、フォードが流れ作業の導入によって大量生産に成功し、廉価な車を世に出したことによって自動車はたちまち大衆の間に浸透していった。一九〇九年に八五〇ドルであったフォードT型車の値段は、一九二七年には二九〇ドルにまで下がり、逆に全米自動車登録台数は激増して一九二九年には二千六百五十万台（人口五人につき一台の割合）を超えていた。人々は自動車に熱狂し、派手な新型車は関心の的となった。一九二七年、フォードが従来のT型車に代わる新車を発表すると、ショールームには群集が殺到し、警官隊までが出動するありさまであった。こうした自動車の急速な普及によって道路網も発達し、道路沿いにはガソリンスタンドが建ち並び始め、住宅地は都市から郊外へと拡大していった。それは自動車時代の幕開けであった。

自動車は様々な点でアメリカ人の生活に革命をもたらしたが、電化製品の急速な普及も旧来の生活を一変させた。この頃の都市部の住宅にはガス、水道、セントラル・ヒーティングが完備し、家庭にはアイロン、真空掃除機、洗濯機、冷蔵庫、電話などが次々に備わり、主婦の家事労働は大幅に軽減されるようになった。更に、パン屋、デリカテッセン、半加工食品の出現や既製服の普及も加わって人々の余暇は増大した。こうして出来た余裕は大量生産と相俟って大量消費社会を生み、雑誌には消費をあおる広告が満ち溢れ、広告代理店が輩出し、セールスマンが売り上げを上げるために狂奔した。通信、月賦、セルフサービスなどの新しい販売方式が広く普及したのも、ミス・コンテストが初めて開催され、新しい宣伝活動として注目を集めたのも皆この二〇年代のことであった。

　自動車と共にこの時代を画するもう一つの産業がラジオである。アメリカで初めてラジオ放送が実施されたのは一九二〇年であったが、その僅か四年後にはもう全国放送網が出来上がり、人々はラジオの虜になっていた。ラジオのスポーツ中継は人々を夢中にさせる娯楽となり、プロ・スポーツが盛んになった。娯楽にはやがて映画も加わった。一九二七年世界初のトーキー映画が誕生し、その翌年『蒸気船ウィリー』の主人公として登場したミッキー・マウスが全米の人気者となった。

　十九世紀末に押し寄せた移民の波と急激な都市化、そして二〇年代に起きたこうした生活様式の大きな変化はヴィクトリア朝的な道徳観を崩壊させ、女性の間にも新しい価値観や行動規範を生じさせずにはおかなかった。床まであった女性のスカート丈が短くなり（当時、短くなったスカートには「破廉恥」、「悪魔の仕業」などと轟々たる非難がわき起こり、あちこちの州で短いスカートを禁止する法案が提出された）、女性の間に、化粧、断髪、パーマ、飲酒、喫煙が流行し始めたのもこの時代であった。大量生産と大量消費が生み出す繁栄に酔い、やがて大恐慌で幕を閉じたこの二〇年代に、アメリカでは進学熱や海外旅行熱が高まり、土地や株のブームも起こった。それはどこか日本の高度成長後を想起させるが、繁栄と狂乱のこの一九二〇年代こそ、現代アメリカ人の生活の原型が形成されていった極めて特色ある時代であった。

（倉崎祥子）

第V章

20 年代の終焉

1929 年の大恐慌で 20 年代のパーティは終焉を迎える

1　『偉大なるギャツビー』から『怒りのぶどう』へ

はじめに

繁栄の一九二〇年代が幕を閉じようとする一九二九年十月二十四日、ウォール街で株価の大暴落が始まった。過熱した投機ブームに煽られて、経済の実体をはるかに上回るレベルにまで押し上げられた株価が一挙に崩壊し始めたのである。「暗黒の木曜日」として知られるこの日を境に株価は長期にわたり下落を続け、アメリカは「大恐慌」と呼ばれる未曾有の大不況を迎えた。物質的な繁栄に浮かれた一九二〇年代は終焉し、過酷な失業と貧困の続く一九三〇年代が始まった。アメリカ経済がようやくかつての力強さを取り戻したのは、第二次世界大戦が始まった後のことであった。

株価の大暴落とその後の大恐慌は、アメリカを突然襲った不幸のような印象を与えることもあるが、実際はそれ以前、一九二〇年代の繁栄の時代にその下地はゆっくりと醸成されていた。あたりまえの事だが、株価の異常な高騰がなければ、株価の大暴落もありえなかったはずである。そこでまず、株式市場高騰の背景となった二〇年代の出来事をふりかえってみたい。

1 大恐慌前夜

二〇年代は大衆文化が花開いた時代でもあったが、同時にアメリカが大衆消費社会に変貌した時期でもあった。一般家庭には、自動車だけでなく、ラジオ、冷蔵庫、掃除機、ミシンなどの耐久消費財が広く行き渡るようになった。さらに、電灯、水洗便所、セントラルヒーティング等の屋内設備も徐々に整い、アメリカ的生活様式は都市部だけでなく、農村部にも浸透していった。多くの人々が物質的に豊かな生活を享受できるようになった背景の一つに、効率的な大量生産が実現し、製造業の生産性が大幅に向上したことがある。ベルトコンベアシステムによる大量生産体制を導入した自動車産業では、二〇年から二九年までの間に、二三四パーセントもの生産性向上が達成されている。生産性向上の結果、消費財の小売価格も大幅に下落した。例えば、一九〇八年には八五〇ドルだったT型フォードは、一九二五年には二九〇ドルまで値を下げた。大量生産に加えて、デパート、チェーンストア、通信販売などの大量販売体制も確立し、様々な製品が平均的な労働者世帯にも手の届くものとなった。

このようにして到来した大衆消費社会は、当然のこととして多くの企業に莫大な利潤をもたらした。一九二〇年代に、ハーディング、クーリッジ、フーバーと三代続いた共和党の大統領も、企業繁栄の時代を後押しした。この三人の大統領は皆企業寄りの考えの持ち主で、ハーディングの急死を受けて大統領に昇格したクーリッジは、「アメリカのビジネスはビジネスである」と述べるほどであった。大衆消費社会は企業と家庭に蓄財の余裕をもたらし、一九二一年に五パーセント前後だった企業と世帯を合わせた総貯蓄率は、一九二九年には、二〇パーセントまで上昇した。これらの余剰資金は、株式市場に大量の資金が流れる下地を形成した。

多くの企業に余剰資金が生まれた結果、銀行の融資資金は大企業から、中小企業や個人、さらには株のブローカーが貸付資金を調達するコール市場へと流れていった。投資家が株を購入する場合、一〇パーセント程度の証拠金を支払えば、残額はブローカーの貸付資金を利用することができたが、ブローカーの貸付残高は、一九二七年の三五億ドルから、一九二八年の六〇億ドルへと膨らんでいった。

もっと金持ちになれるはずだという一九二〇年代のアメリカ社会の風潮も株式の高騰に勢いをつけた。より豊かになろうとする当時の世相を象徴する出来事に、フロリダの不動産投機ブームがある。一九二五年にピークを迎えたこの騒動は、当時の建築ブームと、土地の投機で大金を手に入れようとするアメリカ社会の欲望を反映する出来事だった。二〇年代を回顧した『オンリー・イエスタデイ』の中でアレンが、「雑貨屋、電車の運転手、鉛管工、お針子、もぐり酒場の給仕までが相場をやった。反逆しているはずの知識人さえも、市場にいた」と述べているように、株の投機は庶民の間に広まっていった。ただし、一九二八年の一般投資家の数は三百万人程度と推定されており、アメリカ国民がそろって株の投機に狂奔していたという訳ではなかった。

二〇年代には大恐慌につながる別の流れも生まれていた。当時既に不況に喘ぐ産業があったことである。農業は第一次世界大戦の際に生産力を増強した結果、戦後は余剰生産物を抱えることになった。さらに二〇年代には、農産物価格の低下と負債の増加や自己破産に見舞われ、農村部は疲弊した。また、繊維産業は化学繊維の登場を受けて、石炭産業は新しいエネルギーの登場を受けてそれぞれ衰退していった。多くのアメリカ人がアメリカ的生活を享受する一方で、繊維や石炭の街では生活に困窮する人々が生まれつつあった。

これらの不況産業が存在したことや、労働者の賃金の上昇が不十分だったこともあって、二〇年代は所得格差が拡大した時期でもあった。富裕層は一通り豊かな財を買い揃えた後にも多額の余剰金を持つことができたが、そのような余剰金は、農産物や日用品をさらに買い足すことには使われず、貯蓄や投資、または豪奢な消費生活に回された。フィッツジェラルドの『偉大なるギャツビー』には、豪邸とプールとモーターボートのあるそのような消費生活の一端が描かれている。その一方貧困層は、その日の食料や生活必需品を買うこともできないという有様であった。そのため、貧富格差の拡大は、消費者全体の購買力にとってはマイナスに働き、その上さらに株式相場を過熱させることにもつながった。

以上述べてきたような経済的・社会的背景の中で、ダウ工業株平均は、一九二九年九月には、五年前の三倍に跳ね上がり、『ニューヨーク・タイムズ』の工業株価指数は、一九二四年五月の一〇六から、一九二七年末の二四五、一九二九年九月の四五二へと鰻のぼりに上昇した。一九二〇年代の物質的な繁栄をもたらした主要企業の株価も値上がりを続け、暗黒の木曜日に至る十八ヶ月の間に、家電メーカーのゼネラル・エレクトリックの株価は三・一倍、自動車のモデルチェンジを進めたゼネラル・モーターズの株価は一・三倍、電信・電話を普及させたATTの株価は一・九倍の上昇を記録した。一九二九年秋の株式市場は、経済の実体をはるかに上回る異様な相場を形成していた。

一部の識者はこのような株式ブームがやがては破綻することを懸念していた。例えば、『ニューヨーク・タイムズ』は、既に一九二八年から投資家に警告を発している。統計学者ロジャー・バブソンの警告は、やがてくる大不況の時代を正確に予見するものであった。彼は一九二九年九月五日の全国企業年次大会のスピーチで、やがて株価が崩壊し、工場が閉鎖され、人々が失業し、悪循環が発生し、深刻な経済不況がやってくると予測した。証券会社も株価の下落を予想し始め、ダウ平均株価は九月三日の最高値以降、一進一退の動きを示すようになった。そして、暗黒の木曜日前日の十月二十三日、ダウ平均は三二五ドルからその年初めの水準である三〇五ドルまで下落した。

2 株式市場の崩壊

一九二九年十月二十四日、ニューヨーク証券取引所は、売り注文を抱えたブローカーたちで朝から異様な空気に包まれていた。寄り付きは前日の終値とほぼ同じだったものの、十時半には売り注文が殺到し、取引所は大混乱に陥った。取引を記録するティッカー・テープは遅れるようになり、証券会社では最新の株価を知ることが出来ないと気付いた群集がウォール街の証券取引所に詰め掛けた。株価暴落のパニックを受けて、正午にアメリカ主要銀行の会長や社長が緊急の会合を開き、直ちに各自二千万ドルの資金を拠出して市場を買い支えることを決定した。「バンカーズ・プール」と呼ばれる銀行家達の協調介入の効果はすぐに現れ、その日の午後の相場では、主要な銘柄の株価は持ち直しの動きを見せた。USスチールの株価は、前日の終値よりも二ドル高い二〇六ドルまで回復した。結局この日だけで、通常の一日分の商いを四倍近く上回る千二百八十九万株が売買された。

市場に不安と恐怖が広がることを食い止めるため、政治家・実業家は相次いで楽観的な見解を表明した。フーバー大統領は、翌日二十五日に「わが国経済の基礎的な機能である生産と商品の流通は、健全で豊かな基盤に立って運営されている」との声明を発表した。これらの努力の結果、二十五日金曜日の相場は堅実な動きを見せ、ダウ工業株平均は、前日比二ドル高の三〇一ドルで引けた。さらに翌土曜日も堅調な商いとなり、その日の相場は前日比二ドル安で引けた。しかしながら、週明けの月曜日には再び売り注文が殺到し、ダウ平均は一日で三八ドル下降し、株価の時価の総額は一四〇億ドルも暴落した。その日の午後四時半に、銀行家達が再びモルガン商会に集合したが、人々を安堵させるような具体策が発表されることはなかった。彼らにできることは、投資家にできるだけ不安や動揺を与えないように、買い支えから手を引くことだけであった。そして翌日十月二十九日、「暗黒の火曜日」と呼ばれるその日の相場の崩壊は、暗黒の木曜日を上回る壊滅的なものとなった。取引高は、暗黒の木曜日を超える千六百四十一万株に上り、月曜日と同様記録的な損失が生まれた。株価が下がり追加証拠金を求められた投資家達は、値下がりした株を売ってその資金を作るしかなかったが、これが投売りの圧力を強め、株価の値下がりにさらに拍車をかけることになった。バンカーズ・プールの組織的な介入も、津波のように証券取引所を襲った投売りの圧力をもはやどうす

株価大暴落のニュースを聞いてウォール街に押し寄せた群衆

ることもできなかった。二十九日の大暴落を食い止めることが出来なかった銀行家達は一挙に信頼を失った。

翌日三十日は、前日に特別配当の計画が公表されたことを受けて株価は一時回復するが、証券取引所の運営委員会では取引所を一時閉鎖すべきとの意見が出され、三十一日木曜日は半日だけの短縮開場となった。続く金、土、日の三日間、取引所は閉鎖され、翌週からは短縮開場が続けられた。相場がようやく下げ止まったのは十一月中旬のことであった。その後翌年四月までの間に、株価は一度三〇〇ドル手前まで持ち直したが、それ以降はひたすら下降線をたどり続けた。三〇年末にはダウ平均は二〇〇ドルを切り、三一年末には一〇〇ドルを割りこんだ。ニューヨークの証券取引所に上場されている株式の時価の総額は、二九年九月の八九七億ドルから、三二年七月の一五六億ドルまで下落した。

株価大暴落直後の十一月二日にハーバード経済学会は「株式市場および経済全体の現状を不況の前兆とみなすのは適当でない」との見方を発表した。ハーバード経済学会はその後も不況の到来を否定する予測を繰り返し、同学会の将来予想に対する世間の信頼は失われ、ついに学会は解散となった。バンカーズ・プールの銀行家達も株価暴落に便乗した背信行為が発覚して非難を浴びた。チェイス・ナショナル銀行会長のアルバート・ウィギンは、娘の名を冠した会社を通して、自行の株を空売りし（将来値下がりすることを見越して、先に売って、値下がりした時点で買い戻す操作）、多くの人々が莫大な損失をこうむる中、四〇〇万ドルもの利益をあげて私服を肥やした。銀行のトップが私利私欲のために自行の株を空売りするという行為は、いかなる詭弁を弄しても弁解できない背信行為だった。さらにナショナル・シティ銀行会長のチャールズ・ミッチェルも、一九三三年三月に自社株の売買をめぐる脱税容疑で逮捕・起訴された。自社株売買の動機は、他行の吸収合併が絡んだもので、ウィギン程悪質ではなかったが、二八年、二九年と一三〇万ドルを超える報酬を得ていた銀行家の不正は厳しく弾劾された。

この株価大暴落に失望した事業家・投資家の中には自殺するものもいた。一日で一一三・五ドルから四ドルまで株価が暴落したユニオン・シガーの社長はホテルから身を投げた。ロンドンの大衆紙は、投資家たちが次々と窓から飛び降り自殺をはかっているかのような記事を書き、ウォール街の混乱を面白可笑しく報道した。ホテルのフロントが来客に対して、お休みの部屋ですか、それとも身投げ用の部屋ですかと尋ねるというようなジョークも生まれた。しかし、当時の統計には、この時期にニューヨークや全米の自殺者が増加したという記録は残されていない。大暴落に続く連鎖反応的な自殺の話は、多くはマスコミの作り話であった。しかし、株価大暴落に続く一九三〇年代には、実際に自殺者が増加する程深刻な失業と貧困の時代を迎えることとなった。

3 大恐慌

一九三〇年代に入ると、学者・実業家・政治家達の楽観的な予測にも関わらず、アメリカを未曾有の大不況が襲った。ローズヴェルトが大統領に就任する一九三三年まで、株価だけでなく、その他の重要な経済指標も悪化する一方であった。ＧＮＰは二九年の一〇四四億ドルから三三年の七四二億ドル（二九年の物価換算）まで減少し、三三年三月フーバーがホワイトハウスを去るときの工業生産は二十九年の半分以下まで落ち込んだ。農業の総所得も二九年の一三〇億ドルから三二年の五五億ドルまで激減した。株価暴落後、当面の間賃金カットやレイオフを控えていた産業界も、徐々にそれらの手段を用いるようになった。失業率（カッコ内は失業者数）は、二九年からピークの三三年まで、年毎に、三・二％（百五十五万人）、八・七％（四百三十四万人）、一五・九％（八百二万人）、二三・六％（千二百六万人）、二四・九％（千二百八十三万人）と急激に悪化した。解雇は、最初が黒人の未熟練労働者、最後が白人管理職という順番で行われた。また、白人が黒人の職を、男性が女性の職を奪う傾向も生まれた。解雇された人々が都会の街角で木箱にりんごを載せて売る光景も一般的なものとなった。解雇・失業を逃れた人々も、賃金の大幅なカットを受け入れざるを得なかった。二九年から三三年の間に、時間あたりの賃金は六割カットされ、ホワイトカラーの給与も四割削減された。

一九二〇年代から不況に見舞われていた農村はさらに大きな打撃を受けた。農産物の低価格を補うためにさらなる過剰生産が行われたが、二九年から三三年までに収入は半減した。あまりの低価格に、多くの農産物が市場に持ち込まれずに廃棄処分された。大恐慌時の農業労働者の年収は二一六ドルで、ウエイトレスの五二〇ドル、炭鉱夫の七二三ドルを大幅に下回っている。一九三〇年代はさらに洪水・旱魃・砂嵐などの自然災害が農民達に追い討ちをかけた。テキサス、ニューメキシコなどの州は、ダストボウルと呼ばれる大規模な砂嵐に襲われた。ダストボウルによって、多くの家畜が窒息死し、街は砂で埋まった。これら一連の不幸に見舞われた農民達は、最後には家と土地を抵当に取られ、流浪の民として、日雇い仕事をしながら各地を転々とした。スタインベックの名作『怒りのぶどう』の中に「こうして土地を奪われたもの、季節労働者たちは、二十五万人、三十万人とカリフォルニアに流れ込んだ。彼らが立ち去ったあとの農地には新式のトラクターが走りまわり、小作農はむりやり追い立てられていくのであった。このようにして新しい波がおこりつつあった。土地を奪われ、家を失い、気むずかしく、一途で危険な連中の新しい波が」という一節がある。営々と真面目に働いてきたのに家や土地を奪われ、廃棄される果物がたわわに木に実っているのに子供たちが飢えているといったアメリカ資本主義の矛盾に対する農民達の怒りは、彼らを「危険な連中」に変えた。州の農地の四分の一が競売にかけられたミシシッピ州の知事は「ここミシシッピでは暴動を起こそうとしている人々がいる。実際私自身も、少しピンクがかってきている」と述べて、農民や自分の怒りが爆発寸前であることを表明した。

反乱の予備軍は農民達だけではなかった。デトロイト、シカゴ、ボストン、ニューヨークなどの大都市では、失業者達によるデモ・集会、子供たちによる食料の略奪が頻発した。大恐慌で労使の関係は険悪化し、労働界のリーダー、ジョン・ルイスが不況下の労働運動を引っ張る一方で、企業に雇われたスト破りの暴力団が跋扈した。また、一九三二年六月には、約二万人の退役軍人たちが恩給の早期支給を求めてワシントンに集結した。「ボーナス遠征軍」と呼ばれた彼らは、川岸の公園や空家を根城として政府の回答を待ったが、七月二十八日にダグラス・マッカーサーの指揮する軍隊に強制排除された。全米で数千万人に上る飢えた貧しい人々の怒りは、いつ暴動や革命が起きても不思議ではないところまで来ていた。

実際に人々の飢えと貧しさは生きるか死ぬかの境界線上にあった。三二年のニューヨーク市では、九五人の餓死者が記録されている。ケンタッキー州のある鉱夫は、「私たちは今年の一月から雑草を食べています。すみれの葉、野生のたまねぎ、忘れな草、野生のレタス、それに牛が食べるような草です」と述べた。ドッグフードや残飯も食料となり、食生活と健康状態はぎりぎりのところまで悪化した。アメリカ先住民の栄養不良は特にひどく、全児童の四分の三が栄養不良となったため、三一年にはインディアン局による救済計画が始まった。都市では飢えた人々の為に、パンとシチューの配給所がつくられ、配給所の前には「ブレッド・ライン」と呼ばれる、飢えた人々の長い列ができた。

都会には空き部屋や空家が多数ある一方、家賃が払えず住家を追い立てられた人々は、公園に掘立て小屋を建てて暮らしていた。ニューヨークのセントラルパークなど、都会の公園に出現した掘立て小屋の群れは、当時の大統領への皮肉をこめて「フーバー村」と呼ばれた。複数の家族が一つのアパートに同居することも増え、都市のスラムはさらにひどい状態となった。

大恐慌は教育や人間関係にも暗い影を落とした。教育予算削減のため、一九三三年のアーカンソー州では、三百以上の学校で、年間六十日しか授業が行われなかった。シカゴでは「給与後払い証明書」が給料の代わりとなった。さらに、女性教師の解雇を定めた地方自治体もあった。家庭生活に関しては、不況で結婚・出産を遅らせる傾向が生まれ、一九三〇年代全体では人口千人につき十八人だった出生率は、不況ピークの三三年には、六・五人まで落ち込んでいる。離婚手数料を支払えないこともあって離婚件数は減ったものの、離散家族や家族放棄の件数は増加していた。また、浮浪児も増加し、その数は三二年には二十万人に達した。家計を助けるために多くの既婚女性が働きに出るようになったが、そのことで自信を喪失する男性が現れるなど、家族関係も変化した。働く女性も、男性の仕事を奪う存在として非難されるという重荷を負った。大恐慌時代には人種関係も悪化し、南部諸州では多くの黒人達が白人達の残酷なリンチの犠牲となった。

4　ニューディール

フーバーを大差で破り、一九三三年三月四日にフランクリン・D・ローズヴェルトが大統領に就任した。大恐慌発生当時ニューヨーク州知事を務めていたローズヴェルトは、「ブレイン・トラスト」と呼ばれる有能な学者、ジャーナリスト、法律家を登用し、労働者の立場を改善する立法措置を相次いで実行していた。州知事としてのローズヴェルトの手腕は全国的に知られ、国民は大いなる期待をもって新大統領を迎えた。

ローズヴェルトが大統領に就任してまず実行したことは、全国の銀行を一時閉鎖することだった。三月九日には彼の提出した「緊急銀行法」が議会で承認されて、ローズヴェルトは銀行閉鎖をさらに延長した。しかし、三月末までには大部分の銀行が営業を再開し、取り付け騒ぎなどの金融不安は未然に防がれた。続く百日議会の間には、ニューディール政策の柱となる「農業調整法」（AAA）と「全国産業復興法」（NIRA）が成立した。AAAは、革命・暴動の一歩手前にあった農業不安を食い止めるため、農産物と畜産物の生産調整を行い、価格を引き上げることを主な目的としていた。小麦、綿、トウモロコシ、豚、羊、たばこ、酪農製品について減反や処分が実施され、それに対する補償金が支払われた。減反の効果もあって、農産物価格は上昇した。NIRAは「産業復興」と「公共事業プロジェクト」の二つの分野から構成されていた。「産業復興」の分野は、業界団体に規約を作成させて、大統領の承認を条件に法律として認可するものだった。ここでは、商品の最低価格、労働者の権利、労働条件などが定められた。「公共事業プロジェクト」の分野では、「公共事業局」（PWA）が設置され、共和党のハロルド・イッキーズが長官となった。彼は汚職を一切出さないこと、そして、美的価値が高く、次の世代に受け継がれるようなしっかりとした公共建造物をつくることという二つの方針を掲げ、その方針のもと、道路、上下水道、ゴミ処理場、橋、港、トンネル、学校、病院、裁判所、発電所などが建設された。三七年に完成したサンフランシスコのゴールデン・ゲート・ブリッジはこのプロジェクトの中で作られたものである。なお、NIRAは、一九三五年五月に、立法権の侵害として連邦最高裁の違憲判決をうけるが、その内容の一部は「全国労働関係法（ワグナー法）」に受け継がれ、労働組合の発展につながった。

失業者対策としては、三三年五月成立の「連邦緊急救済法」（FERA）によって、州政府に合計五億ドルの救済資金を提供することが決められた。しかし、失業者に対するFERAからの無償給付金を「施し」として嫌がる人々も多かったため、「公務管理局」（CWA）とそれを引き継いだ「就業促進局」（WPA）によって、技師、大工、運転手から、考古学者、作家、音楽家、画家に至るまで、あらゆる職種に連邦政府の仕事が与えられた。例えば、失業中の画家は郵便局の壁画を作製する仕事に取り組んだ。CWAの雇用対策の結果、四百万人を超える失業者が労働の対価としての給与を手にすることが出来た。また、三五年八月の「社会保障法」によって、ヨーロッパに大きく遅れをとっていた失業保険制度や老齢年金制度がようやく整えられた。

ローズヴェルトはさらに、「民間国土保全部隊」（CCC）や「テネシー渓谷開発公社」（TVA）を設立し、国土の保全や地域開発に取り組んだ。CCCでは、十八歳から二十五歳までの生活保護世帯の男子が、半年から一年の間、全国各地で植林活動や、公園、池、水路、キャンプ場などの設営に参加した。TVAは南部諸州において、ダムによる治水だけでなく、電力供給、農業開発、学校建設などの幅広い地域開発活動に取り組んだ。

ローズヴェルトのニューディール政策は、たびたび共産主義的であるとの批判を受け、実業界からの反発も強かった。また、総需要管理政策としては機能していなかった、あるいは不況を悪化させない程度の効果しかなかったという批判もある。しかし、これら一連の政策は、失業中の多くの国民に仕事を与え、労働者の立場を改善し、国民に失業保険や老齢年金などの安全ネットを提供した。ニューディールは、弱者切り捨てのアメリカ資本主義を「心優しい資本主義」に転換したとも言われている。いずれにせよ、大恐慌の一九三〇年代、社会や国民の為に私心を捨てて全力で仕事に取り組むニューディールの精神が、アメリカの国民に大きな希望を与えたことは確かである。

おわりに

一九三〇年代の大恐慌の原因については様々な説があるが、重要な要因として、一九二〇年代に所得の不平等が拡大したことが挙げられる。当時のアメリカ資本主義は、一部の金持ちがますます富を独占し、貧しい階層がますます困窮する弱肉強食型の資本主義であった。(そしてその傾向は今でもまだ続いている。)二〇年代末には、アメリカの上位一パーセントの金持ちがアメリカの富の六割近くを独占する一方で、アメリカの全世帯の約六割が最低水準以下の収入で暮らしていた。金持ちの余剰資金は、一般の消費財や農産物ではなく、株投機、投資、貯蓄、贅沢品の購入に使われるため、このような甚だしい貧富の格差は、過少消費へとつながった。過少消費はさらに過剰生産へとつながり、その結果、廃棄される農産物や商品が大量に倉庫に眠っているのに、その日の食事や生活必需品に事欠く人々が多数いるという社会矛盾が生まれた。大量生産・大量消費を背景とする物質的な繁栄ばかりに目を向けて、不平等な富の分配の問題を放置してきたつけが回ってきたと言える。

アメリカは、一九二〇年代から三〇年代にかけて、未曾有の社会変動を経験した。小説に喩えるならば、『偉大なるギャツビー』の世界から『怒りのぶどう』の世界へと激変したと言えるかもしれない。ニューディールも含めて振り返るならば、アメリカ社会は、貧富の格差の大きい弱肉強食型のアメリカ資本主義の繁栄と没落の両方を経験し、その後、共生型の資本主義の中で回復の糸口をつかんだということになる。

（黒岩　裕）

2 カウリー『亡命者の帰還』を読みなおす

本書『亡命者の帰還』(一九三四、一九五一年改訂版)は、アメリカの一九二〇年代の文学状況、中でもロスト・ジェネレーションの理解には必読の書である。著者マルカム・カウリー(一八九八―一九八九)は、本書を著すことによって、アメリカ文学史上一時期を画するこの世代をロスト・ジェネレーションという文学用語にまで高めるのに貢献した。彼は、自分自身の体験を織り交ぜながら、二〇年代の文学状況を生き生きと描写している。そこでこの書を読み直すことによって、ロスト・ジェネレーション、および二〇年代のアメリカの文学状況を概観することは、この時代を理解する一助になるだろう。

ところで、ロスト・ジェネレーションとは、一八九〇年代の後半に生まれ、アメリカが第一次世界大戦に参戦した一七年頃には大学を卒業し、あるいは在学のまま大戦に参加した一群の若者たちで、その中にはフィッツジェラルド、ヘミングウェイ、ドス・パソス、フォークナー、カミングズ、そして本書の著者カウリーなど、そうそうたるメンバーが顔を連ねている。アメリカ文学において彼らが残した業績は大変大きいにもかかわらず、なぜ彼らはロスト・ジェネレーション「失われた世代」と呼ばれるのであろうか。本節ではその間の事情を明らかにし、第一次世界大戦後のアメリカ文学の一つの動向につ

マルコム・カウリー（1898〜1989）

いて考察したいと思う。

カウリーは、プロローグでロスト・ジェネレーションのロスト（失われた）たる所以を説明している。まず、この世代は、土地や伝統への結びつきから根こそぎにされ、さらに教育によってその溝が深まったが故に失われていたのであり、戦争中に受けた訓練が、彼らの価値観をすっかり変えてしまい、彼らを戦後の世界に溶け込めないようにしてしまったが故に、失われていたのである。また、彼らが亡命者の生活を送ろうとしたが故に、さらに、社会と社会における作家の立場について誤った像を描いていたが故に失われていたのである。

彼は、四つの段階に分けて二〇年代の若き詩人や作家たちの経験を分析する。第一段階は、十九世紀から二十世紀の変わり目に生まれた彼らが、生まれ故郷の背景から切り離されて、たとえ故郷に住んでいたとしても自らを事実上の亡命者と考えざるを得なくなった段階である。彼らが大西洋を横断してヨーロッパへ渡った第二段階では、ヨーロッパに永住しようとする者が多かった。しかし、ヨーロッパ文化に憧れて渡欧したものの、皮肉なことに彼らは戦後ヨーロッパの退廃した姿を目にし、逆に自国アメリカの価値を認識する。第三段階は、時が過ぎ、様々な理由からアメリカへ帰る段階である。肉体的な亡命は終わったものの、なおも精神的には亡命者のままである。彼らは、帰郷しても直ちに自国に同化することは困難で、アメリカ社会の中で精神的放浪者として彷徨し続ける。中には、ハリー・クロスビーのように、道徳的・経済的崩壊に巻き込まれ、自殺する者もいた。戦後の虚無感や絶望感を耐え抜いた者には第四段階があった。この段階は、二〇年代というより三〇年代の現象で、経済的危機である大恐慌に翻弄された彼らは、社会勢力をなす種々な集団に加わり、多種多様な目的を掲げて戦う。その中でも社会主義に傾倒する者が多かった。その戦いの中から他者との連帯を見いだし、精神的にも放浪者たることをやめ、最終的に社会に帰ってゆくことになる。以上が彼らの辿った経過の概略であるが、以下、もう少し詳細に彼の論点を追ってゆくことにする。

1 アメリカの伝統・価値観の喪失

カウリーは、ロスト・ジェネレーションという一つの世代の誕生の要因を、彼らが祖国とその伝統から根こそぎにされていった過程に求め、彼らの少年時代の家庭環境から高校、大学を経て第一次世界大戦に参加し、戦後ヨーロッパへ亡命するまでを辿る。

彼はまず、彼らの少年時代の家庭環境を問題にする。彼らが子供の頃は、どこに住んでいるか、アメリカの東部か中西部かといった地理的条件よりは、両親の財政状態に影響されることが多かった。彼らの多くは、医者、弁護士、農場主、実業家を父とする中産階級の出身であり、その特徴として、自己主張が強く、一つのグループにまとまるということがなかったことが挙げられる。このことがやがて彼らが喪失に至る最初の大きな要因となった。つまり、彼らには最初から根づくべき土壌、社会的・精神的基盤がなかったということである。このような精神的根なし草の状態は、高校時代を通じて一層深まる。

十七才で、私たちは幻滅し、倦怠していた。……私たちは、家庭や学校で教えられるほとんどいっさいのことを疑うようになっていた。……授業は役に立たないか、あるいはまちがった教え方をされた。特に英文学がそうであった――無理に読ませられる文学者たち、とりわけシェイクスピアは私たちの嗜好に合わなかった。それらは塩素でさらした水のような味がしたのである。

アメリカ社会は、彼ら自身には関係のないピューリタン的な基準によって方向付けられ、おそろしく堅固で、刺激がなく、中産階級的で、彼らが生まれた家族と同じような家族の厖大な反映にすぎないと彼らは感じた。

カウリー自身は、一九一六年ハーバード大学に入学するが、若者たちの根こそぎの状態は、大学に入ってからも容赦なく続いたという。大学の教育は、彼らを自国の土地と伝統から切り離すものであった。大学での講義は、日常生活から遊離した学問の世界についてであり、現実の政治、経済とはおよそ縁の遠いものであった。教壇で講じられる文学は、そのほとんど全てがヨーロッパのそれであり、この世代の人々は、自国アメリカには偉大な文学がとうてい生まれない所以を知らず知らずのうちに学んだ。

勉強した英語のテキストの中では、「スリーピー・ホローの伝説」［アーヴィング作『スケッチ・ブック』（一八二〇）中の短編］ただ一つを覚えているにすぎない。私たちには、アメリカは偉大な小説の水準以下の国であるように思われ、文学一般や芸術、学問は、私たちの日常生活から無限に遠い所に存在しているもののように思われたものだった。……讃美に価する唯一の作家は外国の作家に他ならなかった。

第一次世界大戦は、一九一四年に始まった。一九一六年の末頃になると、アメリカの大学の中にも戦争の空気が漂い始め、教壇からは愛国心が説かれるようになった。一九一七年四月、アメリカが参戦すると、若者たちは続々と入隊し、訓練キャンプに入り、渡欧して行った。しかし、それは明らかに故国を侵入者から守ろうといった具体的な愛国心からではなく、いわば抽象的な愛国心からであった。彼らの多くは、少なくとも当初のうちは、戦争への興味、ヨーロッパに対する単純な憧れから参戦して行った。彼らにとって戦争はスポーツ、ヨーロッパは単なる珍しい観光地のようなものであった。

このようにして大西洋を渡った若者たちは、ヘミングウェイ、ドス・パソス、カミングズのように衛生中隊の傷病兵運搬車の運転とか後方補給といった比較的無難な部署についた者が多い。若者らしく現地の娘に心をときめかしたり、名所旧跡を垣間見たりする余裕があった。たとえば、ドス・パソスは、ジェノア、ミラノ、ヴェニスなどを見物して大いに楽しみ、また勤務の余暇に周囲の山々の景色をスケッチしたり、小説を書いたりしたという。戦争は彼らに何を教えたか。

戦争は私たちを外国に——私たちの大抵の者にとって初めて見る外国に連れていってくれた。外国語で女をくどく、いや、どもりながらくどくことを教えてくれた。私たちには何の関係もない一政府の費用で、食と住が与えられた。それは私たちを以前にもまして無責任にした。……節制、慎重、謹厳などという一般市民の美徳を悪徳と見なすことを教えてくれ、退屈を死よりも恐れることを教えてくれた。こうした教訓は全てどこの部隊でも学ばれたことだろうが、野戦衛生隊には独自の教訓が一つあった——私たちは傍観者的態度とでもいうべきものを吹き込まれたのである。

戦場には故郷で教えられていた価値とは全く異なる価値があった。彼らは、未来を成り行きに任せる無責任さを学び、節制、慎重、謹厳といった美徳が戦場では何の役にも立たないことを知った。一切の伝統的な価値は全く空虚なものとなってしまった。ヘミングウェイの『武器よさらば』（一九二九）の主人公フレデリック・ヘンリーは、彼らのそのような気持ちを極めて適切に代弁している。「ぼくはいつも、神聖であるとか、栄光あるとか、犠牲的とか、そんな空しい表現を見聞きするたびに当惑したものだった。栄光とか名誉とか勇気とか神聖などという抽象的な言葉は、村の名前や街路の番号、川の名、連隊の番号、そして日付けといった具体的な言葉と並べてみると猥雑だった。」これはあまりにも有名な言葉であるが、戦場においては、抽象的な聞こえの良いこれらの言葉が全く意味を持たず、偽善的でさえあったことをよく示している。

生命の危険は退屈からの解放、感情の刺激であり、今日か、明日かいつ死ぬか分からない恐怖感は、彼らの感覚を限りなく研ぎ澄ませた。彼らは、この感覚によって愛や冒険や死について書くことができると信じた。その興奮の最中に戦争は突然終わった。

戦後、彼らのある者はそのままヨーロッパに留まり、ある者は故国へ帰って行った。故国に帰った彼らを待ち受けていたものは、物質的には繁栄しているが、依然として偏狭なピューリタニズムが支配し、堅苦しい生活習慣を固守する社会であった。戦場での興奮をそのまま持ち帰った彼らは、自分たちが社会の中で宙に浮いていることを悟った。ヘミングウェイが短編「兵士の故郷」で描くように、故郷には自分たちの居場所がないことに気づいた。ここにきて、故国へ帰った者も、一、二年するうちに大部分が再びヨーロッパに戻って行った。戦禍を被らなかった故国の環境には容易に適応できなかったからであるが、同時にまた、自国文化は低調で芸術家を育てるには役立たないと彼らが考えたからでもある。

当時の風潮は、「ヨーロッパではもっとうまくやっている――ヨーロッパへ出かけようじゃないか」というものであり、これを最もよく表していたのは文芸評論家ハロルド・スターンズが編集した『合衆国の文明』（一九二二）であった。彼は、当時の知識人三十名にアメリカの生活の各方面を分析させた。その結論は、いずれもアメリカの生活は、生活するに価しないというものであった。つまり、戦後のアメリカの生活は、「歓びと色彩に欠け、広く画一化され、けばけばしく、非創造的で、富と機械の崇拝に我を忘れた」ものであった。彼は、若い作家が才能を発揮するためには「偽善と抑圧の国」アメリカを去り、ヨーロッパに行かなければならないと説き、「亡命による救済」を主張した。その言葉通り、彼は一九二一年の七月初旬フランスへ旅立った。そして、彼の後を追うかのように多くの若者たちもヨーロッパへ旅立って行った。

2 アメリカ人としての文化・芸術のアイデンティティの発見

カウリーは、彼らのヨーロッパでの亡命生活を語る前に、一九二〇年代初めのアメリカの若者たちのヨーロッパへの亡命が十九世紀半ばの若いロシア人たちのヨーロッパ亡命に類似している点を取り上げている。

当時のロシアはヨーロッパの植民地の観があり、新しい文化は全てそこから輸入されていた。知識階層は、ヨーロッパに住みヨーロッパの言葉をしゃべることに憧れた。彼らにとってロシア語は軽蔑に値する、ほとんど外国語のようなものであった。彼らはロシア国民との接触を失い、ロシアの土地から根こそぎにされていた。しかし、ドストエフスキーだけは例外で、彼はヨーロッパ滞在中に、むしろ自分の中にあるロシア性を強めることになり、この間に書かれた『白痴』(一八六八)は最もロシア的な小説となった。そして、このドストエフスキーのおかげで、ロシア文学は後進性と地方性という重荷から解放され、これ以後ロシアの作家たちは、自信を持って自国の言葉でものを書くことができるようになったというのである。

ところで、カウリーは、一九二〇年代のアメリカも、ドストエフスキーの時代のロシアと同様に、地方性の重荷に苦しんでおり、その重荷を取り除くのに一役買ったのがヨーロッパに亡命した若者たちであったという。彼らは、長い間ヨーロッパには絵画・音楽・哲学・酒・劇・性・政治・国家意識など、文化生活のあらゆる方面において模範とすべき手本があると教えられてきた。しかし、彼らが実際にヨーロッパに渡ってみると、そこには戦後の気ちがいじみたヨーロッパがあり、そこの中産階級の知識人は故国にいる仲間よりも一層敗北し、退廃していた。そして、彼らが故国で卑俗なもの、人間を矮小化し歪めるものとして嫌悪した能率主義、画一化、大量生産、機械化がヨーロッパにもはびこっていることを知った。

彼らは、歴史や伝統の浅いアメリカは芸術にふさわしい土壌を提供し得ないと考え、古い伝統を持つヨーロッパ文化に何かを求めて、故国アメリカを去った。しかし、彼らはヨーロッパに滞在するうちに、その何かが実は故国アメリカにあることに気づいた。フランスにせよ、イギリスにせよ、それぞれに優れた特色を持っているが、アメリカもまた同様である。アメリカには、民間の伝承もあれば、伝統もある。それは、自国の文化・芸術に対する再認識、アメリカ人としてのアイデンティティの再確認であった。

カウリーは、本書の改訂版（一九五一）のエピローグにおいて、彼らのヨーロッパ亡命の成果として、彼らがアメリカ人の文化・芸術のアイデンティティを取り戻した点についてさらに詳細に論じている。それによると、彼らは、フロベール、ジッド、ランボー、マラルメなどのフランス作家たちを研究し、さらに、フロベールの伝統に立つジョイス、フランス象徴派詩人の伝統に立つエリオットを研究した。彼らは、フランス文学の影響を受けつつ、その特質を自分の言葉で再生しようとした。その際、彼らが用いた言葉は、文語体の英語ではなく口語体のアメリカ英語であった。このことが、彼らに予期せぬ成果をもたらした。ヘミングウェイは、中西部の話し言葉を彼の文学の表現手段に用いるという問題に取り組み、ハード・ボイルド・スタイルという独自の文体を生み出した。また、他の作家たちは南部または中西部の背景に伝説的特質を与えるという問題に取り組んだ。フォークナーがヨクナパトファ・サーガと呼ばれる一連の作品において、南部社会の抱える問題点を展開し、ヘミングウェイが『われらの時代』（一九二五）その他の作品で、ミシガンの森を背景に少年ニックの一連の物語を展開したのはその一例である。

さて、若い芸術家たちは、パリを中心に、新しいヨーロッパ文学、芸術の波に洗われる。カウリー自身は、ヨーロッパ滞在中に文学上で大きな影響を受けた作家として、T・S・エリオット、ジェームズ・ジョイス、エズラ・パウンド、マルセル・プルースト、ポール・ヴァレリーの五人の作家の名を挙げている。しかしながら、彼にとって、これらの作家たちは決して身近な存在とはなり得なかった。彼らの芸術至上主義的な生き方に感銘を受けながらも、これらの人々の非人間的な冷たさについて行けなかったという。それよりも、彼が惹かれたのは、当時パリを中心に巻き起こったダダイズム（第一次世界大戦中に興った一種の虚無主義的な芸術運動）のほうであった。ダダイズムは、これまでの伝統、既成の価値観、西欧の合理主義、理性など全てを否定するものであった。ダダイズムが栄えた期間は短かったけれども、当時の芸術家や知識人に多大な影響を与えた。

3 故郷の発見——三〇年代の政治の季節

やがて、そんな彼らにも故国に帰還する時が来る。大恐慌の始まる二〇年代末までに、一人、二人と故郷へ帰って行った。この時点で彼らの肉体的な亡命は終わったが、しかし精神的には依然として彷徨が続いた。彼らの中には、芸術に逃避する者もいれば、また原始的なものへ逃避する者もいた。後者は、近代文明によって抑圧された自然本能を解放すべく、田舎に退き土地を耕し収穫する者、帆船に乗って南太平洋に船出する者、あるいは都会に残って黒人の持つ活力（黒人のダンスと音楽、黒人霊歌、ブルース、ブラック・ボタムなど）に熱狂する者など様々であった。しかし、結局彼らには逃避の道はなかった。中には、ハリー・クロスビーや詩人ハート・クレインなどのように自ら若い生命を絶つ者も出てきた。

一方、自殺することなく、かろうじて生き延び、戦後の虚無感・絶望感に耐え抜いた者たちも多くいた。彼らは、不況の三〇年代に入り政治闘争に巻き込まれ、あるいは自らの意志で参加することによって、ようやく故郷を見いだしたのである。

亡命者たちは、……彼らがいずれの側であろうと、一旦闘争に参加した時には、そしてまた、ある勢力の強化を企てて、ある特定のグループに結びついた時には、彼らはもはや亡命者たることをやめていたのである。彼らは、社会の中で友人と敵と目的を獲得し、かくしてアメリカのどこに住もうと一つの故郷を発見していたのだった。

二〇年代に個人の殻に閉じこもっていたロスト・ジェネレーションの作家たちも、三〇年代の大不況時代を迎え社会に対峙することを余儀なくされた。ヘミングウェイは、かつては背を向けていた政治や社会問題に対して関心を示し、いわゆる「転向」を行った。三七年には、「人間一人では何もできない」という言葉で有名な『持つと持たぬと』を発表し、その後自ら体験したスペイン内乱を題材にした『誰がために鐘は鳴る』(一九四〇)では「全体に奉仕する個人」というテーマを展開した。また、ドス・パソスも急速に社会主義に接近してゆくことになる。

おわりに

以上がカウリーの主張の概略である。彼は、ロスト「根を失った」という言葉を一つのキー・ワードとして二〇年代を振り返り、それによってこの時代の文学状況の一断面を生き生きと描いている。しかしながら、この時代の作家たちは、それぞれ個性が強くその生き様も、また考え方も様々であった。したがって、ロスト「根を失った」という一つのキー・ワードだけでこの時代を解釈することには割り切れない点もある。事実、カウリーの喪失一点張りの考え方に対して、同世代のマシュー・ジョゼフソンは、真っ向から反対しているし、サミュエル・パトナムは、この時代に喪失と非喪失の両面を見ている。また、当事者の一人ヘミングウェイ自身、『移動祝祭日』（一九六四）で、「（ロスト・ジェネレーションという）汚らしい安易なレッテルなんてまっぴらごめんだ」とこのレッテルに対し憤りを表わしている。

しかし、この世代には、ハリー・クロスビーのような悲惨な結末に終わった者もたくさんいたが、やはり我々の目を引くのは、この時代のマイナス面ではなくて、ロスト・ジェネレーションの優れた文学的業績のほうであろう。いずれにせよ、二〇年代の文学状況を理解するには、本書は著者自身がロスト・ジェネレーションに属する一人の評論家の生きた証言として依然、大きな意義を持っていると言える。

（関口敬二）

3 アレンの『オンリー・イエスタディ』を読みなおす

はじめに

この本を締めくくるに当たって、ほぼ同じ時代を扱った先行研究を取り上げないわけにはいかないだろう。これまで見てきたように一九二〇年代という「うなりを上げる」時代は、アメリカ史を見ていく上で、実に際立った時代として扱われてきた。アメリカの民衆史を学ぶ上で、代表的な書物がいくつかあるが、邦訳で親しまれているハワード・ジンの『民衆のアメリカ史』（一九八〇）や、ポール・ジョンソンの『アメリカ人の歴史』（一九九七）でも、大きな部分を一九二〇年代の描写に割いている。

そういった現代の優れた史書とならんで、いまなお読み継がれている名著が、F・L・アレンの『オンリー・イエスタディ』である。

驚くべきは、アレンがこの著作を発表した時期である。『オンリー・イエスタディ』の出版は、一九三一年。「つい昨日のこと」という書名のとおり、二〇年代の終わりと同時に、まとめあげられた原稿は、同時代の息吹が消えてしまう前に、二〇年代論として早々と出版されたのである。彼によって、繁栄と個人主義と産業最優先の時代として描かれた一九二〇年代のイメージは、二十六年後の一九五七年に相次いで発表されたアーサー・シュレジンガーの『旧体制の危機』や、ウィリアム・ロイクテンバーグの

『繁栄の危機』などの専門的歴史研究者によっても、打ち破られることがなかった。その内容と描写について、現代の目から読み直してみたい。

1『オンリー・イエスタディ』の構成

アレンの描写は、熱に浮かされたこの時代の様相を、さまざまな角度からとらえているが、その大部分は市井の民衆の生活を通して見たものである。

二〇年代幕開けの大事件である第一次世界大戦の終結は、戦場でも議会でも大統領官邸でもなく、当時の典型的なアメリカ家庭の朝食風景から描き出される。登場するのは、「クリーブランドかボストン、あるいはシアトルかボルチモアあたりに住む中流の若夫婦」と想定されるスミス夫妻である。

スミス家の主人は、食事しながら朝刊を読んでいる。新聞には戦死者名簿が掲載されている。第一次世界大戦の余燼がくすぶっている時代であることを、この描写は示している。

また、スミス氏の読んでいる新聞がタブロイド版ではないこともアレンは述べる。そのことで、ハーストなどにより二〇年代に隆盛を極めるタブロイド版新聞が、まだ発刊されていないことに話が及んでいく。

アレンはスミス夫人に目を移す。その髪が長髪であると描写し、短髪女性や長髪男性がボルシェビキなどの過激思想の持ち主であるとみなされていたことを、新聞に載ったインタビューを交えながら語っていく。まるで歴史民俗資料館の展示のように、時代を象徴するものをひとつひとつ並べながら歴史を具象化し、それに展示解説よろしく説明をくわえていく。

このようにして身近なものを通して時代を追っていくアレンの描写は、複雑な時代世相を生活者の視点から見せてくれるものとなっている。それは、あたかも読者がその時代の生活を俯瞰しているかのように思わせてくれる。アレンが綴っているのは、議会史や経済史ではなく、ましてや戦史でも国の興亡史でもない。たった十年間のアメリカ人の生活史である。しかし、生活史として歴史をとらえることの重要さは、議員も経済人も軍人も国王も、内容の差こそあれ、市井の庶民と同じ「生活者」であることを思い起こせば明らかであろう。

それにしても、わずか十年間に、アメリカが経験した嵐のような変化はどうであろうか。これまでこの本を読んできた読者は、あらためて二〇年代のすさまじさに圧倒されているかもしれない。アレンはその時代に生き、見聞し、そして記録に残したのである。

こうした生活から見た政治や経済や文化など多岐にわたるテーマを、アレンは十四章に分けて書いている。時間軸を追って二〇年代の生活を描写するだけでなく、二〇年代を特徴づける事象をテーマごとに配置し直しているのである。

第一章でスミス夫妻を通じて第一次世界大戦終結直後のアメリカを描いたアレンは、第二章で戦時体制から平時に移行するアメリカを描く。続いて第三章で国民が不安に思っていた過激な思想へと筆を進め、その過激な思想の退潮と同時期に興隆してきたラジオやスポーツに第四章でふれている。それを受けて当時の風俗や道徳を第五章で取り上げ、第六章でハーディング大統領の醜聞を折り込んだ上で、第七章ではクーリッジ大統領時代の繁栄を描く。第八章と第九章では、マスコミと知識人の動向をなぞり、第十章で禁酒法の問題点を突く。そこからあとは経済のバブル化を第十一章のフロリダの土地ブームと

第十二章の強気相場から描き出し、第十三章に到って株式大暴落による経済崩壊を通して二〇年代を総括し、第十四章の三〇年代の開幕で筆をおいている。最終章の第十四章には、「一九三一年が、業界の復活のさし当たった見込みもなくいたずらにすぎていくうちに」との文がある。まさにこの二〇年代史を上梓したのが、その年、一九三一年の六月であった。ここから、アレンが二〇年代の終焉を見るや間髪を入れず執筆に没頭し、出版間際まで筆をおかなかった執念が読み取れる。

さて、『オンリー・イエスタディ』の叙述の元になっている資料は、「あとがき」でアレン自身が記しているように、統計や論文、新聞・雑誌の記事、評伝や自伝など膨大な数にのぼる。そのなかでも、特にアレンが評価しているのが、リンド夫妻による社会学的な調査『ミドル・タウン』(一九二九)である。いまや古典的なコミュニティ研究として社会学の分野だけでなく、アメリカ文化論にとって欠かせない著作になっているが、アレンは当時、この研究が不当に低く評価されていると「あとがき」で注意を喚起している。

リンド夫妻は本の中で、アメリカの都市生活者の一般的な傾向を指摘したあと、それを裏付けるインタビューを挿入し、現象を総合するという手法をとっている。たとえば、電話の普及にともなって近隣との交流が減少しているという傾向に触れ、「友人を訪ねていくことは滅多にありません、電話で済ませます」というインタビューを挟んだのちに、電話が原因となる訪問交流の減少が一八九〇年代以来の傾向であることを総括していくのである。アレンとリンド夫妻の双方に見られるインタビューやエピソードの挿入を考えたときに、先行するリンド夫妻の影響は無視できないが、それと共に二〇年代を生きたアレンの文章家としての特徴も見逃せない。次章では、描写の時代性を考えてみたい。

2 映画的技法ーカットバック

アレンの時代描写には、ひとつの際立った特徴がある。それは、同じ現象に踊らされる複数の人を描くことで、いくつもの側面から沸騰する現象を浮き彫りにする手法である。一九二八年の天井知らずの株価値上がりと、それに浮かされている人々を、アレンは次のように描いている。

投機熱は全国に感染した。一夜にして財産を作ったという話が、すべての人々の口の端にのぼった。ある経済学者によると、彼の行きつけの医者は、患者が市場のこと以外は話さないことに気づいたし、行きつけの床屋は、モンゴメーリー・ウォード株の予想のあいだに、蒸しタオルを使っていた。女房たちは、なぜこんなに遅いのか、なぜ給料を全額家へ持ち帰らないのかとたずねると、夫に、今朝、アメリカン・リンシードを百株買ったばかりだと聞かされるのだった。仲買人の支店は、表示機テープの変動する株価の上がり下がりを報ずるきらきら輝くスライドを見に来る男女で混み合っていた。

このように、株価上昇に突き動かされている人物を幾人も登場させ、短い情景をいくつも重ねることで、アレンは映画のように映像的に時代を活写して見せた。この手法は現在、カットバックという映画の技法として知られているものだ。短い場面転換を多用することによって、場面の総和からひとつの事象を浮かびあがらせようとする技法である。映画の父グリフィスが、一九一五年に発表した大作「国民の創生」のなかで使い、高い評価を得ていたものであった。

ハリウッド草創期のグリフィスと、それを継いだハリウッド映画人の作品は、二〇年代のアメリカにあって、最大の娯楽としての地歩を築き上げていた。そこで使われはじめた映像技法であるクロース・アップ、カット・バック、ロング・ショット、パノラマ・ショット、フェード・イン&フェード・アウトなどが、映画を愛好する多くのアメリカ国民の思考様式に影響を及ぼしたと考えるのは、突飛なことではないであろう。アレンもまた、その例外であったとは考えにくい。

ひとつの事象のいくつかの側面を描くならまだしも、アレンは時として、まったく関連性を見いだせない複数の事象を、一文に詰め込むこともある。あちこちで花火が打ち上げられるアメリカ建国記念日のお祭騒ぎを思わせる過激なカットバックにより、アレンは「うなりを上げる」二〇年代を描写する。一九二一年の時代世相を、アレンは次のように描写している。

スカート丈は地面と膝の中間くらいまで上がったが、下がる傾向にあり、犯罪委員会は、ふえつつあるシカゴの犯罪傾向を調査し、ランディス審判は野球の帝王と呼ばれ、デンプシーとカルパンティエはこの夏ボイルズ・サーティ・エイカーでの試合に契約し、シンクレア・ルイスの『メイン・ストリート』とH・G・ウェルズの『世界史大系』が、ベストセラーズになっていた。

チャップリンが映画で、早回しのように見せることで笑いを誘ったように、アレンの度を過ごしたカットバックからは、ある種のユーモアさえ漂ってくる。チャップリンが一秒間に二十四コマを撮影できる時代になっても、十六コマしか撮影できなかった頃のぎこちなさを、コマの間引きによってわざわざ演出して見せたように、同時期に起きた無関係な事象をやたらに詰め込んだアレンの文章は、時代の沸騰をユーモラスに提示して見せる意図的な手法とみてよいだろう。実は、このユーモアにこそ、アレンの文章のもうひとつの魅力が隠されている。

3 ユーモアの技法

描写において特筆すべきことは、アレンの文章がユーモアとアイロニーに彩られていることであろう。この点では、文学とジャーナリズムの境界線上ですぐれたユーモアを発揮し、時代世相を描写したマーク・トウェインの『地中海遊覧期』『西部放浪記』『ハワイ通信』などの流れを汲むものといえよう。また、アレンが嫌った二〇年代のイエロー・ジャーナリズムを代表するH・L・メンケンの文体からの影響も否めない。もっとも、アレンの諷刺は、抑制のきいた穏やかなものであるという点で、破壊的なメンケンとは一線を画しているが。

それでは、どのようなものが、ユーモアであるのだろうか。アレンが道徳の荒廃について演劇を通して述べている箇所から、ひとつ拾いだしてみよう。当時としては耳を覆いたくなるような不道徳な形容詞が次々に飛び出す劇『栄光の価値』について、アレンはある老婦人の反応を引き合いに出すのである。

これらのドラマが観客にどんな影響を与えたかを示すものとして、あるまじめな老婦人の話を挙げよう。彼女は『栄光の価値』一幕を観たあとで、「なんて、いまいましい！　ジョニー、おすわりといったら！」と孫を叱ったのだった。

英語のジョークに良くある「考えオチ」の手法であるが、ピンと来るまでにしばらく考えて、ようやく、あ、なるほど、この老婦人は憤然として席を立ってしまうのではなく、まだ観るつもりなんだ、とわかる。それどころか、まだ幼い孫まで連れてきているのである。教育上いかがなものかと心配しつつも、憤激した言葉と劇に惹かれる行動とのギャップが、笑いを誘うのである。そして、このエピソードを通してアレンが見事に戯画化してみせたのは、不道徳を非難しつつも、怖いもの見たさでつい見てしまう、という大衆の心理である。これが、二〇年代にそれまでなら不道徳とされたであろうことが人気を得た、そのひとつの理由なのである。

次に、諷刺についても見てみよう。経済の沸騰と、それを受けて国民の誰もが金を得ることに躍起になっている状況では、それ以外のこと、たとえば安全やプライバシーや道徳などは、二義的なものとされ、ほとんど顧みられなかった時代である。それをアレンは商売の宗教化として嘲笑の対象とした。

セールスマンは狂信家の熱情を持たなければならず、あらゆる手段で家庭に入り込まねばならず、販売の完遂のためには、私情を殺さねばならぬ人間であった。だから、会社幹部は、「もう注文取りではだめだ。セールスマンになりなさい」と、言うのである。一般に、大衆は、広告業者が彼らの信じ易さを、図々しく強襲しても、セールスマンがプライバシーの侵害を行っても、安心していると見なしてよかった。大衆は、神聖な商売の名においてなされる罪はすべて許そうという気分になっていたからである。

キリスト教社会では、ときとして宗教的熱情が他の全てに優先し、破壊的に作用することがある。十字軍や魔女裁判などがそうである。それと同じ図式を、商売に当てはめてみせたとき、対比の上から、はじめてその現象を客観的に滑稽であると眺められるのだ。

こうした時代の気分を描くアレンであるが、この時代の気分というものは、同時代人なればこそ、肌で感じられるものである。その点で、アレンのような同時代史は、後世の史家より有利であると言えるだろう。他方、時を経るにつれて、ようやくその意味が見えてくるものがある。当時は、それが変化の端緒だとは思いもしなかったものが、後の世界が大きく変わる大きな徴候だったこともある。こうした、同時代史が補いえないものについて、次に見ていく。

4 同時代史の限界

後世から見て、はじめてその全体像が見える場合があるという点で、同時代史は不利である。それを、文化と政治と教育について、考えてみたい。

文化の点でいえば、のちに一九六〇年代の若者文化の沸騰は、あらためて一九二〇年代へ目を向けさせ、その再燃とみなされた。二十一世紀初頭の今日にあって、文化的に六〇年代が持っているレトロながらもファッショナブルなイメージは、遡及してみれば、二〇年代のイメージに重なるのである。こうした、ある程度の時期を置いての文化の沸騰と鎮静化は、伝統的にアメリカ社会の底流となっている禁欲的なヴィクトリア文化への挑戦と、それへの反動だと見る研究者もいる。こうした見方は、交互に訪れる文化の沸騰と停滞という一定の波を概観した上で、はじめて出てくるものであろう。

政治の分野では、革新主義が地方自治において伸張した。それが伸張であったことは、三〇年代に

自動車の普及は、教育現場にも影響を及ぼした。スクールバスに乗る子供たちは得意顔である。

ニューディール政策などの中央政府の自治権への介入が多くなって、はじめて認識されたものである。変化が常態になってしまうと、それが変化だとは認識できなくなるものである。散発的で急激な変化は見つけやすいが、継続的で緩やかな変化は、それが終わって初めて見つけられるものである。また、アレンの視点からは、経済の急激な変化の前で、中央政治の停滞が印象づけられ、地方政治の変化も経済の急激な変化の後追いをしただけに見えたのかもしれない。それは実際にそうだっただろう。というのも、この時期の地方政治の革新性は、都市の拡大に伴って発生する諸問題を解決するために成されたものだったという見方が、その後のアメリカ政治研究でも一般的だからである。

更に、教育にも言及することにしよう。というのも、すべての社会構造は人によって構成されているものである以上、人間がどのように教育されてきたかという社会の底流を見なければ、社会がどこに向かっているかを見るのは不可能だからである。しかしながら、アレンの著作のような同時代史の難しさは、教育のように結果が長期の視野に立たなければ見えない課題について、言及が困難なところにある。

社会の変化は、表面に現れるものだけではない。教育は水面下で次の時代を担う人間を育てる。一九二〇年代は教育においても特徴的な時代であったが、それが判明するのはずっと後の評価を待ってのことである。

二十世紀初頭のアメリカの代表的な教育哲学者デューイは、生活を、「環境への働きかけを通して自己を更新して行く過程」と規定した。彼は、他者との関わりを通して成長する人格の点で教育をとらえた。この考えかたは、現代にも大きな水脈として受け継がれている。しかし、一九二〇年代の繁栄を支えた教育は、人格ではなく能力の点で教育をとらえたものであった。

時代は、産業の急速な発展を受けて、すべての分野での社会的効率を求めた。政治にさえ、理念より効率を求めた。理想主義者のウィルソン大統領が舞台を去り、汚職まみれのハーディング大統領が死去し、無為無策のクーリッジ大統領が二〇年代末の破綻を前に政権を交代した相手は、公共事業の鬼フーバーであったが、彼についてポール・ジョンソンは『アメリカ人の歴史』のなかで、当時の新聞がフーバー大統領に奉った「『政治工学』という近代科学のまぎれもない第一人者」という評言を紹介している。時代は、科学万能主義と効率最優先の熱に浮かされていた。

教育においても同様であった。つまり、産業を拡大していく戦士としての訓練を、学校に求めたのである。そのために導入されたのが、知能テストや学力テストであった。学校教育のモデルとして、工場経営の手法が理想とされたのである。そして、工場における生産目標設定と同列に、子供には教育目標が必ず設定されなければならないという考え方が普及したのも、一九二〇年代であった。カリキュラムの作成が、教師から官僚と政府の委員会に移行したのも、この時期である。いわば「教育のための社会」

か「社会のための教育」かの対立で、「社会のための教育」という効率主義が強く要請されたのである。それは、デューイの求めた、個性と人格の形成を重んじる教育と対立する考え方であった。

その結果の可否については、現代の目から振り返っても議論百出であろう。というのも、現代の学校においても、産業中心主義を支えるために導入された一九二〇年代の知能テスト・学力テスト・教育目標・公定カリキュラム・単元学習などを、改良を加えつつも採用しているからである。さて、そのような教育のもたらしたものについて、アレンは時代世相に現れた部分については、描写している。それは、親の希望に反して煙草を吸い、酒を飲み、家を抜け出して異性と出かける、というふしだらな風俗として描かれた。

アレンは、そういったものを扱う文学作品についても、それら増長させるものとして、眉をしかめている。時代をへて、純粋に文学的興味の点でこれらの作品を読むことが可能な後世の研究者とは違い、世代に与える影響が実害として跳ね返ってくる点をとらえた、同時代史研究者ならではの視点である。むろん、これに対する対応策を教会と行政と良識的な民間団体が講じている点も、アレンは述べている。そして、それらの効果はなかったことを報告している。彼が自著の第五章の最後で述べている「新しい道徳律の確立はようやく二〇年代末期になされた」との評言は、沸騰する二〇年代の呼吸を知っている同時代人の希望的観測であろう。しかし、その後の時代世相を見ると、荒廃が鈍化しただけで、今に至るまで熄むことがないのは、皮肉なことである。

おわりに

同時代史特有の欠点を考え併せても、アレンが一九二〇年代をとらえた枠組みの妥当性は、特筆に値するものである。またたとえ、その枠組みの妥当性が後世の研究者によって否定されたとしても、アレンが採集した事実の断片は、歴史資料としての価値を持ち続けるだろう。

そして、なによりも諷刺に満ちた文章の魅力が失われることは無い。それは、現代に到るまで彼の著書が、名著として読み継がれていることから、既に立証されていると言っていい。アレンの著書では、一九二〇年代に焦点を絞った『オンリー・イエスタディ』と、三〇年代の『シンス・イエスタディ』が良く知られている。共にこれらの時代を語る上では欠くことのできない名著として、これからも読み継がれることだろう。

（佐野潤一郎）

コラム❺ 三〇年代のアメリカ文学

三〇年代のアメリカ社会は、まさに激動の時代であった。二九年十月末にウォール街を襲った株価の大暴落を発端として不況のどん底に突き落とされた。資本主義経済を基盤として成立していた従来の社会秩序が大きく揺らぎ、その建て直しに様々な変革を強いられた。一方、国際的にはファシズムが台頭し、三六年にはスペイン市民戦争が始まり、民主主義は重大な脅威を受けることになった。このような社会情勢が、この時代の文学に大きな影響を及ぼしたのは当然であった。作家たちの関心は否応なしに社会、政治、経済へと向かい、その結果、社会意識の強い作品が多く生まれることになった。

こうした「政治の季節」の中で、二〇年代に活躍を始めたロスト・ジェネレーションたちも否応なく時代の波にのみ込まれ、政治に関わらざるを得なくなってゆく。当時ヘミングウェイは、「することをしないで政治のことばかり言う奴は、機関銃で撃ち殺してやる」と公言するほどの政治嫌いであった。しかし、そんな彼も三〇年代の文壇に、たとえばウィンダム・ルイスに「ヘミングウェイ以上に政治に対して全く心を閉ざした作家はいない」とその非政治性を非難され、ついには「政治的転向」を余儀なくされた。三六年に勃発したスペイン市民戦争を契機に彼は、スペイン政府軍支援の資金集めを手伝い、翌三七年六月の第二回全米作家会議では、ファシズムを痛烈に批判する演説を行なった。それはやがて『誰がために鐘は鳴る』（一九四〇）の個人の社会に対する連帯責任、そのための自己犠牲の主張へと発展する。また、元来政治的、社会的関心の強かったドス・パソスも、サッコ＝ヴァンゼッティ事件（一九二七年処刑）への関与を契機として、労働争議の応援をしたり、一時は共産党へもかなり接近した。彼の代表作『U・S・A』（一九三八）も、サッコ＝ヴァンゼッティ事件がこの作品を書く動機の一つであったと言われている。

一方、三〇年代初期には、恐慌への反動から、プロレタリア文学運動の隆盛が見られた。ユダヤ系の社会主義者マイケル・ゴールドの『金のないユダヤ人たち』(一九三〇)がベスト・セラーになったのを始めとして、プロレタリア小説が数多く出た。しかし、三〇年代の文学として現在評価されているのは、政治的プロパガンダに終始したこれらのプロレタリア作家たちではなく、彼らとは少し距離を置いた、芸術的な深みのある作品を書いた次のような作家たちである。

南部の作家アースキン・コールドウェルは、『タバコ・ロード』(一九三二)、『神の小さな土地』(一九三三)で、貧困のどん底にあって、物欲と性欲の本能をむき出しにした貧乏白人の悲惨な姿を描いた。ジョン・スタインベックは、『怒りのぶどう』(一九三九)で、砂嵐のために土地を追われ、職を求めて新たな土地へ移りゆくオクラホマの小作農の姿を映しだした。ジェイムズ・T・ファレルは、代表作『スタッズ・ロニガン』三部作で、都市の退廃が個人の内面を崩壊に導く姿を描いた。また、黒人作家リチャード・ライトは、『アンクル・トムの子供たち』(一九三八)、『アメリカの息子』(一九四〇)において南部の黒人差別問題を取り上げた。


(関口敬二)

1920年代人物ズームアップ

（各章でくわしく触れられる人物は省略しております）

ジョセフィン・ベイカー（Josephine Baker／一九〇六－一九七五）

一九二〇年代の身体とダンス

ジョセフィン・ベイカーは、その実像よりもむしろ、虚実織り交ぜたベイカーというイコンの中にこそ一九二〇年代の光と影が凝縮されていた。近年では第二次大戦中の仏軍諜報機関での活躍と叙勲、十二人の養子の「虹の一族」、一九六三年のワシントン大行進、そしてFBIのファイル（No.62-95834）などを取り上げ、後年の人種差別への抗議や人権擁護といった政治的活動が注目されることが多いが、それらの言動が意味を持ったのは、一九二〇年代パリのミュージック・ホールの伝説的スターという燦然と輝く経歴があったからに他ならない。現在では三〇年代の映画『ズー・ズー』や『プリンセス・タムタム』ばかりか、ジョセフィンを一躍有名にしたバナナ・ダンスの一場面（後年の映像）まで見ることができるが、その衝撃は、この時代ならではのものだろう。何よりベイカーをベイカーたらしめているのは、一九二〇年代の身体でありダンスであり若さであった。

「黒い美神《エボニービーナス》」、「アフリカのエロス」、「黒い真珠」、「琥珀の女王」と様々な形容をされたジョセフィンのデビューは、まさに伝説的である。一九二五年秋、アメリカの人種差別の息苦しさから一気に解放されるようにパリに向かったジョセフィンは、シャンゼリゼ劇場の売り物「黒人《ネグル》レビュー」に出演する。この時十九歳。一九〇六年、セントルイスの貧しい家に生まれた黒人娘の楽しみは、ジャズ・ドラマーの父の仕事を安酒場で覗き見することだった。その後、貧しさや差別の苦しみから逃れるため始めた歌やダンスで旅回りの一座に加わりニューヨークへたどり着く。大戦後のハーレム・ルネッサンス全盛の中、類まれな才能でたちまち頭角を現し、「シャッフル・アロング」「チョコレート・ダンディ」といった人気黒人レビューで注目を集めていた時期である。

　パリ公演の第一夜、幕が開くと、おどけた格好のジョセフィンがいる。始めのチャールストンが終わると、一転、黒く光る滑らかな肌を惜しげもなく露にし、ジョー・

アレックスを相手に、それまでパリの人々が見たことも無いような野性的かつ官能的なダンスを披露する。「ダンス・ソバージュ（野生のダンス）」と呼ばれるものだ。「観客は息を呑んだ。黒い肉体の見事さに圧倒されたのだ。肌は内側からランプでも点灯しているかのように輝いている。胸は小さくて丸い、リンゴのようだ。尻は堅く引き締まり滑らかで、極端なほど突き出ていた。」（『裸の饗宴』、リン・ヘイニー）

一晩でパリ中が大騒ぎになった。わずかばかりの羽飾りを付けたトップレスの黒人女性のダンスが、新しい美意識を生み出した瞬間であった。できるだけ音を立てず、爪先立ち、絶えず上昇しようとする西洋のダンスとは逆に、ジョセフィンのダンスの特徴は、音とリズムを強調し、重心を下げ、腹や腰、臀部の動きを強調した即興性の強い伝統的アフリカン・ダンスに似ていた。翌二六年、パリ最古のミュージック・ホール、フォリー・ベルジェール劇場で「ラ・フォリ・デュジュール」に出演。三本の金のブレスレッドと、ラインストーンをちりばめた十六本のバナナをミニスカートに見立てただけの裸のジョセフィンがチャールストンを踊りだすと、その身体の激しい動きにあわせてバナナも勢い良く躍動する。その衝撃に観客が言葉を失っている間に、再び黄金の鳥かごと共にゆっくりと天上へ帰ってゆく。十二回のアンコール。又一晩で当時のミュージック・ホールのスター、ミスタンゲットの人気を凌いでしまうほどの興奮であった。

このバナナ・ダンスでジョセフィンはスターの座を確立したといわれる。フロイトの深層心理学が人口に膾炙し始めた時代、バナナの持つキゾティシズム、植民地主義が、一九二〇年代のショー・ビジネスとしてジョセフィンのプリミティブなセクシャリティと見事に融合し、家父長的男性社会パリで商品化されたのであった。厳しい批判もあった。黒人が、植民地支配と奴隷制度、その延長線上にある擬似優生学による人種差別の対象であった時、それまでの女性の裸体の持つ静的なイメージを一変させるかのように、これまでにない音楽とダンスで褐色の身体の美しさを臆面もなく堂々と披露してしまったのだ。いわば「恥知らずな黒人女」でもあった。しかし、パリの女たちは「黒い美神《エボニービーナス》」になりたくてオイルを塗り日焼けを始めた。化粧品や水着、カクテル、人形などさまざまなジョセフィン・グッズが出始める。ポール・コランを始め、ピカソやフジタ、マン・レイが競って彼女をモデルにした。パリの「フラッパー」のシンボルがジョセフィンであったのだ。

（宗形　賢二）

クララ・ボー（Clara Bow／一九〇五－一九六五）

哀しきイット・ガール

一九〇五年、ブルックリンの貧困地区に生まれたクララは、やがて映画女優としてフラッパー・エイジのシンボルとなる。その生い立ちは宣伝係がでっちあげる身の上話をまさに地でいくものだった。

父親は大工などの日雇い仕事をするだけで長期的に家を留守にする浮浪人で、母親は精神病を持ち、度々トランス状態に陥る不安定な家庭でクララはけなげに成長する。食べる物はおろか、「子供の頃人形なんて持ったことがない」極貧の少女時代を過ごしたクララは、こうした境遇の中で自分の存在が誰からも愛されず、望まれてもいないという孤独感を味わい尽くす。それゆえ、愛を得たいという欲求は彼女の人生についてまわり、満たされたい思いが欲望のままに生きることへとクララをつき動かすことになる。

悲惨な家庭環境のもとから一日も早く抜け出し、自立したいというクララの願いは当然であり、そのチャンスは一九二二年、彼女が十七才の時に訪れる。二一年の〝名声と幸運〟の美人コンテストで優勝したことが映画出演とつながり、翌年『虹の大空』の端役を得る。しかし出演場面は編集でカットされた残念なデビューであった。二作目の『船に打ち乗り海原指して』（二三年）でクララは、エネルギッシュなおてんば娘を演じてスクリーンに新鮮な存在感を示す。これがプロデューサーのB・P・シュルバーグとの出会いとなり、クララの素質を見抜いた彼は、パラマウント社に彼女を売り込む。小さな役ながらクララは次々と映画に顔を出すことになる。デパートの売り子、マニキュアガール、女給、ダンサー等のモダンガールに扮した彼女は、フラッパー役の一つのタイプをつくり出す。従来の女優とは異なる、形にはまらない自然な演技と、何よりも役柄を楽しむ生身のクララがあった。けたはずれの低賃金と過酷な労働条件にもかかわらず、クララには現実から逃れられる仕事を得たことが幸せなのである。

一九二七年、英国の女流作家エリナー・グリンが自作『イット』の映画化でハリウッドを訪れ、その恋人役にクララを選んだことで、彼女の運命は大きく変わる。クララこそグリン夫人のいう「イット」（あれ）の持主である。つまり、男女の両性をひきつける不思議な性的魅力を発散する「イット・ガール」そのものだという。クララのぽっちゃりした体つき、蜂が刺したような唇と大きな目は人の心をつかみ、この映画で彼女の人気は頂点に達する。その後、セックス・シンボルと大宣伝され、世の男性の欲望の対象となる一方、派手で自由奔放なライフスタイルと華やかな恋愛遍歴で女性たちの支持をあつめ、女性解放の旗印となる。クララ独特の断髪・細く描いた眉・唇と目を強調したメーキャップが大流行し、クララ・ボー・スタイルの帽子は大変な売れ行きになり、ファッション・リーダーの役も果たした。

『イット』で共演したゲイリー・クーパーや歌手のハリー・リッチマンなどとの恋愛、そして風呂に香水をふんだんに入れたりする贅沢な私生活ぶりと、映画の中の陽気で生き生きとしたクララを世間に印象づけてはいても、彼女の心は変わらず孤独なままであった。当時の五大人気スターの一人になり、ファン・レターの数は誰よりも多かったが、「カム・アンド・ゲット」つまり、いかに男心を惹きつけるかという役ばかりで、『イット』をしのぐ作品には恵まれなかった。『人罠』、『ダンシング・マザーズ』（いずれも二六年）など注目作品はあるものの、十一年間に五十七本の作品に出演しながら代表作もないまま、本人も世間も同じパターンの役に飽きたことでフラッパーに新鮮味がなくなった三〇年代には人気は急速に衰えをみせる。

二〇年代末のトーキーの時代、彼女のしわがれ声や、ブルックリンなまりが敬遠されたことやスキャンダルが一気に吹き出したことも人気凋落への引き金である。三〇年に精神科医の夫人から夫との情事に対し慰謝料の訴訟を起こされたり、賭博の借金の返済を拒否したりとマスコミに格好の材料を提供する。また翌年には親友でもあった元秘書と金銭問題から法廷で争い、彼女によりクララの男出入り、アルコール浸り、ドラッグの愛用などの秘密まで暴露される。二〇年代のうかれ騒ぎに乗ってつかの間酔いしれ、輝いた〝銀幕のジャズ・ベイビー〟は孤独をいやすかのようにB級西部劇スター、レックス・ベルと結婚して、ネヴァダでの牧場生活に入る。しかしその後もクララは何度か映画への復帰を試みるが、栄光はもどらなかった。ハリウッドに〝イット〟という名のキャバレーも開くが、不成功に終わっている。一九六五年、心臓病で死去するまで神経症との闘いが彼女の後半の三〇年間であったが、それ以上に一生涯、孤独との闘いであったというのが真実であろう。

アル・カポネ（Al (phonso) Capone／一八九九－一九四七）

禁酒法時代―シカゴのギャング

禁酒法時代のシカゴのギャングの頭領。アルフォンソ、あるいはアルフォンス・カポネは一八九九年一月一七日、イタリアのナポリ出身の移民、貧しい散髪屋の息子としてニューヨークで生まれた。十四歳で学校を退学し、サウス・ブルックリン界隈でチンピラの仲間入りし、バーテンや用心棒として頭角を顕した。仲間とのいざこざで左頬に向こう傷を受け、〈スカーフェイス〉のアルと呼ばれた。一九二〇年代、禁酒法の始まりの頃シカゴに移ったが、悪名高いサウス・サイドの赤線地帯の、レストランや事業を経営するギャング、ジョニー・トリオのボディガードとなった。トリオが、仇敵コロシモの暗殺後ニューヨーク、そしてイタリアに去った後、カポネは地域で巨大な犯罪シンディケートを動かし、様々な地下組織の活動、賭博、売春、特に酒造の密売に辣腕を振るった。

一九二四年四月、カポネはアメリカで最も有名な犯罪人として新聞紙上を飾った。シカゴ西方の街シセロの選挙戦の為に殺し屋を使い、そのため、この銃撃戦で彼は弟フランクを死なせた。しかし選挙戦には勝って、シセロの賭博場を拡大することができた。

種々の事業の経営にカポネと最高幹部は、組織を分散して運営した。カポネと兄のラルフ、従兄弟のフランク・ニッティとジャック・グージックが大体利益を等分し、一九二五年からシカゴのメトロポール・ホテル、一九二八年からはレキシントン・ホテルに本部をおき、賭博場、酒の密売、売春、クラブなどの監督料として、子分たちに日当として与えた。それだけに敵対関係に立つギャングとの抗争はたえなかったが、自動車とマシンガンを駆使して機動力に富む攻撃を行い、敵対者を容赦なく殺傷した。残酷きわまる手で次々と商売敵を倒してきたが、いずれも告訴を免れてきた。

カポネの悪名は、シカゴでの酒類の密輸・密造業の抗争が他の都市よりも激しく長く続いたためである。ビール戦争は一九二四年十一月、ノースサイドの密輸業者ディオン・オバニアンが花屋の店先で銃殺されたことがクライマックスとなったが、その後一九二六年四月州検事補マックスウィギン暗殺、一九二六年十月、シカゴの密売組織のボスたちを集めたホテルでの休戦条約会議、一九二八年四月カポネ側の市長候補ウィリアム・〈ビッグ・ビル〉・トムソンを支援するための「パイナップル予備選」の爆弾騒ぎ、そして、最後に人々を震え上がらせた一九二九年の「聖ヴァレンタイン・ディの虐殺」が続く。この虐殺は明け方の酒類密輸倉庫で、彼の部下が手入れの警官に扮装し敵方のギャング七人を殺したもので、カポネはノースサイドの仇敵をこれで一掃した。

彼は特に酒の密造・密売などの違法行為で巨額の利益をあげ、豊富な資金を元に縄張りを急速に広げたが、卸売業はシカゴを中心にデトロイト、ニューヨーク、マイアミなどにも支配網を拡大した。それと同時に政治的にも影響力をもち、彼の幹部はシセロのドッグレーシングのホーソン・ケンネル・クラブを設立したり、労働組合を支援し自分たちも荒っぽい労働抗争に参加したりした。連邦当局は、後に一九二七年のカポネの資産は十億ドルに近かったと見積もっているが、それは総所得であって、年収は一億ドルを越えていたといわれる。

一九二七年、大統領選に出たいというロマンティックな理想を抱いた市長トムソンは、カポネをシカゴから追い出そうと図った。その冬カポネはフロリダのマイアミ・ビーチにマンションを購入し、その後はフロリダに滞在することになってシカゴに対する彼の影響力は減少した。

兄のラルフが脱税で問題を起こした後、大統領フーバーの指示で、カポネも一九三一年年六月、ようやく所得税の脱税で起訴された。十月には十一年という服役期間と七万ドルの罰金という有罪判決を受け、アトランタ刑務所、そしてカリフォルニア州アルカトラス刑務所に収容された。一九三九年半身不随のまま釈放されたが、一九四七年年マイアミ・ビーチの自宅で死亡。

カポネは、一九二五年から一九二七年後半までの短期間、闇の世界の幹部だったにすぎず、三二歳に脱税で有罪となって、ようやく彼の神話が形成された。雑誌の特集、誇張された伝記、映画の製作、特にTV番組「アンタッチャブル」によって、彼は一九二〇年代のシカゴの暴力の表象となり禁酒法時代のアメリカ社会の代表的な犯罪者となった。

（上野和子）

エドガー・ケイシー（Edgar Casey／一八七七－一九四五）

大恐慌も予言した霊能者

没後、数世代を経たいまでも、エドガー・ケイシーは不思議な人物として、その名からオーラを放っている。

ケイシーを有名にした彼自身の能力は、相談者の病状を、催眠状態でピタリと診断してしまうことであった。催眠状態のケイシーの口からは別人のような声が発せられ、それを筆記者が書きとめる。「リーディング」と言われる方法である。催眠から覚めたとき、彼自身は何を言ったか覚えていない。それにもかかわらず、相談者は言われた通りの処置をしてみて、その効果に驚いたという。これだけならば、彼は一種の霊能力治療者として、世間の一部から信奉と嘲笑を同時に受けるにすぎなかったであろう。

時代は、マーク・トウェインが『金メッキ時代』で五十年も前から警鐘を鳴らしていた拝金主義の頂点にあった。そのひずみと悔悟が、彼のような存在を無意識に求めていたのかもしれない。それも、社会改革の精神的な支柱というよりは、社会へ不満をもつ人たちが、つい安易に欲求不満のはけ口として求めがちな破滅願望を裏打ちしてくれる保証人としてである。ともあれ、彼は治療者ではなく、過去や未来までも「リーディング」で明かす不思議な能力者として世間の注目を浴びたのである。

ケイシーがそのような予言者として世間に出るきっかけを作った人物は、ある出版業者だと伝えられている。病気を見通すことができるなら、人の運勢も占えるはずだと考えた出版業者は、ケイシーに運命鑑定を依頼してみることにした。催眠状態のケイシーは驚くべきことを語った。「あなたの前世は僧侶だった」と言ったというのだ。

催眠から覚めて、いちばん驚いたのは、ケイシー自身であったと伝えられる。前生などという考え方は、敬虔なキリスト教徒のケイシーにとって、自分自身の信仰と真っ向から対立するものであったからだ。「リーディング」はキリスト者としての信仰に反することではないか、そう悩み抜いたすえ、ケイシーは決断した。悩める人を救うことは、キリストの道に反しない、と。

ケイシーが相談者の前世に退行し、過去の情景を語る「リーディング」では、歴史上は幻とされているアトランティス大陸がしばしば登場する。ケイシーは自分の語った過去を証明するため、その時点では見つかっていないアトランティス文明の痕跡が、将来見つかるだろう、と言明した。「予言」は自らが語った過去の証明に関するものだけではない。二十世紀のうちに日本が沈没するとの「予言」もあった。

たとえ、ケイシーが生涯に成し遂げた一万四千三百五件の「リーディング」のうち、「予言」は二十六件しかないとしても、あるいは、「リーディング」のほとんどが病人の治療に関するもので、過去と未来の「リーディング」はケイシー本人にしてみれば枝葉末節だったかもしれないとしても、人々が受けた強烈な印象は、それらすべてを打ち消して余りある。

よしんば、彼自身がそのような「予言」を「取るに足らない価値の低いチャネリングだ」と言っていることを考慮に入れたとしても、「予言」なるものを行った事実までは否定できない。

ここにエドガー・ケイシーの評価が両極端にわかれる理由がある。


治療者としての二十二年間の経歴に加えて予言者として一九二三年に世間に見いだされたケイシーは、一九二〇年代アメリカ経済の華やかさの陰で鬱積する得体のしれない不安を、終末思想という一見無害に思えるかたちで昇華させる存在として、大いにもてはやされた。ケイシーを支援する人たちも現れた。あるユダヤ人資産家のバックアップで、一九二八年にはケイシーの「リーディング」に基づく治療を施すための病院が建てられた。

しかし、空前の好景気にわいた二〇年代が大恐慌によってつい え去ると同時に、資金難から病院は破綻した。世間も「リーディング」に示される不可解な過去や遠い将来の終末を不安に思うよりも、差し迫った経済的な危機に翻弄された。ケイシーは時代の寵児から一気に転落していった。

人々が面白半分に加担した終末思想が、アメリカ人の深層意識に入り込み、より現実的な問題として顕現したとも言えよう。少なくとも、ケイシーの「予言」に関心を示した人にとって、大恐慌は来るべくして来た当然の報いと受け取られたのではないか。

一九三一年、無免許で医療行為をした罪で、ケイシーは逮捕された。今日残されている、より破滅的な「予言」の多くは、彼の逮捕後のものである。


（佐野潤一郎）

ゲーリー・クーパー（Gary Cooper／一九〇一－一九六一）

沈着冷静なハリウッド・スター

本名はフランク・ジェイムズ・クーパー。職業は映画俳優。映画ファンは彼を冷静な男で背が高く美男子だと評するであろう。彼はモンタナ州ヘレナで父チャールズ・クーパーと母アリスの間に次男として生まれた。父は弁護士で、のちに州最高裁判所判事となった。彼はかなり恵まれた家庭に生れ育ったと言えよう。ゲーリーは両親の勧めで兄アーサーと共にイギリスで七年間教育を受けた。兄ほど勉学に興味を持てなかったゲーリーは帰国後父親がモンタナ州に持っていた牧場で手伝うことになる。しかしこの牧場での体験が映画俳優という生涯の仕事を決定づけることになった。

五〇〇エーカーもの広大な牧場で、ゲーリーは馬乗りや牛の扱いを覚えただけでなく、自然の中でどう振る舞うのが最善かを身に付けた。また冬の寒さが厳しいモンタナ州での牧場生活は、ゲーリーに沈着冷静な行動が生き延びる術であることを教えたはずである。この沈着冷静さが彼の演技の中に自然体で出て来るのである。彼自身、後にこう語っている。「真冬でも朝五時に起きて四五〇頭の牛にえさをやるんだ。凍えるような寒さの中で糞を片付けるのだからロマンチックなんてもんじゃないよ」。実はこのロマンチックとは程遠い牧場での厳しい生活が、彼を『沈着冷静なハリウッド大スター』に仕立て上げる要素になったのである。

ゲーリーは牧場生活を終えてカリフォルニアに行くことになった。そこで自分の最も得意な馬乗りのスタントマンとなる。馬の扱いにかけては何ら不安はなく見事に役をこなした。そのうち馬術の技術と端正な顔、さらに一九〇センチの身長と運動選手並みの体躯を持つこの青年が評価され、カウボーイのエキストラなど多くの西部劇に登場することになる。後にアメリカを代表する俳優になろうと、ゲーリーは西部劇が自分を映画俳優にしてくれたことを生涯忘れなかったといわれる。

ゲーリー・クーパーの代表作品をあげてみると、マレーネ・ディートリッヒと共演した『モロッコ』、初めてのアカデミー賞主演男優賞を獲得した『ヨーク軍曹』、初老の保安官を好演し二度目のアカデミー賞主演男優賞に輝いた『真昼の決闘』、ロマンチックなオードリー・ヘップバーンとの『昼下がりの情事』、そして特筆すべきはアメリカの文豪アーネスト・ヘミングウェイ作品の戦争映画に二度も主演していることであろう。映画化されたヘミングウェイの十作品中で、彼は『武器よさらば』（映画タイトルは『戦場よさらば』）と『誰がために鐘は鳴る』に主演した。

ゲーリー・クーパーとヘミングウェイ作品について少し触れることにする。ヘミングウェイの映画化された作品のうち、戦場を舞台にしたものは『武器よさらば』と『誰がために鐘は鳴る』である。ヘミングウェイが小説で描こうとしたテーマには「激烈な死」がある。その「激烈な死」を前に主人公であるフレデリック・ヘンリー（武器よさらば）とロバート・ジョーダン（誰がために鐘は鳴る）という男がどう振る舞うかを演じられる主演男優としてゲーリーが起用されたのは、ゲーリーの持つ外面的な強靱さと男らしさ、それとは正反対の飾らない自然さとやさしく語る口調、そしてなによりも戦場で必要とされる沈着冷静さがゲーリーの中に生来的に備わっていると感じられるからである。

『武器よさらば』では、戦場において敵方と「単独講和」を結び、一見無責任な敵前逃亡者のフレデリック・ヘンリー、あるいは生を大切にする苦悩の男フレデリック・ヘンリーを演じた。最後には恋人キャサリンが子供の出産時に死んでしまう。戦場での無残な兵士たちの死と、恋人が新たな生命の誕生の時に死亡するという残酷さを、ゲーリーは静かにそして強く演じて観客に感動を与えたのだった。また『誰がために鐘は鳴る』ではスペイン内乱に際し、反ファシズムの共和主義政府軍に力を貸し、スペインからファシズムを追放しようとするロバート・ジョーダンを演じた。両親をファシストに銃殺された過去をもつ若きマリアとの四日間の愛のストーリーは、ゲーリーの安定感のある演技により二人の愛が高まる様子が見事に描かれている。映画全体を占めるのは山あいに隠れてチャンスをうかがうロバート・ジョーダンらゲリラ隊のシーンが多いが、ゲーリー演じるロバート・ジョーダンの共和主義に対する支援の意志も画面から十分に伝わってくる。最後のシーンでは負傷し死を覚悟したロバート・ジョーダンが愛するマリアを逃がし、自分は最後の盾になってマリアを生かそうとするのである。銃をかまえて敵の将校を撃とうとするラストは、俳優ゲーリーの顔から出る意志の強さと凄みが圧巻である。

（田中健二）

ガートルード・エダール（Gertrude Ederle／一九〇六―二〇〇三）

女性初のドーバー海峡完泳者

一九二六年八月六日、女性初のドーバー海峡横断遠泳の快挙をなしとげたガートルード・エダールは、その時十九歳であった。所要時間は十四時間三十一分。このすばらしい記録は、男子の記録を二時間近くも縮めたのである。「われらがトルディー」は、全国の新聞の第一面をトップで飾り、故郷ニューヨークでは、紙吹雪の大パレードが彼女を待ち受けていて人々は歓喜に沸き返った。

『ニューヨーク・ヘラルド・トリビューン』紙は次のように讃えている。「真に泳ぎの出来る女性は誰かと問われれば、この少女しかいない。ジャック・デンプシーのような肩と背中を持ち、じっと見つめる二つの目は素直さと勇気に満ちている。最後の一時間は目も見えず、耳も聞こえず、なかばもうろうとしたまま、生命の孤独を感じながら泳いだと、この少女はありのままを語ってくれた。彼女が覚えているのは遠泳のおもしろさだけである。いつも心が平静なのだろう。」

エダールが最初にドーバー海峡遠泳に挑んだのは二五年の八月であったが、この時は八時間四十六分を泳ぎゴールまであと七マイルという所で高波がひどく、氷のように冷たい海から引き揚げられた。彼女のコーチの判断によるものであった。二度目の二六年の場合は、海はおだやかであったが、午後になって雨と風がひどくなり、波も荒くなったのを見て、コーチは彼女に海からあがるよう必死に頼んだ。今回の彼女は断固としてそれに従わず、ついに偉業を成し遂げたのである。

朝七時八分、フランスのクリ・ネ岬を泳ぎ出し、英国の海岸キングズタウンに泳ぎ着いたのは夜の九時四分であった。クラゲやサメが出没し、船舶の往来のはげしい危険なこの海峡を泳ぎ切ったのは、彼女の前に五人の男性しかいない。しかし彼女は極度の疲労から聴力を失い、水泳のコーチになる夢は絶たれるが、その後、耳のきこえない人のために泳ぎ方を教えるようになり、六五年、国際水泳栄誉殿堂に列せられている。

実際彼女は女性のスポーツ向上に絶大な効果を及ぼした。女性が肉体的に男性より劣っているという世上の通念を、見事に反証して見せたのは彼女が最初であり、スポーツ界のヒロインである。そこにはたゆまない努力と、一度や二度の失敗にはめげない不屈の精神と、何としてでも目的を貫こうとする果敢な決意とがある。故郷で彼女を出迎えたニューヨーク市長ジェイムズ・ウォーカーは、彼女の勇気をモーゼが紅海を渡った偉業なぞらえて讃えたという。

こうした彼女の気力はどこから生じたものだろうか。ガートルードは一九〇六年ニューヨーク市に生まれ、両親ともドイツ系で父は肉屋を営んでいた。八歳の時祖母の家に滞在中、池で溺れかかったことがあり、それがきっかけで水泳を習う気になった。父が先生であり、腰にロープをつけ、犬かきをすることから始まった。やがて泳ぎのおもしろさを覚え、アメリカを代表する選手にまでなるが彼女はそこにとどまらず、更に前に進もうとする。「そんなこと出来っこないと誰かが言う時こそ、私がそれをやる時よ」という決断力と実行力が彼女には備わっていたのである。

第一回ドーバー海峡横断を中断された後もそうだった。彼女は二度目の挑戦に備えてまずコーチを代えた。新しいコーチは自身五人目の完泳者で、実に十四回の失敗を経験していた。次に、前回の記録を拭い去るために精神修養に励んだ。そして泳法を変え、世間の常識に反して平泳ぎではなくクロールで挑んだ。さらに、クラゲと寒さから身を守るため、ラノリン、石油、オリーヴ・オイルなどを全身に塗りつけ、異様な姿で海岸に現れた。その他数かずの工夫と準備を凝らして　試練に臨んだのである。偉業は決して気力だけで達成されるものではない。ドーバー海峡横断の七年後、転んで背骨を折り、四年以上もギブスにしばられる生活を送らねばならなかったのに彼女は見事に復活した。それからほぼ六十年の歳月を生き抜いたこの驚異的な女性は、二〇〇三年一一月三〇日、九六歳でついにその人生の幕をおろした。

彼女の大記録は二十四年間破られることがなかった。この快挙が刺激となって、二〇年代にアメリカ赤十字水泳免許を取得した女性は六万人にのぼったと伝えられる。

（鎌田紘子）

アルバート・アインシュタイン（Albert Einstein／一八七九－一九五五）

ユーモラスな物理学者

アインシュタインの名前を聞いたことのない者はいないだろう。理論物理学という難解な分野の一学者がこれほどまでに広く一般に知られるようになったのは、その理論よりもむしろ彼の人物像によるためではないだろうか。ドイツに生まれ、アメリカで亡くなった彼は、科学者としてユダヤ人として二つの世界大戦を経験し、激動の時代を生き抜いた。彼が広く世界に知られるようになったのは一九二〇年代のことである。

「一九二〇年代はアインシュタインの生涯で最も休みのない時期であった」と伝記作家のカール・ゼーリッヒは書いている。一九一九年に起こった皆既日食の観測によって相対性理論の正しさが立証されると、アインシュタインは一躍ときの人となる。新聞や雑誌は彼を大きく取り上げ、一九二〇年代には彼は多くの講演依頼を受けて世界各国を訪れている。スウェーデンの王立アカデミーが一九二二年十一月十日に彼にノーベル賞を授与することを発表した時も、彼は日本に向かう日本郵船「北野丸」にいた。改造社の社長山本実彦が彼を招いたのである。アインシュタインはしばらく日本に滞在し、東大、京大、慶大、さらに仙台、名古屋、大阪、神戸、福岡で講演を行った。

日本を訪問する前年の一九二一年に、アインシュタインは初めてアメリカを訪れている。この訪問には他国訪問とは異なる特別な目的があった。アインシュタインをアメリカに連れて行ったのはシオニズムの指導者ハイム・ヴァイツマンで、彼はヘブライ大学の設立資金を集めるためにアインシュタインに協力を求めたのである。アインシュタインは資金調達に自分の名前が利用されるのを承知でこの申し出を受けた。無神論者でとくにユダヤ教徒でもなく、ナショナリズムに対しても反発する気持ちが強かったにもかかわらず、アインシュタインはシオニズム運動を支持していた。差別と迫害の歴史を歩んできたユダヤ人の状況が改善されることを何より望んでいたからである。

アインシュタインはアメリカで大歓迎を受けた。彼を乗せた船がニューヨーク港に到着した時に出迎えたアメリカ人の熱狂ぶりには彼自身も驚いたほどだった。着くなり彼は船上で多くの記者やカメラマンに取り囲まれ、船から降りるのも大変だった。彼は記者に「非常に難解な相対性理論になぜ大衆が熱狂するのですか」と質問され、「それは心理学的研究の問題です」と答えたというが、アメリカでは、フレデリック・アレンの言葉を借りれば「科学の威光は絶大で、人々は科学が万能であることを信じていた」のである。アレンは当時の新聞について「ほとんど誰も理解できなかったとしても、アインシュタインの新学説が一面を飾った」と述べている。アメリカ人の「アインシュタイン・フィーバー」の背景には、このような「科学信仰」もあった。アインシュタインは各地で講演や講義を行い、コロンビア大学からはメダルを、プリンストン大学からは名誉博士号を授与された。また、ヘブライ大学設立のための多額の寄付金も集まり、アインシュタイン自身訪問には満足している。ちなみにこのアメリカ滞在から二年後の一九二三年、日本を訪れた帰りに彼は生涯でただ一度エルサレムを訪れ、出来たばかりのヘブライ大学で講義を行っている。

アインシュタインが二〇年代に多くの国を訪問した理由のひとつには、第一次大戦後ドイツで反ユダヤ主義が強まり、相対性理論の成功によって反アインシュタインの運動が起こったこともあった。アインシュタインは一九一四年、ベルリン大学に教授として好条件で迎えられ、それまで住んでいたスイスのチューリヒからベルリンに移った。しかし彼にとってベルリンは決して居心地の良いところではなかった。強まる反アインシュタイン勢力に対し、時に身の危険すら感じていた彼は、各国からの講演依頼を積極的に受けて、まるでベルリンを抜け出すかのように世界中を旅した。それでもベルリンにいたのは、大学の同僚で著名な物理学者マックス・プランクに説得されてだといわれている。しかし遂に一九三三年には、ナチスに追われてアメリカに亡命する。その後プリンストン高等研究所の教授に就任した彼は、一九五五年に亡くなるまでアメリカから一度も出ることはなかった。このようなアインシュタインの人生を振り返ると、二〇年代は彼にとってまさに光と影をもった時代だったと言えるだろう。

誰もが一度は見たことのあるアインシュタインの有名な写真がある。舌を出した写真である。写真がひとり歩きしている感もあるが、高度に抽象的な理論を扱う物理学者らしからぬユーモラスな彼の表情からは、天才アインシュタインというより人間アインシュタインが伝わってくる。現在でもおとろえないアインシュタイン人気の理由はここにあるのではないだろうか。

（河内裕二）

ゼルダ・フィッツジェラルド（Zelda Fitzgerald／一九〇〇－一九四八）

ジャズ・エイジの妻

従来、彼女は作家スコット・フィッツジェラルド（一八九六－一九四〇）の「悪妻」としてしか知られていなかったが、一九七〇年代のフェミニズム運動の高まりと共に「自立した女性」として再評価されつつある。

確かに、彼女には結婚当初から「悪妻」としての要素はあった。暑いからといってユニオン広場の噴水に飛び込んだり、五番街をタクシーの屋根に乗ってパーティーに駆けつけるなど、その無軌道ぶりは有名であった。また、ゼルダは家計の能力が全くなく、湯水のように金を浪費した。事実、スコットは、そのために短編小説を書きまくり、金を稼ぐことを余儀なくされた。スコットはゼルダに引きずりまわされ、悩まされ続けたとも言える。

夫婦の不仲については、多くの者がゼルダを非難する。スコットの伝記作家アンドリュー・ターンブルは、彼女を「わがまま、情緒不安定、信じられないぐらい利己的、夫の創作活動を生涯にわたって邪魔し続けた女」と評した。また、スコットと一時親交を結んだヘミングウェイは、後にパリ時代の回想記『移動祝祭日』（一九六四）の中で、ゼルダは夫の仕事に嫉妬し、仕事の邪魔をしていると述懐している。

しかしながら一方で、彼女の存在がスコットの文学を支えていたということもまた事実である。スコットは、経験したことしか書くことのできない作家だと言われている。そのような彼にとって、ゼルダは、『楽園のこちら側』（一九二〇）、『美しく呪われた人』（一九二二）などの作品のモデルとなるなど、彼女の存在はスコットの作品の素材として無限の宝庫となった。また、ゼルダの伝記作家ナンシー・ミルフォードは、自分のなすべきことを情熱的に追い求めた勇気ある女性としてゼルダを捉え、一方、スコットのことは、未成熟で、脚光を分け合うことを嫌がる利己的な男だとみなしている。

ここで、彼女の略歴を追ってみることにする。彼女は、

ゼルダ・フィッツジェラルド

アラバマ州モントゴメリの生まれで、父は、アラバマ州最高裁判所陪審判事であった。幼い頃から甘やかされて育ち、「アラバマ、ジョージア二州に並びなき美女」と言われ、自由奔放な才女という評判が高かった。さらに、彼女は「フラッパーの女王」として世間の注目を集めた。そして、当時処女作『楽園のこちら側』で作家の卵として注目を集め始めていたスコットと一九二〇年に結婚。二人の華やかな結婚生活は、「スコット王子とシンデレラ・ゼルダ」ともてはやされ、ジャズ・エイジの典型とも言われた。このように、時代の最先端を走っていた彼女は、共に行動する夫も新しい時代の感覚の持ち主だと思い込んでいた。ところがいざ結婚してみると、スコットは極めて保守的な男性で、特に女性に関しては男性に奉仕するような女性を好んだ。例えば、スコットの代表作『グレイト・ギャッツビー』（一九二五）の女性主人公デイジーの「女の子はばかでかわいいのが一番なのよ」という言葉や、『ノートブックス』（一九七八）の「男に惚れ込むと、ぼくは自分も彼らのようになりたいと思う。……女が好きになったときは、彼女たちを所有し、支配し、自分に敬服させたいと思う。」といった記述からも、スコットが男性に仕える女性を理想として求めていたことは明白である。

けれども、ゼルダはスコットが求めていたようなタイプの女性ではなかった。家事と育児に汲々とするような生活は受け入れられなかった。夫の名声に押しつぶされない自分を求める気持ちが強かった。結婚生活が始まってしばらくは、夫の文筆を手伝ったりすることで満足していた。が、次第に彼女はスコットが自分に求めているものが違うことに気づき、ストレスがたまっていった。自分でも小説や短編を書き始めたり、絵を描いたり、さらに二七才からは病的なまでにバレエのレッスンにのめり込んだりした。

従来これは、夫の作家としての才能に対する彼女の嫉妬だと解釈されていた。しかしながら実は、彼女は一人の女性としての自立を目指していたのではないだろうか。彼女には自分のエネルギーをきちんと受けとめて評価してくれる相手が必要だったのである。けれども、彼女には自立を手に入れるほどの才能もなく、中途半端な存在であった。結果的に、彼女はジレンマに陥り、精神異常になったと思われる。彼女の生きていた一九二〇年代当時のアメリカは男性社会であり、女性が自立することは時代がそれを許さなかった。自己のアイデンティティを求めながらも、一時代早く生まれ過ぎた女性の悲劇であったとも言えよう。

（関口敬二）

ヘンリー・フォード（Henry Ford／一八六三－一九四七）

合理主義と社会奉仕が生んだ大衆車

フォード車が大量生産によって、アメリカ市場を席巻したのが、一九一〇年代から二〇年代にかけて。その頃、ハーランとコリンズによって流行歌となった「自動車に乗ってお出かけ」では、自動車の扱いにくさを皮肉まじりに軽妙に歌っている。この曲を聞いた多くのアメリカ人が共感する程、自動車は一般的になっていた。同時代に流行ったジョークに、次のようなものがある。

「彼は自分のフォード車に、奥さんの名前を付けてるそうだよ」

「なかなか気がきいているじゃないか」

「それが、そうでもないんだ。乗ってみたら、彼には運転が難しかったんだってさ」

ヘンリー・フォードは「その手のジョークは、わが社の車を普及させるのに役立っている。いつまでも無くならないで欲しいものだ」と述べている。寛容とも言えようが、フォードはどんなことであれ、売り上げ増につながれば、それが最上としたのである。

しかし、だからといってヘンリー・フォードが利潤追求を最優先とした企業家であったわけではない。逆に、彼は当時世界的に利潤追求の権化だと思われていたユダヤ人の資本家たちを徹底して嫌った。そのユダヤ排斥思想は、のちにドイツのヒトラーに利用されるのである。

ユダヤ嫌いはともかくとして、彼が企業に求めたのは、社会奉仕であった。奉仕すべきは、社員に対しても同じであった。増えた分の売り上げは、社員の賃金へとまわされた。当時の労働者としては破格の給料を、フォードは社員に支払っていた。同じ理念から、フォードは移民を多く雇い入れ、彼らが合衆国民として一人前になるように、お節介とも言えるほど、生活に口をはさんだのである。

ヘンリー・フォードは自らの生活において、徹底した合理主義者であり、時間管理から食生活に至るまで、生活を厳しく律していた。その厳しい合理主義を社員にまで徹底して強制した。彼は自社の社員に、まずタバコを禁止した。会社で禁止しただけではなく、自宅での喫煙も禁止した。フォードの社員が自宅でこっそりタバコを吸っていないか、興信所に依頼して見張らせることまでした。酒場に出入りする社員に会社として警告をだすほどであった。

フォードにとって、無駄は悪であり、勤勉による利潤の増大と社会への還元こそが善であった。フォードがベルトコンベアによる大量生産システムを導入したのは、ごく自然なことだと言えよう。そして、この大量生産システムが安価な自動車を生んだ。

ヘンリー・フォードが、誰にでも購入できる廉価な自動車を造ろうと思ったのは、彼の生い立ちとも関係している。ミシガン州の寒村に生まれたヘンリー少年は、つらい農作業と荷馬車に頼った運搬に疲れ切った人たちを見て、皆が楽に働けるようにしたいと決意した。十六歳で機械工となったヘンリーは、やがて発明王エジソンの会社へ入り、チーフ・エンジニアとして働くことになる。エジソンは後にヘンリー・フォードを評して、こう言った。

「彼は、アメリカにタイヤを履かせた」

その言葉が象徴しているように、フォードの車は、爆発的に売れた。

しかし、何にも増してフォードが貢献したのは、企業文化である。

「人はだれでも、想像できることなら、どんなことでもできる」

これがフォードの信念であった。そして、アメリカの企業家たちが好んで語るのは、彼の徹底した合理主義よりも、この信念に基づいた次のようなエピソードである。

ヘンリー・フォードが自分の会社の技術陣に、八気筒エンジンの開発を命じた。技術者たちは、フォードの要求が技術的に不可能であると思った。彼らの報告を聞いたフォードは「それでも完成させるのだ」と厳命した。フォードの命令に、技術者たちは、あらゆる可能性を探った。一年たっても成果は上がらない。誰もが不可能だと思った。

そこで、フォードは技術者たちを集めた。そして言った。

「私にはどうしても八気筒エンジンが必要なんだ」。それから間もなく、まったく突然に技術的なブレイク・スルーに成功した開発陣は、本当に八気筒エンジンを作り上げてしまう。想像が、現実になったのである。

ヘンリー・フォードは、こうした神話に満ちた人物として語り継がれている。それは今日の企業文化に通じる敢闘精神を体現した人物として、いまでもフォードの神話を語る企業家たちがいるからだ。フォードの創った企業文化は、現代に活きている。

(佐野潤一郎)

ウォーレン・G・ハーディング（Warren G. Harding／一八六五－一九二三）

二〇年代をそのまま生きた大統領

第二十九代大統領（一九二一～二三）。一八六五年にオハイオ州に生まれる。一八八四年より同州で新聞社を経営する一方、一九〇〇年に共和党員の州上院議員になったのを皮切りに、一九〇四年から州副知事、一九一五年からは連邦上院議員を歴任した。

第一次世界大戦に疲れ、混乱し、安定を求めたアメリカ社会は、国際連盟加盟を巡る論争に対する幻滅と、ウィルソン大統領の民主党政権によるこれまでの改革路線への反発が生じていた。ハーディングは、自身の経営する新聞社で一人も解雇者を出さなかったというエピソードにうかがえるように、友人を大事にし敵を作らない人柄であった。加えて「全ての物事には二つの答えがある。そしてそのどちらも正しい」ということばにみられるすぐれて協調的な性格により、共和党内で和解と調整の役を果たした。その結果党から大統領候補に推され、「正常への復帰」をスローガンに民主党を大差で破り大統領になった。この一九二〇年の大統領選は、はじめてラジオで大統領選挙の開票速報が行われたことでも知られている。

「私は小さな町出身の才能乏しき男だ。大統領になった自分の姿など想像しがたい」「この職（大統領職）は私には荷が重過ぎる」「私は牢獄（大統領職）に入れられてしまった。とどまっているのは出ることができないためにすぎない」と、大統領職への自信の無さをたびたび表明したハーディングは、他人から愛されることを望み、非常に社交的な人柄に加えて、大柄でハンサムな風貌、魅力的な声などによって国民から愛された。ホワイトハウスを訪れる観光客は、大統領自らによる出迎えを受けることもあった。

また禁酒法の時代であるのにもかかわらず、ハーディングはホワイトハウス内でウィスキーを飲み、ゴルフを週に二回、夜にはポーカーを週に二～三回楽しんだ。ポーカーで負けて、ホワイトハウス用の陶磁器セット一式を譲り渡したこともある。共にトランプに興じた親しい友人たちの中には、フォール内務長官、ドハティ司法長官といった闇僚がおり、ハーディングはこの集まりを「ポーカー内閣」と呼んだ。

ハーディング政権は国務長官ヒューズ、財務長官メロン、商務長官フーバーといった有能な閣僚によって支えられ、第一次世界大戦後の混乱したアメリカ経済の回復と発展を導いた。政権は裕福な者を優遇する企業寄りの保守的な性格を持ち、高額所得者減税や、高率の保護関税政策を行い、東・南欧からのいわゆる新移民の制限を目的とした移民制限法（一九二一年）の制定も導いた。石油業界と癒着する内務長官フォールは、インディアン居住地域内の石油採掘許可を白人の石油業者に積極的に与え、内務省インディアン業務局は、それによって土地を奪われることになるインディアンの権利保護に苦慮した。さらに外交面では、米英日仏伊五カ国が海軍主力艦の制限などを話し合ったワシントン軍縮会議（一九二一年）を開催する成果をあげた。

今日では、ハーディング政権にはアメリカ史上類を見ない程汚職にまみれたものであったとの評価が与えられている。政府職員の汚職が次々と発覚し、自殺者まで出た。中でも有名なのが、ティーポット・ドーム疑獄事件である。フォール内務長官がデンビー海軍長官と共謀し、収賄の見返りに石油会社に入札なしで海軍用油田を貸与した事件が明るみに出て、フォール内務長官は禁固一年と罰金十万ドルの判決を受け辞任した。

一九二三年、相次ぐスキャンダルと信頼する友人の背信行為に心労を重ねたハーディングは、アラスカとカナダへの遊説途上倒れ、ほどなくしてサンフランシスコで失意のうちに死んだ。その死後も不祥事は続き、ドハティ司法長官が収賄と引きかえによる法律違反の目こぼしと有罪犯免赦を行ったことが発覚した。

「アメリカ市民たるもの、政府が自分に何をしてくれるかではなく、自分が国家に何をなすことができるかにより関心を持たねばならぬ」ケネディ大統領の一九六一年の就任演説における有名な一節に似ているが、実はそれをさかのぼること数十年前のハーディングの言である。ケネディと同じようにハーディングも大統領の任期四年をまっとうできず、二年五ヶ月で他界した。しかし、現在に至るまで依然として人気の衰えないケネディとは異なり、生前は多くの人に愛されたハーディングの人気は、その死後地に落ちた。

彼の死後副大統領クーリッジが第三十代大統領に昇格して綱紀粛清を行い、翌一九二四年の大統領選でも引き続き大統領に選出された。ハーディングの下で商務長官を務めたフーバーが、その後を継いで第三一代大統領になった。

（岩﨑佳孝）

上山草人（かみやま・そうじん／一八八四－一九五四）

不気味な東洋人

俳優、上山草人が渡米したのは一九一九年、妻と同居させていた看板女優の衣川孔雀に逃げられ、公私ともにゆきづまってのことである。そんな彼の渡航費のために奔走したのは、妻の山川浦路だった。援助した友人のなかには雑誌「中外」を発行していた内藤民治や谷崎潤一郎がいる。草人というと、渡米後のハリウッドでの活躍が有名だが、素養となった日本での新劇活動とその余波はもっと評価されていい。

たしかに彼自身は空回り気味だったが、草人の派手な交友と新劇活動は、二〇年代日本のモダン文化を牽引することになる。劇団女優の伊沢蘭奢は、草人の渡米後、二十八年で急逝するまで、演劇に映画に大活躍する。一九二八年に、アメリカで評判の『マダムX』が翻案された際には主役を務め、絶賛された。

こうした日本での舶来趣味とは正反対に、アメリカでの草人は「東洋」を最大の売り物にしてゆく。初期ハリウッドの日本人俳優として有名な早川雪洲は、一九二二年には妻といっしょにパリへと去っていた。しかし、当時、ハリウッドには、第二の雪洲を目指す日本人がひしめいていて、生き延びてゆくのは並大抵のことではなかったようだ。そこへ草人は「歌舞伎三分、新劇七分」で面接に臨み、『バグダッドの盗賊』（一九二四）の三人の求婚者の一人、モンゴルの王子という大役を手にすることになる。在米生活を綴った『素顔のハリウッド』（一九三〇）によれば、美術評論などでも知られる「貧乏詩人」のサダキチ・ハートマンが降ろされたためであった。

草人は『バグダッドの盗賊』以降、主に不気味な東洋人の役として約四〇本のサイレント映画に出演したが、三田照子氏の評伝も強調するように、それを可能にしたのは妻浦路の巧みな英語と交渉だった。実際、谷崎も記すように「草人の英語は十一年もアメリカ生活をしたと云うのに、しゃべらせると滑稽至極で、実力はわれわれ以下であった」からである。ちなみに彼の最初のトーキーは奇しくも

上山草人

『マダムX』(一九二九)なのだが、あいにく台詞はほとんどなかったようだ。それだけに、トーキーが押し寄せてきた二十九年に、日本へ凱旋帰国したのは実に先見の明があったといえる。

決して日本人を演じようとしなかったのも賢明だった。年下の「先輩」早川雪洲の『チート』(一九一五)が、白人女性に焼印を押すあたり、日本で国辱的と批判されたことをよく知っていたからである。もっとも、草人が演じた怪人たちも似たようなものであった。ダグラス・フェアバンクス主演の『バグダッドの盗賊』が今日、容易に見ることができる唯一の草人のハリウッド映画であり、しかも彼はそれ以上の大役を手にすることはついになかったが、「歌舞伎三分」のもったいぶった動きに、不気味な無表情は、おそらく雪洲を意識してのことだろう。

こうして総入れ歯でなまず髭の草人は、後々まで東洋人のステレオタイプとなった。オノト・ワタナのインタビューによれば、ユダヤ人の悪役までも演じたらしい。ワタナは一次大戦前まで、日本人を装って日本趣味の小説を書いていただけに、草人には格別の興味をもったようだ。もう、時代は、日本趣味から排日に変化していたからである。

この点でも、草人は先見の明があった。草人も「ハリウッド映画界で一番偉い」と記しているウィル・ヘイズは、すでに映画浄化運動に乗りだしており、草人が去る翌年には規制条項が公表され、三十四年には実効化されることになる。その一条に、異人種間の結婚を描かないこととあるのは、草人たちが演じた映画を念頭においてのことだろう。谷崎は、『痴人の愛』(一九二五)でも言及した女優ポーラ・ネグリについて、彼女が「草人とキッスをして直ぐ眼の前で口をゆすいだこと、草人がその腹いせに、二度目のキッスの時にわざと生葱を噛んでキッスしたこと」を紹介しているが、そんな映画が困難になっていったのである。

しかし、帰国後の草人は不遇に終わった。草人の自信にも関わらず、日本で東洋の怪人に需要があるわけがなく、すぐにトーキーが押し寄せたからである。一方、妻浦路は草人の帰国後もアメリカに残った。トーキーでも中国人の端役などを勤めながら生活し、強制収容所を生き延びて、一九四七年にアメリカで没している。草人が死んだのはその七年後、あたかもサイレント映画の名残雪のように、台詞のない不気味な琵琶法師を『七人の侍』で演じてまもなくのことだった。

(橋本順光)

ヘレン・ケラー（Helen (Adams) Keller／一八八〇―一九六八）

社会主義に目覚めた奇跡の人

目、耳、口の障害という三重苦の克服、そして特殊教育への貢献は日本でもよく知られるとおりだ。家庭教師アン・サリヴァンとの出会いと格闘、劇的な「水」による覚醒は、ウィリアム・ギブソンの戯曲『奇跡の人』（一九五九）、その映画（一九六二）、その無数のリメイクを通じ、幾度となく繰り返されてきた。

　この物語はケラーの最初の自伝（一九〇二）と、編集され注釈を施されたサリヴァンの書簡集にもとづいており、その書簡をみると、ケラーは同時代の「狼少女」のような関心をひいていたようだ。そんな「野生児」が、あたかも洗礼をうけるように「水」によって目覚め、与えられた文化を反復しはじめるのである。これは十七世紀以来のアメリカの伝統である回心物語の一つ、といってもよいだろう。

　偉人伝を通じて聖人化が進んだのも、そうしたせいなのかもしれない。しかし、ケラー自身は、そうした世間の枠にとどまらず、旺盛に書物を吸収したばかりか、同時代の思潮に機敏かつ積極的に発言し、波紋を引きおこしていった。その軌跡は、あまり知られていない第二の自伝、『流れの中』（一九二九）に詳しい。彼女は一九〇四年に、ラドクリフ・カレッジを卒業するのだが、マーク・トウェインの友人であり、英文学が「抜群の成績」なだけあって、第二の自伝では衒学的なまでに書名が言及され、文学にちなんだ表現が繰り返されている。こうした嗜好は、後に彼女の詩集（一九一〇）へと結実することになる。

　H・G・ウェルズの啓蒙書『旧世界のための新世界』（一九〇八）を読んだころから、ケラーは社会主義に目覚めはじめる。彼女はさらにIWWを支持し、サンガーの産児制限運動にも共感する。それらの評論は、後に『暗闇から出て』（一九一三）にまとめられた。そのなかの一文は、アプトン・シンクレアが編集し、ジャック・ロンドンの序文が付された『正義のための叫び』（一九一五）にも収録され、版を重ねた。にもかかわらず、二〇年代に盛んになった反共運動のせいかどうか、自伝『流れの中』では、社会主義に関与したことについて不思議と言及がない。わずかに、アメリカの第一次世界大戦参加反対のみ触れられる。

とはいえ、ケラーが社会改良家としてはやくから名を馳せたことは、彼女が映画に主演していることからもうかがえる。その映画『救出』（一九一九）で、彼女はジャンヌ・ダルクよろしく世界の労働者解放のため馬に跨らされたと、『流れの中』で自嘲的に記すとおり、残念ながら映画の興行成績は失敗に終わった。そのために彼女は、一九二〇年から四年間、地方を巡業するはめになる。もっともケラー自身の言葉を信じるなら、握手を求められてつめよられる講演会より、商売尽くしのショーの方がよかったという。ちなみにケラーは日本へ三度（三七年、四八年と五五年）来ている。初来日の講演会に行った作家中島敦は、『山月記』の著者らしく、「主催側ノ興行的ナルニハ憤慨セザルヲエズ」と、何度もお辞儀させる様子を「猿芝居」のようと日記に記した。それは見方をかえれば、彼女が人々の好奇心に臆することなく、むしろそれを最大限に利用して、説明を展開した啓蒙家であることを意味している。実際、チャップリン、フェアバンクスとピックフォード夫妻といった映画人、タゴール、チェスタトンらの作家、エジソン、カーネギー、フォードなどの実業家たちと彼女は積極的に面会して、その印象を記しているからである。

そんなケラーは、障害児を安楽死させた当時話題の医師について、論説を発表している。パーニックの『黒いこうのとり』（一九九六）によれば、そこでケラーは、「誰もこんな卑しむべき無用の肉塊を気にかけはしない」として、「真の白痴に関してのみ」医者の科学的判断を優先させることを訴えた。また、日本ではもっぱら排日移民法として知られる一九二四年の移民制限法について、ケラーは心から賛同している。これが「無用の」人々の排除という優生学的な理由からであることは容易に想像がつくだろう。ケラーは、ヨーロッパのスラムという国外から「市民に不適当な人々」の進入を阻止しているのに、国内で新しく生まれる子どもたちに何ら規制も制限もないことを、「夜も寝られない」といぶかしがるのである。皮肉なことに、ケラーに執筆を可能にさせたアン・サリヴァンは、十九世紀末に「ホワイト・ニグロ」と蔑称されたアイルランド系移民の娘であり、その父はアルコールに溺れていた。

無論、全米盲人協会の設立や、大戦後の傷痍兵にケラーが与えた希望は、否定しようがない功績である。それゆえにこそ、ヘレン・ケラーは、聖人や受難者にとどまらず、まぎれもなく二〇年代と共に生き、その思潮を牽引した思想家かつ運動家だったといえるだろう。

（橋本順光）

チャールズ・A・リンドバーグ（Charles A. Lindbergh／一九〇二－一九七四）

無着陸大西洋横断をなしとげて

　初めて大西洋単独無着陸飛行をなしとげて、国民的英雄となった飛行家。ミシガン州デトロイトの生まれ。父親は、ミネソタ州選出の下院議員。リンドバーグは、ミネソタ州リトル・フォールズで育ち、一九二二年にウィスコンシン大学を卒業。ネブラスカ飛行隊に所属。一九二四年、テキサス州ブルックス・フィールドの航空予備隊の士官候補生となり、陸軍航空郵便事業部のパイロットになった。彼は地方を回って、曲乗りをするバーンストーマーでもあった。ニューヨーク　パリ間を最初に無着陸で飛行した者に二万五千ドルの賞金が送られる「オルディグ賞」をねらって、リンドバーグはローンを獲得、特別な単葉飛行機を作らせた。

　その飛行機スピリット・オブ・セントルイス号は、ドナルド・ホールのデザインで、カリフォルニア州サン・ディエゴのライアン航空が六〇日間で製作したものであった。まさに空飛ぶ燃料そのものだった。機体前方に取り付けられた大きな燃料タンク、小さく華奢な翼、視界は機体横に取り付けられた小さな窓と、前方展望鏡だけであった。リンドバーグが細かく指示したのであった。「エンジンは単一。二つのエンジンを積めば、故障も二倍になる。」「小さすぎる補助翼と尾翼では、飛行機は不安定だが、むずかしい操縦ならば長時間の飛行の間、眠くならなくてすむ。」前方の視界をさえぎる程の大きな燃料タンクを機体後方に設置しなかったのは、「機体が墜落した時に、後方のタンクが前方に飛んできて自分が押しつぶされるのを避けるため」であった。

　一九二七年五月二〇日、ニューヨークの滑走路から大勢の観衆を前に、リンドバーグは重々しい機体を空に上げた。長い、孤独な飛行の始まりであった。飛行前に細かく飛行ルートを計算して、いろいろ書き込んだ海図を参照し慎重に現在の位置を確認する。一歩間違えば海のもくずとなるだけだ。夜は星だけがたよりだ。しばらく飛行していると、広い海からぽつんと黒い点が見つかった。船だ。ああ、あの船には人がいる。ヨーロッパ大陸はもう近い。もう少しがんばれる。いや、まだ限界ではないはずだ。……しばらくすると、まるで思い出したように、陸地が地球の端から見えてきた。陸地はいいが、ここはどこだ。パリでなければ意味がない。パリであってくれ。やがて、町の公道や建物がはっきりしてきた。そして散々陸地を飛び回った揚げ句、遠くの方に光の柱がみえてきた。エッフェル塔だ。『翼よ、あれがパリの灯だ！』

ニューヨークからパリまで、三十三時間あまりの飛行であった。彼の偉業は世界中に興奮を巻き起こし、彼は国民的な英雄となった。しかし、彼は派手な行動はせず、英雄扱いされることを好まなかった。親善大使として、彼はメキシコ、中央アフリカ、西インド諸島、オリエント地方を訪問した。一九二九年、メキシコ大使の娘アンネ・スペンサー・モロウと結婚した。グーゲンハイム基金の講演によって国内を回った後、彼は航空会社の顧問を務めた。一九三三年、彼は妻と共に太平洋横断のルートを探し、太平洋からアジアへ抜ける新しい航空路の開発事業に乗り出した。一九三一年、中国への航空図を完成。その二年後、四万八三〇〇キロにもおよぶ太平洋横断航空路を拓いたのである。

一九三二年、息子の誘拐殺人事件後、マスコミにも嫌悪感をもった夫妻はイギリスへ移住。その後、彼は三回ほどドイツを訪問し、ドイツ空軍の威力を認識、合衆国に警告した。著書には『われわれ』（一九二七）『飛行と人生』（一九四八）がある。エッセイ「スピリット・オヴ・セントルイス号」（一九五三）は、ピュリッツアー賞受賞。その他、名誉勲章、米軍殊勲十字賞、ダニエル・グーゲンハイム国際航空学賞（一九五三）受賞。

（上野和子）

エイミー・センプル・マクファーソン（Aimee Semple Mcpherson／一八九〇－一九四四）

ゴスペル運動の創始者

福音伝道者、スクエア・ゴスペル教会の創始者。ドラマティックな説教で人々を魅了し、信仰治癒で有名になり、巧みな広報活動によって富と名声を得た牧師。

エイミー・エリザベス・ケネディは一八九〇年一〇月にオンタリオ州インガソルに生まれた。父親はメソジスト派の農場主で、母親は「ケネディ母さん」と知られた救世軍の隊員であった。エイミーは高校を中退し、一九〇八年に巡回中のペンタコステ派の牧師ロバート・センプルと結婚した。二人は一九一〇年に宣教師として香港へ行くが、ロバートはまもなく熱病で亡くなる。娘ロベルタを伴って彼女はニューヨークの母親と一緒になり、信仰復興運動に尽くす。一九一二年、彼女は会計係りのマクファーソンと結婚した。彼等の息子のロルフは、後にエイミーの後継者となる。

母親と子どもと一緒に、エイミーは一九一八年ロスアンジェルスに移り、そこからカナダ、オーストラリアへの信仰復興運動ツアーを続けた。彼らは、マクファーソンの「福音伝道」車に乗っていたが、その車体の一方には「イエスはまもなく訪れる―心して準備せよ」、もう片方には「あなたはどこで永遠の生を生きるのか」と書かれていた。初めマクファーソンは、メガホン、福音書の冊子、それに人々を集める興行師的なことをして、福音伝道集会へ行くように勧めた。彼女の名声が高まるにつれて、このようなことは必要でなくなり、聴衆はテントや劇場、体育館、競技場や公園を埋め尽くした。一九二一年一月のサンディエゴのミサには3万人が出席した。マスコミは、マクファーソンのおかげで目の見えない人や耳の聞こえない人がなおり、病人は元気になったと書きたてた。彼女の説教は、終末論的ではあったが地獄の業火を言いつのるのではなく、楽観的で神の愛を説くものであった。集会は、音楽や物語、治癒や聖書物語の劇で活気に満ちていた。マクファーソンは、集団の意識を直感的に理解することができ、大勢の聴衆の心をひとつにまとめ、自分の意思にそって動かす能力があった。

マクファーソンの賛美者の中には、金持ちや権力者、そして派手な名士たちもいた。ク・クラックス・クランのメンバーやジプシーの群れ、コロラド州知事のような政治家たち、テックス・ギナンのような密造酒のクラブ経営者、検事総長ウィリアム・ジェニングズ・ブライアン、チャーリー・チャプリンのような俳優たちなどなどである。しかし、概してマクファーソンの信徒たちは、平凡な労働者階級であった。二〇世紀の初頭には、多くの人々が自由主義の波に乗って主流の教会を離れる傾向があった。マクファーソンは、彼らの求めている宗教的な情熱にある種の方向づけをしたのだ。彼女は、新しく宗教を創りだしたのではないが、古い宗教活動を新しい手法で示したのである。

また、派手なパフォーマンスをしたことで有名である。通常はお決まりの白いドレスと青いケープをつけていた。彼女のショーには、らくだやコンゴインコが出てきて、オーケストラや楽団の音楽があり、「赤頭巾」や「ジーキル博士とハイド氏」のような物語をテキストにして説教をドラマティックに仕上げた。しかし、個人の救済のためには精神的なものが必要であると強調した。

彼女は一九二一年マクファーソンと離婚した。その間「スクエア・ゴスペル」運動は聴衆をひきつけ、五千の座席を設けたアンジェラス寺院が、一九二二年一月一日にロスアンジェラスに建設された。その後、バイブル・クラス、国際スクエア・ゴスペル教会もまた創設された。一九二四年、ラジオ放送局が寺院の中に設置された。国際スクエア・ゴスペル教会は一九二七年に合併した。

一九二九年五月、彼女はカリフォルニア州ヴェニス近郊の浜で行方不明となった。しかし五週間後、アリゾナ州とメキシコの国境で姿を表し、誘拐され身代金を要求されたと語った。大陪審の捜査が開始され彼女は偽証罪で告訴されたが、この事件は却下された。彼女は行方不明の間、放送局の経営者ケネス・オーミストンと一緒だったという証言がある。

次のデイヴィッド・ハットンとの結婚は数年で終わり、その後彼女は、アンジェラス寺院の管理をめぐり娘や母親と争った。彼女は説教よりも、執筆、バイブルスクールの教育、「スクエア・ゴスペル」教会の監督に力を入れたので、数カ国に宗派の教会が設立された。一九四四年九月、彼女は睡眠薬を服用し死亡。彼女の著書には『自伝』（1951）『これはあれ』（1919）『国王に仕えて』（1927）がある。


（上野和子）

マーガレット・ミッチェル（Margaret Mitchell／一九〇〇－一九四九）

『風と共に去りぬ』の作者

小説『風とともに去りぬ』を書いた作家。南部の上流階級出身、フラッパー気質で社会運動に活躍した母親の影響が小説の特徴に見られる。ジョージア州アトランタ生まれ、父は弁護士、母は女性参政権運動家。ミッチェルは地元の女学校を一九一八年卒業し、スミス・カレッジに入学した。しかし母親が翌年の夏流行性感冒で死亡、ミッチェルは中退しアトランタに戻る。その間、許婚ヘンリー大佐がヨーロッパ戦線で死亡するという逸話もある。

ミッチェルは、流行のフラッパーを地でいき、舞踏会ではアパッシユ・ダンスを踊り、深夜の若者パーティの常連で人々のひんしゅくをかった。一九二二年九月、遊び仲間のお調子者ベリアン・K・アプショウと結婚。不安定な彼の収入を口実にアトランタ・ジャーナルの記者として働き始めた。その四年間に、二百もの記事、エッセイ、書評、雑感を書いた。嵐のような十ヶ月の結婚生活の後、アプショウと離婚。この後、以前からの求婚者でありアプショウのルームメイトであったジョン・ロバート・マーシュと結婚する。彼はその後ジョージア電力会社の部長となった。

その後、彼女は足首の怪我で記者の仕事をあきらめ、小説を書き始めた。それが『風とともに去りぬ』（一九三六）であった。ミッチェルは草案に三年を費やし、なお五年間修正を加えた。新人を探しに来たマクミラン社のハロルド・レイサムの懇願により、ミッチェルはようやく原稿をアトランタ駅で渡した。数章目を通したレイサムはこの小説が傑作だと確信したが、出版された作品は翌年ピューリッツアー賞を獲得した。これはたった一日で五万部、一年で一五〇万部売れたという記録を持つ、二〇世紀最大のベスト・セラーのひとつとなった。現在では一千万部以上売れ、少なくとも三〇カ国の言語に翻訳された。また、一九三九年のディヴィッド・セルズニック監督の映画では、十部門でアカデミー賞にノミネートされ、七人がオスカー最優秀賞を獲得した。さらに、マミー人形から不動産業まで、この小説を素材にした産業をにぎわせた。

　小説は、ジョージア州の南北戦争と再建時代を背景にした長い歴史ロマンスである。没落する南部の運命とともに、その人生、愛憎、そして人間関係が、南軍と同様不運に見舞われる四人の男女の物語である。その文学的な功績は二つのジャンルを融合させた作家の才能にある。フィクションが歴史に情熱や迫真性をあたえ、歴史がロマンスに、ドラマや真実性、権威をあたえた。小説のクライマックスは、北軍のアトランタ攻略とメラニー・ウィルクスの出産、そしてシャーマン将軍のアトランタ襲撃の前夜、主人公スカーレット・オハラが独りでメラニーと赤子を馬車に乗せてプランテーションに戻るところである。重要な場面での母親と子供、そして出産などの、女性の生活描写によって、作家の強い主張とその背景が見えてくる。

　文化的にミッチェルは、南北戦争の孫の世代である。南部文学のルネッサンス期、ウィリアム・フォークナーやアレン・テイト、キャロライン・ゴードンなどと同じように、南部の悲惨に直面した人々、アトランタの歴史、さらに排他的なプロテスタントの南部社会におけるアイルランド系カトリックの不撓不屈の精神を語ることになった。

　また作家は、南部の伝統に批判的な女性観を表明した。この点では母親メイ・ベル・スティーヴンス・ミッチェルの存在を無視するわけにはいかない。母親は、ジョージア州における参政権運動、カトリック平信徒協会などの活動家であった。子供たちには、この世での成功を口にしていたが、娘には南部の淑女の礼節が重要であるともいったらしい。この矛盾した母親の態度が娘に、地元の人々との齟齬をうみだした。作家の主張は、オールド・サウスの風土に対する主人公スカーレットの、自由で現実的な闘いに投影されている。彼女が結婚を望んだ貴族的なアシュレイは、スカーレットの拒絶した古い体制のデカダンスを象徴している。ミッチェルは、この作品の後小説は書かず、ファンへの手紙を書いたり、米国内外における版権問題に時間を費やした。一九四九年八月一七日、交通事故で死亡。


（上野和子）

野口米次郎（Yonejiro Noguchi／一八七五－一九四七）と イサム・ノグチ（Isamu Noguchi／一九〇四－一九八八）

ナショナリズムとコスモポリタンのアメリカ

野口米次郎は、小泉八雲ことラフカディオ・ハーンの衣鉢をついで、日本文化を英語で広めた詩人である。一八九三年に渡米してから、米次郎は東洋趣味をおりこんで自由詩を書いたが、それは新表現を求めていた英米の詩壇でおおいに歓迎されることになった。その縁で、詩人のイェイツ、パウンド、さらに彫刻家のゴーディエ＝ブルゼスカたちと交友が始まったのは、彼が誇らしげに記すとおりである。しかし、俳句のような独特の詩の形式が、エズラ・パウンドたちによってイマジズムといった英詩運動にまで洗練されるにつれて、次第に米次郎の詩は英米で新鮮味を失っていった。俳句の魅力を英語世界にいちはやく紹介したのは彼なのだが、そうした俳句の衝撃は英詩の新たな伝統に吸収されてしまい、英語が母語でない彼にはもはや入り込む余地はなくなってしまったのである。

日露戦争のさなか、一九〇五年に米次郎は帰国する。アメリカで評価されたエキゾチックな英詩が評価されるはずもなく、ようやく日本語で詩を書き始めるのは一九二一年のことである。そんな米次郎のよるべのなさは、「ぼくは日本語にも英語にも自信が無い」と日英対訳で刊行した『二重国籍者の詩』（一九二一）によく現れている。翌年には「所謂英詩は破れたり」と英詩への「決闘状」を書き、『芸術の東洋主義』（一九二七）といった随筆などを日本語で濫作する一方、浮世絵や俳句を精力的に英語で紹介していった。パウンドたちが、俳句や能に注目した思潮を意識してのことであり、行間には自分こそが日本文化を正しく伝えられるという、焦燥感とないまぜになった使命感がみなぎっている。

そんな米次郎には、『朝顔嬢の米国日記』（一九〇二）という書物がある。朝顔という女性がアメリカの感想を英語で記したという体裁で、日本趣味にあてこんだ思惑通り、朝顔あてに恋文がくるほど一時期話題になった。その執筆時に、英語の添削を頼んだレオニー・ギルモアとの間にできたのが、後の彫刻家イサム・ノグチであった。奇しくもイサムはハーンの没年にうまれている。ドウス昌代氏の評伝が詳述するように、イサムは、母と共に日本へ渡るが、父にはすでに別の家庭があり、認知もされず、不遇な少年時代を送る。にもかかわらず、米次郎は、なおもギルモアに英詩の添削を頼みつづけた。配偶者に頼りきっていたのは『怪談』の著者ハーン以上だったといえるだろう。

イサムはといえば、一九一八年には単身で渡米し、早くも二〇年代には彫刻の才能を開花させる。二十七年には、パリの抽象彫刻家ブランクーシのもとで修行し、コスモポリタンたちと出会い、モダニズムを存分に吸収していった。彼は、当時から具象と抽象を自在に行き来しつつ、時として両者の調和した見事な彫刻を残しているが、アシュトンの伝記によれば、このころくらいに、「日本人である父ヨネ・ノグチは詩を通して東洋と西洋の通訳をしたことで知られているが、同じことを自分は彫刻を通してやってみたい」と記している。米次郎と親交のあった彫刻家ゴーディエ＝ブルゼスカもパウンドのヴォーティシズムに心酔して、似たようなことを述べているのだが、米次郎は、依然としてイサムに無関心だった。

米次郎のように日本へ帰れずに、そんな日米のすれちがいに翻弄され続けたのがイサムであった。彼は一九二八年にニュー・ヨークへ戻り、二十九年にはガーシュインやバックミンスター・フラーなどのすぐれた彫像を制作した。科学と芸術の架け橋を夢想した建築家フラーは、後々までの友人となり、後年、イサムの自伝に序文を寄せて、イサムが、同じころに生まれた飛行機とともに、さまざまな文明をつなげて、世界を一体化させたと述べている。いわば米次郎が日本趣味であれ、日本回帰であれ、日本というナショナリズムに固着せざるを得なかったのに対して、イサムは、望むと望まないとにかかわらず、コスモポリタニズムを生きざるを得なかったのである。二〇年代アメリカでは、十九世紀末からの反移民運動が最高潮になると同時に、国際連盟に代表されるように文明の名の下で世界が調和する理想論も模索された。米次郎とイサムという親子の断絶は、そんな当時の十九世紀的ナショナリズムと二十世紀的コスモポリタニズムの分裂をなによりも物語る一例といえるだろう。

（橋本順光）

ドロシー・パーカー（Dorothy Parker／一八九三－一九六七）

…人生は酒脱に

辛口のウィットで名を馳せたドロシー・パーカーは、詩人、短編小説家、映画脚本家としてその活動は多岐にわたる。中でも劇評家、書評家として活躍し、文学者グループを結成し、政治的活動にもかかわった先駆的女性として知られている。友人アニタ・ルースの「ドロシーは角ばったかわいい顔の小柄なタイプで、幾分暗い感じの人」で「物事に対し敏感すぎる神経の持主」という指摘は彼女の本質をついていると思われる。

一八九三年、ニュージャージーのウエスト・エンドに生まれたドロシーは、母がスコットランド人、父はユダヤ人の仕立屋という家庭に育った。四歳の時にこの母親が亡くなり、父が厳格なカトリック教徒の女性と再婚したため、ドロシーにとって家庭とは息苦しい緊張を強いられる場となった。その上兄がタイタニック号に乗り合わせて死亡し、その一年後には父親も亡くなるという相次ぐ不運に見舞われ、彼女は若くして自立することを余儀なくされたのである。一九一一年ニューヨークに移り、とりあえずダンス・スクールのピアノ奏者として下宿住まいを始める。合間に書きためた詩が『ヴァニティ・フェア』誌に発表されたのがきっかけで、同系列の『ヴォーグ』誌に勤める身となり、二年後には『ヴァニティ・フェア』誌に移籍して、当時唯一の女性演劇批評家として頭角を表す。辛辣で風刺のきいた劇評は一時もてはやされたが、結局は不評を買い、二一年には職を追われる。その間一七年に株の仲買人の男性と結婚して一応生活の安定を得たかに見えたが長続きせず、そのあげくがこの失職だったのである。しかしそれに先だって、結婚もし、劇評家として名声も高まったこの時期に、彼女に思い出に残る時代が訪れていた。一九一九年の春、今を時めくドロシーは、アルゴンキン・ホテルで開かれた有名な文学者名人会議に加わった。それはアルゴンキン・ホテル円卓会議と称される著名な文学者たちの談話会で、ロバート・ベンチレイ、ロバート・シャーウッド、ジェイムズ・サーバー、ジョージ・カウフマンなどの名が並び、ドロシーはその中で女性としては唯一の創始者だった。

名だたる作家や脚本家たちと語り合い、論じ合い、社交界でももてはやされた得意満面の日々は、一九二一年の失職を境に打ちしおれて行った。それでも短編小説を執筆したり、戯曲に挑戦したりして失意の境遇を乗り切ろうと試みた。二六年には最初の詩集『充分な綱』が好評を得て売れ行きもよく、二七年には『ニューヨーカー』誌の書評欄を担当し、再び往時の活気をとりもどす。二九年短編小説『ビッグ・ブロンド』がO・ヘンリー賞を受ける一方では、同年から十年間の契約でMGMの脚本制作の仕事にたずさわる。三三年、二度目のヨーロッパ滞在中に、アラン・キャンベルと出会い二度目の結婚をする。彼女同様のスコットランドとユダヤの血をひく十一歳年下の彼はバイセクシャルの噂など問題のある人物であったが、四九年に一度離婚し、その後また再婚する。その後彼女は五七年から六四年までの晩年を『エクスワィア』誌の書評を担当し、本領を発揮している。五九年にはアメリカン・アカデミィー・オブ・アーツ・アンド・レターズの会員に列せられ、またカルフォルニア・ステイツ・カレッジの名誉教授にもなるという栄誉に輝いている。そして六七年、ニューヨークのホテル、ヴォルニーの一室で心臓発作で倒れるというわびしい末路を迎えたが、その遺言には全財産をマーティン・ルーサー・キング・ジュニア活動資金に寄付するとあった。彼女のその波乱に富んだ人生と才気煥発な精神生活を振り返って、生活のために書いた映画脚本の仕事は時間と才能の浪費だったと述懐する。文学面では実現できなかったそうした真摯な向上意欲を、彼女は度重なる社会活動へのアンガージュマンによって埋め合わせようとしたのではないか。二七年、サッコ＝バンゼッティ裁判の判決に抗議してボストンで逮捕されたこと、三六年反ナチ同盟の創設にかかわったことや五一年に非米活動委員会に召喚され、証言を拒否したり、公民権運動に参加して死後まで役立つことを願ったこと、などがその例である。生前、親友リリアン・ヘルマンに伝言したとおり彼女の墓碑には『これを読めたら、近寄りすぎよ』と刻まれている。ヘルマンがドロシーを評して「彼女は自分を愛してくれない男たちだけを愛した」というように、彼女は結婚以外にも数々の恋愛ざたや二回の自殺未遂事件などを起こしている。彼女は強いプライドを持ち主だが、人から屈辱を受けることをみずから求めるという矛盾に満ちていた。だが、それは彼女にとって必要な保身術でもあったのである。自立する女性の意地を華麗に貫いた皮肉で洒脱な人である。

（鎌田紘子）

ベーブ・ルース（Babe Ruth (George Herman Ruth)／一八九五－一九四八）

狂乱の二〇年代の英雄

「アメリカを理解するには、まずアメリカの国民的娯楽を理解しなければならない。国民的娯楽を理解するということは、ヤンキースを理解することだ。」これは元ニューヨーク市長ジュリアーニの言葉だが、ヤンキースと聞いて、何を連想するだろうか。かつてヤンキースにはチームの黄金時代を築き、さらにヤンキース以外の野球ファンをも熱狂させ、野球を知らぬ多くの人々にも愛された選手がいた。ベーブ・ルースである。

　ベーブ・ルースは一八九五年二月六日、メリーランド州ボルティモアに生まれた。両親は酒場を経営し朝から晩まで働いていたため、いつもひとりにされたルースは、やがて学校をサボって街をうろつくようになり、いつしか手に負えない悪童となる。七歳になった彼は、非行少年や貧困孤児などの集まるセント・メリー工業学校に入れられるが、ここで彼自身が「第二の父」と呼ぶマシアス修道士と出会い、熱心な野球の指導を受ける。セント・メリーで野球の才能を開花させた彼は、一九一三年、投手としてオリオールズとプロ契約を結ぶ。翌一四年には、メジャー・リーグのレッドソックスに入団。二年目のシーズンには十八勝をあげ、チームもワールドシリーズ出場を果たす。以降、投手として活躍するルースだが、徐々に彼の打撃力が注目されるようになり、一八年には投手兼外野手で十一本のホームランを打ちホームラン王となる。翌年も、当時としては驚異的な二九本のホームラン（メジャー・リーグ新記録）を打ち、二年連続のホームラン王となると、二〇年には破格の十二万五千ドルでヤンキースにトレードされる。

　ルースはヤンキースで文字通りホームランを「量産」した。一年目には五四本。一九二七年にはついに一シーズン六〇本のホームラン記録を作る。現在では、二〇〇一年にバリー・ボンズが作った七三本という驚異的な記録が存在するが、ルースの記録は一九六一年にロジャー・マリスが六一本を打つまで破られなかった。ルースは生涯で七一四本ものホームランを打った。これは現在、ハンク・アーロンに次ぐメジャー歴代二位の記録である。ルースの活躍によって、それまで優勝経験のなかったヤンキースは、彼の在籍した十五年間に七回のリーグ優勝、四回のワールドシリーズ制覇を果たした。

ルースはメジャー・リーグの救世主としても有名である。一九一九年にメジャー・リーグを震撼させる事件が起こった。レッズとホワイトソックスのワールドシリーズで行われた八百長、いわゆる「ブラックソックス事件」である。この事件でジョー・ジャクソンを含む八選手が永久追放され、メジャー・リーグは信用を失いつつあった。この状況を救ったのがルースだった。彼の豪快なホームランはアメリカ人全体の注目を集め、人々はルースを一目見ようと各地の球場に足を運んだ。とくにヤンキースは、それまで同じニューヨークを本拠地にするジャイアンツのホームグラウンドを借りていたが、観客動員によって大きな利益を上げ、一九二三年にヤンキー・スタジアムを建設している。ヤンキー・スタジアムが「ルースの建てた家」と呼ばれているのはこのためである。

ルースには今なお語り継がれているいくつかのホームラン・エピソードがある。有名なものを二つ取り上げると、まず「約束のホームラン」である。一九二六年のカージナルスとのワールドシリーズ中、ヤンキースの泊るホテルに一本の電話が掛かる。ある父親からだった。「自分の息子は落馬して寝たきりになっているが、ルースにとても会いたがっている。病院に来てもらえないだろうか。」ルースはすぐに病院を訪ね、少年にサインしたボールとグラブとバットをプレゼントし、早く元気になってこれで野球をしてほしいと少年を励ます。すると少年が、自分のためにホームランを打ってほしいとルースに頼む。ルースは約束し、次の試合で本当にホームランを打つ。また「予告ホームラン」というのもある。一九三二年、カブスとのワールドシリーズで、カブスの本拠地リグレー球場で打席に立つルースにスタンドのカブス・ファンが野次を浴びせた。すると二ストライクに追い込まれたルースは、右手でセンターのスタンドを指差し、次の球を予告通りホームランにする。

ルースは野球の天才だった。ただ同じ天才でも、イチローのような冷静沈着で非常にストイックな印象を与える選手とは対極にある。大食漢で大酒飲み。浪費家で女性関係も派手。スポーツタイプのパッカードを乗り回し、夜な夜なパーティに繰り出す。そのホームランと同様、私生活も豪快だった。誘惑に弱く、彼自身の欠点も多かった。しかしこの彼の生き方こそ、まさに狂乱の二〇年代を体現していて、人々は彼に「時代」を見たのである。

（河内裕二）

ニコラ・サッコ（Nicla Sacco／一八九一－一九二七）
バートロメオ・ヴァンゼッティ（Bartolomeo Vanzetti／一八八八－一九二七）

二〇年代アメリカの最大の汚点

ニコラ・サッコは一九〇四年、南東イタリアから兄と共にアメリカへ渡った。その後、熟練工として、靴工場で働き、結婚後は妻と二人の子供四人で暮らしていた。一方のバートロメオ・ヴァンゼッティはトリノ南部に小農の家に生まれ、肉体労働の職を転々としながら社会主義思想に傾倒し、一九〇八年にアメリカに渡った。この二人が出会うのは、一九一七年、徴兵登録の時期にアメリカに滞在せぬため、一時期メキシコへ移住した時のことであった。

当時のアメリカは一次大戦参戦に向けて国内を団結させ、アメリカニズムを徹底させようと躍起になっていた。一九一七年四月、政府は「一切の戦争を終結に向かわせ、民主主義を守るため」というウィルソン大統領のもと参戦を決め、志願兵の登録を始めたが、百万人の目標には十分の一にも満たず、慌てて徴兵制を可決した経緯がある。

悩みの種は、戦争反対、徴兵反対、資本主義反対派。当時の社会党ユージン・デブスは人気があり、移民労働者、社会主義者、IWW（世界産業労働者組合）には結束が見られ、政府は戦時中から、彼らこそ悪の根源と「赤狩り」を開始する。主に戦争反対が名目だが、「スパイ活動防止法」「治安維持法」が次々と制定され、事務所の捜索、アナキストたちのリストアップ、デブスも反戦演説をした角で有罪判決を受ける状況にあった。当時のパーマー司法長官は、一万人を超える検挙、四千人におよぶ国外追放を行う勢いだった。

サッコ＝ヴァンゼッティの悲劇はこのような状況下で起きた二つの強盗事件がきっかけとなる。まず、一九一九年の一二月二四日、マサチューセッツ州ボストン近郊の小さな町、ブリッジウォーターで起きた、L．Q．ホワイ製靴会社の従業員給料、三万三千ドルが、銀行から輸送中に狙われ

ニコラ・サッコ、バートロメオ・ヴァンゼッティ

た。強盗からの発砲には、警官も応戦し、運よく、平行して路面電車が走行しており盾になって、被害は最少限ですんだが、犯人は逃走した。

翌年の四月十五日、事件は再び起きた。ボストンと件のブリッジウォーターの中間地点、南ブレーン・トリーでスレーター・アンド・モリル製靴工場の給料が今度は狙われた。鉄道会社職員と護衛の二人が、現金を会社事務所まで徒歩で運搬中、二人の男から発砲され、今回は二人とも息を引き取った。即座に車に飛び乗り逃走したのは五人。車種は二〇年型ビュイックで、二日後、森の中で発見され、盗難車であることも判明している。

五月三日の晩、仲間を訪れた後、サッコとヴァンゼッティは路面電車に乗り、そこで「社会主義者の外国人」として逮捕された。警察署長の偏見がこの二件の強盗殺人事件と二人を結び付け、まずヴァンゼッティが裁判に掛けられ、目撃証人にから犯人と認定され有罪判決を七月に受けることになる。だが魚の行商をしていたヴァンゼッティには、事件当日のアリバイがあった。十二月二十四日にはイタリア人は鰻を食べる習慣があり、当日もイタリア系住民はみな彼から鰻を買った記憶があるためだ。だが、人種偏見や赤狩りの影響などから、彼のアリバイは法廷では受け入れられず、サッコも共犯者として、法廷に立たされ、罪をかぶることになったのである。検事カッツマンに対し、彼らの弁護士ムーアはアナーキストや労働運動家の弁護を引き受けるには役不足で、多くの点で弁護の方法で問題があり、後半はトムソンに代わっている。検事側の証人も、実際に犯人の顔をはっきりと見た者はおらず、裁判で決定的な証拠になったヴァンゼッティの拳銃から発砲された銃弾と殺人に使用された弾との一致を鑑定したプロテクター警部も、後に口裏合わせをしたと告白している。だが一九二一年七月十四日には両被告は第一級殺人有罪判決を受け、刑は電気椅子による死刑であった。その後、国内外で二人の救援活動も展開され、各国で集会も開かれ、アメリカの小説家ドス・パソスやマイケル・ゴールドはパンフレットで訴え、フランスの小説家アナトール・フランスも抗議文を「ネイション」誌に掲載した。

この強盗事件の真犯人がイタリア系ギャングのモレリ兄弟であることも、捜査で明らかにされたものの、結局、裁判官はその申請も却下した。最後の願いとなった州知事に届けられた請願書も恩赦や刑減の役にはたたず、一九二七年八月十日、二人は電気椅子で処刑された。だが、五十年後の一九七七年、ようやくマサチューセッツ州は、サッコとヴァンゼッティの裁判が不公正であったことを宣言したのであった。

（君塚淳一）

グロリア・スワンソン（Gloria Swanson／一八九九―一九八三）

スキャンダラスな実力派女優

サイレント時代に活躍したハリウッドの映画スター。陸軍軍人の父ジョゼフと母アデイーの子としてシカゴに生まれた。スワンソンが生まれた三月二十七日は月曜日で、ホーリー・ウィーク（復活祭の前週）最初の日にあたっていたため、父親は彼女をグローリーと名づける。その後、洗礼を受け、グロリア・マイ・ジョゼフィン・スワンソンと命名される。十六歳のとき、叔母と訪れたシカゴの映画撮影所で、その美貌を買われてスカウトされ、映画デビューを果たした。

その後、セシル・B・デミル監督の目にとまったことが、スラップスティック・コメディからの転身を望むようになっていたスワンソンに映画女優として飛躍するチャンスを与えた。デミルは、俳優に独力で役作りをさせる方式をとった。彼は、俳優に台本は渡さず、そのかわりにストーリーの内容や各シーンがもつ意味を丁寧に説明した。はっきりした指図や指示を監督自ら与えることは極力避け、出演者に前日撮ったフラッシュを見ることを許可して、演技者が自分を客観的にみることを覚えさせた。それまで、無意識、かつ直感的に演技していたスワンソンは、デミルの方法論に慣れるに従い、自分の癖や間違いに自分で気づき改善できるようになっていった。デミルは、『男性と女性』（一九一九）など上流階級の色恋沙汰をテーマにした作品に彼女を起用し、スターに仕立て上げた。デミルとの関係を解消した後、スワンソンは主に第一次世界大戦後の好景気を反映した華やかな社交界を舞台にしたメロドラマで人気を集め、『巨巌の彼方』（一九二二）ではルドルフ・ヴァレンチノと共演を果たしてハリウッドの女王として君臨した。

スクリーン上のイメージ同様、私生活でも豪奢を極め、スキャンダルも多かった。『ありし日のナポレオン』（一九二五）撮影で渡ったフランスで、通訳の侯爵アンリ・ド・ラ・ファレーズと恋に落ち、夫と離婚し三度目の結婚を侯爵と行うも、翌日に堕胎した事件はハリウッドを騒然とさせた。J・F・ケネディの父で銀行家、映画配給にも関わったジョゼフ・P・ケネディと浮名を流したこともある。

一九二六年には、独立プロダクション「グロリア・スワンソン・ピクチャーズ」を設立し、自ら制作した映画で主役を務め、『港の女』（一九二八）では、アカデミー主演女優賞に初ノミネートされた。ハリウッドがトーキーの時代に入ると、スワンソンも初のトーキー『トレスパッサー』（一九二九）に出演し、かつてはオペラ歌手をめざした歌声も披露し、大きな評判をとり、二度目のオスカーにノミネートされた。その後、女優兼独立製作者として作品を発表するも興行的に振るわず、しばらく映画界を遠ざかった。

四〇年代には、ニューヨークに移り、舞台俳優としての道も踏み出す。この時期に彼女を舞台へと駆り立てるきっかけとなったのは、ライター兼プロデューサーであったハロルド・ケネディが彼女に書き送った「映画をこなせる人なら誰でも芝居をこなせるとはかぎりませんからね」という挑発的な手紙であった。初の舞台は、ジョージ・ケリーの作で一九三六年にタルラ・バンクヘッドがブロードウェイで主演した『反射光』の再演（一九四二年）である。翌年には、ジョージ・バーナード・ショーの『運命の人』、J・M・バリーの『勲章をつけた老女』、アーサー・ウィング・ピネロの『芝居の常連』の三つの作品を合わせて『三幕』とケネディが名づけた芝居に出演した。四八年から始まったテレビ番組『グロリア・スワンソン・アワー』で、舞台コメディアン、エリック・ロウズと台本執筆からインタヴューのプログラム作りまでこなし、視聴者にも好評であった。その頃、『サンセット大通り』（一九五〇）のヒロイン役を捜していたワイルダー監督は、テレビに出演していたスワンソンに白羽の矢を立てる。彼女は、自身の分身ともいうべきサイレント時代の大女優ノーマ・デズモンド役で迫真の演技をみせ、三度目のオスカーにノミネートされ、五十一歳で映画界にカムバックを果たした。

彼女はその後も、映画、舞台、テレビなどへ精力的に出演した。最後の映画出演は、『エアポート'75』（一九七四）で、『サンセット大通り』に続き、往年の大女優に扮して健在ぶりを披露し、同年、作家ウィリアム・ダフテイーと六度目の結婚をした。舞台では、『特急二十世紀』という汽車の車内を舞台にした笑劇で、名優ホセ・ファラーと組み、ブロードウェイ進出を果たした。彼女は、またファッション界をもリードし、服飾デザイナーとして二〇年近く活躍した。更に幼年時代にシカゴ美術館のクラスで学んだ彼女は、その後も絵と彫刻を続け、七八年にはロンドンで、自作の絵画と彼女のブロンズの頭像を含む個展も開いた。そして八〇年には、「国連・婦人の一〇年」の記念切手デザインを担当し、銀メダルを授与されている。

（吉田真理子）

ジーン・タニー（Gene Tunney [James Joseph Tunney]／一八九七－一九七八）

知的なチャンピオン

ヒーローになれなかった最強の頭脳派チャンピオン。

一九二七年、九月二二日、世界ヘビー級王者ジーン・タニー（ジェームス・ジョセフ・タニー）は、時のヒーロー、ジャック・デンプシーと二度目のタイトルマッチを行った。全米の注目を受けたこの再戦は両者の人物評価を大きく二分する歴史的対戦であった。フロンティアズマンを連想させるデンプシーの荒削りなブルファイトに対して、あくまで自分のペースを守り、効果的なカウンター攻撃でポイントを稼ぐタニーであったが、運命の瞬間は七ラウンドにおとずれた。「不倒」のチャンピオンがデンプシーの強烈な連打に初めてダウンした。相手が立ち上がるまでの間はニュートラル・コーナーで待機しなければならないという新ルールを興奮のあまり忘れたデンプシーはタニーが立ち上がる瞬間にも再び猛攻を仕掛けようと眼前に待ち構えていた。レフリーがデンプシーに注意を促していたためカウントは五、六秒遅れて開始され、タニーはカウント九でようやく立ち上がった。このロングカウントに勝機を逃したデンプシーはその後ダウンを奪われ、結局、王座奪回はならなかった。多くの観客の期待に反してタニーが連勝を果たした。最強のチャンピオンであることを自ら証明したタニーであったが、皮肉にもヒーローを倒したチャンピオンが新しいヒーローとなる機会を失った試合でもあった。

デンプシーのように、パワーとスピードに豪快さを備えたスリリングなボクシングを求めた時代に、タニーにみる綿密な計算と科学的攻略法に徹したボクシング・スタイルが観客の目を惹きつけることはなかった。しかし少年時代に体得した戦法への信仰は厚く、引退するまでそのスタイルを変えることはなかった。百年に及ぶ歴代のヘビー級王者の中でも、おそらくジーン・タニーほどその輝かしい記録やチャンピオンとしての優れた素質を過小評価された人物はいないであろう。自らをファイターではなくボクサーと称したタニーのボクシングにはアスリートとしての実践哲学が存在していた。実力、人気共に頂点を極めていたスラッガー、ジャック・デンプシーに勝利したのは自らの徹底した自己管理、綿密な試合分析、さらには周到な理論戦術によるものであったと引退後の回想録で述べている。一一歳で始めたボクシングは喧嘩の道具としてではなく、「考える」特技として知的好奇心を一点に集中できるスポーツであった。

ジーン・タニーは一八九七年、ニューヨークで生まれた。港湾労働者であったアイルランド移民の父と厳格なカトリック信者である母の影響を受けて教区の学校へ通っていたが、一四歳で中退し、父と共に港の積み出しの仕事をした。早くから興行試合での実力は認められていたが、第一次大戦が始まってすぐに入隊した海軍でのボクシング試合がきっかけとなり、実戦を積み重ねてその才能が開花した。軍隊ではライト・ヘビー級王者に君臨し、「ファイティング・マリーン」として名を馳せた。一九一九年、戦後フランスから帰国すると、すぐにプロボクサーとしてリングに戻った。最初の四年間、年間平均一〇試合をこなし、現役唯一の判定負けと一度の引き分けを除いて全ての試合に勝利した。体格には恵まれたが、六割を超えるノックアウト勝利も一発の必殺パンチによるものではなく、効果的な攻撃を重ねる戦法によるものであった。他の多くのボクサーと違い、タニーは試合が迫っても不安や興奮を抑えるために酒や遊びに興じることはなく、不眠に悩むこともなかった。日頃の平常心を保つ術を備えていたのだ。タニーにとっては、読書や音楽がボクシングでのパフォーマンスを高める原動力となった。練習の合間にも小説や詩集を楽しみ、試合の疲れをシェークスピアの戯曲やショパンのエチュードで癒していた。文化活動への傾倒は束の間の現実逃避や孤独の慰みからではなかった。文化人との交流も広げた異色のチャンピオンは、ボクシング以外の人生も楽しむという多様な生き方の実践者でもあった。しかしデンプシーのような野性的な強さを求めるボクシングの世界では、たとえ自由で型破りな生き方が賛美された二〇年代だったとはいえ、タニーのような高貴な精神をイメージさせる知性的なチャンピオンは十分に大衆の理解と満足を得られなかった。今日までジーン・タニーに対する歴史的評価が見直されない一因は、アメリカのこうした英雄崇拝の価値観が今も生きつづけているためかもしれない。

（日高正司）

D・A・シャノン、今津晃他訳『アメリカ：二つの大戦のはざまに』東京：南雲堂、1976.
阿部斉他編『世紀転換期のアメリカ』東京：東京大学出版会、1982.
本間長世『アメリカ史像の探求』東京：東京大学出版会、1991.
佐藤学『米国カリキュラム改造史研究』東京：東京大学出版会、1990.

1985.
常松洋『大衆消費社会の登場』東京：山川出版社、1997.

第V章　20年代の終焉

1　『偉大なるギャツビー』から『怒りのぶどう』へ

秋元英一『アメリカ経済の歴史 1492-1993』東京：東京大学出版会、1995.
ジョン・K・ガルブレイス、牧野昇監訳『新訳大恐慌—1929年は再びくるか！？』東京：徳間書店、1988.
TIME-LIFE BOOKS 編集部編、清水俊二訳『アメリカの世紀⑤ 1930-1940 スウィング＆パニック』東京：西武タイム、1985.
デーヴィッド・A・シャノン、今津晃、原胖夫訳『アメリカ：二つの大戦のはざまに』東京：南雲、1976.
林敏彦『大恐慌のアメリカ』東京：岩波書店、1988.
ハワード・ジン、平野孝訳『民衆のアメリカ史〔中〕1865-1941』東京：TBSブリタニカ、1982.
メアリー・B・ノートン、上杉忍・中條献・中村雅子訳『アメリカの歴史５　大恐慌から超大国へ』東京：三省堂、1996.

2　カウリー『亡命者の帰還』を読みなおす

Cowley, Malcolm. *Exile's Return : A Literary Odyssey of the 1920s*. New York, NY : Penguin Books, 1994.
McAlmon, Robert & Boyle, Kay. *Being Geniuses Together*. New York, NY : Doubleday & Company, 1968.
Josephson, Matthew. *Life among the Surrealists*. New York, NY : Holt, Rinehart & Winston, 1962.
Putnam, Samuel. *Paris Was Our Mistress.* New York, NY: The Viking Press, 1947.
Reynolds, Michael. *Hemingway* : The Paris Years. London, UK : Basil Blackwell, 1989.
高橋正雄『「失われた世代」の作家たち』東京：冨山房、1974.
依藤道夫『黄金の遺産：アメリカ1920年代の「失われた世代」の文学』東京：成美堂、2001.

3　アレンの『オンリー・イエスタディ』を読みなおす

Allen, Frederick Lewis. *Only Yesterday: An Informal History of the 1920's* (1sted.1931).
New York, NY: First Perennial Classics, HarperCollins, 2000.［邦訳：藤久ミネ訳『オンリー・イエスタディ』東京：筑摩書房、1995.］
ハワード・ジン、平野孝訳『民衆のアメリカ史（中)』東京：ＴＢＳブリタニカ、1993.

2　ニューウーマン、フラッパー、コーラス・ガール

Latham, Angela J. Posing a Threat— *Flappers, Chorus Girls, and Other Brazen Performers*. Middletown, CT: Wesleyan University Press, 2000.

Brown, Dorothy M. *Setting A Course: American Women in the 1920s* New York, NY: Twayne Publishers, 1987.

Page Smith : *Daughters of the Promised Land-Women in American History*. New York, NY : Little, Brown and Co., 1970.

ナンシー・ミルフォード著『ゼルダ―愛と狂気の生涯』大橋吉之輔訳、東京、新潮社、1974.

R. モートルビー編『夢、売ります』20世紀の歴史：9　大衆文化平凡社、1991.

3　新しい男性像の出現―シーク、ジョー・カレッジ、ビジネスマン

Allen, Frederick Lewis. *Only Yesterday : An Informal History of the 1920's*（1sted.1931）. New York, NY: First Perennial Classics, HarperCollins, 2000.［邦訳：藤久ミネ訳『オンリー・イエスタディ』東京：筑摩書房、1995.］

Baughman, Judith s. *American Decades 1920-1929*. Detroit, MI: Gale Research Inc, 1996.

Fitzgerald, F. Scott. *This Side of Paradise*（1sted.1920）. New York, NY: Charles Scribner's Son, 1948.

Lewis, Sinclair. *Babbitt（1sted.1922）*. Penguin Books, 1996.

Lynd, Robert S. and Helen Merrell. *Middletown: A Study in Contemporary American Culture*. New York, NY: Harcourt Brace and Company, 1929.［邦訳：中村八朗訳『ミドゥルタウン』現代社会学体系９. 東京：青木書店､1999］ブアスティン、ダニエル、新川健三郎・木原武一訳『アメリカ人―大量消費社会の生活と文化』東京：河出書房新社、1976.

4　ヒーローの時代

Fishwick, Marshall W. *American Heroes: Myth and Reality*. Westport, CT: Greenwood Publioshing Corp., 1975.

Leinward, Gerald. *1927: High Tide of the Twenties.* New York, NY: Four Walls Eight Windows, 2001.

Rice, Glantland. "Boxing For a Million Dollars" *The American Review of Reviews. Oct*. 1926.

Voigt, D.Q. "Reflections on Diamonds: American Baseball and American Culture" *Journal of Sports History. Spring* 1974.

Ward, William. "The Meaning of Lindbergh's Flight" American Quarterly. Vol. X Spring 1958.

Sann, Paul. Lawless Decade New York, NY: DA CAPO Press, 1957.

津神久三『アメリカ人の原像―フロンティアズマンの系譜―』東京：中央公論新社、

参考文献

6　ロスト・ジェネレーション「失われた世代」の作家たち

Davis, Robert Gorham. *John Doss Passos.*
Minneapolis, MN : University of Minnesota Press, 1962.

Fanning, Michael. *France and Sherwood Anderson: Paris Notebook,1921*.
Baton Rouge, LA : Louisiana State University Press, 1976.

Hemingway, Ernest. *A Movable Feast*. New York, NY : Scribner's, 1964.

Stein, Gertrude. *The Autobiography of Alice B. Toklas.* New York, NY : Random House, 1933.

小田基『二〇年代・パリ：あの作家たちの青春』研究社出版、1978.

7　失われた大陸を求めて　俳句と英詩とアトランティス

エイゼンシュテイン、佐々木能理男訳『映画の弁証法』東京：角川書店、1953.

Hakutani, Yoshinobu. 'Ezra Pound' Yone Noguchi, and Imagism' *Modern Philology*, vol. 90, 46-90, 1992.

Nilsen, Helge Norman. *Hart Crane's Divided Vision : An Analysis of The Bridge*. Oslo : Universitesforlaget, 1980.

Noguchi, Yone. *The Spirit of Japanese Poetry*. New York : E. P. Dutton and Company, 1914.

成恵卿『西洋の夢幻能：イェイツとパウンド』東京：河出書房新社、1999.

富山英俊編『アメリカン・モダニズム』東京：せりか書房、2002.

湯浅信之訳『ジョン・ダン全詩集』名古屋：名古屋大学出版会、1996.

第Ⅳ章　流行（ファッド）と文化の接点

1　大衆消費社会と自動車

Allen, Frederick Lewis. *Only Yesterday: An Informal History of the 1920's*（1sted.1931）. New York, NY: First Perennial Classics, HarperCollins, 2000.［邦訳：藤久ミネ訳『オンリー・イエスタディ』東京：筑摩書房、1995.］

Flink, James J. The Car Culture, Cambridge, MA: The Massachusetts institute of Technology, 1975.［邦訳：秋山一郎監訳『カー・カルチャー』東京：千倉書房、1982］

Lewis, Sinclair.　Babbitt（1sted.1922）. Penguin Books, 1996.

Lynd, Robert S. and Helen Merrell. *Middletown: A Study in Contemporary American Culture*. New York, NY: Harcourt Brace and Company, 1929.

スローン JR.、アルフレッド、田中融二他訳『GM とともに―世界最大企業運営哲学と成長戦略』東京：ダイヤモンド社、2000.

パッカード、ヴァンス、南博・石川弘義訳『パッカード著作集３―浪費をつくり出す人々』東京：ダイヤモンド社、1961.

3　オニールの鎮魂の旅―『夜への長い旅路』を中心に―

Bogard, Travis. *Contour in Time : The Plays of Eugene O'Neill*. New York, NY : Oxford University Press, 1988.

Gelb, Arthur and Barbara. *O'Neill : Life with Monte Cristo*. New York, NY : Applause Books, 2000.

Hinden, Michael. *Long Day's Journey into Night: Native Eloquence*. Boston, MA : Twayne Publishers, 1990.

O'Neill, Eugene. *Long Day's Journey into Night*. London, UK : Jonathan Cape LTD., 1966.

O'Neill, Eugene. *Nine Plays by Eugene O'Neill*. New York, NY : The Modern Library, 1941.

4　ポール・ロブソン ―黒人舞台俳優としての軌跡―

Byrne, Clare, M. St. "The Shakespeare Season at the Old Vic, 1958-59 and Stratford-upon-Avon, 1959." *Shakespeare Quarterly* X（1959）: 545-567.

Duberman, Martin. *Paul Robeson: A Biography*. New York, NY: The New Press, 1989.

Green, Stanley. *Broadway Musicals Show by Show*. Fifth Ed.Milwaukee, WI : Hal Leonard Corp., 1996.

Robeson Jr., Paul. *The Undiscovered Paul Robeson: An Artist's Journey, 1898-1939*. New York, NY : John Wiley & Sons, Inc., 2001.

Toll, Robert C. *On with the Show*. New York, NY: Oxford University Press, 1976.

Tuisanen, Timo. *O'Neill's Scenic Images*. Princeton, NJ: Princeton University Press, 1968.

5　20年代の西部劇―滅び行くインディアン

Grey, Zane. *The Vanishing American*. New York, NY: Black's Readers Service Company, 1925.

Kelley, Leo. "*The Daughter of Dawn* : An Original Silent Film with an Oklahoma Indian Cast," *The Chronicles of Oklahoma 77*（1999）: 290-299.

Kilpatrick, Jacquelyn. *Celluloid Indians: Native Americans and Film*. Lincoln, NE: University of Nebraska Press, 1999.

Riley, Michael J. "Trapped in the History of Film: Racial Conflict and Allure in *The Vanishing Indian," Hollywood's Indian: The Portrayal of the Native American in Film,* eds., Peter C. Rollins and E. O'Connor. Lexington, KY: The University Press of Kentucky, 1998.

加藤幹郎「D・W・グリフィスのアメリカン・インディアン初期映画―ハリウッド映画とは何か　7」『みすず』39. 6（1997年6月号）、40-60、70.

参考文献

5　シンクレア・ルイスと1920年代―『バビット』とノーベル賞の「真実」

Anderson, Carl L. *The Swedish Acceptance of American Literature*. Philadelphia, PA: University of Pennsylvania Press, 1957.

Bloom, Harold, ed. *Sinclair Lewis: Modern Critical Interpretations*. New York, NY: Chelsea House, 1987.

Hutchisson, James M. *The Rise of Sinclair Lewis 1920-30*. University Park, PA: The Pennsylvania State University Press, 1996.

Hutchisson, James M, ed. *Sinclair Lewis: New Essays in Criticism*. New York, NY: The Whitson Publishing Company, 1997.

Lingeman, Richard. *Sinclair Lewis: Rebel from Main Street*. New York, NY: Random House, 2002.

Love, Glen A. *Babbitt: An American Life*. New York, NY: Twayne Publishers, 1993.

斎藤光編『シンクレア・ルイス』二〇世紀英米文学案内１３、東京：研究社、1968.

第Ⅲ章　「ローリング・トウェンティーズ」の文化と芸術

1　マーカス・ガーヴェイとハーレム・ルネッサンス

Archer, Jules. *They Had A Dream*. New York, NY: Penguin Books, 1996.

Clarke, John Henrik, ed. *Harlem, U.S.A.* Berlin, Germany: Seven seas Publishers, 1967.

Cronon, E. David & Franklin, John Hope, eds. *Black Moses-the Story of Marcus Garvey.* Madison, WI: University of Wisconsin Press, 1969.

Lawler, Mary. *Marcus Garvey-Black Nationalist Leader*. Los Angeles, CA: Melrose Square Publishing Company, 1990.

Locke, Alain ed. *The New Negro*. New York, NY: Simon & Schuster, 1997.

2　アメリカ音楽の誕生

Gridley, Mark C. *Jazz Styles : History & Analysis*. Upper Saddle River, NJ : Prentice-Hall, Inc., 1997.

Ward, Geoffrey C. *Jazz: A History of America's Music*. New York, NY : Borzoi Book, 2000.

Schwartz, Charles. *Gershwin : His Life and Music*. New York, NY: Da Capo Press. 1973.

Pollack, Howard. *Aaron Copland : The Life and Work of an Uncommon Man*. Urbana, IL: University of Illinois Press, 1999.

Peterson, Richard A. *Creating Country Music*. Chicago, IL: The University of Chicago Press. 1997.

Tichi, Cecelia, ed. *Reading Country Music*. Durham, NC: Duke University Press. 1998.

Marchetti, Gina. *Romance and the "Yellow Peril" : Race, Sex and Discursive Strategies in Hollywood Fiction. Berkeley,* CA : University of California Press, 1993.

Nguyen, Viet Thanb. *Race and Resistance : Literature and Politics in Asian America*. New York, NY: Oxford University Press, 2002.

Yu, Henry. *Thinking Orientals : Migration, Contact and Exoticism in Modern America.* New York, NY: Oxford University Press, 2001.

ハインツ・ゴルヴィツァー、瀬野文教訳『黄禍論とは何か』東京：草思社、1999.

2 『偉大な人種の消滅』北欧人種と優生学

Alexander, Charles C., "Prophet of American Racism : Madison Grant and the Nordic Myth", *Phylon,* vol.23, 73-90, 1962.

フィッツジェラルド、野崎孝訳『グレート・ギャツビー』東京：新潮社、1974.

リチャード・リーハン、伊豆大和訳『偉大なギャツビーを読む』東京：旺史社、1995.

Stoddard, Lothrop. *Rising Tide of Color Against White World-Supremacy*. New York : Charles Scribner's Sons, 1920.

シュテファン・キュール、麻生九美訳『ナチ・コネクション』東京：明石書店、1999.

荻野美穂『生殖の政治学』東京：山川出版社、1994.

3 葬儀文化の変遷―アメリカン・ウェイ・オヴ・デスの出現

Johns, Adela Rogers St.. *First Step Up Toward Heaven : Hubert Eaton and the Forest Lawn Story*. Englewood Cliffs, NJ : Prentice Hall, Inc., 1959.

Rubin, Barbara, Robert Carlton and Arnold Rubin. *L.A. in Installments : Forest Lawn.* Santa Monica, CA: Westside Publications, 1979.

Sloane, David Charles. *The Last Great Necessity : Cemeteries in America*. Baltimre, MD : The Johns Hopkins University Press, 1991.

Virga, Vincent. *Eyes of the Nation: A Visual History of the United States*. New York, NY : Alfred A. Knopf, 1997.

4 禁酒法運動とシカゴの街

Gifford, Carolyn De Swarte, ed. *Writing Out My Heart: Selections from the Journal of Frances E. Willard, 1855-96*. Chicago, IL: University of Illinois Press, 1995.

Gasfield, Joseph. *Symbolic Crusade*. Chicago, IL: University of Illinois Press, 1986.

岡本勝『アメリカの禁酒運動の軌跡』京都：ミネルヴァ書房、1995.

ローレンス・バーグリーン、常盤新平訳『カポネー人と時代』東京：集英社、1999.

ポール・ジョンソン、別宮貞徳訳『アメリカ人の歴史』東京：共同通信社、2002.

Kerr, Austin. Orgnized for Prohibition. New Heaven, Con : Yale up, 1985.

参考文献

第Ⅰ章　新たな文化への胎動（第１次世界大戦前後）

1　新移民と都市の成長

Millman, Joel. *The Other Americans*. New York, NY : Penguin, 1997.

Daniels, Roger. *Coming to America*. New York, NY : Harper Perennial, 1990.

Morrison, Joan. *American Mosaic*. Pittsburgh, PA : University of Pittsburgh Press, 1980.

Oeverland, Orm. *Immigrant Minds, American Identities*. Chicago, IL : University of Illinois Press, 2000.

Arnesen, Eric & Greene, Julie & Laurie, Bruce ed. *Labor Histories*. Chicago, IL : University of Illinois Press, 1998.

2　女性解放運動のたかまり

Ellen Carol Dubois. *Woman Suffrage & Women's Rights*. New York, NY: New York University Press, 1998.

Eleanor Flexner & Ellen Fitzspatrick. *Century of Struggle*. Boston, MA: Belknap Press of Harvard University, 1996.

Lynn Sher. *Failure is Impossible - Susan Anthony in her Own Words*. New York, NY: Times Book, a division of Random House, 1995.

リン・ブレイクマン編、田中かず子他訳『世界女性史大事典』 東京：日外アソシエーツ・紀伊国屋書店、1990

栗原涼子『アメリカの女性参政権運動史』東京：武蔵野書房、1993.

3　ハリウッドと移民社会／サイレント全盛時代へ

Keil, Charlie. *Early American Cinema in Transition.* Madison, WI: University of Wisconsin Press, 2001.

O'leary, Liam. *The Silent Cinema.* London, UK: Studio Vista, 1968.

Robinson, David. Chaplin: *His Life and Art*. New York, NY : Da Capo Press, 1992.

Sklar, Robert. *Movie-Made America : A Cultural History of American Movie*. New York, NY: Vintage Books,1994.

第Ⅱ章　20 年代の幕開け

1　移民排斥とアジア女性像

Lee, Robert. *Orientals : Asian Americans in Popular Culture*. Philadelphia, PA : Temple University Press, 1999.

『ムー大陸』 *The Lost Continent of Mu* 68
『もう一つの世界の住人たち』 *How the Other Half Lives* 28
『持つと持たぬと』 *To Have and Have Not* 319
【ヤ行】
『約束の地』 *The Promised Land* 30
『やさしい釦』 *Tender Buttons* 198
『闇の奥』 *Heart of Darkness* 63
『U・S・A』 *U. S. A* 204, 334
『勇敢』 *Easy Street* 33
『有色人種の勃興』 *The Rising Tide of Color Against White World-supremacy* 61, 64, 66, 70, 71
【ラ行】
『楽園のこちら側』 *This Side of Paradise* 117, 249, 258, 269, 352, 353
『ラスト・オブ・モヒカン』 *Last of the Mohicans, The*（1992） 188
『ラプソディー・イン・ブルー』 *Rhapsody in Blue* 141
『リトル・レヴュー』 *Little Review* 118, 196
【ワ行】
『ワインズバーグ・オハイオ』 *Winesburg Ohio* 117, 197
『わが闘争』 *Mine Kampf* 74
『わが谷は緑なりき』 *How Green Was My Valle*（1941）186
『われらの時代に』 *In Our Time* 117
『我々の父の世界』 *World of Our Fathers* 30

123, 134
【ハ行】
『橋』 *The Bridge* 221
『ハーレム・ルネッサンス』 *Harlem Renaissance* 123, 133
『ハーレム USA』 *Harlem, U.S.A.* 121
『ハイパーリアリティへの旅』 *Travels in Hyperreality* 87
『バグダッドの盗賊』 *The Thief of Bagdad*（1924） 182, 358, 359
『白痴』 *Idiot* 316
『ハックルベリー・フィンの冒険』 *Aventures of Huckleberry Finn* 202
『バビット』 *Babbitt* 102-107, 111, 113, 116, 117, 238, 241, 242, 265-268
『パリ・ノートブック』 *Paris Notebook* 198
『ハリウッド・メモワール』 *Moving Pictures-Memories of a Hollywood Prince* 31
『パリのアメリカ人』 *An American in Paris* 141
『春の奔流』 *The Torrents of Spring* 64, 199
『ハワイ通信』 *The Letters from Hawaii* 327
『繁栄の危機』 322
『パンをくれる人』 *The Bread Givers* 30
『日はまた昇る』 *The Sun Also Rises* 215, 224
『響きと怒り』 *The Sound and the Fury* 118
『ビリー・ザ・キッド』 *Billy the Kid* 142
『貧乏白人』 *Poor White* 117
『武器よさらば』 *A Farewell to Arms* 118, 203, 206, 218, 314, 347
『ブロードウェイ・ミュージカル』 *Broadway Musicals: Show by Show* 169, 172
「冬の夢」 "Winter Dreams" 266
『文明に対する反逆』 *The Revolt Against Civilization* 71
『文明の中枢』 *The Pivot of Civilization* 71
『文明の引き揚げ』 *The Salvaging of Civilization* 68
「兵士の故郷」 "Soldeier's Home" 314
『兵士の報酬』 *Soldiers' Pay* 118, 197
『ポエトリ』 *Poetry* 196
『ポール・ロブソン』 *Paul Robeson: A Biography* 177
『ポール・ロブソンの知られざる素顔』 *The Undiscovered Paul Robeson: An Artist's Journey,* 1898-1939 168
『ポギー・アンド・ベス』 *Porgy and Bess* 141
『幌馬車』 *The Covered Wagon* 40, 184
『誉（譽）の名手』 *Straight Shooting*（1917） 185
『滅びゆく民族』 *Vanishing American, The* 180, 181, 187, 192
『本町通り』 *Main Street* 102, 104, 111, 113, 117
【マ行】
「マイ・ロスト・シティー」 "My Lost City" 62
『マーカス・ガーヴェイ・黒人民族主義の指導者』 *Marcus Garvey, Black Nationalist Leader* 125
『貧しき子供たち』 *The Children of the Poor* 28
『マッセズ』 *Masses* 196
『マルコムX・自伝』 *The Autobiography of Malcolm X* 135
『マンハッタン乗換え駅』 *Manhattan Transfer* 117, 203
『ミスタア・ロバーツ』 *Mister Roberts*（1955） 185
『ミドルタウン』 *Middletown* 237, 238, 240, 253, 267, 324,
『民衆のアメリカ史』 *A People's History of the United States* 28, 321

154, 165-167, 171
『荒野の決闘』 *My Darling Clementine* (1946) 185
『黒人モーセ、マーカス・ガーヴェイの物語』 *Black Moses-the Story of Marcus Garvey* 125
「黒人芸術批評」 "Criteria of Negro Art" 123
『国民の創生』 *Birth of a Nation, The* (1915) 186
【サ行】
『サーカス』 *Circus* 40
『サートリス』 *Sartoris* 118
『サマー・タイム』 *Summertime* 141
『三悪人』 3 *Bad Men* (1926) 186
『三人の兵士』 *Three Soldiers* 117
『産児制限評論』 *The Birth Control Review* 72
『シーク』 *The Sheik* 37, 72, 258-260
『シェイクスピア・クォータリー』 *Shakespeare Quarterly* 178
『ジェロニモ』 *Geronimo* 187
『シカゴ詩集』 *Chicago Poems* 118
「ジャズエイジのこだま」 "Echoes of the Jazz Age" 262
『ジャズ・シンガー』 *The Jazz Singer* 40
『ショー・ボート』 *Show Boat* 169, 172, 173, 175
『女性反逆者』 *the Revel* 17
『紳士は金髪がお好き』 *Gentlemen Prefer Blondes* 65
『シンス・イエスタディ』 *Since Yesterday* 333
『スクォー・マン』 *The Squaw Man,* (1931) 184
『スケッチ・ブック』 *The Sketch Book* 312
『すべて神の子には翼がある』 *All God's Chillun Got Wings* 154, 165, 167, 168
「スリーピー・ホローの伝説」 "The Legend of Sleepy Hollow" 312
『西欧の没落』 *Der Untergang des Abendlands* (*The Decline of the West*) 214
『西部放浪記』 *Roughing It* 327
『世界史体系』 *The Outline of History* 68, 221, 326
『捜索者』 *Searchers, The* (1956) 186
『ソルジャー・ブルー』 *Soldier Blue* (1970) 187
『それを眠りと呼べ』 *Call It a Sleep* 35
【タ行】
『タイム・マシン』 *The Time Machine* 62, 63
『大列車強盗』 *Great Train Robbery, The* (1903) 184
『タバコ・ロード』 *Tabacco Road* 335
『誰がため鐘は鳴る』 *For Whom the Bell Tolls* 75, 334, 347
『誰も知らない男』 *The Man Nobody Knows* 84, 264
『ダンス・ウィズ・ウルブス』 *Dances with Wolves* (1990) 187
『小さな巨人』 *Little Big Man* (1971) 187
『地中海遊覧記』 *The Innocents Abroad* 327
『チャップリン―その生涯と芸術』 *Discoveries: Charlie Chaplin* 35
『チャップリンの移民』 *Immigran* 32
『チャップリンの失恋』 *The Tramp* 33
『チャップリンの番頭』 *The Pawn Shop* 33
「伝統と個人の才能」 "Tradition and the Individual Talent" 219
『奴隷より身を起こして』 *Up from Slavery* 127
【ナ行】
『ナチ・コネクション』 *Nazi Connection* 74
『ニューニグロ』 *The New Negro*

Atlantis in America 221
『アメリカの息子』 *Native Son* 335
『アメリカの悲劇』 *An American Tragedy* 117
『アメリカン・ウェイ・オブ・デス』 *The American Way of Death* 76
『アメリカン・サイレント・フィルム』 *American silent film* 38
『アメリカン・マーキュリー』 *American Mercury* 196
『アリス・B・トクラスの自伝』 *The Autobiography of Alice B. Toklas* 199
『荒地』 *The Waste Land* 70, 200, 215-218, 221, 222, 224
『アロウスミス』 *Arrowsmith* 102, 117
『アンクル・トムの子供たち』 *Uncle Tom's Children* 335
『暗黒の中へ』 *Into the Darkness* 74, 75
「アンタッチャブル」 "The Untouchable" 343
『怒りのぶどう』 *The Grapes of Wrath* 302, 308, 335
『偉大な人種の消滅』 *The Passing of The Great Race* 61, 64-66, 71
『偉大なるギャツビー』 *The Great Gatsby* 61-63, 71-73, 118, 216, 242, 353
『イット』 *It* 37
『移動祝祭日』 *A Moveable Feast* 200, 225, 320, 352
『犬の生活』 *A Dog's Life* 33
『イントレランス』 *Intolerance*（1916） 186
『ヴァニティ・フェア』誌 370
『ヴォーグ』誌 370
『馬と呼ばれた男』 *A Man Called Horse*（1969） 187
『映画がアメリカを作った』 *Movie-Made-America* 34
『駅馬車』 *Stagecoach* 40, 185
『エルマー・ギャントリィ』 *Elmer Gantry* 102, 117
『大海原』 *The Big Sea* 132
『黄金狂時代』 *The Gold Rush* 40
「大きな二つの心臓の川」 "Big Two-Hearted River" 202
『オセロー』 *Othello* 176-179
『オリエンタルズ』 *Orientals* 57
『折れた矢』 *Broken Arrow*（1950） 187
「オール・マン・リヴァー」 "Ol Man River" 173-175
『オンリー・イエスタデイ』 *Only Yesterday* 106, 110, 228, 236, 259, 264, 296, 321, 324, 333

【カ行】

『風と共に去りぬ』 *Gone with the Wind* 367
『合衆国の文明』 *Civilization in the United States* 315
『カーディフさして東へ』 *Bound East for Cardiff* 118, 150
『金無しユダヤ人』 *Jews Without Money* 35
『神の小さな土地』 *God's Little Acre* 335
『ガール・クレイジー』 *Girl Crazy* 141
『彼らには夢があった—公民権のための闘い』 *They Had A Dream-The Civil Rights Struggle* 120
『黄色いリボン』 *She Wore a Yellow Ribbon*（1949） 185
『奇傑ゾロ』 *The Mark of Zorro,*（1920） 182
『キッド』 *The Kid* 33, 40
『黒い悪魔』 *The Black Crook* 172
『暗い笑い』 *Dark Laughter* 117
『巨大な部屋』 *The Enormous Room* 117, 204
『毛猿』 *The Hairy Ape* 154, 165, 166, 169
『皇帝ジョーンズ』 *Emperor Jones*

ユング　Jung　219

【ラ行】

ラーセン、ネラ　Larsen, Nella　123
ライト、リチャード　Wright, Richard　335
ラ・ガーディア、フィオレッロ　La Guardia, Fiorello Henry　11
ラッシュ、ベンジャミン　Rush, Benjamin　92
ラファエット劇団　Lafayette Players　171
リース、ジェイコブ　Riis, Jacob A.　28
リー、ホーマー　Lee, Homer　49
リー、ロバート　Lee, Robert　57
リンカーン、エイブラハム　Lincoln, Abraham　137, 171
リンチ　lynch　129, 304
リンドバーグ、チャールズ　Lindburg, Charles　284-288, 362, 363
ルイス、シンクレア　Lewis, Sinclair　102, 103, 116, 117, 195, 205, 238, 265, 326
ルイス、ローレンス　Mrs. Lewis, Lawrence　22
ルース、アニタ　Loos, Anita　65, 370
ルビスタイン、ヘレナ　Rubinstein, Helena　246
レーニン　Lenin　67, 110
レッド・パワー・ムーヴメント　Red Power Movement　187
レムリッチ、クララ　Clara Lemlich　21
連邦公正取引委員会　Federal Trade Commission　76
ロイド、ハロルド　Lloyd, Harold　36, 40
ローズヴェルト、フランクリン・D　Roosevelt, Franklin Delano　305
ローラー、メアリー　Lawler, Mary　125
ローリング・トゥエンティーズ　roaring Twinties　114, 119, 256,
ロシア系ユダヤ人　Russian Jews　139
ロジャーズ、エリザベス　Rogers, Elizabeth　19
ロジャース、ジミー　Rodgers, Jimmie　145
ロスト・ジェネレーション「失われた世代」　Lost Generation　104, 112, 117, 194, 195, 197-200, 205, 206, 211, 215, 218, 249, 309, 310, 312, 320, 334
ロス、ヘンリー　Roth, Henry　35
ロック、アレイン　Locke, Alain　123, 124
ロックフェラー　Rockfellar（John D）211, 273
ロティ、ピエール　Loti, Pierre　53, 54
ロビンソン、デイヴィッド　Robinson, David　35
ロブソン、エッシー　Robeson, Essie　174, 178
ロブソン、ポール　Robeson, Paul

【ワ行】

ワーナー・ブラザーズ　Warner Bros.　32
ワイトマン、ヘイゼル　Wightman, Hazel　245
ワシントン、ブッカー・T　Washington, Booker T.　122, 127, 128

書名・映画題名　索引

【ア行】

『アイアン・ホース』 *The Iron Horse,*（1924）　40, 184-186
『暁の娘』 *Daughter of Dawn, The*（1920）187, 190, 192
『アブラハム・リンカーン』 *Abraham Lincoln*　171
『アフリカの緑の丘』 *Green Hills of Africa*　200
『アメリカのアトランティス』

ヘミングウェイ、アーネスト　Hemingway, Ernest　18, 64, 75, 103, 116, 142, 194, 197-203, 206, 218, 224, 309, 314, 317, 319, 320, 334, 347, 352
ベラスコ、デイヴィッド　Belasco, David　54
ベルグソン、アンリ　Bergson, Henri　196
ベルトコンベアシステム　belt conveyor system　295, 355
ボウ、クララ　Bow, Clara　37, 274, 340-341
暴落　stock crash　43, 105, 122, 256, 294, 298-301, 324, 334
ボードビル　Vaudeville　167, 171, 253
ポカホンタス　Pocahontas　52, 55
北米布製帽子工統一労働組合　the United Cloth Hat and Cap Makers of North America　20
ポグロム　pogrom　5, 30
「ボーナス遠征軍」 "Bonus Army" 303

【マ行】

マーヴェル、アンドリュー　Marvell, Andrew　218
マーチェッティ、ジーナ　Marchetti, Gena　52
マウント・オーバーン霊園、ボストン　Mount Auburn Cemetery, Boston 79
マクファーソン　McPherson, Amiee Semple　364
マザー・ジョーンズ　Mother Jones 20
マサチューセッツ禁酒同盟　Massachusetts Society for the Suppression of Intemperace　90
マスターズ、エドガー・リー　Masters, Edgar Lee　195
マダム・バタフライ　Madame Butterfly　52-58
マッカーサー、ダグラス　MacArthur, Douglas　303
マッケイ、クロード　McKay, Claude 123
マルクス　Marx, Karl　244
マルクス兄弟　Marx Bros.　182
マルコムX　Malcolm X　120, 135
ミス・アメリカ・コンテスト　Miss America Beauty Contest　247
密造・密売　illicit manufacturing, bootlegging　98, 342
ミッチェル、マーガレット　Mitchell, Margaret　366, 377
ミットフォード、ジェシカ　Mitford, Jessica　76
ミュージカル　musical　139, 141, 169, 172-174, 176
ミルフォード、ナンシー　Milford, Nancy　248, 352
ミンストレル・ショー　Minstrel Show 169-171
メモリアル・パーク　Memorial Park 77-79, 81-83, 88
メンケン、H. L. Mencken, Henry Louis 327
モートン、ジュリーロール　Morton, Jelly Roll　139
モスクワ芸術座　Moscow Art Theatre 164
モダニズムの文学　Modernism　117
モデル・マイノリティ　Model Minority　59
モルガン商会　J. P. Morgan and Company　299
モンタージュ手法　Montage　203, 207, 212, 213, 222

【ヤ行】

優生学　Eugenics　17, 61, 62, 71-74, 111, 215, 339, 361
ユダヤ系移民　Jewish-Americans　9, 10, 30
ユニバーサル　Universal Picture Corp. 32

「反雑婚法」（異人種間結婚禁止法） "Anti-Miscegenation Law" 65
反サルーン同盟 ASL=Anti-Saloon League 90
ピアー、ラルフ Peer, Ralph 145
ピアソン、チャールズ Pearson, Charles H. 62, 66
ピークォード戦争 Peaquod war 90
ピープショー peep show 29, 32, 34
ヒスパニック Hispanic 59
ピックフォード、メアリー Pickford, Mary 32, 36, 37, 55, 361
ヒトラー、アドルフ Hitler, Adolf 74, 354
ヒューズ、ラングストン Hughes, Lagston 123, 132, 134, 164
ピューリタニズム Puritanism 37, 38, 155, 197, 314
ヒルビリー hillbilly 144
ファーバー、エドナ Ferber, Edna 172
ファシズム Fascism 334, 347
ファレル、ジェイムズ Farrell, James 335
フィッツジェラルド、ゼルダ/スコット Fitzgerald, Francis Scott / Zelda 62, 118, 194, 199, 224, 242, 248, 258, 262, 263, 266, 297, 309, 353
フィドル fiddle 144
フーヴァー、エドガー Hoover, Herbert Clark 134
フーヴァー村 Hooverville 304
ブートレガー bootlegger 123
フェアバンクス、ダグラス Fairbanks, Douglas 32, 37, 39, 182, 359, 361
プエブロ Pueblo 188
フォーク folk 254
フォークナー Faulkner, William 116, 118, 194, 197, 206, 309, 317, 367
フォード、ジョン Ford, John 184
フォレスト・ローン Forest Lawn Memorial-Park, Los Angeles 77, 79, 80, 82, 85-88
福音主義運動 evangelical movement 91
プッチーニ 54, 55
ブラウン、ローレンス Brown, Lawrence 163
ブラック・パンサー Black Panthers 135
「ブラックソックス事件」 "Black Sox Scandal" 373
ブラック・モスリム Black Muslims 135
ブラッチ、ハリオット Blatch, Harriot Stanton 24
フラッパー flapper 37, 65, 109, 114, 244, 246-248, 255, 258, 259, 339, 340, 342, 366
ブルース blues 138, 141, 148, 163
ブルーノート blue note 138, 141
ブルックリン Brooklyn 141, 221, 342
「ブレッド・ライン」 "breadline" 304
フロイト Freud, Sigmund 196, 198, 244, 252, 339
プロヴィンスタウン・プレイヤーズ Provincetown Players 151, 164, 167
フロスト、ロバート Frost, Robert 118, 196
フロリダ Florida 20, 42, 43, 100, 296, 323, 343
プロレタリア文学 Proletarian Literature 335
フロンティア frontier 183, 260, 272, 288
フロンティアの消滅 the closing of the frontier 183, 260, 270
ベイカー、ジョセフィン Baker, Josephine 225, 338, 339
ヘイズ、ウィル Hays, Will H. 40, 72, 359
ペッティング・パーティー Petting Party 117

Wilhelm 196, 244
ニグロ・リーグ Negro League 278
二十世紀フォックス Twentieth Century-Fox 32
日露戦争 Russo-Japanese War 48, 67, 209, 368
ニッカボッカ knickerbockers 261, 262, 263
日系一世 Issei Japanese American 57
ニッケル・オデオン Nickel Odeon 32, 34
新渡戸稲造 Nitobe, Inazou 209, 211, 221, 222
日本人移民 Japanese Immigrants 50
ニュー・ウーマン new woman 162
ニューオリンズ New Orleans 136-138
ニューディール政策 the New Deal 305, 307, 308, 330
ニューヨーク証券取引所 the New York Stock Exchange 298, 300
ニューヨーク大学平等参政権協会 the New York Collegiate Equal Suffrage League 24
ネイティブ・アメリカン Native American 2, 180, 181, 184
ネイバーフッド・プレイヤーズ Neighborhood Players 164
ネーション、キャリー Nation, Carrie 94
農業調整法 Agricultural Adjustment Act（AAA） 305
野口米次郎 67, 211-213, 222, 368, 369
ノリス、フランク Norris, Frank 104

【ハ行】

バーグリーン、ローレンス Bergreen, Laurence 97
ハースト Hearst, William Randolph 49
ハーストン、ゾラ・ニール Hurston, Zola Neal 123, 133
ハーディング、ウォレン・G Harding, Warren Gamaliel 228, 256, 295, 323, 331, 356, 357
ハーゲン、ウータ Hagen, Uta 179
「バーサム・プエブロ領地法」 "Bursum Bill" 188
ハート、ウィリアム・S Hart, William S. 183
ハードボイルド文体 Hard-boiled Style 117
バートン、ブルース Barton, Bruce 84
ハーレム・ルネッサンス Harlem Renaissance 120, 122, 123, 133, 134, 154, 163, 338
バーン、クレア Byrne, M. St. Clare 178
バーンズ、ルーシー Burns, Lucy 25
排日移民法 Japanese Exclusion Act 46, 50, 73, 211, 361
ハウ、アーヴィング Howe, Irving 30
ハウズ、ケリー・キング Howes, Kelly King 123
パウンド、エズラ Pound, Ezra 196, 200, 201, 207, 208-215, 217, 219, 220, 222, 224, 317, 368, 369
バエズ、ジョーン Baez, Joan 145
白人年季奉公 white indentured servants 90
長谷川海太郎（谷譲次、林不忘、牧逸馬） Hasegawa, Kaitaro 211
ハマースタインII世、オスカー Hammerstein II, Oscar 175
ハメット、ニーナ Hammet, Nina 249
早川雪洲 Hayakawa Sessu 211, 358, 359
パラマウント Paramount Picture Corp. 31, 37, 39, 190
ハリス、エミルー Harris, Emmylou 145
ハルハウス Hull House 16, 17

20, 29, 37, 39, 48, 65, 66, 89, 105, 114, 117, 129, 181, 183, 191, 194, 195, 197, 201, 203, 207, 214, 244, 270, 296, 309, 313, 322, 323, 356, 357, 376
大恐慌　the Great Depression　100, 152, 269, 291, 294, 296, 301-304, 305, 307, 311, 318, 345
第二次覚醒運動　the second wave of the Great Awakening　91
第二次世界大戦　World War II　50, 74, 206, 212, 294, 338
ダウ工業株平均　Dow-Jones industrial average　297, 298
ダグラス、フレデリック　Douglas, Frederick　120, 131
タスキギー校　The Tuskegee Institute　127
ダストボウル　dust bowl　302
ダダイズム　Dadaism　196, 318
タニー、ジーン　Tunny, Gene　275
タブマン、ハリエット　Tubman, Harriet　20
タマニー・ホール　Tammany Hall　96
断種法　Sterilization Law　66, 71
ダン、ジョン　Donne, John　70, 74, 75, 218, 220
ダンバー、ポール・ローレンス　Dunber, Paul Laurence　122
チェスナット、チャールズ　Chesnutt, Charles　122
チャップリン、チャールズ　Chaplin, Charles（Charlie）　36, 39, 40, 182, 184, 326, 361
中国人排斥法　Chinese Exclusion Act　46, 49, 51
T型フォード　Ford Model T　230, 231-233, 236, 290, 295
帝国主義　Imperialism　47, 48, 50, 55, 56, 59
ティン・パン・アリー　Tin Pan Alley　143, 148
テネシー渓谷開発公社　Tennessee Valley Authority（TVA）　306
デミル、セシル・B　DeMille, Cecil B.　184, 376
デューイ、ジョン　Dewey, John　332
デューソン、メアリー　Dewson, Mary William　23
デュボイス、W・E　Dubois, W. E. B.　67, 122, 133, 135
デュポン　Du Pont, Pierre Samuel　97
テレル、メアリー・チャーチ　Terrel, Mary Church　20
田園墓地　Rural Cemetery　79, 80, 81-83, 85, 86, 88
デンプシー、ジャック　Dempsy, Jack　275, 276, 281-283, 326, 348, 378, 379
トゥインビー・ホール　Toynbee Hall　16
ドゥーバーマン、マーティン　Duberman, Martin　177
トゥーマー、ジーン　Toomer, Jean　123
トウェイン、マーク　Twain, Mark　199, 202, 344, 360
トーキー　talkie　40, 185, 193, 291, 358-358
ドストエフスキー　Dostoyevsky　316
ドス・パソス、ジョン　Dos Passos, John　117, 194, 204, 206, 248, 309, 313, 319, 334, 375
トライアングル・ブラウス会社　The Triangle Shirtwaist Company　9, 22
トループ、オーガスタ・ルイス　Troupe, Augusta Lewis　19
トルーマン、ハリー　Truman, Harry　78
奴隷開放宣言　the Emancipation Proclamation　125

【ナ行】

ナヴァホ　Navajo　180, 190
南北戦争　the American Civil War　172, 271, 367
ニーチェ　Nietzsche, Friedrich

ショー、バーナード　Shaw, Bernard 196, 377
植民地時代　the Colonial Age　89, 90
女性参政権　woman suffrage　15, 16, 18, 23-27, 94, 244, 366
女性党　The Women's Party　25
女性労働組合　women's labor union 19-24, 26
ジョンソン、ジェームズ・ウェルドン Johnson, James Weldon　122
新移民　New Comer　3, 8
ジン、ハワード　Zinn, Howard　28, 321
スウェットショップ　sweatshop　20
ズーカー、アドルフ　Zukor, Adolph 31, 36
スカー・フェイスのアル　scar-faced AL　342
スクラー、ロバート　Sklar, Robert 34
スコープ裁判　Scopes "Monkey" Trial 257
スター・システム　star system　164
スターンズ、ハロルド　Stearns, Harold　315
スタイン、ガートルード　Stein, Gertrude　194, 198, 215
ストープス、マリー　Stopes, Marie 209
ストダード、ロスロップ　Stoddard, Lothrop　64, 66, 215
ストライキ　strike　9, 21-23, 111, 126
ストラヴィンスキー　Stravinski, Igor 196
ストラウフ、アドルフ　Strauch, Adolph　81, 84
ストリンドベリ　Strindberg, August 165
スピリット・オヴ・セントルイス号 the Spirit of St.Louis　362
スプリング・グローヴ霊園、シンシナティ　Spring Grove Cemetery, Cincinnati　80, 81, 84
スペイン内乱　Spanish Civil War 319, 347
スペイン市民戦争　Spanish Civil War 334
スペンス、ルイス　Spence, Lewis 221
スミス、エリオット　Smith, Elliot 220, 221
スミス、ジョン　Smith, John　52
スラム　slum　16, 17, 28, 35, 98, 115, 304, 361
スワッシュバックラー　Swashbuckler 182
スワンソン、グロリア　Swanson, Gloria　37, 40, 376-377
セイジ、オリヴィア　Sage, Olivia　24
西部劇　western movies　40, 180-187, 189, 190, 192, 193, 274, 276, 341, 346
世界キリスト教青年会　Young Men's Christian Association（YMCA）16,
世界産業労働者組合（IWW） Industrial Workers of the World　17, 374
セザンヌ　Cézanne, Paul　196, 199, 202, 204
絶対禁酒主義　total abstinence, teetotal　91
セツルメント　settlement　16, 18, 246
ゼネラル・エレクトリック　General Electric Co.　297
ゼネラル・モーターズ　General Motors Corp.　232, 234, 297
全国産業復興法　National Industrial Recovery Act（NIRA）　305
先住民族　indigenous people　12, 90
聖バレンタイン・デイの大虐殺　the Massacre of St. Valentine Day　99,
相対性理論　the theory of relativity 351
ソウルフル　soulful　138

【タ行】

第一次世界大戦　World War I　12-14,

Caldwall, Erskine　206, 335
ゴールド、マイケル　Gold, Michael　35, 375
ゴールドマン、エマ　Goldman, Emma　73
国際女性被服労働者組合（ILGWU） International Ladies' Garment Worker Union　21
国際手袋労働組合　International Glove Workers Union　20
国際連盟　League of Nations　68, 356, 369
黒人奴隷　Negro slave　90, 171
黒人霊歌　Negro Spiritual　163, 173, 318
ゴスペル　gospel song　145, 365
ゴダード　Goddard　61, 64, 71
コットン・クラブ　Cotton Club　123, 134
ゴルヴィツァ、ハインツ　Gollweitzer, Heinz　48
コンラッド　Conrad, Joseph　63

【サ行】

サード・ストリーム　third stream　143
サイード、エドワード　Said, Edward　56, 57
サイレント　American silent film　34, 35, 180, 185, 193
サヴァラン、キャロライン　Savarin, Caroline　17
サヴォイ・シアター　Savoy Theatre　177
サザン・ベル　Southern Belle　248
サッコ＝ヴァンゼッティ事件　the Sacco and Vanzetti Case　124, 236, 257, 334, 371, 374, 375
サピア、エドワード　Sapir, Edward　210
サルトル　Sartre, Jean-Paul　206
サンガー、マーガレット　Sanger, Margaret　17, 71-73, 209, 360
産業革命　the Industrial Revolution　15, 270
三国協商　the Triple Entente　12
産児制限　birth control　17, 71, 72, 209, 252
サンダース、アンネ・コブデン　Sanders, Anne Cobden　25
ジークフェルト　Ziegfeld　172, 174, 253, 254, 255
シェイクスピア　Shakespeare, William　159, 176, 200, 312, 379
ジェームズ・アダムズ水上劇場　James Adams Floating Theatre　172
ジェームス、ウィリアム　James, William　198
ジェームズ、ヘンリー　James, Henry　198, 205
シェーンベルク　Schönberk, Arnold　196
シェルバーグ、B・P・　Schulberg, B. P.　31
シカゴ・グループ　Chicago Group　195, 196
シカゴ・ルネッサンス　Chicago Renaissance　195
自然主義　naturalism　117, 166, 195
ジャコバイ、メアリー　Jacobi, Mary　24
写真結婚　picture bride marriage　51
ジャズ　jazz　40, 114, 117, 120-123, 136-138, 141, 142, 143, 145, 147, 148, 225, 256, 258, 262, 271, 274, 338, 353
シャツ・カラー女性労働協会　Shirt-Collar Women's Labor Association　20
自由の女神　Statue of Liberty　35
自由放任主義　a laissez-faire policy　16, 89
シュールレアリズム　Surrealism　196
シュナイダーマン、ローズ　Schneiderman, Rose　20, 26
シュペングラー　Spengler, Oswald　214

143, 146, 148
キートン、バスター　Keaton, Buster　37, 182
ギッシュ、リリアン　Gish, Lillian　36
キネト・グラフィック・シアター　kinet graphic theater　29
キプリング　Kipling, Rudyard　69
キャンプファイアー・ガール　the Camp Fire Girls　17
キュービズム　Cubism　199, 203
キリスト教社会主義　Christian socialism　93
キリスト教女子青年会（YWCA）　Young Women's Christian Association（YWCA）　16, 247
ギルスビー、メイベル　Gillespie, Mabel Edna　23
義和団事件　Boxer Rebellion　48
キング牧師　King, Martin Luther　120, 135, 371
禁酒運動　the Temperance Movement　91-96, 100
禁酒協会　the Temperance Society　91, 96
禁酒党（NNP）　Prohibition Party　94, 96
禁酒法　Prohibition Enforcement Act=Volstead Act　66, 89, 95, 97-100, 108, 109, 123, 224, 257, 280, 281, 323, 342, 343, 356
クウェーカー教徒　Quaker　163
KKK　Ku Klux Klan　111, 124, 134, 186, 257
クーパー・ユニオン大集会　a mass meeting at Cooper Union　21
クーリッジ、カルヴィン　Coolidge, Calvin　103, 264, 287, 295, 323, 331, 357
クラシック音楽　classical music　139, 141, 142, 148
グランド・オール・プリー　Grand Ole Opry　146
グラント、ケリー　Grant, Cary　55
グラント、マディソン　Grant, Madison　64-70, 72, 73
グリーン、スタンリー　Green, Stanley　169
クリスマン、エリザベス　Christman, Elizabeth　20
グリフィス　Griffith, D. W.　32, 36, 37, 185-187, 193, 196, 325
クルーズ、ジェイムズ　Cruze, James　184
グレイ、ザーイン　Grey, Zane　190
クレイン、ハート　Crane, Hart　221, 222, 318
グレンジ　the Grange　17, 262
クロノン、E. D.　Cronon, E. David　125, 130
景観芝生プラン　Landscape lawn plan　81
ゲーブル、クラーク　Gable, Clark　37
ケラー、ヘレン　Keller, Helen　73, 360, 361
憲法　the Constitution of the United States of America　15, 25, 26, 94, 98, 100
憲法修正第 18 条　18th Amendment　95
ゴーディエ＝ブルゼスカ　Gaudier-Brzeska　211, 368, 369
コープランド、アーロン　Copland, Aaron　139, 141, 142, 143, 148
ゴーラー、ジェフリー　Gorer, Geoffrey　77
コーラス・ガール　chorus girls　244, 253-255
ゴールデン・ゲート・ブリッジ　Golden Gate Bridge　306
コールドウェル　Caldwell, Erskine　206
コールドウェル、アースキン

移民局　the Immigration and Naturalization Service（INS）　3, 4, 11, 35
移民制限法　Immigration Restriction Act　66, 211, 361
移民排斥法　Immigrant Exclusion Laws　50
移民博物館　Ellis Island Museum of Immigration　2
インディアン　Indian　2, 90, 180, 181, 183, 184, 187-193, 210, 211, 220, 221
インディアン指定保留地（リザベーション）　reservation　180, 191
ヴァレリー、ポール　Valery, Paul　69, 70, 74, 75, 196, 201, 214, 317
ヴァレンチノ、ルドルフ　Valentino, Rudolph　37, 259, 274, 376
ウイラード　Willard, Francis　92, 93
ウィルソン、ウッドロー　Wilson, Woodrow　25, 110, 256, 374
ウェルズ、H. G. Wells, H. G.　63, 68, 71, 196, 221, 326, 360
ウォーカー、アレリア　Walker, A' Lelia　134
「ヴォーティシズム」 "Vorticism"　207-209, 212, 369
ウォール街　Wall Street　294, 298, 301, 334
英国風景庭園　English landscape garden　79
エイゼンシュティン　Eizenshtein, Sergei　196, 203, 212, 213, 224
エーコ、ウンベルト　Eco, Umberto　87
エジソン、トーマス　Edison, Tomas A.　29, 355, 361
エダール、ガートルード　Ederle, Gertrude　245, 348
エマソン、ラルフ・W　Emerson, Ralph Waldo　205, 206
MGM　Metro-Goldwin-Mayer　32, 37, 371
エリオット、T・S　Eliot, T. S.　69, 70, 196, 200, 201, 205, 15, 217-222, 317
エリス島　Ellis Island　3, 4, 11
黄禍論　yellow peril discourse　47-50
黄色人種の脅威　threat of yellow　48
大隈重信　Ookuma, Shigenobu　221, 222
オサリヴァン、メアリー・ケニー　O'sullivan, Mary Kenny　20
「オースティン・ハイ・ギャング」 "Austin High Gang"　139
オニール、ユージン　O'neill, Eugene　118, 150-153, 156-162, 165-168, 171
オノト・ワタナ　Onoto Watanna　58, 359
オリエンタリズム論　Orientalism　56
オリエンタル・ステレオタイプ　Oriental Stereotype　57

【カ行】

ガーヴェイズム　Garveyism　120, 128
ガーヴェイ、マーカス　Garvey, Marcus　120, 121, 124-135
ガーシュイン、ジョージ　Gershwin, George　139, 143, 148, 164, 369
カーソン、ジョン　Carson, John　144
カーン、ジェローム　Kern, Jerome　173, 174
カウリー、マルカム　Cowley, Malcolm　194, 205, 309, 310-312, 315, 317, 319
合衆国禁酒同盟（USTU）　USTU=United States Temperace Union　91
カミングス　Cummings, E.E.　117, 194, 203, 204, 309, 313
カリブ　the Caribbean Sea　42, 98, 124, 128, 137
カリフォルニア外国人土地法　California Land Law　50
ガルボ、グレタ　Garbo, Greta　274
カレン、カウンティ　Cullen, County　123
カントリー音楽　Country music　136,

索引

【ア行】
アーバックル、ロスコー　Arbuckle, Roscoe　38, 39
アーヴィング、ワシントン　Irving, Washington　312
赤狩り　McCarthyism　39, 110, 124, 178, 257, 272, 374, 375,
アジア　Asia　20, 46-52, 55, 57, 59, 60, 70, 363
アジア系アメリカ人　Asian American　56, 57, 59
アダムズ、ジェイン　Addams, Jane　16, 17, 172
アーチャー、J.　Archer, Jules　120, 132
アトキンス、チェット　Atkins, Chet　136
アトランティス大陸　Atlantis　221
アビー・シアター　Abbey Theatre　149, 151, 164
「アフリカへ帰ろう」運動　"Back to Africa" movemnent　131, 134
アベ、キャサリン・パーマー　Abbe, Catherine Parlmer　24
アームストロング、ルイ　Armstrong Louis　138, 274
アメリカ・インディアン　American Indian　2, 90, 180, 181, 183, 184, 187-193, 210, 220, 221, 357
アメリカ的生活様式　American way of life　76, 83, 270, 295
アメリカ労働総同盟（AFL） American Federation of Labor　23
アメリカン・ドリーム　American Dream　46, 250, 279, 280
アリエス、フィリップ　Aries, Philippe　77
アルドリッジ、アイラ　Aldridge, Ira　177
アル・カポネ　Al Capone, Alfonso　90, 97-99, 342, 343
アレックス・ヘイリー　Haley, Alex　135
アレン、フレデリック　Allen, Frederick L.　106, 228, 229, 236, 239, 257, 259, 264, 269, 296, 321-330, 332, 351
アンクルサム　Uncle Sam　2
暗黒の火曜日　Black Tuesday　299
暗黒の木曜日　Black Thursday　294, 297, 298, 299
アンソニー、スーザン　Anthony, Susan Brownell　15
アンダーソン、"ブロンコ・ビリー" Anderson, "Broncho Billy"　184, 186
アンダソン、シャーウッド　Anderson, Sherwood　115, 117, 195, 197, 198, 199, 202
アンティン、メリアー　Antin, Mary　30
アントワーヌ、アンドレ　Antoine, Andre　164
イージアスカ、アンジア　Yezierska, Anzia　30
イーストサイド　the East Side　140
イートン、ウィニフレッド　Eaton, Winnifred　58
イートン、ヒューバート　Eaton, Hubert　77, 78
イェイツ　W. B. Yeats　212, 215, 368
イエロー・ジャーナリズム　Yellow Journalism　49, 327
イエロー・ペリル　Yellow Peril　48, 49, 51, 52, 59
異人種間結婚禁止法（反雑婚法） Anti-miscegenation Law　50
イタリア移民　Italian immigrants　6-9, 12, 98, 124
イディッシュ　Yiddish　9, 21
イプセン、ヘンリック　Ibsen, Henrick Johan　149, 165
イマジズム　Imagism　118, 196, 208, 210, 213, 222, 368

執筆者紹介（五十音順）

岩﨑佳孝（いわさき　よしたか）
近畿大学専任講師。共著『インディアンの声を聞け』（ワールド・フォトプレス）、主要論文「強制移住後のインディアン・テリトリーにおけるアメリカ先住民部族―チカソー族の部族内抗争と部族自治への道程―」（『アメリカ史研究』24号）、「白いインディアンになったイギリス人―一八世紀の北米大陸におけるインディアン・トレイダーに関する一考察」（『英米文化』30号）ほか。

上野和子（うえの　かずこ）
昭和女子大学教授。編著『行動するフェミニズム』（新水社）主要論文「ヘンリー・ジェイムズ―視点の技法」（早稲田大学文学英文学会『英文学』40号）「マーガレット・フラーの女性解放論『一九世紀の女性』」（昭和女子大学女性文化研究所ワーキングペーパー19号）「革新時代の女性参政権運動」（『英米文化』33号）共訳『世界女性史大事典』（日外アソシエーツ・紀伊国屋書店）ブラドベリー著『現代アメリカ小説Ⅰ・Ⅱ』（彩流社）単訳『パシフィック・リムのともだち』（総合制作）

鎌田紘子（かまた　こうこ）
恵泉女学園大学教授。共著『英語・英文学へのいざない』（創英社）、『イギリス・アメリカ演劇事典』（新水社）、『英米文化学のこころみ』（恵泉女学園大学英米文化学科）、主要論文「脱力する自我のゆくえ――Mamet の強さ／弱さについて」（『恵泉女学園短大・英文学科５０周年記念論集』恵泉女学園短大 1997）、*Beyond the Absurd: Pinter's way of Commitment to Drama*（『恵泉女学園短大紀要』No.11, 1978）ほか。

河内裕二（かわうち　ゆうじ）
明星大学非常勤講師。共著『日米映像文学に見る家族』（金星堂）。主要論文「1950年代アメリカン・ファミリーの肖像 ―Rebel Without a Cause（1955）と文字作品 When She Was Good（1967）を中心に ―」（『明星英米文学』第14号）「第2次世界大戦における日米の"No-No Boy"たち John Okada, No-No Boy（1957）と丸谷才一『笹まくら』（1966）」（同第15号）ほか。

河原崎やす子（かわらさき　やすこ）
岐阜聖徳学園大学教授。共著『アジア系アメリカ文学―記憶と創造』（大阪教育図書）、『アメリカ映像文学に見る少数民族』（大阪教育図書）、『フェミニズムの名著50』（平凡社）主要論文「アジア系アメリカ文学におけるテーマとしてのジェンダー」（群馬パース学園短期大学紀要第5巻1号）、「アジア女性メールオーダー・ブライド論考」（『女性学』Vol.7,1999）、「写真結婚と女性」（『比較文化研究第1号』）ほか。

君塚淳一（きみづか　じゅんいち）
茨城大学教授。編著『アメリカン・ポップカルチャー六〇年代を彩る偉人たち』『記憶と移動のダイナミズム』（大学教育出版）共著『アメリカの対抗文化』『アメリカ映像文学に見る少数民族』『ホロコーストとユダヤ系文学』（大阪教育図書）『アメリカのアンチドリーマーたち』『ユダヤ系アメリカ短編の時空』（北星堂書店）『映像文学にみるアメリカ』（紀伊国屋書店）『たたかう性』（一葉社）『記憶のポリティックス』（南雲堂フェニックス）『日米映像文学に見る家族』（金星堂）ほか。共訳『現代アメリカ小説Ⅰ』『現代アメリカ小説Ⅱ』（彩流社）ほか。主要論文「ユダヤ系アメリカ人女性の〈選ぶ道〉―*Bread Givers* 論」（『英米文化』第26号）ほか。

倉崎祥子（くらさき　しょうこ）
松蔭大学教授。共著『女性の心理』（三笠書房）、『大学における実践教育』（水曜社）ほか。共訳『現代アメリカ小説Ⅱ』（彩流社）主要論文「*My Antonia* における男性視点をめぐって」（昭和女子大学『学苑』平成10年4月号）、翻訳「ギルマン『女性と経済』社会進化要因としての男女の経済関係―女性と経済上の独立」「『女性と経済』社会進化要因としての男女の経済関係―男女の不自然な経済関係」「『女性と経済』社会進化要因としての男女の経済関係：過度の両性差異」（昭和女子大学女性文化研究所紀要21号、22号、23号）ほか

黒岩裕（くろいわ　ゆたか）
青山学院女子短期大学准教授。共著「新・アメリカ研究入門（増補改訂版）」（成美堂）、主要論文「ナバホ・コミュニティ・カレッジ―民族自決と多文化教育の試み―」（『青山学院女子短期大学総合文化研究所年報』第九号）、"Anglicization and English Fluency of Minority Language

Groups in the United States"（『言語教育研究』第八号）、「日米少数民族比較論―アイヌとアメリカ・インディアン―」（『神田外語大学紀要』第五号）ほか。

黒沢眞里子（くろさわ　まりこ）
専修大学准教授。著書『アメリカ田園墓地の研究―生と死の景観論』（玉川大学出版部）共著『二一世紀アメリカ社会を知るための67章』（明石書店）主要論文「一九世紀アメリカにおける『田園墓地』運動―アメリカの『聖地』の創造」（『アメリカ研究』第32号）、「一九世紀前半における田園墓地の西部への進出―ピクチャレスクな景観の変容」（『専修人文論集』第72号）ほか。（本稿は平成十四年度専修大学研究助成―米国基地の商業化―カリフォルニア州フォレスト・ローン・メモリアル・パークを中心に―の成果の一部であることを付記したい。）

佐野潤一郎（さの　じゅんいちろう）
創価大学非常勤講師。共著『笑いと創造　第三集』（勉誠出版）、主要論文「The Innocents Abroad における複数の視点」（創価大学英文学会『英語英文学研究』第44号）、「マーク・トウェインにおける反帝国主義運動の思想的淵源」（英米文化学会『英米文化』第30号）、「トウェイン作品における発明品の超時間性と超空間性」（創価大学英文学会『英語英文学研究』第49号）ほか。

関口敬二（せきぐち　けいじ）
大阪府立大学教授。共著『環境問題とは何か』（晃洋書房）『英米文学を学ぶよろこび』『知の諸相』（大阪教育図書）、主要論文「ヘミングウェイのジェンダー―フェミニズム批評を視野に入れて」（大阪府立大学『英米言語文化研究』第49号）、「H. D. ソローと宮沢賢治―菜食主義について」（ASLE-Japan 文学・環境学会『文学と環境』第4号）「H. D. ソローと宮沢賢治の自然観―エコロジーの視点から」（『英米文化』第31号）ほか。

田中健二（たなか　けんじ）
摂南大学教授。著書『ニュース英語速読・速聴ボキャブラリー２０００』（語研）、主要論文「コンピュータから見たカントリーソングの酒」（『英米文化』第33号）、「同時多発テロへの怒り・悲しみをワシントンポストとニューヨークタイムズはどう伝えたか」（『摂大人文科学』第10号）、「推理小説とジャーナリズムにおけるアメリカ口語表現」

（『言語文化学会論集』第5号）、「コンピュータによる英字新聞の語彙分析」（『時事英語学研究』第31号）ほか。

橋本順光（はしもと　よりみつ）

横浜国立大学准教授。主要論文"Victorian Biological Terror: A Study of "The Stolen Bacillus（1894）""（*The Undying Fire: The Journal of the H.G. Wells Society the Americas, no.* 2, 2003）、「英国黄禍論小説の系譜」（『幻想文学』67）、「茶屋の天使—英国世紀末のオペレッタ『ゲイシャ』（1896）とその歴史的文脈—」（『ジャポニスム研究』23）、"Germs, Body-politics and Yellow Peril : Relocation of Britishness in *The Yellow Danger*,"（*Australasian Victorian Studies Journal*, 9, 2003）、「中国人からの手紙—オリヴァー・ゴールドスミスの『世界市民』にみる中国」（『英米文化』第31号）、「東亜未来論—チャールズ・ピアソンの黄禍論とラフカディオ・ハーンにおけるその変容—」（『比較文学』43巻）ほか。

日高正司（ひだか　まさし）

武蔵工業大学准教授。共編 The Branding of America（開文社）、共著『異文化の諸相』（朝日出版）、論文"Miscegenation in America"（『英米文化』第24号）ほか。

宗形賢二（むなかた　けんじ）

日本大学教授。著書『アメリカニズムとエキゾティシズム—世紀転換期アメリカの文学とパフォーミング・アーツ』（大空社）、共著『思考する感覚：英米文学のコンテクストから』（国書刊行会）、『比較文学の地平—東西の接触』（時潮社）、『知の新視界—脱領域的アプローチ』（南雲堂）ほか。

吉田真理子（よしだ　まりこ）

津田塾大学准教授。共著『〈英語教育のための文学〉案内辞典』（彩流社）、主要論文「ポーと演劇」（『津田塾大学紀要』第34号）、"Traditional and New Perspectives on Teaching Language and Literature through Drama" *Tsuda Review* No. 41、「演劇学習法とリスニング技能の結びつきについて」（『津田塾大学紀要』第25号）ほか。

（二〇〇四年四月一日現在）
（二〇〇八年九月一日改）

おわりに

二十一世紀を迎えて多様な「グローバリゼイション」が人々の暮らしに大きな影響を与えている。それと共に新しい政治や経済、文化的地殻変動の裂け目から露になった事実が従来の学問領域からはみ出し広範囲を扱う研究を促している。各々独立した分野の学問は、それぞれ時代の要請を受けながら、マルクス主義の社会史、人種・ジェンダー、脱構造主義、記号論、心理学・人類学的な方法、新歴史主義的な方法論によって活性化され、以前のあらゆる形態を疑問視し、現代に合うように再神話化が行なわれている。「過去は永遠に読まれる書物である。」「彼らは戦（いくさ）をし、それを平和と呼ぶ。」と言ったのは、ローマの歴史家タキトウスだったか、私たちは、『アメリカ一九二〇年代』を語ることについてできる限り学際的なアプローチを適用しようと努めた。本書で展開する議論は、それぞれ同等の立場で哲学的かつ歴史的、文化論かつ経済学的、政治学的かつ人類学的であることを確認し、新しい発見をめざした。

結果的に、本書は多様な読みを可能にする多角的で重層的な構造をもつこととなった。開花したジャズ、映画、ボードヴィルなどの文化はまた移民と政治という観点からも詳説された。享楽的な大衆文化は、西欧文明の喪失、ソ連台頭による排外主義によって、少数民族を排斥しその欲望を実施する「不寛容の時代」からの逃避と併存した。多くの点でアメリカの一九二〇年は、現代の日本社会を物語っている。さまざまなテーマで本書を楽しんでほしい。

本書の出版は、英米文化学会のアメリカ文化分科会から始まった。会合で『一九二〇年代のアメリカ文化』についての計画を熱く語ったのが、監修者の君塚淳一氏であった。彼の企画書に賛同した会員が、それぞれの専門分野を担当した。執筆者が多く、当初の出版計画が大幅に遅れてしまったが、新進気鋭の研究者が新境地を開いて、貴重な資料を紹介した豊かなアメリカ文化の書に結実した。辛抱強く編集長として皆をまとめた君塚淳一氏、編集に携わった佐野潤一郎氏、河内裕二氏にそれぞれ感謝したい。この仕事を通じて学んだことは将来に活かしていきたいと思っている。

最後に、本書の出版を支援して下さった英米文化学会の会長高取清氏をはじめ理事の方々に心からお礼を申し上げたい。とりわけ、出版に快く協力してくださった金星堂の営業部長小笠原正明氏、出版部長中田信義氏に深謝する。末筆ながら、本書の出版に初めから助言を惜しまなかった本学会の初代会長、大島良行氏には執筆者一同、感謝の意を表する。

二〇〇四年弥生

上野　和子

アメリカ1920年代—
ローリング・トウェンティーズの光と影

2004年5月1日　初版発行
2025年2月20日　第5刷発行

英米文化学会編
監修者　君　塚　淳　一
発行者　福　岡　正　人
発行所　株式会社　**金星堂**
（〒101-0051）東京都千代田区神田神保町3-21
Tel.（03）3263-3828（代）Fax（03）3263-0716　振替 00140-9-2636
https://www.kinsei-do.co.jp　E-mail:text@kinsei-do.co.jp

印刷・製本　倉敷印刷株式会社

ISBN978-4-7647-0974-4 C1098